edexcel :::
advancing learning, changing lives

# Edexcel French Grammar for A Level

Phil Turk and Geneviève García Vandaele

D0995145

HODDER
EDUCATION
AN HACHETTE UK COMPANY

# Acknowledgements

The authors would like to thank the following for their help in the preparation of this book:

- teachers in Wiltshire and Bath whose reactions were sought on the material and on whose students some of the materials have been tried out
- Rodrigo García for his encouragement and cooperation
- members of the Comité de Jumelage de Sully-sur-Loire, who may have unwittingly lent their names to characters in the examples and exercises
- our friends Jean and Rose Pénin for the frequent use of their fax facilities
- Joan Henry for her meticulous preparation of the hard copy and many useful suggestions
- our spouses, Brenda Turk and José-Luis García Daza, and numerous friends for proofreading, patience, cooperation and general encouragement throughout.

The Publishers would like to thank the following for permission to reproduce copyright material:
© Editions de LA TABLE RONDE, 1977 p. 146, p. 151; Cosmopolitan/B. de l'Aulnot p. 231.

Every effort has been made to trace all copyright holders, but if any have been inadvertently overlooked the Publishers will be pleased to make the necessary arrangements at the first opportunity.

Although every effort has been made to ensure that website addresses are correct at time of going to press, Hodder Education cannot be held responsible for the content of any website mentioned in this book. It is sometimes possible to find a relocated web page by typing in the address of the home page for a website in the URL window of your browser.

Hachette's policy is to use papers that are natural, renewable and recyclable products and made from wood grown in sustainable forests. The logging and manufacturing processes are expected to conform to the environmental regulations of the country of origin.

Orders: please contact Bookpoint Ltd, 130 Milton Park, Abingdon, Oxon OX14 4SB. Telephone: (44) 01235 827720. Fax: (44) 01235 400454. Lines are open 9.00–5.00, Monday to Saturday, with a 24-hour message answering service. Visit our website at www.hoddereducation.co.uk

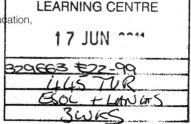

Cover photo © Allan Baxter/Getty Images
Typeset in 45 Helvetica Neue Light 9/10pt by Pantek Arts Ltd, Maidstone, Kent
Printed in Spain

A catalogue record for this title is available from the British Library

ISBN: 978 0340 968 529

# Contents

Our contents list has been mapped against the latest Edexcel GCE A Level specification, highlighting the language and grammatical structures which you will be required to demonstrate in the AS and A2 examinations. Grammar and structures are divided into AS and A2 level. For the A2 level, all grammar and structures listed under AS, along with those marked A2, will need to be actively demonstrated. For structures marked (R), receptive knowledge only is required.

# Introduction

*Edexcel French Grammar for A Level* is the comprehensive grammar reference of choice for students studying for A level. Taking a contemporary approach to language, it pairs detailed explanations with graded reinforcement exercises. A range of open-ended communicative activities is also included to encourage and develop the creative use of language using the grammar points covered.

 Our contents list has been mapped against the latest Edexcel GCE A Level specification, highlighting the language and grammatical structures which you will be required to demonstrate in the AS and A2 examinations.

*Edexcel French Grammar for A Level* aims to provide a systematic presentation of grammar points with sufficient back-up practice to ensure that the points are adequately reinforced. It assumes that students will have 'discovered' most points in previous – probably topic-based – study, and therefore goes straight to the explanation of them.

 **Mécanismes** – the 'mechanics' of the language
The first section of each chapter sets out a grammatical rule or usage, with a clear explanation in English. This section can also be used purely for reference.

 **Mettez-vous au point!** – 'tune up', 'limber up'
This provides practice and reinforcement exercises on a particular grammatical point. Where possible, these exercises are set within a realistic self-contained context and most are designed to be suitable for individual study. There is a key at the end of the book for self-correction. Apart from a few translation exercises, this section is in French.

 **... Et en route!** – 'over to you to exploit the freedom of the road!'
This section offers a range of more open-ended communicative activities in French, ranging from the fairly elementary to the more sophisticated, both oral and written. The activities are set in a variety of contexts in which the grammar point is likely to occur.

This arrow directs you from explanatory paragraphs to relevant exercises and/or to other explanatory paragraphs.

# French grammar terms

While working through the exercises in the sections **Mettez-vous au point!** and **... Et en route!** you may find it helpful to refer to the following list of grammatical terms:

| | |
|---|---|
| accent (m) (aigu, grave, circonflexe) | accent (acute, grave, circumflex) |
| accord (m); accorder | agreement; to agree |
| adjectif (m) (démonstratif, possessif) | adjective (demonstrative, possessive) |
| adverbe (m) | adverb |
| article (m) (défini, indéfini, contracté, partitif) | article (definite, indefinite, contracted, partitive) |
| cas, le | case |
| cédille, la | cedilla |
| chiffre, le | number |
| comparatif, le | comparative |
| complément (d'objet) (in)direct | (in)direct object |
| conditionnel, le | conditional |
| conjonction, la | conjunction |
| conjugaison, la, conjuguer | conjugation, to conjugate |
| consonne, la | consonant |
| démonstratif, le | demonstrative |
| déterminant, le | determiner |
| féminin(e) | feminine |
| futur, le | future |
| genre, le | gender; style |
| imparfait (m) | imperfect |
| impératif (m) | imperative |
| indicatif (m) | indicative |
| infinitif (m) | infinitive |
| interrogatif (m) | interrogative |
| locution, la | phrase |
| masculin(e) | masculine |
| négation, la | negative; negation |
| nom, le | noun |
| numéro, le | number |
| participe, le (passé, présent) | participle (past, present) |
| passé composé, le | perfect |
| passé simple, le | past historic |
| passif, le | passive |
| personne, la | person |
| phrase, la | sentence; phrase |
| pluriel, le | plural |
| plus-que-parfait, le | pluperfect |
| préfixe, le | prefix |
| préposition, la | preposition |
| présent, le | present |
| pronom, le (démonstratif, personnel, réfléchi, relatif) | pronoun (demonstrative, personal, reflexive, relative) |
| pronom d'objet (in)direct | (in)direct object pronoun |
| prononciation, la | pronunciation |
| proposition, la (principale, subordonnée) | clause (principal, subordinate) |
| question, la | question |
| registre, le | register |
| singulier, le | singular |
| structure (f) de la phrase | sentence structure |
| subjonctif, le | subjunctive |
| subordonnée, la | subordinate/dependent clause |
| suffixe, le | suffix |
| sujet, le | subject |
| superlatif, le | superlative |
| syllabe, la | syllable |
| temps, le | tense |
| tréma, le | dieresis |
| verbe, le (régulier, irrégulier, fini, réfléchi) | verb (regular, irregular, finite, reflexive) |
| voyelle, la | vowel |

# 1 Grammar – what is it?

Any language is a mechanism, and grammar is the system – or the rules and patterns – by which the language works.

Although at first you might sigh heavily at 'all the grammar' that has to be absorbed, once you have done so, you will find it does in fact help you enormously. It can often provide useful short cuts. For example, once you have learned one 'regular' verb, you know the pattern for **hundreds** of others. And, most importantly, once you have mastered each point of grammar, you are on the way to speaking and writing the language correctly!

But why do we need technical terms, such as verb, adjective, or noun? Well, like any system or area of knowledge, such as engineering, information technology or horticulture, grammar has its technical terms, which enable us to talk about, explain and describe that subject. What follows is a brief explanation of some of the more common and useful grammatical terms that you will encounter in this book. If you really do know them all, just skip this chapter. If not, read it thoroughly and refer back to it when you need help in understanding these terms.

We have arranged this chapter so that you can use it in two ways. 1. You can read it through to revise your knowledge of grammatical terms, and perhaps learn some new ones, or 2. you can also use it as a quick reminder if you come across a term that you have forgotten in the body of the book. To this end, we have provided below a quick alphabetical reference table, giving you the number of the paragraph in which you will find the term in question.

| | | | | | |
|---|---|---|---|---|---|
| accents | 1.1.3 | indirect object | 1.2.3 | regular verb | 1.4.5 |
| adjectives | 1.2.4 | infinitives | 1.4.1 | relative pronouns | 1.2.10 |
| adverbs | 1.2.5 | interrogatives | 1.2.11 | sentence | 1.3 |
| clause | 1.3 | irregular verb | 1.4.5 | sentence structure | 1.3 |
| comparatives | 1.2.6 | main clause | 1.3 | singular | 1.2.1 |
| conjugations | 1.4.5 | negatives | 1.4.6 | spelling | 1.1 |
| conjunctions | 1.2.9 | nouns | 1.2.1 | style | 1.5 |
| consonants | 1.1.1 | number | 1.2.4 | subject | 1.2.3 |
| definite article | 1.2.1 | object | 1.2.3 | subjunctive | 1.4.4 |
| demonstratives | 1.2.7 | parts of speech | 1.2 | subordinate clause | 1.3 |
| determiner | 1.2.6 | person | 1.4.2 | superlatives | 1.2.6 |
| direct object | 1.2.3 | phrase | 1.3 | syllables | 1.1.2 |
| finite verbs | 1.4.2 | plural | 1.2.1 | tense | 1.4.2 |
| gender | 1.2.1 | prepositions | 1.2.8 | verbs | 1.4 |
| indefinite article | 1.2.1 | pronouns | 1.2.2 | vowels | 1.1.1 |
| indicative mood | 1.4.3 | register | 1.5 | | |

## 1.1 Spelling

### 1.1.1 Vowels and consonants

The basic **vowel** letters are *a*, *e*, *i*, *o*, *u*, and sometimes *y*, but there are numerous other vowel sounds represented by combinations of these letters, e.g. *ai*, *au*, *eu*, *ie*, *oi*, *ou*. These, and others, including 'nasal' vowels, are explained fully in Chapter 47.

All the other letters are called **consonants**.

## 1.1.2 Syllables

**Syllables** are the consonant + vowel units that make up a word:

ap-pé-tit                fé-li-ci-ta-tions
ap-pe-tite               con-gra-tu-la-tions

## 1.1.3 Accents

**Accents** are the marks added to letters to change their sound. The main three are: **accent aigu** – acute – **é**, **accent grave** – grave – **è** and **accent circonflexe** – circumflex – **ê**. **La cédille** – cedilla – **ç** is written under **c** to 'soften' it. Less frequently you will find **le tréma** – **ï**, used to separate vowels: **haïr** – to hate.

(All this is explained much more fully in Chapter 47 – French pronunciation and spelling.)

# 1.2 Parts of speech

## 1.2.1 Nouns

A **noun** is a person, name, animal, thing or concept: **agent** – police officer, **Lisa** – Lisa, **vache** – cow, **assiette** – plate, **chômage** – unemployment.

In French, all nouns are either masculine or feminine. This is called **gender**.

The gender of the noun determines the form of the **definite article** (the …) and the **indefinite article** (a/an …).

A noun can be **singular** (*un arbre* – a tree) or **plural** (*deux arbres* – two trees).

## 1.2.2 Pronouns

A **pronoun** is used in place of a noun, so that we don't have to keep repeating it:

*Lisa a donné un cadeau à sa mère.* **Elle le lui** *a donné.*
Lisa gave a present to her mother. **She** gave **her it**.

## 1.2.3 Subjects and objects

The noun or pronoun that does an action is called the **subject**:

***Ma sœur*** *habite à Rennes.* **Elle** *y travaille.*
**My sister** lives in Rennes. **She** works there.

A noun or pronoun that has the action done to it is called the **direct object**:

*Elle m'a envoyé* **une lettre**. *Je* **l'***ai lue ce matin.*
She sent me **a letter**. I read **it** this morning.

The noun or pronoun that is the recipient (i.e. the person or thing something is given, sent, etc. to is called the **indirect object**):

*J'ai répondu* **à ma sœur** *tout de suite. Je* **lui** *ai répondu tout de suite.*
I replied **to my sister** straight away. I replied **to her** straight away.

## 1.2.4 Adjectives

**Adjectives** describe or 'qualify' nouns. They change their form, or 'agree' with the gender and number of the noun. **Number** in this sense means singular or plural.

*un livre **intéressant** –* an **interesting** book, *une **longue** promenade* – a **long** walk, *deux enfants **méchants** –* two **naughty** children, *de **belles** fleurs* – **beautiful** flowers

## 1.2.5 Adverbs

**Adverbs** describe or qualify verbs, adjectives and other adverbs:

*Elle travaille **rapidement**.*
She works **quickly**.

*C'est une étudiante **très** travailleuse.*
She's a **very** hard-working student.

*Elle travaille **extraordinairement** vite.*
She works **extraordinarily** quickly.

## 1.2.6 Comparatives and superlatives

The **comparative** of adjectives is used to compare nouns and pronouns, and of adverbs to compare other parts of speech (i.e. 'more', 'less' or 'as ... as'):

*une maison **plus grande** –* a **bigger** house, *Parlez **moins vite**!* – Speak **less quickly**!, *Vous parlez **aussi vite que** lui!* – You speak **as quickly as** he does!

The **superlative** of adjectives and adverbs is used to indicate 'the most' or 'the least':

*la personne **la plus importante** –* the **most important** person, *c'est lui qui parle **le plus correctement** –* he speaks **the most correctly**.

## 1.2.7 Determiners

**Determiners** are words that tell you more about a noun, such as ***chaque*** – each and ***plusieurs*** – several, and the **demonstratives *ce/cet/cette/ces*** – this/that/these/those. Demonstratives behave like adjectives, in that they agree in gender and number with the noun: ***ce magasin*** – this shop, ***cette maison*** – this house, ***ces animaux*** – these animals. Some also have pronoun forms: ***celui-ci/celle-là*** – this one/that one.

## 1.2.8 Prepositions

**Prepositions** tell you where something/someone is in relation to another in time or place, or they can indicate direction:

***avant*** *midi –* **before** midday, ***avec*** *mon frère –* **with** my brother, ***sous*** *la table –* **under** the table, ***à*** *Paris –* **to/in** Paris, ***vers*** *Marseille –* **towards** Marseilles.

They are also used to link verbs together:

*J'ai réussi **à** le trouver.*
I've managed **to** find it.

*Il a essayé **de** s'échapper.*
He tried **to** escape.

## 1.2.9 Conjunctions

**Conjunctions** join words, phrases or clauses to each other:

*du pain et du beurre* – bread **and** butter, *lentement mais sûrement* – slowly **but** surely, *à moins qu'il ne neige* – **unless** it snows, *bien que tu le saches déjà* – **although** you know already.

## 1.2.10 Relative pronouns

**Relative pronouns** are words such as *qui/que* – who/which/that, which join a clause (see section 1.3 below) to a noun or pronoun to provide more information about it.

*Le magazine que je lisais.*
The magazine **which/that** I was reading.

## 1.2.11 Interrogatives

**Interrogatives** are words used to form questions (the word may remind you of 'interrogation'). Here are some examples: *qui?* – who?, *quand?* – when?, *quoi?* – what?.

# 1.3  Sentence structure

A **phrase** is a meaningful group of words: *une tasse de café* – a cup of coffee, *avant la fin de l'année* – before the end of the year, *après le match* – after the match.

A **clause** is a meaningful group of words containing a verb, usually in a tense: *quand je terminerai mon travail* – when I finish my work, *où l'usine à chaussures se trouvait* –  where the shoe factory used to be.

A **main clause** is a clause that can stand by itself: *mon frère a envoyé un e-mail* – my brother has sent an email, *j'ai lu son e-mail* – I read his email, *il arrivera demain* – he will arrive tomorrow.

A **subordinate clause** is a clause that cannot stand alone: *qu'il a envoyé* – which he sent, *dans lequel j'ai lu* – in which I read, *qu'il arrivera demain* – that he will arrive tomorrow. It must be linked to the main clause or another subordinate clause by a conjunction (see section 1.2.9) or relative pronoun (see section 1.2.10).

A **sentence must** have a main clause, but can have any number of subordinate clauses, linked to the main clause or to each other: *Mon frère a envoyé un e-mail / dans lequel j'ai lu / qu'il arrivera demain.* – My brother sent an email / in which I read / that he will arrive tomorrow.

# 1.4  Verbs

A **verb** is a word describing an action or state of being: *sentir* – to feel, *je travaille* – I work, *vous jouez* – you play, *il pensait* – he was thinking, *nous étions* – we were.

## 1.4.1 Infinitives

The **infinitive** is the basic form of the verb which you will find in dictionaries and vocabulary lists. It is indeed 'in-finite'; i.e. it is not in a tense or person. You could call it the verb 'in neutral': *jouer* – play, *penser* – think, *exister* – exist, *être* – be.

## 1.4.2 Finite verbs

A **finite verb** is a verb which is in a **tense**. A tense relates the verb (i.e. the action) to time – past, present or future – telling you for example when the action took/takes/will take place. There are a number of different tenses in French, which you will find explained in the body of the book.

Verb tenses vary their endings according to the **person**. There are three persons singular: *je*, *tu*, *il/elle/sujet nominal* – I, you, he/she/noun subject, and three persons plural: *nous*, *vous*, *ils/elles/sujet nominal* – we, you, they/noun subject.

## 1.4.3 Indicative mood

Most verb tenses belong to the **indicative mood**. These are the 'ordinary' tenses.

## 1.4.4 Subjunctive mood

The **subjunctive** is used to express something which is 'less than fact', such as where there is doubt about the action expressed, or emotions such as surprise, sorrow, anger, etc. The subjunctive and its tenses are fully explained in Chapters 32–37.

## 1.4.5 Conjugations

A **conjugation** is a group of verbs which all have the same pattern of tense and person changes according to the infinitive. A **regular verb** is a verb that follows one of these conjugation patterns. An **irregular verb** is one that does not conform in this way, and whose 'irregular' parts have to be learnt separately.

## 1.4.6 Negatives

The **negative** is when you say something does **not** or did **not** happen. It includes other negative words such as 'never ...', 'nothing ...', etc.

# 1.5 Style and register

This refers to the level of formality or informality of the language you are using. French people are very conscious of the style or level of language to be used in a particular situation. The *tu/vous* distinction is a good example, but it goes much deeper than that: the informal way you would address a friend of your own age group (*Bonjour, ça va?*) would be inappropriate to use with a stranger, particularly if senior to you (*Bonjour monsieur/ madame, comment allez-vous?*). You might even notice that we the authors do not regard ourselves as familiar enough with you to address you as other than *vous* in the exercises – although we assume you will address each other as *tu*!

This book indicates when a certain style of language would not be suitable, with exercises using a variety of registers or types of language. Our general advice about familiar language is: don't use it to strangers unless and until they ask you to!

We hope these explanations of grammatical terms will help you to use this book.

*Bon courage! Allez-y!*

# 2 Nouns

A noun is a person, a name, an animal, a country, an object, or a concept, for example: woman, Marc, dog, France, chair, happiness.

## 2.1 Gender

All nouns in French are either masculine or feminine. There is no neuter gender, so inanimate nouns – those denoting non-living objects or concepts – are also either masculine or feminine. Although it is possible to give some general guidelines about which sort of word tends to be of which gender, there are many exceptions, and the only really safe way is to check in a dictionary if you don't know, and to learn the gender at the time you learn the noun! It is sensible to learn all nouns with an indication of gender, preferably with the indefinite article (*un/une*) where the sense allows it. The sense may sometimes demand the definite article, (*le/la/l'*), but this does not identify the gender before a vowel, for example: *l'eau*.

### 2.1.1 People and animals

Generally speaking, nouns denoting male beings are masculine (*un monsieur*, *un boulanger*, *un taureau*) and those denoting female beings are feminine (*une dame*, *une boulangère*, *une vache*).

**a** Many occupations are made feminine by simply adding *-e*, with a spelling adjustment where necessary, or changing *-eur* to *-euse* or *-rice*:

| | | | |
|---|---|---|---|
| *un boulanger* | baker (m) | *une boulangère* | baker (f), baker's wife |
| *un conducteur* | driver (m) | *une conductrice* | driver (f) |

**b** However, certain nouns denoting people refer to either sex without changing their grammatical gender:

| | | | | | |
|---|---|---|---|---|---|
| *un médecin* | doctor | *un ingénieur* | engineer | *une personne* | person |
| *un professeur* | teacher | *un ministre* | minister | *une vedette* | (film)star |
| *un auteur* | author | *un juge* | judge | *une victime* | victim |

*Margaret Thatcher fut **le seul premier ministre** du Royaume-Uni pendant les années 80. Son mari, Dennis, était une personne qui avait plutôt un penchant pour le golf.*
Margaret Thatcher was **the only prime minister** of the UK during the 80s. Her husband, Dennis, was a person who was rather more fond of golf.

(You may find that this rule is broken as society becomes more conscious of the role of women, but **grammatically** it is incorrect French to do so!)

c The words for animals other than the common domestic and farmyard ones are of only one gender, with *mâle/femelle* added if the animal's sex needs to be indicated:

*un chien*       dog       *une chienne*                    bitch

but

*un hippopotame (mâle)*    *un hippopotame (femelle)*    hippopotamus
*une autruche (mâle)*      *une autruche (femelle)*      ostrich

## 2.1.2  Things, concepts and geographical names

a **Masculine nouns**. These include:

- Days, months, and seasons: *un samedi, le printemps* – one Saturday, spring
- Most trees and shrubs: *un pommier, un pin* – an apple tree, a pine tree (Fruit trees often add *-ier* to the fruit they bear.)
- Many elements, metals and other chemicals: *le fer, l'hydrogène lourd, le nitrate* – iron, heavy hydrogen, nitrate
- Metric weights and measures: *un kilo, un demi-litre*
- Languages: *le français, le russe*
- Imported nouns, especially from English: *le football, un sandwich, un T-shirt, un short, un jean*
- Nouns ending in *-acle, -age, -ail, -eau, -ou, -ège, -et, -sme, -ment*:

| | | |
|---|---|---|
| -acle | *un obstacle, un miracle* | obstacle, miracle |
| -age | *un voyage, un visage, un âge, le chômage* | journey, face, age, unemployment |
| -ail | *un travail, un éventail, l'ail* | work, fan, garlic |
| -eau | *un seau, un château* | bucket, castle |
| -ou | *un clou, un bijou* | nail, jewel |
| -ège | *un collège, un manège* | college/school, carousel |
| -et | *un jouet, un carnet* | toy, notebook |
| -sme | *le cyclisme, le socialisme, le sarcasme, un microcosme* | cycling, socialism, sarcasm, microcosm |
| -ment | *un appartement, un traitement* | flat, treatment |

Exceptions which are feminine: *l'eau* – water, *une peau* – skin, *une image* – picture, *une cage* – cage, *une page* – page, *la rage* – rabies, *une plage* – beach, *une débâcle* – debacle.

- Nouns ending in a consonant tend to be masculine: *le Portugal* – Portugal, *le Japon* – Japan, *le Cher* – the (river) Cher, *un port* – port, *un champ* – field, *un train* – train, *un jus* – juice, *un (auto)bus* – bus; but there are some exceptions: *une main* – hand, *une souris* – mouse, *une vis* – screw.

Note: Because the letter *-e* is added to some nouns and most adjectives to make them feminine, there is a tendency to regard nouns ending in *-e* as feminine.

**Beware:** there is a sizeable number of masculine nouns ending in **-e**: watch out for them! They include:

- Those in the broader masculine categories mentioned above:

  *un chêne* – oak, *un hêtre* – beech
  *l'hydrogène* – hydrogen, *le nitrate* – nitrate
  *le russe* – Russian

- A fair number of others, including the following selection, which do not fit into any specific grouping:

  *un centre*, *un commerce*, *un crime*, *un dictionnaire*, *un divorce*, *un domaine*,
  *un échange*, *un espace*, *un groupe*, *un incendie*, *un luxe*, *un manque*, *un mérite*,
  *un modèle*, *un nombre*, *un phénomène*, *un principe*, *un régime*, *un remède*, *un risque*,
  *un rôle*, *un salaire*, *un scandale*, *un service*, *un siècle*, *un signe*, *un style*, *un véhicule*,
  *un verbe*, *un vice*, *un vocabulaire*, *un vote*

If you are studying another language of Latin origin – say, Italian or Spanish – you will be surprised how many of the equivalents of the last set of examples are masculine in those languages, where the final **-o** is usually a clear masculine indicator:

| French | Italian | Spanish | |
|---|---|---|---|
| *un divorce* | *un divorzio* | *un divorcio* | divorce |
| *un commerce* | *un commercio* | *un comercio* | business, commerce |

Cross-referencing of this sort can often be helpful, but occasionally misleading:

| *un**e** tomate* | *un pomodoro* | *un tomate* | tomato |
|---|---|---|---|

- Compound nouns of which the first part is a verb: *un porte-monnaie* – purse, *un gratte-ciel* – skyscraper. (Where two nouns make up the compound noun, the gender of the first one is taken: *un wagon-lit* – sleeper car, *une porte-fenêtre* – French window).

**b Feminine nouns.** These include:

Words ending in **-ion** or **-aison**: *une manifestation* – demonstration, *une admission* – admission, *une condition* – condition, *une maison* – house, *une saison* – season (but not: *un lion* – lion, *un camion* – lorry, *un avion* – aeroplane).

Words ending in **-té**: *la liberté* – liberty, *l'égalité* – equality, *la fraternité* – brotherhood.

A very large number of nouns ending in **-e**:

- continents, countries and rivers: *l'Asie* – Asia, *la Suisse* – Switzerland, *la Sarthe* – the (river) Sarthe, *la Tamise* – the (river) Thames (but not: *le Mexique* – Mexico, *le Rhône* – the Rhône)
- fruits and vegetables: *une carotte* – carrot, *une betterave* – beetroot, *une poire* – pear
- occupations or shops, etc. ending in **-erie**: *une quincaillerie* – ironmongery, *la boucherie* – butcher's, *une épicerie* – grocer's

- abstract concepts ending in **-graphie, -logie, -sophie, -nomie, -ure**:
  **la géographie** – geography, **la géologie** – geology, **la philosophie** – philosophy,
  **la physionomie** – physiognomy, **une allure** – look/speed, **la peinture** – painting
- nouns ending in **-(t)te**: **une devinette** – riddle, **une cravate** – tie, **une dette** – debt
- nouns ending in **-ance/anse, -ence/ense**: **la chance** – luck, **une danse** – dance,
  **la faïence** – earthenware, **la défense** – defence (but not: **le silence** – silence)

- Words ending in **-ée**: **la fée** – fairy, **la soirée** – evening/party (but not: **le musée** – museum,
  **le lycée** – secondary school)

 **Exercises 1, 2**

# 2.2  Plural of nouns

## 2.2.1  Regular plurals

The usual way to make a noun plural is to add an **-s**.

| | | |
|---|---|---|
| *un livre* | *des livre***s** | book(s) |
| *une forêt* | *des forêt***s** | forest(s) |
| *un homme* | *des homme***s** | man/men |
| *une industrie* | *des industrie***s** | industry/ies |

Remember, however, that the final **s** you write is not heard, and so when you are *speaking or hearing* French, you must use and listen for some other plural marker. This is usually the article or other determiner that precedes the noun, which will usually have a plural form. (Articles and determiners are dealt with fully in Chapters 3 and 11.)

| | | |
|---|---|---|
| *une bouteille* | *des bouteille***s** | a bottle/bottles |
| *le restaurant* | *les restaurant***s** | the restaurant(s) |
| *ce magasin* | *ces magasin***s** | this shop/these shops |
| *mon ami* | *mes ami***s** | my friend(s) |

## 2.2.2  Irregular plurals

**a** Nouns ending in **-s, -x, -z** do not add an **s**. The pronunciation of the word in the plural is identical to the singular:

| | | |
|---|---|---|
| *un **bois*** | *des **bois*** | a wood/woods |
| *une **vis*** | *des **vis*** | a screw/screws |
| *le **choix*** | *les **choix*** | the choice(s) |
| *ce **nez*** | *ces **nez*** | this nose/these noses |

**b** Nouns forming their plural with **-x**:

- Nouns ending in **-eau, -au, -eu**:

| | | |
|---|---|---|
| *un cadeau* | *des cadeau***x** | gift(s) |
| *un tuyau* | *des tuyau***x** | pipe(s) |
| *un feu* | *des feu***x** | fire(s) |

but not: *un pneu, des pneus* – tyre/tyres

- The following nouns ending in *-ou*:

| | | |
|---|---|---|
| *un bijou* | *des bijoux* | jewel(s) |
| *un caillou* | *des cailloux* | pebble(s) |
| *un chou* | *des choux* | cabbage(s) |
| *un genou* | *des genoux* | knee(s) |
| *un hibou* | *des hiboux* | owl(s) |
| *un joujou* | *des joujoux* | toy(s) |
| *un pou* | *des poux* | louse/lice |

but others form the plural as normal, with *-s*: *un clou*, *des clous* – nail(s)

- Nouns ending in *-al* and *-ail* form their plural in *-aux*:

| | | |
|---|---|---|
| *un cheval* | *des chevaux* | horse(s) |
| *un animal* | *des animaux* | animal(s) |
| *le vitrail* | *les vitraux* | stained-glass window(s) |

but not: *un bal* – ball/party, *un carnaval* – carnival, *un festival* – festival (*des bals, des carnavals, des festivals*); or *un détail* – detail, *un éventail* – fan (*des détails, des éventails*).

**c** Completely irregular plurals:

| | |
|---|---|
| *un œil* | one eye |
| *deux yeux* | two eyes |

**d** Compound nouns:

These can be rather erratic in forming their plural. A dictionary is your best guide and you can verify this by looking up all the compound nouns beginning with *porte-*!

However, as a general rule, if the compound is made up of a verb + a noun, nothing is added to the plural, or an *-s* may be added to the second part if it is not already plural.

| | | |
|---|---|---|
| *un porte-avions* | *des porte-avions* | aircraft carrier(s) |

If the compound is of two nouns, both parts are made plural:

| | | |
|---|---|---|
| *un chou-fleur* | *des choux-fleurs* | cauliflower(s) |

➡ **Exercise 3**

# METTEZ-VOUS AU POINT!

## 1   M ou F?

Vous devez écrire une rédaction, mais vous avez oublié d'apporter votre dictionnaire. Vous avez fait une liste de quelques noms dont vous aurez besoin. Choisissez le genre, en écrivant *un/une* ou *le/la* devant chacun des mots.

| | | |
|---|---|---|
| *le* chômeur | *le* chef | *le* argent |
| *le* bureau | *la* usine | *le* vol |
| *le* socialisme | *la* technologie | *la* criminalité |
| *la* emploi | *la* année | *le* licenciement |
| *le* miracle | *le* travail | *le* destitution |
| *la* télévision | *le* porte-monnaie | *le* papier |
| *la* centime | *la* bicyclette | *le* formulaire |
| *la* poche | *le* sens | *le* désespoir |
| *la* formation | *la* colère | *le* salaire |
| *le* employé | *le* inactivité | *la* allocation |

## 2   Trouvez le féminin!

Quel sera l'équivalent féminin de ces noms masculins? Nous conseillons l'usage d'un dictionnaire pour faire cet exercice!

| | |
|---|---|
| un cheval | un éléphant |
| un charcutier | un témoin |
| un patron | un renard |
| un guide | un vendeur |
| un professeur | un astronaute |
| un assassin | un représentant |
| un camionneur | un coq |
| un cheminot | un agent de police |
| un coiffeur | un premier ministre |
| un bélier | un rhinocéros |

## 3   Geneviève voit tout en triple

Geneviève vient de fêter son 18ème anniversaire. Il est deux heures du matin, et elle est très fatiguée. Avant de se coucher, elle regarde tous les cadeaux assez originaux que ses amis lui ont offerts. Mais, à cause de son état de fatigue, elle voit tout en triple! Voici ce qu'elle a reçu: vous devez écrire ce qu'elle voit.

| *On lui a offert* | *Ce qu'elle voit* |
|---|---|
| un cheval en bois | trois chevaux en bois |
| un bijou | trois bijoux |
| un éventail | trois éventails |
| un jeu | trois jeux |
| un tournevis | trois tournevis |
| un hibou en porcelaine | trois hibous en porcelaines |
| un journal | trois journaux |
| un gâteau | trois gâteaux |
| un lave-vaisselle | trois lave-vaisselle |
| une machine à coudre | trois machines à coudre |

un manteau
un vitrail
un chapeau
une souris en chocolat
un clou
un porte-monnaie
un chou-fleur
un feu d'artifice
un hautbois
une eau de toilette

 **... ET EN ROUTE!**

## 4 A bas l'anglais!

Les Français se plaignent souvent de l'invasion des mots anglais dans leur langue, comme *le football*, *le week-end*. Ecrivez tous les mots français (tous – pas seulement les noms) que vous savez être d'origine anglaise. Cherchez-en dans des journaux et des magazines français. Puis analysez les mots, et décidez entre vous lesquels sont d'origine britannique et lesquels d'origine américaine.

## 5 Cours de géographie

Regardez un atlas – de préférence en français, mais sinon, en anglais. Faites une liste d'une trentaine des pays du monde qui y sont nommés, en mettant les pays masculins dans une colonne et les pays féminins dans une autre. Puis, pour une vingtaine des pays principaux, écrivez la langue/les langues principalement parlée(s) dans chacun de ces pays.

Exemple:

| masculin | féminin | langue |
|----------|---------|--------|
| le Canada | | l'anglais, le français |
| | la Russie | le russe |

## 6 Devinettes de genre

La classe se divise en deux équipes (A et B). Un membre de l'équipe A écrit au tableau un nom, et les membres de l'autre équipe doivent donner le genre de ce nom, et expliquer pourquoi. S'ils devinent correctement, ils gagnent un point. Sinon, le point va à l'autre équipe. Ils gagnent un point supplémentaire s'ils donnent une explication satisfaisante. Votre prof ou votre assistant(e) de français sera l'arbitre!

Puis l'équipe B écrit un mot, et ainsi de suite. Attention: comme il n'y a que deux genres, la première réponse doit être la bonne!

# 3 Articles and expressions of quantity

 **MECANISMES**

There are three so-called 'articles' in French: the 'definite', the 'indefinite' and the 'partitive'.

## 3.1 The definite article

The definite article ('the') is **le** (m), **la** (f), **l'** (m/f before a vowel or mute **h**), and **les** (m/f plural):

| | | | |
|---|---|---|---|
| *le journal* | the newspaper | *les journaux* | the newspapers |
| *la rue* | the street | *les rues* | the streets |
| *l'homme* | the man | *les hommes* | the men |
| *l'usine* | the factory | *les usines* | the factories |

Remember that because you don't hear the final **-s** in the plural, the article is the audible indication that the noun is plural. The **-s** of **les** is sounded at the beginning of the noun if it begins with a vowel or a 'mute' **h**: **les usines, les hommes**.

Before an 'aspirate' **h**, the article is written and pronounced in full, and the **s** of **les** is not sounded:

| | | | |
|---|---|---|---|
| *le haut* | the top | *les hauts* | the tops |
| *la haie* | the hedge | *les haies* | the hedges |

After the prepositions **à** and **de**, the following contractions occur (**l'article contracté**):

> **à + le = au**: *au magasin*
> **à + les = aux**: *aux magasins*
> **à la** and **à l'** do not change: *à la rue, à l'homme*
>
> **de + le = du**: *du magasin*
> **de + les = des**: *des magasins*
> **de la** and **de l'** do not change: *de la rue, de l'homme*

### 3.1.1 Uses

The definite article is used much as in English, but it is also used in French in the following cases:

- before the names of continents, countries, regions and mountains:

  **La France, la Belgique, le Luxembourg** *et* **la Suisse** *sont les pays francophones de l'Europe.*
  **France**, **Belgium**, **Luxembourg** and **Switzerland** are the French-speaking countries of Europe.

... except when they are preceded by *en*:

  **En Belgique** *on parle aussi le flamand, et* **en Suisse** *l'allemand et l'italien.*
  **In Belgium** they also speak Flemish, and **in Switzerland** German and Italian.

... and except when *de* + the country is the equivalent of an adjective:

  *les fromages* **de France** *(= les fromages français)*
  *les vins* **d'Italie** *(= les vins italiens)*

and in a number of other expressions, such as:

  *le tour* **de France**

- when you talk about nouns in a general sense:

  **Le vin** *est un des produits principaux de cette région.*
  **Wine** is one of the main products of this region.

  *Je n'aime pas beaucoup* **le café**.
  I'm not very fond of **coffee**.

  *Il ne faut pas perdre* **l'espoir**.
  We must not lose **hope**.

  *Ils ont combattu pour* **la liberté**.
  They fought for **freedom**.

All the above examples refer to the noun (wine, coffee, hope, freedom) in general. When the noun denotes merely a part of what you're talking about (*some* wine, *some* coffee), the partitive article is used (see examples below in section 3.3).

- when talking of languages, except after *en*:

  **Le français** *n'est pas plus difficile que* **l'anglais**.
  **French** isn't any more difficult than **English**.

  *Dites-le* **en allemand**!
  Say it **in German**!

  ✏ Note: The article is usually omitted after *parler* unless the verb is qualified.

  *Votre sœur* **parle bien le français**! *Oui, et elle* **parle espagnol** *aussi!*
  Your sister **speaks French well**! Yes, and she **speaks Spanish** too!

- with parts of the body when they are the object of the verb:

*Ouvre **la bouche**!*
Open your **mouth**!

*Il m'a serré **la main**.*
He shook my **hand**.

*Je me suis coupé **le doigt**.*
I've cut my **finger**.

*Elle a **les yeux** bleus.*
She has blue **eyes**.

- when giving one measure or quantity 'per' another:

  *La vitesse maximum autorisée sur les autoroutes de France est de 130 kilomètres **à l'heure**.*
  The maximum speed allowed on French motorways is 130 kilometres **per hour**.

  *Les poires sont à 2 euros 50 **le** kilo.*
  The pears are 2 euros 50 **a** kilo.

  *Ces melons sont à 2 euros **la** pièce. (2 euros pièce is also possible.)*
  These melons are 2 euros **each**.

- before proper names when they are qualified by an adjective, and also before titles:

  ***La pauvre Claire** ne savait pas comment réagir.*
  **Poor Claire** did not know how to react.

  ***Le jeune Joël** est un bon exemple.*
  **Young Joël** is a good example.

  ***Le roi** Louis XIV; **le pape** Jean-Paul II.*
  **King** Louis XIV; **Pope** John Paul II.

📝 Note: The definite article is usually omitted before a noun 'in apposition' (that is, a noun which gives an alternative title to another):

  *Bruxelles, **capitale** de la Belgique et de l'Union européenne.*
  Brussels, **the capital** of Belgium and the European Union.

➡ **Exercise 1**

# 3.2 The indefinite article

The indefinite article (a/an) is **un** (m) and **une** (f). It shares its plural **des** (some/any) with the partitive article (see section 3.3 below).

| | |
|---|---|
| *un homme, **un** magasin (m)* | **a** man, **a** shop |
| *une femme, **une** rue (f)* | **a** woman, **a** street |
| *des hommes, **des** magasins,* | (**some**) men, shops, women, streets |
| *des femmes, **des** rues* | |

It is used as much as in English, with the following exceptions:

- It is omitted after *être* and *devenir* (= to become) + profession or occupation, except after *c'est*.

  Je **suis étudiant(e)** de langues.　　　　　**I'm a** language **student**.

  Il **est** enfin **devenu annonceur** à la télévision.
  He finally **became a** television **announcer**.

But you must use *c'est un/une* if the occupation is qualified by an adjective:

  C'est **une chanteuse** extraordinairement **populaire**.
  She's **a** tremendously **popular singer**.

- With the object of a negative verb (that is, after *pas*) *un/une* usually changes to *de* (see also sections 3.3 and 3.4 below):

  Qui **n'a pas de** glace?　　　　　Who **hasn't got an** ice cream?

  Il **n'y a pas de** restaurant dans cet hôtel.　There **isn't a** restaurant in that hotel.

➡ **Exercise 2**

# 3.3 The partitive article

This is *du, de la, de l', des,* and means 'some' or 'any'. It gets its name because it denotes part of a class of object or concept, not all of it.

  Je vais acheter **du lait**. As-tu **de l'argent**?
  I'm going to buy **some milk**. Have you got **any money**?

  Tu veux **de la soupe**? Cela te donnera **de l'énergie**!
  Would you like **some soup**? That will give you **some energy**!

  Est-ce que vous avez **des enfants**?　　　Have you got **any children**?

Be careful, because English often has no article, whereas the partitive article must not be left out in French:

  Il faut **de l'argent** et **de l'inspiration** pour tourner un film comme ça.
  You need money and inspiration to make a film like that.

- *De* (invariable) is usually used rather than *des* before an adjective which precedes a noun:

  Il y a **de belles plages** dans cette région.
  There are **some beautiful beaches** in that area.

... unless the adjective is regarded as a common part of the noun phrase or has no particular distinguishing force:

  Il y avait toujours **des belles filles** avec lui.
  There were always **some good-looking girls** with him.

➡ **Exercises 3, 4**

# 3.4 Expressions of quantity

*De* (invariable) is used after the following expressions of quantity:

*Il n'y avait pas **assez de** participants. Il n'y avait **pas de** participants.*
There weren't **enough** people taking part. There weren't **any** people taking part.

*Il y a **peu de** monde à cette époque de l'année.*
There are **few/not many** people at this time of year.

| | |
|---|---|
| *assez de* | enough, quite a lot of |
| *beaucoup de* | much, many, a lot of |
| *combien de?* | how much/many? |
| *(ne ... ) pas de* | not any, no |
| *peu de* | little, few, not much/many of |
| *un peu de* | a little/few of, a bit of |
| *trop de* | too much/many |
| *pas mal de (colloquial)* | quite a few |
| *autant de* | as much/many of ⎫ |
| *tant de* | so much/many of ⎭ |
| *plus de* | more of ⎫ (see also Chapter 6 |
| *moins de* | less of ⎭ on comparatives) |
| *une dizaine de* | about ten of ⎫ (see also section 12.1) |
| *une douzaine de* | about a dozen of ⎭ |

... and all weights, measures, containers:

| | |
|---|---|
| *un kilo de* | a kilo of |
| *une boîte de* | a tin of |
| *une tasse de* | a cup of |

***Combien de** tasses de café voulez-vous?*
**How many** cups of coffee do you want?

*Comment? **Pas de** vin?*
What? **No** wine?

- This rule does not apply after ***encore de*** (more), ***la plupart de*** and ***bien des*** (many). Note that ***bien des*** is only used in the plural.

*Tu veux prendre **encore du café**?*
Do you want some **more coffee**?

***Bien des règles** ont des exceptions!*
**Lots of rules** have exceptions!

- When **du/de la/de l'/des** means 'of the' or 'from the', it can be used after **all** the expressions of quantity listed above:

*Beaucoup **des** chambres que nous avons réservées sont au 8ème étage.*
A lot **of the** rooms we have booked are on the 8th floor.

*Peu **des** enfants qui étaient présents ont vu le Louvre.*
Few **of the** children present have seen the Louvre.

*Combien **des** tableaux que vous avez vus vous ont vraiment plu?*
How many **of the** pictures you saw did you really like?

 # METTEZ-VOUS AU POINT!

## 1 Les Britanniques s'installent dans le Périgord

Le journaliste qui a écrit l'article ci-dessous sur les Britanniques en France a oublié les articles définis et les contractions. Vous voudrez bien compléter son texte avec *le/la/les/l'* ou *au/aux/du/des*, en fonction du nom qui suit.

. . 1 . . Dordogne accueille depuis des décennies . . 2 . . sujets de Sa Gracieuse Majesté. De Nontron à Sarlat ou Bergerac, on peut vivre à . . 3 . . heure anglaise. . . 4 . . communes sont heureuses d'accueillir ces nouveaux arrivants, et . . 5 . . immigration britannique est bonne pour . . 6 . . affaires. . . 7 . . agents immobiliers, . . 8 . . paysagistes, . . 9 . . jardiniers sont heureux. . . 10 . . commerce est prospère. . . 11 . . maisons anciennes deviennent plus chères, et maintenant, c'est . . 12 . . tour . . 13 . . promoteurs de lotissements de s'enrichir. . . 14 . . seul obstacle . . 15 . . bonheur parfait, c'est . . 16 . . langue. . . 17 . . français, . . 18 . . multiples pièges, est en effet très difficile à apprendre.

## 2 Antoine, le chanteur des îles

Dans ce texte sur le chanteur Antoine, vous avez le choix entre un mot en italique ou aucun des deux mots.

Antoine est *un/de* chanteur très connu en France. Il est *un/de* chanteur et *un/de* poète et il est devenu *un/une* défenseur de la nature. Il est né dans *une/de* famille française à Madagascar en 1944, et il a étudié à l'Ecole Centrale à Paris. Mais l'envie de voyager a été plus forte. Dans les années 60, il a enregistré *de/un* premier disque et il a commencé à voyager. Maintenant, il voyage dans le Pacifique, et il n'y a pas *une/d'*émission sur le Pacifique où il n'apparaît pas.

Son île préférée est l'atoll de Tuamotu, *un/une* petit archipel de la Polynésie française. Avec son bateau, il est comme *un/une* escargot qui vit avec *de/une* maison sur le dos.

## 3 Le petit déjeuner des Français

Voici la rédaction d'un élève anglais sur le petit déjeuner des Français. Malheureusement, cet élève ne connaît pas les articles partitifs, et pour ne pas se tromper, il ne les a pas écrits. Vous voudrez bien compléter son texte avec l'article partitif (*du/de la/de l'/des*) qui convient.

*Au petit déjeuner, la plupart des Français mangent . . **1** . . pain, . . **2** . . beurre et . . **3** . . confiture ou . . **4** . . miel, et ils boivent . . **5** . . thé ou . . **6** . . café. Mais le régime alimentaire des jeunes est différent. Ils mangent . . **7** . . céréales, boivent . . **8** . . jus d'orange ou . . **9** . . chocolat chaud. Dans les hôtels, on vous proposera également . . **10** . . fromage, . . **11** . . jambon, . . **12** . . yaourts, . . **13** . . compote et . . **14** . . fruits, mais aussi quelquefois . . **15** . . œufs, . . **16** . . bacon et . . **17** . . bonnes tranches de pain grillé. Tout dépend des habitudes de chacun!*

## 4 La journée mondiale de la femme

Complétez le texte suivant avec l'article qui convient: soit un article défini (*le/la/l'/les*), soit un article indéfini (*un/une/des*), soit un article partitif (*du/de la/de l'/des*), soit un article contracté (*au/aux/du/des*).

Attention: il y a plusieurs articles contractés!

. . **1** . . journée mondiale de . . **2** . . femme sera marquée par . . **3** . . dizaines de manifestations à travers toute . . **4** . . France cette fin de semaine. A Paris, . . **5** . . grand défilé féministe se déroulera à partir de 15 heures . . **6** . . samedi 25 février depuis . . **7** . . place de la Concorde jusqu'à . . **8** . . Arc de Triomphe. Toutes . . **9** . . femmes appartenant . . **10** . . monde littéraire et artistique y seront présentes. Beaucoup . . **11** . . personnalités politiques participeront également . . **12** . . défilé. Pour faciliter . . **13** . . discussion et . . **14** . . information, . . **15** . . stands seront mis à . . **16** . . disposition . . **17** . . public par . . **18** . . éditeurs afin de lui permettre de s'informer sur . . **19** . . littérature féminine et féministe. . . **20** . . soir, à 21 heures, . . **21** . . grand spectacle animé par . . **22** . . femmes . . **23** . . show-business se déroulera à Bercy avec . . **24** . . extraordinaire rétrospective . . **25** . . mouvements . . **26** . . libération de . . **27** . . femme.

 **... ET EN ROUTE!**

## 5 Travaillez à deux, ou en deux équipes.

Le premier/La première pense à un personnage célèbre, et dit ce qu'il/elle est. L'autre pense à un adjectif ou a une subordonnée relative pour le/la décrire.

Exemple:

– *Gérard Depardieu est acteur.*
– *C'est un acteur français bien connu.*
– *C'est un acteur qui a fait beaucoup de films.*

## 6 Qu'est-ce que tu as dans ta poche?

La classe se divise en deux équipes. Un membre de l'équipe A demande à un membre de l'équipe B, par exemple: – *Est-ce que tu as un dictionnaire/une règle/des ciseaux dans ta poche (ton sac, etc.)?* Il/Elle gagnera un point chaque fois qu'il/elle utilisera un article correct. Lorsque l'article ne sera pas correct, c'est au tour de l'autre équipe de poser des questions.

## 7 Une biographie

Ecrivez la biographie d'une personne que vous connaissez bien, ou d'une personne célèbre. Une condition: vous devez employer au moins dix expressions de quantité!

Exemple:

*Monsieur X était industriel. Il avait toujours beaucoup de travail, mais il gagnait pas mal d'argent. Il disait qu'il passait la plupart de son temps au bureau, mais on entendait pas mal de rumeurs qu'il dînait avec sa secrétaire. Il y avait peu de preuves. On sait qu'il aimait boire quelques verres de whisky ...*

## 8 Le vide-greniers

Vous êtes chez votre correspondant(e) en France, et vous l'aidez à préparer un vide-grenier. Vous lui dictez les prix à écrire sur les étiquettes.

Utilisez euros + centimes

– Ces assiettes sont à quarante-cinq centimes pièce.
– Ces torchons sont à un euro soixante la paire.

## 9 Qu'est-ce qu'il vous faut?

Travaillez à deux ou trois. En utilisant beaucoup de noms avec leurs articles, discutez entre vous ce qu'il faut pour:

**a** faire une salade délicieuse
**b** construire une étagère pour votre chambre
**c** avoir un mariage heureux
**d** réussir comme professeur

Exemples:

*– Il faut de l'huile, des tomates, etc. ...*
*– Il faut de la tolérance, etc. ...*

# 4 Adjectives

 **MECANISMES**

An adjective describes a noun or pronoun: a **red** bus, a **modern** one.

## 4.1 The agreement of adjectives

In French, adjectives agree in gender (masculine/feminine) and number (singular/plural) with the noun(s) or pronoun(s) they describe.

### 4.1.1 Regular adjectives

The vast majority of adjectives agree as follows:

| masc sing | masc pl | fem sing | fem pl |
|---|---|---|---|
| un rideau **vert** | des rideaux **verts** | une nappe **verte** | des nappes **vertes** |
| *a green curtain* | *green curtains* | *a green tablecloth* | *green tablecloths* |

Adjectives ending in **-s** do not add a further **-s** in the masculine plural, and those ending in **-e** do not add a further **-e** in the feminine singular:

| masc sing | masc pl | fem sing | fem pl |
|---|---|---|---|
| un étudiant **anglais** | des étudiants **anglais** | une étudiante **anglaise** | des étudiantes **anglaises** |
| *an English student (m)* | *English students (m)* | *an English student (f)* | *English students (f)* |
| un rideau **jaune** | des rideaux **jaunes** | une nappe **jaune** | des nappes **jaunes** |
| *a yellow curtain* | *yellow curtains* | *a yellow tablecloth* | *yellow tablecloths* |

### 4.1.2 Irregular adjectives

- Adjectives, like nouns, ending in **-al** have a masculine plural in **-aux**, but the feminine is formed normally:

| masc sing | masc pl | fem sing | fem pl |
|---|---|---|---|
| un journal **national** | des journaux **nationaux** | une route **nationale** | des routes **nationales** |
| *a national newspaper* | *national newspapers* | *a national (main) road* | *national (main) roads* |

📝 Note these exceptions: *banals*, *navals*, *fatals*, *finals*.

- Adjectives ending in *-el*, *-n*, *-il*, *-eil*, *-ien*, and most in *-et* double the consonant in the feminine:

| masculine | feminine |
|---|---|
| un film sensationn**el**<br>des films sensationn**els**<br>*sensational film(s)* | une vedette sensationn**elle**<br>des vedettes sensationn**elles**<br>*sensational filmstar(s)* |
| un enfant mign**on**<br>des enfants mign**ons**<br>*sweet child(ren)* | une fille mign**onne**<br>des filles mign**onnes**<br>*sweet girl(s)* |
| un monsieur gent**il**<br>des messieurs gent**ils**<br>*kind gentleman/men* | une dame gent**ille**<br>des dames gent**illes**<br>*kind lady/ies* |
| un discours par**eil**<br>des discours par**eils**<br>*similar speech(es)* | une occasion par**eille**<br>des occasions par**eilles**<br>*similar occasion(s)* |
| un restaurant paris**ien**<br>des restaurants paris**iens**<br>*Parisian restaurant(s)* | une gare paris**ienne**<br>des gares paris**iennes**<br>*Parisian station(s)* |
| un pavillon coqu**et**<br>des pavillons coqu**ets**<br>*smart villa(s)* | une maison coqu**ette**<br>des maisons coqu**ettes**<br>*smart house(s)* |

📝 and also the following group: *bas/épais/gras/gros* ⟶ *basse/épaisse/grasse/grosse*

| | |
|---|---|
| un papier épai**s**<br>des papiers épai**s**<br>*thick paper(s)* | une couche épai**sse**<br>des couches épai**sses**<br>*thick layer(s)* |

- Adjectives ending in *-f* change this to *-ve* in the feminine:

| | |
|---|---|
| un pull neu**f**<br>des pulls neu**fs**<br>*new pullover(s)* | une jupe neu**ve**<br>des jupes neu**ves**<br>*new skirt(s)* |

📝 But note: *bref/brève*.

- Adjectives ending in **-er** have the feminine in **-ère**:

| | |
|---|---|
| un pull ch**er**<br>des pulls ch**ers**<br>*expensive pullover(s)* | une jupe ch**ère**<br>des jupes ch**ères**<br>*expensive skirt(s)* |

- Adjectives ending in **-x** do not add an **-s** in the masculine plural, and have their feminine in **-se**:

| | |
|---|---|
| un mari jalou**x**<br>des maris jalou**x**<br>*jealous husband(s)* | une femme jalou**se**<br>des femmes jalou**ses**<br>*jealous wife/ves* |

But note: **doux**, **faux**, **roux** ⟶ **douce**, **fausse**, **rousse**.

- Many adjectives ending in **-eur** also have their feminine in **-euse**, and those in **-teur** have **-trice** in the feminine:

| | |
|---|---|
| un garçon ri**eur**<br>des garçons ri**eurs**<br>*laughing boy(s)* | une fille ri**euse**<br>des filles ri**euses**<br>*laughing girl(s)* |
| un film évoca**teur**<br>des films évoca**teurs**<br>*evocative film(s)* | une scène évoca**trice**<br>des scènes évoca**trices**<br>*evocative scene(s)* |

Note: comparative adjectives such as **meilleur**, **supérieur**, **inférieur**, **antérieur**, **postérieur**, **ultérieur**, **majeur**, **mineur** are all regular.

- Adjectives ending in **-c** have their feminine in **-che**:

| | |
|---|---|
| un pull blan**c**<br>des pulls blan**cs**<br>*white pullover(s)* | une jupe blan**che**<br>des jupes blan**ches**<br>*white skirt(s)* |
| un pays s**ec**<br>des pays s**ecs**<br>*dry country/ies* | une rivière s**èche**<br>des rivières s**èches**<br>*dry river(s)* |

• The following have irregular feminine forms:

| masculine | feminine | |
|-----------|----------|---|
| bon | bonne | *good* |
| complet | complète | *complete, full* |
| discret | discrète | *discreet* |
| favori | favorite | *favourite* |
| frais | fraîche | *fresh/cool* |
| inquiet | inquiète | *anxious* |
| long | longue | *long* |
| public | publique | *public* |
| secret | secrète | *secret* |

✐ Note also the following group, which have an irregular feminine and also a special masculine form before a vowel or mute **h**:

| masculine | feminine | |
|-----------|----------|---|
| beau (bel) | belle | |
| beaux | belles | *beautiful* |
| nouveau (nouvel) | nouvelle | |
| nouveaux | nouvelles | *new* |
| fou (fol) | folle | |
| fous | folles | *mad, foolish* |
| mou (mol) | molle | |
| mous | molles | *soft* |
| vieux (vieil) | vieille | |
| vieux | vieilles | *old* |

*Le nouvel **an**.*
New **year**.

*C'est un vie**il ami**.*
He's an old **friend**.

- Remember that the present and past participles of verbs can be used as adjectives (see Chapter 30 for more details):

| | |
|---|---|
| *une lumière éblouiss**ante*** | a dazz**ling** light |
| *des oignons hach**és*** | chopp**ed** onions |

- Compound adjectives, some adjectives of colour derived from nouns, those of foreign origin (mainly English) colloquial 'shortened' adjectives and ***chic*** do not change:

| | |
|---|---|
| *une jupe bleu marine très **chic*** | a very **fashionable** navy-blue skirt |
| *des rideaux **or*** | **gold(en)** curtains |
| *une fille **cool*** | a **cool** girl |
| *des profs **sympa*** | **nice** teachers |
| *des parents **impec*** | **perfect** parents |

➡ **Exercises 1, 2, 3**

# 4.2 Position of adjectives

- The majority of French adjectives follow the noun they describe, as in most of the examples in the preceding section.

- A small number frequently come before the noun:

   *beau, bon, court, excellent, grand, gros, haut, jeune, joli, long, mauvais, méchant, meilleur, nouveau, petit, vieux, vilain*

and also 'determiner' adjectives such as ***aucun*** – no, ***ce*** – this, ***autre*** – other, ***chaque*** – each, ***plusieurs*** – several, ***quelque*** – some, ***tel*** – such, ***tout*** – all; and the possessives ***mon***, ***ton***, etc. (see Chapters 9 and 11).

   ***Ce*** *petit restaurant, avec son **jeune** personnel, ses **jolies** tables, sa **bonne** ambiance et ses **grosses** portions, sert les **meilleurs** repas de la ville.*
   **This** little restaurant, with its **young** staff, its **pretty** tables, its **nice** atmosphere and its **large** helpings, serves the **best** meals in town.

- Sometimes other adjectives are placed before the noun, either for effect or as a set phrase:

   *Il y avait là **un minable cinéma** qui passait d'épouvantables westerns de série B.*
   There was **a seedy cinema** which showed dreadful 'B grade' westerns.

   *Après **une rude journée** d'efforts, Julie se plongea dans un délicieux bain parfumé.*
   After **a hard day**, Julie plunged into a delightful scented bath.

- A small group of adjectives have a different meaning according to their position:

| | before noun | after noun |
|---|---|---|
| ancien | former | ancient |
| (un) certain | a certain | certain (definite, sure) |
| cher | dear (beloved) | dear (expensive) |
| dernier | last (latest or final) | last (the one before this) |
| différent | different (varied) | different (not the same) |
| même | same | the very |
| pauvre | poor (wretched) | poor (moneyless) |
| propre | own | clean |
| seul | only (one and only) | alone |
| simple | mere | simple (uncomplicated, easy) |
| vrai | real | true |

*Mon **cher** ami, c'est un **vrai** plaisir!*
My **dear** friend, it's a **real** pleasure!

- Adjectives can also occur elsewhere in the sentence, particularly as the complement of verbs such as ***être*** – be, ***sembler*** – seem, ***paraître*** – appear, ***devenir*** – become, ***avoir l'air*** – look. They have to agree in the usual way with the noun(s) they describe:

  ***Ma grand-mère** devient un peu **distraite**. Elle est assez **vieille** maintenant.*
  **My grandmother** is getting a bit **forgetful**. She's quite **old** now.

  *En arrivant, **les dames semblaient** un peu **contrariées**, mais elles sont parties **contentes**.*
  When they arrived **the ladies seemed** a bit **put out**, but they went away **happy**.

- When the adjective agrees with more than one noun, it takes the masculine plural form unless all the nouns are feminine:

  ***Les rideaux et les nappes** étaient vert**s**.*
  **The curtains and tablecloths** were green.

  *Il y avait **des nappes et des serviettes** vert**es**.*
  There were green **tablecloths and serviettes**.

- Don't forget that when adjectives refer to personal pronouns (***je***, ***tu***, ***nous***, ***vous***, ***on***) they take the gender and number of the pronoun:

  ***Nous** étions très fâché**(e)s**.*
  **We** were very angry.

  ***On** était très fâch**é**/fâch**ée**/fâch**és**/fâch**ées*** (see also Chapter 10).
  **We/They** were very angry. (Agreement depends on who ***on*** actually refers to.)

  ***Vous** en êtes content**(e)(s)**?*
  **Are you** happy about it?

- An adjective can stand apart from the noun it describes, although it still has to agree with it:

  *Peux-tu m'acheter **des pommes**, s'il te plaît? Je les préfère petit**es**.*
  Can you buy me **some apples**, please? I prefer them **small**.

... or it can be used as the noun:

  *Avec cette politique-là, **les riches** vivent plus longtemps que **les pauvres**.*
  With that policy, **the rich** live longer than **the poor**.

- When adjectives are used as nouns they are masculine:

  ***L'urgent** est de trouver une solution au problème.*
  **The pressing thing** is to find a solution to the problem.

  ***Le plus facile**, c'est de travailler au jour le jour.*
  **The easiest thing** is to work from day to day.

# 4.3 Purposes

- You cannot normally use a noun as an adjective in French:

  ***La solution au scandale des billets de concert du chœur de la cathédrale!***
  **Cathedral choir concert ticket scandal solution!**

Usually, if the noun indicates purpose, you use ***à***:

| | |
|---|---|
| *une tasse **à** thé* | a teacup |
| *une cuiller **à** soupe* | a soup spoon |
| *un pichet **à** eau* | a water jug |

Sometimes, however, in modern French, a noun may be placed after another to indicate use or purpose:

| | | | |
|---|---|---|---|
| *une carte-mémoire* | memory card | *un appareil-photo* | camera |

✍ Note: ***une tasse de thé*** = a cup of tea, ***un pichet d'eau*** = a jug of water.

Otherwise use ***de*** + noun:

| | |
|---|---|
| *un match **de** hockey* | a hockey match |
| *un terrain **de** football* | a football ground |
| *le train **de** Paris* | the Paris train |
| *un arrêt **d'**autobus* | a bus stop |

- French has few adjectives to describe the materials objects are made of. The most common way of describing these is to use ***en*** or ***de*** + noun:

| | |
|---|---|
| *une chemise **en** coton* | a cotton shirt |
| *un anneau **d'**argent* | a silver ring |

In general, you tend to use **en** when you are emphasising what the object is made of, and **de** when this is taken as known or unimportant:

*Il était vraiment **en or**, son collier? Non, il était **en plaqué**.*
Was her necklace really **gold**? No, it was **gold-plated**.

*Chantal portait une robe bleue, un collier **d'or** et des souliers vernis.*
Chantal was wearing a blue dress, a **gold** necklace and patent leather shoes.

 **Exercise 4**

# METTEZ-VOUS AU POINT!

## 1 On y mange bien!

On vous a recommandé un restaurant «Le rendez-vous des pêcheurs», où vous voulez inviter votre correspondant(e) français(e). Lorsqu'il/elle vous demande pourquoi, vous énumérez les qualités de ce restaurant. Complétez ces explications par l'adjectif qui convient et que vous accorderez avec le sujet de la phrase.

1 Le menu me semble très . . . .
2 Les serveuses sont très . . . . et la patronne est très . . . .
3 Les assiettes sont . . . . et les couverts en argent sont tout . . . .
4 Les prix des vins me paraissent . . . . et les desserts sont très . . . .
5 Malgré la qualité du menu, les prix restent . . . .
6 De plus, les tables sont joliment . . . . et les fleurs sont . . . . tous les jours.

| | | | | | | | | |
|---|---|---|---|---|---|---|---|---|
| neuf | copieux | | varié | gentil | courtois | | changé | joli |
| raisonnable | | | mis | | | abordable | | |

## 2 La cérémonie de l'échange de vœux

Cette cérémonie est, dans les mairies de France, l'occasion de distribuer médailles et récompenses. Voici le discours du maire d'une petite ville du centre de la France. Aidez-le à faire accorder les adjectifs contenus dans son texte.

Mesdames et messieurs, à l'occasion de la (nouveau) année, je m'adresse à vous, (cher) concitoyens, pour vous présenter mes meilleurs vœux, et je ne voudrais pas laisser passer cette (traditionnel) cérémonie sans remercier deux (dévoué) employées des services (municipal), Madame Monique Fauvette et Mademoiselle Thérèse Gomez. Au service de la mairie depuis trente (beau) années, (travailleur), (sérieux), entièrement (consacré) à leur tâche (municipal), elles ont servi la mairie et la ville sans épargner leurs forces (devenu) (fragile). Ce n'est pas sans une (réel) émotion que je tiens à les décorer de la médaille de la ville, et à leur dire, en votre nom à tous: nous vous souhaitons encore de (long), (beau) et (éblouissant) années dans le service (public) et nous espérons que nous pourrons encore profiter longtemps de votre compétence et de votre disponibilité (habituel) et maintenant (légendaire).

A toutes et à tous, (bon) année!

# 3  Les soins aux malades du SIDA

Voici un extrait d'un journal médical français qui parle des soins à apporter aux malades du SIDA. Vous voudrez bien compléter ce texte à l'aide des adjectifs contenus dans la case ci-dessous. L'accord des adjectifs pourra vous guider.

résistants    solide    excellente    quotidiennes    particulières    familial

mises    globale    médical    nouveaux    social

grandissants

sociaux    hospitaliers    atteintes    psychologiques

médicaux

L'objectif des centres . . 1 . . est d'assurer une prise en charge . . 2 . . des malades prenant en compte non seulement leurs besoins . . 3 . . mais aussi leurs besoins . . 4 . . et . . 5 . . . Ceci nécessite une . . 6 . . information des intervenants sur tous les aspects du SIDA. Il faut faire tomber des tabous parfois . . 7 . . Le suivi . . 8 . . nécessite au moins deux visites . . 9 . . du médecin et beaucoup plus des infirmières. Des techniques . . 10 . . doivent être . . 11 . . en place. Les médecins et infirmières doivent s'attacher à avoir une . . 12 . . connaissance des patients et de leur environnement . . 13 . . et . . 14 . . . Face aux besoins . . 15 . . des personnes . . 16 . . par le VIH*, de . . 17 . . centres d'accueil s'ouvrent un peu partout en France.

\* VIH = *HIV*

# 4  La déclaration de vol

Au cours d'un voyage en France, on vous vole votre valise. Vous essayez de vous souvenir de son contenu afin de faire votre déclaration à la police, mais dans votre confusion, vous ne savez plus très bien ce qu'il y avait. Combinez chaque élément de la liste A à un élément de la liste B afin de décrire avec précision ce que contenait votre valise.

| A | B |
|---|---|
| un pantalon | de bain |
| deux chemises | en nylon |
| un appareil | en cuir |
| deux cartes | du soir |
| des lunettes | photo numérique |
| des jumelles | en coton |
| deux maillots | de théâtre |
| cinq T-shirts | en soie |
| un portefeuille | de toile |
| des chaussures | de toilette |
| deux bermudas | de plongée |
| une trousse | mémoire |

## ... ET EN ROUTE!

## 5 Qu'est-ce que je vois?

Quand vous étiez petit(e), vous jouiez bien sûr à «*I spy*», donnant la première lettre d'un objet que les autres devaient deviner. Voici le même jeu, mais il faut donner l'initiale du nom et d'un adjectif qui le décrive.

Exemple:

*Je vois quelque chose qui commence par J.N.* ⟶ *une jupe noire*

*C.M.* ⟶ *des chaussures marron*

Si vos camarades devinent correctement le nom ou l'adjectif seul, il faut l'accepter avant de continuer. Vous pouvez jouer à un niveau simple ou plus sophistiqué selon votre choix:

*Je vois quelque chose qui commence par P.I.* ⟶ *un professeur intellectuel*

## 6 Quelques portraits

**a** Vous allez travailler comme fille/garçon au pair dans une famille parisienne. Vous arriverez à la gare du Nord par le train Eurostar, et on viendra vous chercher. Bien que vous ayez envoyé une photo à cette famille, vous voulez être sûr(e) que tout ira bien, alors vous téléphonez pour faire une description détaillée de votre physique et des vêtements que vous porterez. Mettez au moins 10 détails avec la couleur, le tissu, etc.

Exemple:

*Je suis assez grand(e), j'ai les cheveux ... , je serai habillé(e) en jean ...*

**b** Vous recherchez la généalogie de votre famille, et vous venez de trouver une photo ou un dessin de votre arrière-grand-mère/père. Faites une description de cette personne, en employant un bon nombre d'adjectifs. Comment était-elle/il? Qu'est-ce qu'elle/il portait? Etait-elle/il typique des gens de son époque?

## 7 Etes-vous bon(ne) représentant(e)?

Chaque étudiant(e) apporte en classe deux ou trois objets ordinaires, par exemple, un cintre, un bic, un calendrier, une tasse à café, une laisse de chien, un album de photos, etc. Votre but est de persuader vos 'clients' (vos camarades) de les acheter. Il faut donc en faire une description (la couleur, la grosseur, la matière, le mode d'emploi), en utilisant le plus grand nombre possible d'adjectifs et de phrases adjectivales.

Exemple:

*Cette gamme d'enveloppes est superbe! Elles sont fabriquées en plastique transparent, avec rabat auto-adhésif. Pas de problème de mauvais goûts ni de microbes nocifs après avoir léché l'enveloppe, ni de douaniers fouinards! Nous les fabriquons de toutes les dimensions, et de toutes les couleurs: grandes, moyennes, petites, brunes, blanches, grises! C'est la méthode efficace pour envoyer votre courrier!*

## 8  Développez votre esprit critique!

Cet exercice doit se faire au niveau abstrait. Choisissez quelque chose qui entre dans une des rubriques ci-dessous et faites-en une courte critique, en employant autant que possible des adjectifs abstraits. Vous aurez sans doute besoin d'un dictionnaire pour rechercher ces mots. Essayez de trouver 10 adjectifs pour décrire chaque titre que vous choisissez, et faites attention à l'accord.

– un film ou un programme de télévision
– un concert
– un match de football, de tennis ou de n'importe quel sport
– une guerre
– une de vos propres expériences
– un séjour de vacances
– une philosophie
– un examen ou un cours
– une aventure
– un paysage
– une peinture ou une sculpture.

Voici comme exemple une sélection d'adjectifs pour décrire un journal:

*Ce journal est ennuyeux / intéressant / osé / simpliste / absurde / affreux / habile / astucieux / instructif / effronté / impitoyable / moralisateur / tendentieux / pompeux / etc.*

## 9  Le/La baby-sitter s'en va

Vous ne voulez plus être baby-sitter car l'enfant que vous gardez est intrépide, remuant, arrogant, exaspérant, etc. ... Ecrivez une lettre à votre employeur pour donner votre démission. Utilisez une bonne gamme d'adjectifs pour décrire ce gamin impossible!

# 5 Adverbs

 **MECANISMES**

Chapter 4 looked at adjectives, which describe nouns and pronouns. Adverbs qualify other parts of speech, most commonly:

- verbs (We **finished** it **quickly**.)
- adjectives (We found the journey **amazingly easy**.)
- other adverbs (We got here **amazingly quickly**.)

Adverbs have two main forms:

- those which are single words in their own right. They can be, amongst other things:

  adverbs of degree: **très** – very, **assez** – enough, **peu** – not very, **beaucoup** – a lot
  adverbs of time: **souvent** – often, **déjà** – already, **bientôt** – soon
  adverbs of place: **ici** – here, **là** – there, **partout** – everywhere
  adverbs of situation: **ensemble** – together, **debout** – standing up

- those which are formed from adjectives. In English you add '-ly' to adjectives, with or without minor spelling adjustments: easy ⟶ easily, quick ⟶ quickly.

## 5.1 Formation of adverbs

To make an adjective into an adverb in French, in the majority of cases, you add **-ment** to the feminine of the adjective.

| | | | | |
|---|---|---|---|---|
| *franc* ⟶ | *franche* ⟶ | *franchement* | frank ⟶ | frankly |
| *heureux* ⟶ | *heureuse* ⟶ | *heureusement* | happy ⟶ | happily |
| *doux* ⟶ | *douce* ⟶ | *doucement* | gentle ⟶ | gently |

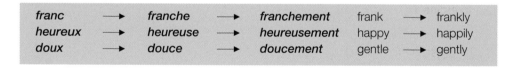 Note the following, however:

- The majority of adjectives ending in **-ant** and **-ent** change **-nt** to **m** before adding **-ment**:

| | | | |
|---|---|---|---|
| *apparent* ⟶ | *apparemment* | apparent ⟶ | apparently |
| *violent* ⟶ | *violemment* | violent ⟶ | violently |
| *courant* ⟶ | *couramment* | current ⟶ | currently/fluently |
| but not: *lent* ⟶ | *lentement* | slow ⟶ | slowly |

- Adjectives ending in *i* or *u* add *-ment* to the masculine form:

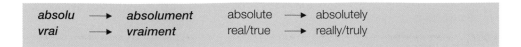

| | | | |
|---|---|---|---|
| *absolu* → *absolument* | absolute → absolutely |
| *vrai* → *vraiment* | real/true → really/truly |

- Some adjectives change the 'mute' *e* to *-é*: and this change is sounded:

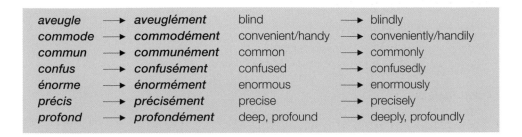

| | | |
|---|---|---|
| *aveugle* → *aveuglément* | blind → blindly |
| *commode* → *commodément* | convenient/handy → conveniently/handily |
| *commun* → *communément* | common → commonly |
| *confus* → *confusément* | confused → confusedly |
| *énorme* → *énormément* | enormous → enormously |
| *précis* → *précisément* | precise → precisely |
| *profond* → *profondément* | deep, profound → deeply, profoundly |

Note also these common exceptions:

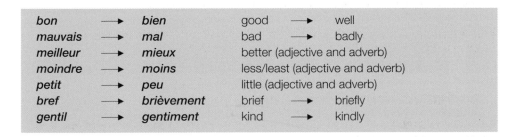

| | | |
|---|---|---|
| *bon* → *bien* | good → well |
| *mauvais* → *mal* | bad → badly |
| *meilleur* → *mieux* | better (adjective and adverb) |
| *moindre* → *moins* | less/least (adjective and adverb) |
| *petit* → *peu* | little (adjective and adverb) |
| *bref* → *brièvement* | brief → briefly |
| *gentil* → *gentiment* | kind → kindly |

**► Exercise 1**

# 5.2 Adverbial phrases

Sometimes a whole phrase is used instead of an adverb:

*Maigret examina **avec soin** les traces de sang.*
Maigret **carefully** examined the traces of blood.

*Nous attendons **avec impatience** votre prochaine visite.*
We await your next visit **impatiently**. (= We are looking forward to your next visit).

A few adjectives do not have an adverbial form (for example, ***charmant***, ***enthousiaste***, ***fâché***, ***irrité***, ***intéressant***). In these cases you have to use an adverbial phrase such as ***d'une manière/façon*** or ***d'un ton*** + adjective or ***avec*** + noun:

*Elle a présenté le bouquet de fleurs **d'une manière charmante**.*
She presented the bouquet of flowers **charmingly**.

*Le président de la réunion réagit **avec enthousiasme**.*
The chairperson of the meeting reacted **enthusiastically**.

➤ **Exercise 2**

## 5.3 Adjectives used as adverbs

Some adjectives are used as adverbs in combination with certain verbs:

*Je **parlais** très **fort** mais il ne comprenait rien.*
I was **speaking** very **loud(ly)** but he was understanding nothing.

✎ Note also:

| | |
|---|---|
| *aller tout droit* | to go straight on |
| *chanter faux* | to sing out of tune |
| *coûter cher* | to cost dear(ly) |
| *payer cher* | to pay dear(ly) |
| *parler bas* | to speak quietly, keep one's voice down |
| *refuser net* | to refuse point blank |
| *travailler dur* | to work hard |
| *voir clair* | to see clearly |

• **Soudain** is often used as an adverb:

**Soudain**, *nous étions dans Paris.*
**Suddenly** we were into Paris.

• **Fort** can be used as a slightly more emphatic form of **très**:

*Ils étaient tous **fort** fatigués.*
They were all **very** tired **indeed**.

✎ Note, however, that **vite** is an adverb and cannot be used as an adjective (which would be **rapide**):

*Le TGV est un train très **rapide**. Il roule très, très **vite**!*
The TGV is a very **fast** train. It travels very, very **fast**!

➤ **Exercise 3**

## 5.4 Adverbs of degree

There are a number of adverbs which are used to qualify an adjective or another adverb, indicating the degree of the quality described:

| | | | |
|---|---|---|---|
| *très joli* | very pretty | *extraordinairement bien* | extremely well |
| *assez bon* | quite good | *bien cuit* | well cooked |

Note also the following construction with **si** or **tellement** (so):

*La foule était **si** grande qu'il était impossible de rien voir.*
The crowd was **so** large (that) it was impossible to see anything.

*Peter parle **tellement** bien qu'on le prendrait pour un vrai Français.*
Peter speaks **so** well that you would take him for a real Frenchman.

## 5.5  The position of adverbs

In French, adverbs which qualify a verb come as close to it as possible, usually directly after it (there is far less flexibility in their position than in English):

*Nous **allons souvent** au théâtre.*
We **often go** to the theatre/We go to the theatre often.

*Le professeur **expliquait soigneusement** le problème à ses élèves.*
The teacher **was explaining** the problem to his pupils **carefully**./The teacher **was carefully explaining** the problem to his pupils.

Adverbs of time usually come before a past participle:

*J'ai **déjà vu** ce film-là.*
I've **already seen** that film.

*Nous sommes **bientôt arrivés** à Bruxelles.*
We **soon arrived** in Brussels.

 **METTEZ-VOUS AU POINT!**

### 1  L'appareil photo numérique à la portée de tous

Dans un magasin de produits high-tech, le vendeur vante le mérite d'un appareil photo numérique à un monsieur qui n'y connaît rien. Vous compléterez ces phrases en formant des adverbes à partir des adjectifs qui sont sur la droite. Vous pouvez utiliser indifféremment n'importe quel adverbe, sauf pour *intelligent*:

| | |
|---|---|
| Vous brancherez votre appareil photo sur votre P.C. | intelligent |
| Vous enverrez des photos de vacances à vos amis | facile |
| Vous stockerez des dizaines de photos sur votre carte-mémoire | rapide |
| Vous effacerez vos mauvaises photos | commode |
| Vous enregistrerez vos photos sur votre disque dur | aisé |
| Vous imprimerez vos photos | franc |
| Vous réaliserez des montages avec texte | efficace |
| Vous dépenserez votre argent | méticuleux |

Bref, en un petit clic de souris, vous pourrez revivre toutes vos vacances de façon fort agréable, et les faire partager à vos amis.

## 2  Le/La secrétaire est à bout de nerfs

Vous êtes le/la secrétaire du directeur/de la directrice d'une fabrique d'appareils ménagers. Vous en avez assez de l'agressivité et de l'impolitesse des clients et des fournisseurs pressés. Voici l'affiche que vous mettez à la porte de votre bureau; vous exigez qu'on la lise avant d'entrer. Afin de rendre chaque recommandation plus percutante, vous cherchez à utiliser des adverbes de manière en «ment».

Exemple:

*Entrez dans ce bureau sans bruit.* ⟶ *N'entrez pas dans ce bureau bruyamment.*

1  Entrez dans ce bureau sans agressivité, sans violence.
2  Veuillez me parler avec respect, politesse et courtoisie.
3  Ne me regardez pas d'un regard goulu. Regardez-moi avec délicatesse et douceur!
4  Expliquez-moi les choses avec simplicité. Ne me parlez pas avec des théories savantes.
5  Lisez les notices des appareils avec attention. Effectuez les opérations les unes après les autres, de manière successive.
6  Consultez-moi avec régularité.
7  Présentez-moi vos produits avec des mots précis. Faites vos démonstrations sans lenteur ni vitesse excessive.
8  Soyez prudent lorsque vous m'annoncez un prix.
9  Dans tous les cas, ayez une attention constante.

## 3  La foire à la brocante

Vous êtes allé(e) à une foire à la brocante en France et vous avez été fort surpris(e) par le volume sonore. Voici le récit que vous en faites à votre correspondant(e) à votre retour à la maison. Remplacez les pointillés par les adverbes ci-dessous.

*Oh! C'était affreux! Tout le monde parlait . . 1 . . et tout coûtait très . . 2 . . . En plus, il pleuvait et je ne voyais pas . . 3 . . avec mes lunettes. Un camelot m'a interpellé; il voulait me vendre une vieille lampe. J'ai refusé tout . . 4 . . et j'ai marché . . 5 . . devant moi. Il y avait un haut-parleur qui diffusait des vieilles rengaines chantées par des artistes qui chantaient. . . 6 . . Un peu plus loin, il y avait des marchands de fleurs. Là, au moins, ça sentait . . 7 . . , mais ils parlaient toujours aussi . . 8 . . et j'avais mal à la tête. Alors, j'ai décidé de rentrer.*

| droit | clair | faux | net | fort (×2) | bon | cher |

 **... ET EN ROUTE!**

## 4 Faites-le comme il faut!

Travaillez à deux. L'un(e) d'entre vous doit nommer une action, et l'autre doit suggérer des adverbes qui indiquent comment on devrait la faire. Au bout de quelques minutes, tous les groupes de deux doivent faire un rapport en commun au professeur.

Exemple:

*prendre le dîner: lentement, poliment, ensemble, tout de suite.*

## 5 A l'agence de publicité

Vous travaillez dans une agence de publicité, et votre patron vous a proposé d'inventer des slogans publicitaires pour une variété de produits.

**a** Voici une liste de quelques adverbes et de quelques produits. Essayez de les assortir: vous pouvez utiliser chaque adverbe ou produit plus d'une fois si vous le voulez.

| *Les adverbes:* | *Les produits:* |
|---|---|
| silencieusement | une confiture |
| soigneusement | une pâte dentifrice |
| efficacement | un lave-vaisselle |
| exactement | un fromage |
| rapidement | une cassette de français |
| étonnamment bien | un autoradio |
| franchement bien | une promotion de voyages |
| vraiment beau/belle | une tondeuse à gazon |
| spécialement content(e) | un rasoir |
| facilement | un dictionnaire de français |
| confortablement | un ordinateur |
| clairement | un CD-ROM |

Exemple:

*Vous travaillerez facilement avec notre nouveau dictionnaire de français.*

**b** Travaillez en deux équipes. En utilisant encore d'autres adverbes, une équipe fait un slogan contenant un adverbe, l'autre équipe doit deviner le produit.

**c** Continuez dans vos équipes. Une équipe doit nommer un produit, l'autre doit répondre avec un slogan contenant un adverbe.

# 6 Comparative of adjectives and adverbs

 **MECANISMES**

There are various ways of comparing people, things, actions: 'more ... than', 'less ... than', 'as ... as', 'not so ... as'.

## 6.1 Adjectives

### 6.1.1 More ... than

In English we either add '-er' to an adjective ('bigger', 'prettier') or use 'more' before the adjective ('more interesting'). In French, in all but a couple of cases, you use **plus** + adjective + **que**.

> *La France est **plus grande que** la Belgique.*
> France is **bigger than** Belgium.

> *Le français est **plus facile que** le chinois.*
> French is **easier than** Chinese.

> *La région parisienne est **plus peuplée que** le Périgord.*
> The Paris area is **more populated than** the Périgord.

It is not always necessary to express the object of comparison (so you don't need 'than'):

> *Je voudrais une assiette **plus grande**, s'il vous plaît.*
> I'd like a **bigger** plate, please.

The only exceptions to the rule are **meilleur** (better), **pire** (worse) and **moindre** (lesser, lower). **Pire** in modern French is only used after **être**, **sembler**, and similar verbs, and only in an abstract sense. You use **plus mauvais** in most cases:

> *Attendons une **meilleure** période de l'année.*
> Let's wait for a **better** time of year.

> *C'est une ville de **moindre** importance, où les bâtiments sont de **moindre** qualité.*
> It's a town of **lesser** importance, where the buildings are of **lower** quality.

> *Je connais un **plus mauvais** cas. Ces cas sont **pires** maintenant qu'il y a quelques années.*
> I know a **worse** case. These cases are **worse** now than a few years ago.

### 6.1.2 Less ... than

This works in the same way as the 'positive' comparative: you simply use **moins** + adjective + **que**.

*Cette jupe est **moins chère que** celle-là.*
This skirt is **less expensive than** that one.

*Cette phrase est **moins correcte que** l'autre.*
This phrase is **less correct than** the other one.

*Je cherche un itinéraire **moins compliqué**.*
I'm looking for a **less complicated** route.

## 6.1.3  Comparing equals

You use *aussi ... que* for 'as ... as':

*Ce restaurant est **aussi bon que** l'autre.*
This restaurant is **as good as** the other.

*Mon vélo n'est pas **aussi neuf que** le tien.*
My bike isn't **as new as** yours.

➤ **Exercise 1**

## 6.1.4  Comparison with a number

When the object of comparison is a number, *plus* and *moins* are followed by *de* not *que*:

*Il y avait **plus/moins de** vingt personnes dans la salle.*
There were **more/less than** twenty people in the room.

➤ **Exercise 2**

## 6.1.5  Comparison with a clause

When the object of comparison is a clause, the verb in that clause is preceded by *ne*:

*Ce type a l'esprit **plus vif que je ne** pensais!*
That guy is **more quick-witted than** I thought!

*Nous avons eu **moins de temps que nous ne** croyions.*
We had **less time than** we expected.

## 6.1.6  More and more

✎ Note: *de plus en plus* = more and more, '...-er and ...-er'; *de moins en moins* = less and less:

*La route devenait **de plus en plus étroite** et **de moins en moins facile** à suivre sur la carte.*
The road was becoming **narrower and narrower**, and **less and less easy** to follow on the map.

# 6.2 Adverbs

Adverbs can be compared in exactly the same ways as the adjectives above:

*Cela arrive **plus fréquemment** de nos jours **que** dans le passé.*
That happens **more frequently** now **than** in the past.

*Monique parle l'allemand **moins couramment que** le français.*
Monique speaks German **less fluently than** French.

*On mange **aussi bien** ici **qu'**ailleurs.*
You eat **as well** here **as** elsewhere.

*On ne mange pas **si bien** ici **que** dans le restaurant d'en face.*
You don't eat **so well** here **as** in the restaurant opposite.

*Ils sont arrivés **plus tôt que** nous **ne** pensions.*
They arrived **earlier than** we thought.

*Le train semblait aller **de plus en plus lentement**.*
The train seemed to be going **slower and slower**.

📝 Note: ***mieux*** (= better) is to ***bien*** (well) as ***meilleur*** (better) is to ***bon*** (good). In other words, ***mieux*** is an adverb and describes verbs – and doesn't agree; ***meilleur*** is an adjective and describes nouns – and agrees.

*Vous parlez français **mieux que moi**, mais je crois que mon allemand est **meilleur que** le vôtre.*
You speak French **better than** I do, but I think my German is **better than yours**.

***Pis*** exists as the comparative of ***mal*** (= badly), but is now only used in set phrases: ***tant pis!*** (too bad!).

## 6.2.1 More of, less of and as much of

The comparatives of ***beaucoup (de)*** and ***peu (de)*** are ***plus (de)*** = 'more (of)' and ***moins (de)*** = 'less (of)' respectively:

*Il y a beaucoup d'explications dans ce livre-ci, mais dans celui-là il y a **plus d'**exemples.*
There are lots of explanations in this book, but in that one there are **more** examples.

*Martin a cueilli de bons champignons, mais moi, j'en ai cueilli **plus**!*
Martin has picked some nice mushrooms but I've picked **more (of them)**!

***Autant que*** means 'as much/many (of) ... as':

*J'ai cueilli **autant de** champignons **que** lui!*
I've picked **as many** mushrooms **as** he has!

*Il n'a pas cueilli **autant de** champignons **que** moi.*
He hasn't picked **as many** mushrooms **as** me.

📝 Note: ***autant que possible*** – as much as possible.

➡ **Exercise 3**

## 6.2.2  The more ... the more

Note the following:

> **Plus** je travaille, **plus** je fais des progrès.
> **The more** I work, **the more** progress I make.

> **Moins** j'y pense, **moins** je m'en préoccupe.
> **The less** I think about it, **the less** I'm worried about it.

> **Plus** je travaille, **moins** je fais des progrès.
> **The more** I work, **the less** progress I make.

➡ **Exercise 4**

 # METTEZ-VOUS AU POINT!

## 1  Connaissez-vous l'Union européenne?

Ces affirmations concernant l'Union européenne sont toutes fausses. Essayez de les corriger en utilisant les diverses formes des comparatifs: *plus que, aussi que, pas aussi que, moins que*.

1   La Grèce est plus peuplée que l'Espagne.
2   L'Italie a une plus grande superficie que la Pologne.
3   Les Carpates sont plus élevées que les Alpes.
4   La Slovaquie est plus au sud que la Hongrie.
5   En Suisse, on utilise autant l'euro que le franc suisse.
6   La superficie de Malte est aussi grande que celle du Luxembourg.
7   On boit moins de bière en Allemagne qu'aux Pays-Bas.
8   La Slovénie est entrée dans l'Union européenne plus tôt que le Portugal.
9   L'Estonie est moins peuplée que Chypre.
10   La Grèce est aussi touristique que la Lettonie.

## 2  Qui en a le plus?

Toujours en comparant les pays de l'Europe des 27, complétez les propositions suivantes avec *que* ou *de*:

1   La France a plus d'habitants . . . . la Lituanie.
2   La Bulgarie a plus . . . . 20 millions d'habitants.
3   La Tamise est moins longue . . . . le Rhin.
4   Le Royaume-Uni a moins de chômage . . . . la Pologne.
5   Les trois états baltes ont moins . . . . 5 millions d'habitants.
6   Il y a plus . . . . trois pays qui parlent une langue romane.
7   En Europe, il y a plus de pays catholiques . . . . de pays protestants.

## 3 La géographie de l'Europe

A l'aide d'un dictionnaire et peut-être d'un atlas, comparez les différents pays de l'Union européenne, le nombre d'habitants des pays et des villes, le nombre de régions, les productions, les autoroutes, les hôpitaux, etc. ...

Exemples:

*Le Royaume Uni a presque autant d'habitants que l'Italie.*
*La Grèce ne produit pas autant d'énergie nucléaire que la France.*

## 4 Il n'est jamais content

Paul est un millionnaire insatisfait. Exprimez son insatisfaction à l'aide d'un double comparatif de votre choix.

Exemples:

*Il gagne beaucoup d'argent.*
*Plus il gagne d'argent, plus il paie d'impôts.*

1   Il travaille beaucoup.
2   Il se couche tard.
3   Il a trois grandes maisons.
4   Il a une voiture de sport très rapide.
5   Il fréquente les restaurants les plus chers.
6   Il est membre de plusieurs clubs de golf très chic.
7   Sa femme et ses enfants vont en vacances à Tahiti trois fois par an.
8   Il possède quatre bateaux de plaisance dans différents ports de la Méditerranée.

 **... ET EN ROUTE!**

## 5 Moi, je suis plus parfait(e) que toi!

Voici un exercice simple et une occasion pour dire dans quels domaines vous êtes meilleur(e) que vos camarades. Travaillez à deux, et échangez des observations. N'oubliez pas de faire accorder vos adjectifs!

Exemples:

*Moi, je suis plus habile, plus intelligent(e), plus grand(e) que toi!*
*Toi, tu es moins sensible, moins riche, tu n'es pas aussi élégant(e) que moi.*

# 6  Comment j'étais il y a 10 ans?

Apportez une photo de vous-même ou d'un membre de votre famille il y a 10 ou 12 ans. Décrivez-vous en vous comparant à aujourd'hui.

Exemple:

*Il y a 10 ans j'avais les cheveux plus longs … mon père avait le visage plus rond …*

# 7  Un peu de sociologie

Lancez le débat tous ensemble, ou en groupes de quatre ou cinq, à propos de la distribution sociale de votre ville ou de votre région, en faisant le plus grand nombre de comparaisons possibles.

Exemple:

*Ici à X-ville, les habitants du quartier A de la ville sont plus riches que dans les autres quartiers. Dans les quartiers B et C, il y a plus de chômage. Les maisons du quartier D sont plus modernes que dans le quartier est. On trouve moins de voitures privées dans le quartier C, mais ironiquement plus d'antennes paraboliques …*

Parlez des habitants, de leurs problèmes, de la distribution de la richesse et des classes sociales, du logement et des divers types de maison, des magasins et des centres commerciaux, etc.

# 8  Entre deux villes

Ecrivez une courte comparaison entre deux villes, villages ou même régions que vous connaissez bien. Vous pourriez écrire sur deux villes de votre région, par exemple Edimbourg/Glasgow, Oxford/Reading, Margate/Ramsgate, Liverpool/Manchester, Plymouth/Torquay, ou bien vous pourriez comparer deux villes françaises ou belges que vous avez visitées et que vous connaissez bien (Rouen/Le Havre, Bruxelles/Anvers, etc.).

Exemple:

*Bristol est beaucoup plus grand que Bath, et plus industriel. On pourrait dire que Bath est plus touristique que Bristol, mais les habitants de Bristol n'admettraient pas que Bath soit aussi historique. Ils diraient plutôt que les habitants de Bath sont plus snob! …*

# 7 Superlative of adjectives and adverbs

 **MECANISMES**

## 7.1 The superlative of adjectives

The superlative in English ends in '-est' ('biggest, smallest'), or we use 'most' before the adjective ('most interesting'). For the negative superlative we use 'least' before any adjective. In French you use *le/la/les plus/moins* followed by the adjective:

> C'est **la plus jeune** équipe de la ligue.
> It's the **youngest** team in the league.

This means that when the adjective follows the noun, as most do, the article occurs twice: before the noun and in the superlative:

> C'est **l'**équipe **la** plus prometteuse de la ligue.
> It's the most promising team in the league.

> **Les** produits **les** plus séduisants de l'île se vendent sur ce marché.
> The island's most attractive products are sold in this market.

> **La** solution **la** moins acceptable est de démissionner.
> The least acceptable solution is to resign.

Note the use of **de** for 'in' after a superlative, as in the examples above.

Note the need to put the verb in the subjunctive in a relative clause after the superlative (see Chapter 37):

> C'est le film le plus passionnant que nous **ayons** jamais vu.
> It's the most exciting film we have ever seen.

*le moindre* = 'the least', 'the slightest', 'the lowest':

> Il est venu sans **la moindre** protestation.
> He came without **the slightest** protest.

> Il faut chercher **le moindre** prix.
> We have to get **the lowest** price.

*le pire* is only used in formal language or in mental or emotional reactions:

> Nous imaginions **le pire**.
> We were imagining **the worst**.

➡ **Exercise 1**

## 7.2  The superlative of adverbs

These are formed in basically the same ways as for adjectives, with *le plus* or *le moins*, but as adverbs do not agree, the definite article is always the masculine *le*:

> *De tous les étudiants, c'est Christine qui parle français **le** plus couramment.*
> Of all the students, Christine speaks French **the** most fluently.

Remember that *le mieux* is the adverbial form of 'best', and that used with it *le* is invariable, as it qualifies the adverb, not any adjective that may follow it:

> *Oui, je vous assure que c'est elle qui le parle **le mieux**.*
> Yes, I assure you, she speaks it **best**.

The superlatives of ***beaucoup*** and ***peu*** are *le plus* ('the most') and *le moins* ('the least') respectively. Remember that when it is used in this sense the final *s* of *plus* is sounded.

> *Quand même, c'est Richard qui travaille **le plus**.*
> However, it's Richard who works **the most**.

 **Exercise 2**

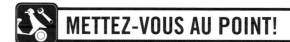 METTEZ-VOUS AU POINT!

## 1  Un saupoudrage de culture française

Voici quelques faits concernant la France et les Français. Vous transformerez les phrases soulignées en les mettant au superlatif. (Attention à l'accord des adjectifs!)

Exemples:

*La Loire est un long fleuve.*
*La Loire est le fleuve le plus long de France.*

1   La chaîne montagneuse des Alpes est <u>très élevée</u>.
2   Les Vosges sont <u>des montagnes aux formes très arrondies</u>.
3   Paris est <u>une ville très cosmopolite</u>.
4   Marseille connaît <u>une immigration très importante</u>.
5   Le Nord et l'Est de la France sont des régions <u>touchées par le chômage</u>.
6   Les banlieues nord et est de Paris sont celles où les problèmes sociaux sont <u>graves</u>.
7   Tati est <u>un magasin très bon marché à</u> Paris.
8   La Tour Eiffel est <u>un monument très visité</u>.
9   La Joconde est <u>une peinture très admirée au</u> Louvre.
10  Les bouquinistes des quais de la Seine sont <u>très connus dans le</u> monde entier.

## 2 La fête au collège

Un professeur de musique prépare une fête de fin d'année à son collège. Il sélectionne les classes qui y participeront en fonction de leurs aptitudes. Vous exprimerez ses choix à l'aide d'adverbes au superlatif.

Exemple:

*Les 5ème3 feront l'accueil. Ils sont très polis.*
*Ce sont eux qui feront l'accueil le plus poliment.*

1 Les filles de 6ème2 feront le ballet aquatique. Elles sont très gracieuses.
2 Les 3ème4 feront le sketch en anglais. Ils parlent bien l'anglais.
3 Les 4ème6 vendront les billets. Ils sont très sérieux.
4 Les garçons de 3ème2 feront le numéro de saut à la perche. Ils sont adroits.
5 Marion Durand accompagnera les mimes au piano. Elle est très habile.
6 Rémi Leroy fera le numéro de prestidigitation. Il est très ingénieux.
7 Je ne sais pas si les 3ème1 participeront. Ils ne se comportent pas bien, ils sont sots.
8 Et ils ne travaillent pas beaucoup.

 **... ET EN ROUTE!**

## 3 L'étudiant(e) idéal(e)

Dans votre collège/lycée un concours va avoir lieu pour sélectionner l'étudiant(e) idéal(e). Vous devez parler de vous-même et de vos autres camarades, en utilisant les superlatifs. Vous mentionnerez tous leurs traits personnels: leur caractère, leur aspect physique, leur manière de se vêtir, leur maintien, etc. Vous avez aussi le droit de parler de leurs défauts aussi bien que de leurs qualités!

Exemples:

*– Je crois que Carole est l'étudiante la plus charmante de la classe. Elle a le visage le plus sympa(thique), la mine la plus souriante, c'est elle qui travaille le plus ...*

*– Nous ne pouvons pas penser à Martin parce que c'est lui qui travaille le moins, c'est le plus paresseux, le plus égoïste, le moins travailleur, ... de la classe.*

## 4  Les gros titres

Vous préparez en classe un magazine en français qui reflétera la vie de votre ville ou de votre région. Vous cherchez des titres qui frappent pour vos reportages. Chaque membre du groupe doit en faire au moins cinq.

Exemples:

> LES S.D.F (SANS DOMICILE FIXE): LE PROBLÈME LE PLUS CRIANT DE
> NOTRE VILLE
> LA NOUVELLE CLINIQUE: LA CLINIQUE LA PLUS MODERNE, LA
> MIEUX ÉQUIPÉE DE LA RÉGION

## 5  La plus belle ville de Grande-Bretagne

Vous faites visiter votre ville à un groupe d'amis français. Vous essayez de mettre ses qualités en valeur en utilisant des superlatifs. Vous pouvez montrer les édifices, etc. au groupe sur un plan de la ville.

Exemples:

*Voici le pub le plus vieux de la ville.*
*Voici l'usine qui emploie le plus de personnel ...*

# 8 Demonstratives

## MECANISMES

Demonstrative adjectives and pronouns are so called because they point out (or 'demonstrate') specific nouns which you have already identified: in other words 'this/these' or 'that/those'.

## 8.1 *Ce/cet/cette/ces*

| masc sing | masc pl | fem sing | fem pl |
|---|---|---|---|
| ce garçon<br>*this/that boy* | ces garçons<br>*these/those boys* | cette femme<br>*this/that woman* | ces femmes<br>*these/those women* |
| cet homme<br>*this/that man* | ces hommes<br>*these/those men* | | |

This is the demonstrative adjective, and it agrees just like any other adjective. It can mean either 'this/these' or 'that/those', depending on the context. Note the special masculine form *cet* before a vowel or mute *h*.

> **Cet** homme et **cette** femme sont les parents de **ces** enfants.
> **This** man and **this** woman are the parents of **these** children *or*
> **That** man and **that** woman are the parents of **those** children.

The speaker has identified the man, woman and children by the use of the demonstrative, but whether they are near the speaker or further away is of no consequence to the French speaker if the position is obvious from the context.

However, if differentiation of this sort is required, *-ci* is added to the noun to indicate the proximity to the speaker ('this/these'), and *-là* to indicate that the person or object referred to is further away ('that/those'), although even then, French tends to use *-là* in many cases where English would use 'this':

> **Cet** homme-**ci** et **cette** femme-**là** sont les parents de **ces** enfants.
> **This** man and **that** woman are the parents of **these/those** children.

The differentiation is usually only introduced to make a contrast with something/someone else nearer or further from the speaker:

> *Donnez-moi quatre de **ces** pâtisseries-**là**, s'il vous plaît.*
> Give me four of **those** cakes, please. (as opposed to these nearer to me)

> *Comment s'appelle **cet(te)** élève-**ci**?*
> What is **this** pupil's name? (as opposed to that one or the rest of them)

*L'objectif de **ce** chapitre est de pratiquer **ces** adjectifs et **ces** pronoms démonstratifs.*
The object of **this** chapter is to practise **these** demonstrative adjectives and pronouns.
(No differentiation is necessary.)

For full treatment of the use of **c'est**, see Chapter 46, and see Chapter 42 for how to use **ce qui**, **ce que**, **ce dont**.

➡ **Exercise 1**

# 8.2 *Ceci* and *cela*

The pronouns **ceci** and **cela** (**ça** in spoken French) mean 'this/that' but with the same overlap as indicated above. They are mainly used to indicate something that you are pointing out or referring to:

| | |
|---|---|
| *Avez-vous considéré **cela**?* | Have you considered **that**? |
| *Je n'aime pas **ça**!* | I don't like **it/that**! |
| ***Ceci** est précisément ce que je voulais.* | **This** is exactly what I wanted. |
| *Et avec **ceci**?* | Anything else? (In a shop, literally: 'And with **that**?') |
| *Qu'est-ce que **ça** veut dire?* | What does **that** mean? |

# 8.3 *Celui-ci/celui-là*

This is the demonstrative pronoun. It means 'this one/these (ones)', 'that one/those (ones)', and stands in place of a noun, agreeing in number and gender with it. It often implies a choice of one or more of a particular object. Note that **-ci** and **-là** distinguish the situation of the object in the usual way. Its full forms are:

| masculine | feminine | |
|---|---|---|
| *celui-ci/celui-là* | *celle-ci/celle-là* | this one/that one |
| *ceux-ci/ceux-là* | *celles-ci/celles-là* | these (ones)/those (ones) |

As opposed to **ceci/cela**, which refer to 'this/that' in a more general sense, this pronoun refers to a specific one or specific ones of an object:

*De toutes les robes que j'ai essayées, je préfère **celle-ci**.*
Of all the dresses I've tried, I prefer **this one**.

*Je n'aime pas du tout **celles-là**.*
I don't at all like **those (ones)**.

*Est-ce que vous reconnaissez ces oiseaux? **Celui-ci** est un héron, et **ceux-là** sont des cormorans.*
Do you recognise those birds? **This one** is a heron, and **those (ones)** are cormorants.

*Celui-là* and *celui-ci* (in that order) are also used in somewhat formal usage to mean 'the former' and 'the latter':

> *J'ai acheté deux tableaux: une nature morte et un portrait.* **Celui-ci** *m'enchante alors que* **celle-là** *plaît davantage à mon mari.*
> I've bought two pictures: a still life and a portrait. I love **the latter**, while my husband prefers **the former**.

For further uses of **celui** see Chapter 4 for **celui qui/que/dont** and Chapter 9 for **celui de**.

➡ **Exercises 2, 3**

 # METTEZ-VOUS AU POINT!

## 1 Le stage dans un centre aéré

Vous allez faire un stage dans un centre aéré en France. Avant le début du stage, le directeur du centre a voulu étudier les dossiers de chaque enfant avec vous pour que vous appreniez à les connaître et que vous ne fassiez pas de «gaffe» sur le terrain. Vous compléterez le texte de cette présentation par les adjectifs démonstratifs *ce, cet, cette* ou *ces*.

. . 1 . . enfant a des problèmes de santé très graves. Il ne faudra pas être trop exigeant avec lui sur le plan physique. . . 2 . . garçon et . . 3 . . fillette sont un peu instables. Attention! Ils peuvent faire des bêtises! . . 4 . . petites filles n'ont pas l'habitude de la vie en groupe. Le centre aéré sera dur pour elles. Les parents de . . 5 . . jeune garçon viennent de se séparer et il est un peu agressif. . . 6 . . agressivité se manifeste surtout à l'égard des hommes. Et maintenant, . . 7 . .jeune fille, c'est la monitrice avec qui vous travaillerez pendant trois semaines. J'espère que . . 8 . . expérience vous sera très agréable et que vous profiterez beaucoup de . . 9 . . séjour en France pour améliorer votre français et vous faire des amis. Croyez-moi, . . 10 . . chose-là, c'est vraiment la plus importante.

## 2 L'album de vacances

Vous rentrez d'un stage de canoë-kayak dans l'Ardèche et vous triez vos souvenirs de vacances. Dans les phrases ci-dessous, vous remplacerez les noms en italique par des pronoms démonstratifs: *celui-ci/là, celle-ci/là,* etc.

1 J'aime *cette photo-ci,* mais je n'aime pas du tout *cette photo-là*; elle est trop floue.
2 Je n'apprécie guère *cet article de «La Dépêche du Midi»*; il nous tourne en ridicule. Par contre, *cet article-là* est sympathique.
3 J'ai rapporté les autographes des filles que nous avons rencontrées. *Cette fille-ci* était très belle, mais *ces deux-là* étaient moches.
4 Nous avons échangé nos adresses avec plusieurs stagiaires. *Cette fille-ci* était sympa, mais *ces garçons-là* étaient bêtes et imbus d'eux-mêmes.
5 Est-ce que tu reconnais ces trois photos? *Ces photos-ci*, ce sont les gorges de l'Ardèche, et *ces photos-là*, c'est la Corniche du Rhône.
6 J'ai rempli deux cartes-mémoire. *Cette carte-ci* avait 32 photos, et *cette carte-là* en avait 64.

## 3  La foire aux arbres de Sandillon

Chaque année en novembre se déroule une foire aux arbres à Sandillon, près d'Orléans. Les pépiniéristes y vantent les mérites de leurs plantes afin de mieux les vendre. Voici le discours que vous pouvez entendre sur la foire. Vous le compléterez à l'aide des adjectifs *ce*, *cet*, *cette*, *ces* ou des pronoms *celui-là*, *celle-là*, *ceux-là*, *celles-là*, selon le cas.

Approchez-vous! Venez voir . . **1** . . sapin originaire du Japon, alors que . . **2** . .-là vient d'Espagne. On l'appelle le sapin ibérique. . . **3** . . espèce est beaucoup plus rare et difficile à cultiver. Venez voir . . **4** . . arbustes épineux, les ajoncs, et regardez . . **5** . .-là; ils ont aussi des fleurs jaunes mais pas d'épines. L'odeur de . . **6** . . plante attire les chèvres. C'est le chèvrefeuille. Admirez . . **7** . . grands arbres: les séquoias, et regardez . . **8** . . arbre. Il est considéré comme un fossile de l'époque préhistorique: c'est le ginkgo. . . **9** . . plantes vivaces sont magnifiques et . . **10** . .-là plus encore. Ne partez pas sans acheter quelques rosiers. . . **11** . . rosier est à grandes fleurs doubles et . . **12** . . -là à petites fleurs très odorantes.

\* Si vous n'êtes pas botaniste: un sapin = *fir*; un ajonc = *gorse*; un chèvrefeuille = *honeysuckle*; un séquoia = *redwood*; un ginkgo = *ginkgo*!

 **... ET EN ROUTE!**

## 4  Le client a toujours raison!

Travaillez à deux. L'un(e) d'entre vous est vendeur/vendeuse, l'autre est un(e) client(e) très pointilleux/se, qui veut voir ou essayer beaucoup d'articles avant d'acheter. Construisez des dialogues, en utilisant les démonstratifs.

Exemple:

– *Je veux des chaussettes, s'il vous plaît.*
– *Oui, monsieur/madame, comme celles-ci en laine, par exemple?*
– *Non, j'aime mieux ces marron-là, en nylon. Ou peut-être ces grises-ci ... vous n'en avez pas des plus longues que celles-ci?*
– *Ces chaussettes longues en laine sont de bonne qualité, mais elles sont plus chères que celles-là ...*

Vous pourriez peut-être acheter/vendre:

| | |
|---|---|
| un vélo | des vacances |
| des tasses | une chaîne stéréo |
| un shampooing | des crayons de couleur |
| un pantalon | des fleurs |
| une voiture | n'importe quel cadeau d'anniversaire ... |

## 5  On recherche ...

Vous aidez la police à trouver un voleur que vous avez vu sortir d'une station-service. Au commissariat, vous regardez avec un policier une collection de portraits-robots de criminels. Vous parlez des portraits à un(e) camarade qui jouera le rôle du policier ou de la femme-policier.

Exemple:

*Celui-ci est un peu trop gros. Celui-là est plus mince, mais il n'a pas de moustache. Ceux-là ne peuvent pas être le criminel car ils portent des lunettes. Cet homme-là a trop de cheveux, et celui-ci a les cheveux blonds. Ah! Je pense que c'est celui-là. Oui, ce type aux cheveux noirs et à la grande moustache est mon voleur!*

## 6  Connaissez-vous votre ville?

**a** Vous faites une visite guidée de votre ville ou village pour des touristes francophones. Vous ferez le commentaire, tout en indiquant les monuments, etc. dont vous parlez. Pour être bien préparé(e), vous rédigez votre commentaire par écrit. N'oubliez pas d'utiliser beaucoup de démonstratifs.

Exemple:

*Cette ville a une population de 6000 habitants. Sur cette place se trouve la mairie. Près de la place il y a deux hôtels. Celui-ci s'appelle l'Hôtel de la Poste, et celui-là l'Hôtel de la Tour. Il y a plusieurs parkings, mais sur celui-ci le lundi il y a toujours un grand marché. Cet édifice-là est le Syndicat d'initiative. De ce côté de la rue vous voyez ...*

**b** De la même façon, vous pourriez faire une visite guidée de votre collège/lycée, en indiquant les bâtiments, les profs, etc.

## 7  Vacances en famille

**a** Apportez en classe un film vidéo de votre famille ou de vos copains à la maison ou en vacances, et présentez-le de vive voix à votre classe.

Exemple:

*Cette femme-là, c'est ma mère, et celle-là, c'est ma sœur Emily. Cet édifice-là, c'est le château de Conway, et ceux-là sont les deux ponts au-dessus de la rivière ...*

**b** Sinon, apportez des photos en classe, que vous donnerez à un(e) camarade, qui vous posera des questions.

Exemple:

*C'est qui, cet homme à la barbe? Et celui-là, assis sur le mur? Et qu'est-ce que c'est que cette structure-là? Et celle-ci au premier plan?*

# 9 Possession

## 9.1 No 's

- In English you can say either 'Henry's house' or, in certain circumstances, 'the house of Henry'. There is no 'apostrophe s' in French: you always have to use **de** with a noun to indicate possession:

  **La maison d'Henri** est au numéro 57.
  **Henri's house** is number 57.

  **L'anniversaire de maman** c'est le 21 novembre.
  **Mum's birthday** is the 21st of November.

➡ **Exercise 1a**

- Otherwise, if the noun possessed is not expressed, only the owner, you use **celui/celle/ceux/celles** + **de** (matching the number and gender with whatever is possessed: section 8.1).

  Notre maison est plus vieille que **celle d'Henri**. (celle d' = la maison d')
  Our house is older than **Henri's**.

  L'anniversaire de ma sœur c'est le même jour que **celui de maman**.
  (celui de = l'anniversaire de)
  My sister's birthday is the same day as **Mum's**.

Celui/celle/ceux/celles de also means 'that of', 'those of':

  La population du Royaume-Uni est plus grande que **celle de la France**.
  The population of the United Kingdom is greater than **that of France**.

➡ **Exercise 1b**

- After **être**, you use **à** + the possessor:

  Je crois que cette voiture **est à Henri**.
  I think that this car **is Henri's**.

➡ **Exercise 2**

# 9.2 Possessive adjectives: my, your, etc.

Remember that these words agree with the thing possessed:

| | |
|---|---|
| mon, ma, mes | *my* |
| ton, ta, tes | *your* (tu/toi) |
| son, sa, ses | *his, her, its* |
| notre, nos | *our* |
| votre, vos | *your* (vous) |
| leur, leurs | *their* |

*Sur cette photo vous voyez **ma** mère, **mon** père et **mes** grands-parents.*
In this photo you can see **my** mother, **my** father and **my** grandparents.

*N'oublie pas d'apporter **ton** maillot de bain, **ta** serviette et **tes** palmes!*
Don't forget to bring **your** swimsuit, **your** towel and **your** flippers!

***Notre** maison est à **votre** disposition: vous pouvez utiliser **notre** piscine et **nos** salles de bains à **votre** convenance. Nous essaierons de satisfaire tous **vos** désirs.*
**Our** house is at **your** disposal: you can use **our** pool and **our** bathrooms are at **your** convenience. We will try to meet all **your** requirements.

- Before a feminine noun or adjective beginning with a vowel or mute *h*, *mon/ton/son* are used for the sake of the sound:

  | | |
  |---|---|
  | **mon** autobiographie | **my** autobiography |
  | **ton** autre main | **your** other hand |
  | **son** épouse | **his** wife |

- Take great care with *son/sa/ses* as this can mean either 'his' or 'her': it agrees with the *possession*, not the *possessor*. The latter is usually obvious from the context:

  ***Marc** a mis **son** porte-monnaie dans **sa** poche.*
  **Marc** put **his** purse in **his** pocket.

  ***Jacqueline** a mis **son** porte-monnaie dans **sa** poche.*
  **Jacqueline** put **her** purse in **her** pocket.

If Marc had put *her* purse in *his* pocket, you would clarify either by putting in the possessor by name, or by using *à* + the disjunctive pronoun (see section 10.5):

  *Marc a mis **le porte-monnaie de Jacqueline** dans **sa** poche.*
  *Marc a mis **son porte-monnaie à elle** dans **sa poche, à lui**.*

- You can also use *à moi, à toi*, etc. for emphasis:

  *C'est **mon idée à moi**! J'en ai marre de **tes idées à toi**!*
  That's **my idea**! I've had enough of **your ideas**!

➡ **Exercise 2**

# 9.3 Mine, yours, etc.

- After ***être***, as with nouns in section 9.1, to say that something is mine, yours, etc., you use ***à*** + the disjunctive pronoun (see Chapter 10):

    *Est-ce que ces gants **sont à vous**?*
    **Are** these gloves **yours**?

    *Non, ils ne sont pas **à moi**, ils sont **à Annette**.*
    No, they're not **mine**, they're **Annette's**.

- In other contexts you use the possessive pronoun, which, once again, takes its number and gender from the thing possessed:

| masculine | | feminine | | |
|---|---|---|---|---|
| le mien | les miens | la mienne | les miennes | *mine* |
| le tien | les tiens | la tienne | les tiennes | *yours* (tu/toi) |
| le sien | les siens | la sienne | les siennes | *his/her/its* |
| le nôtre | les nôtres | la nôtre | les nôtres | *ours* |
| le vôtre | les vôtres | la vôtre | les vôtres | *yours* (vous) |
| le leur | les leurs | la leur | les leurs | *theirs* |

*Marcel, même si tu ne sais pas faire ton travail, il ne faut pas copier **le leur**!*
*(le leur = leur travail)*
Marcel, even if you can't do your work, you mustn't copy **theirs**!

*Voilà ta bicyclette, mais où est **la mienne**?*      *(la mienne = ma bicyclette)*
There's your bicycle, but where's **mine**?

*Leurs habitudes sont bien différentes **des nôtres**. (les nôtres = nos habitudes)*
Their customs are very different from **ours**.

Note: a friend of mine/ours = ***un(e) de mes/nos ami(e)s***.

➡ **Exercise 4**

# 9.4 Parts of the body, clothing and personality

Remember that when you do something to a part of your body or clothing, you usually use the indirect reflexive pronoun and the definite article, rather than the possessive adjective:

*Quand Michel est tombé de l'arbre, il **s**'est tordu **la** cheville et il **s**'est déchiré **le** T-shirt.*
When Michel fell out of the tree, he twisted his ankle and tore his T-shirt.

When someone else does something to a part of your body or clothing, then you use the indirect object pronoun and the definite article:

*Le directeur **m**'a serré **la** main.*
The headmaster shook my hand.

(There are further examples in Chapter 24.)

This construction is also used with actions performed to an aspect of someone's personality:

*Ces médisances **lui** ont aigri **le** caractère.*
This gossip has embittered **his** character.

 **Exercise 5**

 # METTEZ-VOUS AU POINT!

## 1 Les Anglais s'installent

Un couple d'Anglais veut acheter une maison à Saint-Benoît-sur-Loire, mais avant de s'installer ils demandent des renseignements à un habitant.

**a** Vous répondrez comme cet habitant, en utilisant *du, de la, de l'* ou *des*:

Exemple:

*– Est-ce que le pâtissier fait de bons gâteaux?*
*– Oui, les gâteaux du pâtissier sont bons.*

1 Est-ce que le boucher a de la viande fraîche?
2 Est-ce que la boulangère fabrique du bon pain?
3 Est-ce que M. Pénin vend du poisson frais?
4 Est-ce que l'hôtesse de l'office de tourisme donne des renseignements utiles?
5 Est-ce que la réceptionniste de l'hôtel donne des conseils intéressants?
6 Est-ce que les habitants ont une attitude aimable envers les Anglais?

**b** Maintenant vous posez d'autres questions, en demandant des comparaisons. Répondez en utilisant *celui/celle, ceux/celles de* avec la réponse suggérée:

Exemple:

*– Qui vend le meilleur poisson, M. Penin ou M. Chevallier? (M. Penin)*
*– Celui de M. Penin est le meilleur.*

7 Qui vend la meilleure viande, le boucher ou le supermarché? (le boucher)
8 Qui vend les saucisses les plus savoureuses, le charcutier ou le Super-U? (le charcutier)
9 C'est le plombier du village qui est le plus efficace ou peut-être un autre en ville? (village)
10 Quels sont les meilleurs, les poulets du fermier ou du boucher? (le fermier)

## 2 Au vestiaire

Vous vous êtes changé(e) précipitamment avant une épreuve sportive. De retour au vestiaire, vous retrouvez les vêtements de vos camarades, mais plus les vôtres. Répondez aux questions à l'aide du verbe *être* + *à* + le nom ou pronom indiquant à qui appartient le vêtement.

Exemple:

– *Ces gants, à qui ils sont? (moi)*
– *Ils sont à moi.*

**1**   Elodie, ce T-shirt, il est à toi? Non, (Céline).
**2**   Et ces baskets, elles sont à Céline aussi? Oui, (elle).
**3**   A qui est ce pantalon? A toi, Angélique? Oui, (moi).
**4**   Et ces chaussettes? Elles sont à toi? Non, (Matthieu). Quelqu'un est venu les cacher dans le vestiaire des filles. Et ces chaussures aussi, ... (lui).
**5**   Je ne retrouve toujours pas mes affaires. Emilie, est-ce que tu es sûre que ce pull (toi)?
**6**   Mais oui, bien sûr, ... (moi), pas ... (toi).

## 3  L'enfance du Général de Gaulle

Voici un bref aperçu de l'enfance du Général de Gaulle. Vous en compléterez le texte à l'aide de l'adjectif possessif convenable.

Charles de Gaulle naquit à Lille en 1890. . . **1** . . mère se nommait Jeanne Maillot. Déjà . . **2** . . grand-père, Julien-Philippe de Gaulle, avait écrit une histoire de Paris, et . . **3** . . grand-mère, Joséphine, était une femme de lettres. Voici ce qu'il dit de . . **4** . . père, Henri de Gaulle:« . . **5** . . père, homme de culture, de pensée et de tradition.» Voici encore ce qu'il dit de . . **6** . . éducation dans . . **7** . . *Mémoires de Guerre*, 1954: « . . **8** . . père était imprégné du sentiment de la dignité de la France. Il portait à la patrie une passion intransigeante à l'égal de . . **9** . . piété religieuse. . . **10** . . trois frères, . . **11** . . sœur, moi-même avions pour seconde nature une certaine fierté anxieuse au sujet de . . **12** . . pays.»

Henri de Gaulle fut le professeur de . . **13** . . fils dans une école libre de Lille. Lorsque les Jésuites furent chassés de France en 1905, Henri de Gaulle prit la direction de . . **14** . . établissement qu'il assuma jusqu'à . . **15** . . retour en France, C'est dans . . **16** . . famille que de Gaulle puisera . . **17** . . conviction profonde de la grandeur française et de la continuité de la France.

## 4  C'est partout pareil

Vous êtes en vacances dans une famille du Midi de la France. Le fils, curieux de connaître la Grande-Bretagne, vous pose des questions et vous presse de comparer le Midi de la France et la Grande-Bretagne. Vous essayez de démontrer que, malgré leurs différences, vos deux pays se valent.

Exemple:

– *Et ton père, qu'est-ce qu'il fait?*
– *Oh! Le tien, il joue à la pétanque; le mien, il joue au cricket.*

1 Et ta mère, qu'est-ce qu'elle fait? (papoter avec les copines/aller au cours du soir).
2 Et votre maison, comment elle est? (avoir un potager derrière/avoir une pelouse et des fleurs).
3 Et tes soirées, comment tu les passes? (regarder la télé/regarder la télé aussi).
4 Et tes parents, qu'est-ce qu'ils font le samedi soir? (dîner chez des amis/aller au pub avec des amis).
5 Et tes copines, qu'est-ce qu'elles font? (aller encore à l'école/aller à l'école ou au collège).

Décidément c'est partout pareil!

## 5 Mickaël est bien maladroit

Mickaël et sa sœur sont très entreprenants, mais ils sont bien maladroits. Vous expliquerez ce qui leur est arrivé en utilisant le pronom réfléchi et l'article défini.

Exemple:

*il (tordre/sa cheville)* ⟶ *il s'est tordu la cheville*

1 Il a enfoncé un clou et il (taper/sur ses doigts).
2 Il est descendu de l'échelle et il (casser/son pied).
3 Elle a cueilli des cerises et elle est tombée de l'arbre. Elle (casser/sa jambe).
4 Elle a allumé le barbecue et elle (brûler/sa main).
5 Elle a pris son vélo pour faire une promenade, elle est tombée, et elle (déchirer/son jean).
6 En refermant la voiture, il (coincer/ses doigts dans la portière).
7 En mettant son anorak, elle (prendre/ses cheveux) dans la fermeture éclair.
8 Ils sont allés faire du canoë ensemble et ils (fouler) tous les deux (leur poignet).

Ils n'ont vraiment pas de chance!

(Voir aussi l'exercice 4 un peu plus difficile à la page 158.)

 **... ET EN ROUTE!**

## 6 La kleptomanie, ça existe bel et bien

L'un(e) d'entre vous joue le rôle d'un kleptomane, c'est-à-dire qu'il/elle pense que tout doit lui appartenir, et il/elle vole des articles à ses camarades. Vous pouvez travailler en groupes de quatre, ou bien tous ensemble.

Le/La kleptomane: *Quel beau livre de français! Mais c'est à moi!*
La victime: *Mais non, c'est à moi!*
Camarade: *C'est vrai, c'est à lui/elle! Ce n'est pas à toi!*
Le/La 4ème du groupe: *Ce n'est pas à toi! C'est à Jean-Pierre! Regarde! Le tien est sur ta table, devant toi ...*

# 7  Le mien, le tien et le sien

Parlez entre vous (y compris votre prof) de vos familles et de vos maisons. L'un(e) d'entre vous note tous les détails et les rapporte ensuite au groupe.

Exemple:

*La maison de Roger est assez grande, mais celle de Chantal est petite. La vôtre (il/elle indique le prof) est moyenne, et la sienne (il/elle indique un (e) camarade) est très vieille. Nos maisons sont toutes bâties en brique (pierre, bois, etc.).*

Continuez à discuter de vos jardins, de vos chambres, de vos salles de séjour, de vos voitures (ou celles de vos parents); vos parents, vos frères et vos sœurs, vos petit(e)s ami(e)s, vos chiens, vos chats, vos autres animaux ...

# 8  Voyager à l'étranger

Les habitudes des pays étrangers sont toujours différentes des nôtres. Si vous avez voyagé dans un pays étranger, faites une comparaison entre les paysages, les habitudes, la vie de ce pays en général et ceux du vôtre. Essayez de trouver 10 comparaisons!

Exemple:

*L'année dernière je suis allé(e) passer des vacances en Espagne. J'ai observé que les heures des repas des Espagnols diffèrent beaucoup des nôtres. Leurs magasins restent ouverts le soir plus longtemps que les nôtres, mais la plupart des nôtres restent ouverts à l'heure du déjeuner. Les leurs ferment entre 13h00 et 17h00 en été! ...*

# 9  Une critique de cinéma

Vous écrivez une critique d'un film (ou bien d'une pièce de théâtre, d'un roman) dans laquelle vous parlez des actions et des attitudes des personnages, et aussi de la réaction de vos camarades. Utilisez le plus grand nombre possible des expressions possessives que vous venez d'étudier.

Exemple:

*Il se peut que l'opinion de mes camarades de classe sur ce film soit plus constructive que la mienne, mais je vous assure que tout ce que je vous dis est mon avis à moi, et à personne d'autre! Le protagoniste doit bien avoir ses propres raisons de réagir ainsi à ses problèmes, mais ce sont ses problèmes à lui et pas à nous, les spectateurs. Notre problème à nous au cours de ce film, c'est l'ennui et l'incrédulité ...*

# 10  Personal pronouns

## MECANISMES

Pronouns stand in place of nouns, and the personal pronouns are those meaning 'I', 'you', 'he', 'she', etc. In French, there are five types of personal pronoun: subject, direct object, indirect object, reflexive and disjunctive.

| 1 Subject | | 2 Direct object | | 3 Indirect object | | 4 Reflexive | | 5 Disjunctive | |
|---|---|---|---|---|---|---|---|---|---|
| je | j' | me | m' | me | m' | me | m' | moi | I/me |
| tu | | te | t' | te | t' | te | t' | toi | you (familiar) |
| il | | le | l' | lui | | se | s' | lui | he/him/it (m) |
| elle | | la | l' | lui | | se | s' | elle | she/her/it (f) |
| on | | | | | | se | s' | | one (we/you/they) |
| nous | | nous | | nous | | nous | | nous | we/us |
| vous | | vous | | vous | | vous | | vous | you (polite & plural) |
| ils | | les | | leur | | se | s' | eux | they/them (m) |
| elles | | les | | leur | | se | s' | elles | they/them (f) |

The apostrophe versions are used before vowel or mute *h*.

## 10.1  Subject pronouns (Column 1)

Subject pronouns are used as the subject of the verb:

> *Je pense que tu as raison: ils n'arrivent pas aujourd'hui.*
> I think **you** are right: **they** are not coming today.

- ***Ils*** is used for 'they' if there is a mixture of genders:

> *Que diront tes parents? Ils ne diront rien.*
> What will **your parents** say? **They** won't say anything.

- ***Il*** and ***elle*** are also the equivalent of 'it', depending on the gender of the noun, which also dictates the use of ***ils*** or ***elles*** in the plural for 'they':

> *Où est votre voiture? Elle est sur le parking de la mairie.*
> Where is your **car**? **It's** in the town hall car park.

> *Où sont nos valises? Elles sont dans le coffre.*
> Where are our **cases**? **They** are in the boot.

- *Il* is often used to introduce impersonal verbs, such as weather expressions (*il fait beau*, *il neige*), *il faut*, *il y a*, etc. It is also used in phrases such as *il est* + **adjective**. (See Chapter 31 for further elaboration of impersonal verbs, Chapter 14 for time expressions and Chapter 46 for when to use *il est* and when to use *c'est*.)

- Although *on* literally means 'one', it is used much more frequently than its English counterpart, often in conversational French for *nous*:

    *Qu'est-ce que vous avez fait ce matin? Eh bien, **on** a vu le château, **on** a pris un café à la terrasse, **on** s'est promené(s).*
    (Plural agreement, as if with *nous*, is sometimes written in.)
    What did you do this morning? Well, **we** visited the castle, **we** had a coffee on the terrace, and **we** went for a walk.

It is also used where English would use a passive (see Chapter 29).

✎ Note the need for *-t-* before *il*, *elle* and *on* when you invert a present tense ending in *-e* or a future or past historic ending in *-a*:

*Ton père, que pense-**t-**il? Que fera-**t-**il?*
What does your father think? What will he do?

*«Que va-t-on faire?» demanda-**t-**elle.*
'What are we going to do?' she asked.

See section 10.5 below for the addition of the disjunctive pronoun for emphasis.

# 10.2  Direct object pronouns (Column 2)

The direct object 'suffers' or 'undergoes' the action of the verb:

I bought **the guitar** – I bought **it**.

Except in the positive command (see Chapter 16), object pronouns always come before the verb.

*Jean-Paul? Mais oui, je **le** connais bien.*
Jean-Paul? Yes, I know **him** well.

*Il **nous** connaît depuis des années.*
He has known **us** for years.

*Les fleurs? Je **les** ai mises dans la salle à manger.*
The flowers? I've put **them** in the dining room.

Since these direct object pronouns precede the verb, it may be useful to revise the agreement of the past participle with the preceding direct object in compound tenses (see section 19.2.1).

✎ Note phrases such as *je le sais* – 'I know', *je le crois* – 'I think so' and *il le dit* – 'he says so', containing the pronoun *le*.

➥ **Exercise 1**

## 10.3  Indirect object pronouns (Column 3)

The indirect object 'receives' the action: it is usually the equivalent of *à* + a person – 'to me', 'to him', etc., and occasionally 'for us' or 'from you', etc.

*Nous **lui** avons envoyé le cadeau.*
We sent the gift **to him/her**.

*Jacques ne **m'**a rien dit.*
Jacques didn't say anything **to me**/told **(to) me** nothing.

See section 30.2.1 for passive constructions such as:

*On **nous** a donné les résultats.*
We were given the results. (One gave (to) us the results.)

➡ **Exercises 2, 3**

## 10.4  Reflexive pronouns (Column 4)

Reflexive pronouns are dealt with and practised fully in Chapter 23 on reflexive verbs. They can be either the direct or indirect object.

*Pendant que je **me** rasais ce matin, je **me** suis coupé le menton.*
While I was shaving this morning I cut my chin.

Remember that in the positive imperative *te* becomes *toi*:

*Lève-**toi**!*
Get up!

but not in:

*Va-t'en!*
Go away!

Remember also that although infinitives are usually given with the 3rd person reflexive pronoun *se*, this has to change to correspond with the subject of the verb it is linked to:

*Quand est-ce que vous allez **vous** souvenir de cette date?*
When are you going to remember that date?

## 10.5  Disjunctive pronouns (Column 5)

These are also sometimes known as 'emphatic' pronouns.

* They are used after prepositions:

*Je ne peux pas vivre **sans toi**.*     *Nous l'avons fait exprès **pour eux**.*

I can't live **without you**.     We did it purposely **for them**.

Note: after verbs usually implying motion to someone, **à** + the disjunctive pronoun is used rather than an indirect object pronoun:

*Je ne sais pas pourquoi vous êtes venu(e)* **à moi.**
I don't know why you have come **to me**.

• Since you cannot in French put stress on a subject or object pronoun (**we** want, I hate **her**) to provide emphasis or contrast, you use the disjunctive pronoun to 'double' the pronoun.

**Eux**, *ils ne savent rien à ce sujet! (More colloquially: **Ils** ne savent rien à ce sujet, **eux**!)*
**They** know nothing about that!

**Moi, je** *veux une glace à la fraise!* (***Je** veux une glace à la fraise, **moi**!)*
I'd like a strawberry ice cream!

*Je **la** déteste, **elle**!*
I hate **her**!

You can also stress a noun subject in this way:

**Michel, lui,** *n'en sait rien.*
**Michel** doesn't know anything about it.

... or split a plural subject into its components:

**Nous, toi et moi,** *n'en savons pas davantage.*
**You and I** don't know any more.

• You use this pronoun when there is no verb, and after **c'est**:

| *Qui?* **Lui**? | **Moi** *aussi!* **Moi** *non plus!* | *Oh, c'est **toi**!* |
|---|---|---|
| Who? **Him**? | **Me** too! Nor **me** either! | Oh, it's **you**! |

• It is also used in comparisons, after **que** (= than):

*Je suis plus fort(e) en français **que toi**!*
I'm better at French **than you**!

• Add **-même** (plural **-mêmes**) to the disjunctive pronoun, and you have the emphatic 'myself', 'yourself', etc. These are not reflexive pronouns, they just emphasise the doer of an action:

| moi-même | *myself* | nous-mêmes | *ourselves* |
|---|---|---|---|
| toi-même | *yourself* | vous-même(s) | *yourself/yourselves* |
| lui-même | *himself* | eux-mêmes | *themselves (m or mixed)* |
| elle-même | *herself* | elles-mêmes | *themselves (f)* |
| soi-même | *oneself* | | |

*Tu as fait ça **toi-même**?*
Did **you** do that **yourself**?

*Il faudra le faire **soi-même**.*
One will have to do **it oneself**.

- Remember that *moi* and *toi* replace *me* and *te* when they come last in positive imperatives (see further explanation in Chapter 15).

  *Montrez-le-**moi**.*
  Show it **to me**.

➡ **Exercise 4**

# 10.6 *Tu* or *vous*

*Tu/te/toi* are singular, and used only when talking to members of your family, close friends, young people of roughly your own age or younger, and pets. You would obviously call your French exchange partner or correspondent *tu/te/toi*, but not his/her mother or father. If in doubt, use *vous* until invited to use *tu*.

✐ Note: the verb *tutoyer* is used to call somebody *tu*, and *vouvoyer* to call somebody *vous*.

  *Tu peux me **tutoyer**.*
  You can call me **tu**.

# 10.7 *Y* and *en*

There are two additional commonly used pronouns (*y* and *en*), which also usually precede the verb.

- In addition to meaning simply 'there', *y* replaces *à* or *dans* + a thing, a place or a verb, but not a person:

  *Le gros lot! Vous pouvez **y** songer, mais ça n'arrive pas très souvent!*
  The jackpot! You can dream **of it**, but that doesn't happen very often!

  *Je me suis mis à apprendre la guitare et j'**y** ai trouvé beaucoup de plaisir.*
  I started to learn the guitar and got a lot of enjoyment **from it** (literally: found a lot of enjoyment in it).

  *Vas-**y**/Allez-**y**!*
  Go ahead!/Get on with it!

➡ **Exercise 5**

- In a similar way, **en** replaces **de** + a thing, and means 'of it/of them', 'from it/from them' 'some (of it/of them)':

  *L'explorateur a écrit des livres sur ses aventures en Sibérie. Il **en** a parlé aussi.*
  The explorer has written books about his adventures in Siberia. He has talked **about (of) them** as well.

  *Il **en** est revenu tout récemment.*
  He came back **from there** recently.

  *Il a vu des tigres sibériens, mais il a dit qu'il n'**en** reste que quelques-uns.*
  He saw some Siberian tigers, but he said that there are only a few **of them** left.

Remember that **en** must be included in French to replace the **de** of most expressions of quantity:

  *Combien de frères as-tu? J'**en** ai deux.*
  How many brothers have you? I've got two (**of them**).

  *Je peux vous offrir des pommes de terre. Combien **en** voulez-vous?*
  I can offer you some potatoes. How many (**of them**) do you want?

  *Est-ce qu'il y a des difficultés? Mais oui, il y **en** a beaucoup!*
  Are there any difficulties? Yes, there are lots (**of them**).

Remember **en** replaces **du, de l', de la, des** and does not involve a past participle agreement in the compound tenses.

Compare:

  *Les tomates? Oui, je **les** ai achet**ées**.* (Direct object = agreement)
  The tomatoes? Yes, I bought **them**.

  *Des tomates? Oui, j'**en** ai acheté.* (No agreement)
  (Some) tomatoes? Yes, I bought **some**.

➡ **Exercises 6, 7**

# 10.8 The order of object pronouns when used with verbs

When more than one pronoun is used, except in the positive command, where they follow the verb, they come in the order of the columns below. You never use more than two pronouns together:

| me te se nous vous | le la les | lui leur | y | en |
|---|---|---|---|---|

*Le secrétaire **les leur** a envoyés.*
The secretary sent **them to them**.

*Ils **m'y** ont vu(e).*
They saw **me there**.

*Je **vous en** enverrai.*
I'll send **you some**.

After the positive command (see section 16.3.2), where the pronouns are attached by hyphens to the end of the verb, the order of pronouns is the same, except that ***moi*** and ***toi*** replace *me* and *te* and come last, though not in the combinations with ***en***, such as ***m'en/t'en***:

*Donnez-**le-moi**!*        *Donnez-**m'en**.*        *Va-**t'en**! Allez-**vous-en**!*
Give **me it**!          Give **me some**.         Go away!

These pronouns come between a modal or other verb and a following infinitive:

*La librairie **va me l'envoyer** demain.*
The bookshop **is going to send it to me** tomorrow.

*Nous **essaierons de le faire** tout de suite.*
We'll **try and do it** straight away.

The combinations *à le/à les* and *de le/de les* do not contract when they occur like this before an infinitive, as *le/les* are object pronouns, not definite articles.

 **Exercise 8**

 # METTEZ-VOUS AU POINT!

## 1  Johnny Halliday

Vous discutez avec votre correspondant(e) des chanteurs/chanteuses français(es), et vous vous étonnez du succès de certains «vieux» chanteurs tels que Johnny Halliday. Dans la conversation ci-dessous, remplacez les pointillés par le pronom d'objet direct qui convient.

– Johnny Halliday? Oh oui, je . . **1** . . aime beaucoup. Je . . **2** . . considère comme l'une des plus grandes stars du rock.
– Mais enfin! Je ne . . **3** . . comprends pas. Il est vieux! Il a plus de 60 ans!
– C'est parce que tu ne . . **4** . . as vu jamais en scène. C'est un vrai rocker des années 60. D'ailleurs, il . . **5** . . fascine tous: mon père, ma mère, ma sœur et moi, surtout mon père.
– Je n'aime pas du tout sa coiffure et ses vêtements.
– Moi, je . . **6** . . adore, surtout ses pantalons et ses blousons de cuir. Il a un look d'enfer.
– Je n'aime pas non plus la façon dont il joue de la guitare.
– Sa guitare? Moi, je . . **7** . . trouve sublime, et j'adore la façon dont il . . **8** . . brandit à la fin de ses chansons.
– Eh bien, écoute! Quand vous irez . . **9** . . voir en concert, je . . **10** . . laisse y aller seuls. Moi, je reste à la maison!

## 2  Le mariage d'Isabelle avec Thomas

Les jeunes Français reviennent aux valeurs traditionnelles et rêvent de se marier comme autrefois. Isabelle rêve déjà de son mariage avec Thomas dans six mois. Complétez son monologue intérieur en employant le pronom d'objet indirect qui convient.

«La couturière . . **1** . . fera une longue robe blanche et Thomas ira chez le tailleur qui . . **2** . . fera un habit sur mesure. Sa mère . . **3** . . achètera une chemise et un haut-de-forme. Il sera superbe. Il y aura aussi des garçons d'honneur et des demoiselles d'honneur. Il faudra qu'on . . **4** . . fasse de beaux petits ensembles et de belles petites robes et qu'on . . **5** . . dise d'être sages et de bien se tenir. D'abord, on ira à la mairie. Le maire . . **6** . . demandera si je veux épouser Thomas, et je . . **7** . . dirai que je suis d'accord. Ensuite ce sera le tour de Thomas. Puis, le maire . . **8** . . fera un beau discours sur le couple et ils feront une quête au profit des œuvres de la commune. Nous . . **9** . . donnerons beaucoup d'argent car ce sera un grand jour pour nous.»

## 3  Le rêve se poursuit

Cette fois-ci, complétez le texte par un pronom personnel d'objet direct ou indirect.

«Puis, nous irons à l'église. C'est mon père qui . . **1** . . amènera jusqu'à l'autel et c'est la mère de Thomas qui . . **2** . . conduira, lui. Quand nous entrerons dans l'église, l'orgue . . **3** . . accueillera au son de la Marche Nuptiale de Mendelssohn. Tous nos invités seront déjà dans l'église. Nous . . **4** . . saluerons discrètement en . . **5** . . faisant un petit signe de tête. Puis le prêtre bénira nos alliances et . . **6** . . dira d'échanger nos promesses de mariage. Je regarderai Thomas et je . . **7** . . promettrai de . . **8** . . être fidèle et de . . **9** . . accompagner toute sa vie. Il . . **10** . . regardera et . . **11** . . promettra de . . **12** . . être fidèle. Nos parents seront très émus et ils . . **13** . . féliciteront. Après la cérémonie, nous nous occuperons de nos invités. Nous recevrons leurs cadeaux, nous . . **14** . . embrasserons, nous . . **15** . . remercierons, nous . . **16** . . offrirons un grand vin d'honneur champêtre, puis nous . . **17** . . inviterons à un grand banquet qui durera jusqu'à la nuit.»

## 4  Quelle indiscipline, ces Français!

Vous avez pris part à un incident en France. Indigné(e), vous le racontez à vos amis. Complétez le texte par un des pronoms personnels: *moi, toi, lui, elle, nous, vous, eux*.

«Je faisais la queue à l'arrêt d'autobus. Il y avait une vieille dame derrière . . **1** . . Une jeune femme est arrivée et elle s'est doucement faufilée entre . . **2** . . et . . **3** . . «Excusez-. . **4** . . ,» lui ai-je dit poliment, «je pense que vous devriez vous mettre à la queue comme tout le monde.» « . . **5** . . , tais-toi,» m'a-t-elle répondu d'un ton fâché, « . . **6** . . , je fais ce que je veux, d'abord». «Mais non», lui ai-je dit, «si tout le monde faisait comme . . **7** . . , ce serait la pagaille.» «Alors», a-t-elle repris plus doucement, «ce sont . . **8** . . , ceux qui sont derrière, qui devraient râler, pas . . **9** . . qui êtes devant: je ne vous ai rien fait, à . . **10** . . ». Voyant que je ne pouvais pas me faire comprendre d'. . **11** . . , je me suis tu(e).

## 5 A la biscuiterie

Vous travaillez dans les bureaux d'une petite fabrique de biscuits à Sully-sur-Loire. C'est lundi matin et vous faites le point du travail à faire avec le patron. Répondez aux questions en remplaçant les mots en italique par *y*.

– Avez-vous pensé à commander la farine?
– Oui, j'ai pensé *à le faire*, mais je n'ai pas eu le temps.
– Avez-vous réussi à contacter l'usine anglaise dont vous m'aviez parlé?
– Oui, je suis arrivé(e) *à le faire*, mais le directeur n'était pas là.
– Leur avez-vous laissé notre numéro de téléphone?
– Non, j'ai songé *à le faire*, mais ensuite, j'ai oublié.
– Eh bien, l'affaire est importante! Il faudra veiller *à le faire* demain.
– Oui, oui, c'est d'accord. Je penserai *à cela* dès que j'arriverai au bureau.
– Etes-vous allé(e) à la poste?
– Oui, je suis allé(e) *à la poste*.
– Etes-vous allé(e) à la banque?
– Oui je suis allé(e) *à la banque* et j'ai remis tous les chèques que vous m'aviez donnés *au guichet*.
– C'est très bien, je suis content de vous: je veillerai à ce qu'on augmente votre indemnité. C'est promis, je veillerai *à cela*.

## 6 En visite à Loches

Après avoir visité la belle ville de Loches, vous en parlez à vos amis français. Dans les phrases du dialogue ci-dessous, remplacez les expressions en italique par *en*.

– Alors, tu as fait le tour de Loches?
– Non, je n'ai pas fait le tour *de la ville*, je n'ai visité que quelques rues *de Loches*.
– As-tu vu le château?
– Oui, j'ai admiré les belles tours de pierre *du château*. Le château est un des plus beaux du Val de Loire. Je suis encore tout étonné(e) d'avoir vu cet édifice.
– As-tu vu la vieille ville?
– Oui, j'ai arpenté les rues *de la vieille ville* et j'ai admiré les nombreux hôtels particuliers *de cette cité*.
– Alors, parle-moi *de ce que tu as vu*.

## 7 Après le tournoi de hand

A l'occasion d'un séjour en France, vous êtes allé(e) faire un tournoi de hand. Au retour, vos amis français vous questionnent. Répondez en utilisant soit *y*, soit *en*, soit *le*.

– As-tu joué au hand?
– Oui, . . **1** . .
– Combien de matchs as-tu faits?
– . . **2** . . trois.
– Es-tu fatigué(e)?
– Oui, je . . **3** . .
– Ton équipe a-t-elle gagné plusieurs matchs?
– Oui, elle . . **4** . . deux.
– Avez-vous participé à la finale?
– Oui, nous . . **5** . . .
– L'entraîneur t'a-t-il dit qu'il était heureux de t'accueillir?
– Oui, . . **6** . .

## 8  Le retour

Après un voyage en France avec votre correspondant(e), son petit frère vous harcèle de questions et d'ordres contradictoires. Comme vous ne lui prêtez aucune attention, il n'arrête pas de répéter tout ce qu'il a déjà dit. Remplacez les groupes de mots soulignés par le pronom qui convient.

Exemple:

– *Donne <u>ton cadeau à maman</u>!* ⟶ *Donne-le-lui!*

1   Montre-moi <u>tes photos</u>!
2   Montre <u>ta nouvelle chemise à Angélique</u>!
3   Parle-nous <u>de tes vacances</u>!
4   As-tu rapporté <u>du vin</u> pour papa?
5   M'as-tu apporté <u>du saucisson</u>?
6   Sors-nous <u>le Roquefort</u>!
7   Quand nous amèneras-tu <u>dans le Midi</u>?
8   Est-ce que je pourrais t'accompagner <u>en Angleterre</u>?

 **... ET EN ROUTE!**

## 9  A chacun son tour

Vous êtes partis en classe de neige dans les Alpes, et vous êtes logés dans un foyer où tout le monde doit aider à faire le ménage. Le chef de groupe veut vérifier que vous avez fait tout ce qu'il fallait faire. Le chef, c'est votre partenaire.

Exemple:

– *Est-ce que tu as lavé la vaisselle?*
– *Oui, je l'ai lavée.*
– *Tu as fais des sandwichs?*
– *Oui, j'en ai fait.*

Continuez à poser des questions. Voici quelques tâches, parmi d'autres que vous pouvez ajouter: essuyer les tables, nettoyer la douche, faire les lits, passer l'aspirateur, laver le carrelage de la cuisine, balayer l'entrée, sécher la vaisselle, vider la poubelle, etc.

## 10  Un(e) secrétaire pas très compétent(e)

Mettez-vous à deux. L'un(e) de vous (A) sera le patron ou la patronne et l'autre (B) sera le/la secrétaire d'une compagnie. A doit poser des questions qui exigent deux pronoms dans la réponse. Les réponses peuvent commencer par «oui» ou par «non».

Exemples:

A  *Avez-vous envoyé un fax à M. Beudet à Grenoble?*
B  *Oui, je le lui ai envoyé.*
A  *Avez-vous fait parvenir de la publicité à nos nouveaux clients?*
B  *Non, je leur en ferai parvenir demain.*
A  *Avez-vous encouragé les clients à acheter nos produits?*
B  *Oui, je les y ai encouragés.*

Voici des verbes que vous pourriez employer:

envoyer ⎫
écrire ⎪
demander ⎬ quelque chose à quelqu'un
exiger ⎪
décrire ⎪
commander ⎭
parler à quelqu'un de quelque chose
empêcher qqn de faire qqc
encourager qqn à faire qqc
discuter avec qqn de qqc

## 11 C'est lui! C'est elle!

Chaque étudiant(e) à son tour décrit un membre de la classe sans le regarder. Les autres doivent deviner qui c'est, en le montrant du doigt.

Exemple:

– *Il/Elle porte un pull vert, il/elle a les cheveux assez courts, etc.*
– *Ce doit être elle.*
– *Ce pourrait être moi!*
– *C'est toi, Chantal!*

## 12 Quelle quantité!

Travaillez à deux. L'un(e) de vous (A) sera le directeur/la directrice d'un supermarché français et l'autre (B) lui posera des questions sur le nombre d'objets achetés ou vendus dans son supermarché. A doit y répondre en utilisant *en*.

Exemple:

B  *Combien de kilos de pommes de terre achetez-vous/vendez-vous chaque semaine?*
A  *J'en achète 2000!*
B  *Combien de boîtes de confiture mettez-vous sur les rayons?*
A  *Nous en mettons 100.*

# 11 Other determiners

The articles, demonstratives, possessives and numerals dealt with in previous chapters can be grouped together under the heading of 'determiners', because they specify or determine certain information about the noun(s) they qualify. Although they behave as adjectives in that they agree in gender and number, they do not fully describe a noun as a full-blown adjective does. Many of them, such as the possessives and demonstratives, also have a corresponding pronoun form to replace the noun they qualify.

This chapter considers other determiners which do not fall into any of the preceding groups.

## 11.1 *Chaque* and *chacun*

The adjectival form *chaque* means 'each' or 'every' and is only used in the singular:

*Chaque fois* que je vais en ville, je m'achète quelque chose.
**Each/Every time** I go into town, I buy myself something.

*Chaque enfant* recevra un cadeau.
**Each/Every child** will receive a gift.

*Chacun(e)* is the pronoun form, and means 'each (one)/every one'. It takes its gender from the noun it replaces:

*Chacune* de ces *filles* recevra un cadeau.
**Each/Every one** of these **girls** will receive a gift.

*Nous allons donner un cadeau à chacune.*
We're going to give a gift to **each (one)**.

## 11.2 *Tout*

*Tout/tous/toute/toutes* means 'all', but when used in the plural it can be the equivalent of 'every'. Note the masculine plural *tous*.

*Tous les enfants* recevront un cadeau.
**All the children/Every child** will receive a gift.

*Toute la classe* était là.
**All the class/The whole** class was there.

*Nous avons essayé toutes les méthodes*.
We've tried **all methods/every method**.

*Tout* is occasionally used in the singular in formal notices, warnings, etc., meaning 'any':

> **Tout** *élève introduisant des armes dans l'établissement scolaire en sera exclu définitivement.*
> **Any** pupil bringing weapons into the school will be expelled.

📝 Note the difference between **tous les jours** 'every day', and **toute la journée** 'all day (long)'.

*Tout* is a pronoun meaning 'everything', and it takes a singular verb:

> **Tout est** *en règle.*            **Everything is** in order.

Both **tout le monde** and **tous** mean 'everyone, everybody', but **tout le monde** is more commonly used and is singular; **tous** is plural, and is sometimes used emphatically:

> **Tout le monde** *est venu.*            **Everyone** came.

> **Tous** *sont venus/Ils sont* **tous** *venus.*       **Everyone** came/They **all** came.

When **tous** is used this way, the final **s** is pronounced.

*Tout ce qui/tout ce que* means 'all that which', 'everything which':

> *Tu as oublié* **tout ce que** *je t'ai dit!*       You've forgotten **all that** I told you!

(For the difference between *qui* and *que* see sections 42.1 and 42.2 in Chapter 42.)

*Tout* can also be used as an adverb, meaning 'very' or 'all'. Used in this way, it only agrees in the feminine singular before a feminine singular adjective beginning with a consonant or an aspirate *h*:

> *Les enfants étaient* **tout excités**.       The children were **all excited**.

> *Marie-Françoise était* **toute contente**.       Marie-Françoise was **very pleased**.

*Tout à fait* means 'quite' in the sense of 'completely':

> *Ils étaient* **tout à fait** *inconscients du danger.*     They were **quite** unaware of the danger.

➡ **Exercises 1, 2**

# 11.3 *Tel/tels/telle/telles* – such

Note that the indefinite article *un(e)* or partitive article *de/d'* precede *tel*:

> *Avez-vous jamais vu* **une telle** *chose?*       Have you ever seen **such a** thing?

> *Mais il raconte* **de tels** *mensonges!*       But he tells **such** lies!

*Tel que*, used without the indefinite article, means 'such as':

> *C'était une scène* **telle que** *je n'avais jamais vue.*
> It was a scene **such as** I'd never seen.

📝 Take care, as **tel** is only the equivalent of 'such/such a' + a noun. To translate 'such (a)' + adjective + noun, you use **si**:

*C'était **une si belle** scène.*
It was **such a beautiful** scene.

# 11.4 *Plusieurs, quelque(s)* and *quelques-uns/ quelques-unes* – several, some

*Plusieurs* (invariable) has no singular and no separate feminine plural. It means 'several', and can be used with or without a noun:

*Ça fait **plusieurs années** que nous étudions le français.*
We've been studying French for **several years**.

*On m'a offert des magazines français, mais j'en ai déjà **plusieurs**.*
I was offered some French magazines, but I've already got **several**.

*Quelque* means 'some', and is a shade more emphatic than the partitive article *du/ de la/des*. In the plural it can also mean 'a few':

*Robert a eu **quelque difficulté** à se faire admettre.*
Robert had **some difficulty** getting in.

*Nous avons vu **quelques animaux** dans la réserve, mais pas beaucoup.*
We saw **a few animals** in the safari park, but not many.

It can also be used to give an approximate number:

*Il y a **quelques 150 arbres** dans ce jardin.*
There are **some 150 trees** in that garden.

The pronoun form of *quelques* is *quelques-uns/quelques-unes*, meaning 'some', 'a few':

*Avez-vous vu des tigres? Oui, nous en avons vu **quelques-uns**.*
We saw **a few (of them)**.

***Quelques-unes** des girafes étaient très grandes!*
**Some** of the giraffes were very tall!

📝 Remember also: *quelqu'un* – somebody/someone, *quelque chose* – something, *quelque part* – somewhere, and – all one word – *quelquefois* – sometimes.

📝 Note the difference:

***Quelquefois** nous allons en Vendée passer **quelque temps** au bord de la mer.*
**Sometimes** we go to Vendée to spend **some time** at the seaside.

📝 See also *quelqu'un* and *quelque chose* in section 41.3.

# 11.5 *Autre(s)* – other

This means 'other', and occurs either as *l'autre/les autres* – 'the other(s)', or *un(e) autre* – another, *d'autres* – (any) other. It can be either an adjective:

> *L'autre idée* serait de ne rien faire.
> **The other idea** would be to do nothing.

> *Avez-vous **d'autres idées**?*
> Do you have **(any) other ideas**?

... or a pronoun:

> *Donnez-moi **les autres**.*
> Give me **the others**.

 **Exercise 3**

# 11.6 *Aucun(e)* – no, not any

*Aucun(e)* is a negative determiner – see section 38.2.7.

# METTEZ-VOUS AU POINT!

## 1 Pas facile d'être élève dans une école française!

On vous a accepté comme auditeur libre (= observer) dans une classe de 3ème d'un collège en France. Vous écrivez à votre professeur de français en Angleterre (en français, bien entendu!) pour lui parler de votre vie là-bas. Vous compléterez cette lettre avec la forme adéquate de *tout*.

. . **1** . . *les matins, il faut être à l'école à 8h10, pour commencer les cours à 8h15.*
. . **2** . . *les élèves se mettent en rangs dans la cour et* . . **3** . . *les professeurs viennent les chercher pour les accompagner dans les classes.* . . **4** . . *élève qui arrive en retard doit aller chercher un «billet de rentrée», au bureau des surveillants. A* . . **5** . . *les récréations, il faut descendre dans la cour, et* . . **6** . . *les midis il faut encore se mettre en rangs pour déjeuner à la cantine.* . . **7** . . *les après-midi, il faut rester à l'école jusqu'à 16h45. C'est très long! Je ne m'habitue pas du* . . **8** . . *au rythme scolaire français. Heureusement, on est libre* . . **9** . . *le mercredi après-midi. Le samedi matin, les élèves sont* . . **10** . . *excités car ils auront un week-end d'une journée et demie! Alors, ils peuvent rester au lit, aller à la piscine et faire* . . **11** . . *ce qu'ils veulent.*

## 2 La Place de la Concorde

Dans le texte suivant concernant la Place de la Concorde à Paris, vous remplacerez *chaque* par *tout, tous, toute* ou *toutes*, et *chacun* par *tout le monde* ou *tous*. Attention à l'accord du nom ou du verbe qu'il faudra quelquefois mettre au pluriel.

*Chacun* s'accorde à dire que la Place de la Concorde est une des plus belles places du monde. *Chaque* touriste visitant Paris veut la voir. *Chaque* visite officielle, *chaque* défilé du 14 juillet passe par la Place de la Concorde. Elle est entourée de huit statues de femmes et *chaque* «dame de pierre» représente une ville de France: Lille, Strasbourg, Nantes, Bordeaux, Marseille, Lyon, Brest et Rouen. En son centre trône l'Obélisque, et *chaque* Parisien en est fier. *Chacun* sait qu'elle arriva d'Egypte en 1836, après 7 ans de voyage, et de nombreuses aventures! *Chacun* aime s'y promener les soirs d'été, et *chaque* promenade vous amène au Jardin des Tuileries pour goûter un peu de fraîcheur et de calme.

## 3 La Bibliothèque Nationale de France (la BNF)

Il s'agit de la plus grande réalisation architecturale de François Mitterrand. Remplacez les pointillés par les adjectifs indéfinis suivants: *chaque, chacun(e), tout(e), tel(le), plusieurs, quelques, aucun(e)*.

. . 1 . . président cherche à marquer son septennat par une œuvre architecturale. Pour Pompidou, ce fut Beaubourg. Pour Mitterrand, ce fut d'abord la Pyramide du Louvre, puis, en 1995, la Bibliothèque Nationale de France. . . 2 . . les touristes en visite à Paris ont déjà pu admirer la Pyramide du Louvre. La BNF, elle, est plus particulièrement réservée aux Français, lecteurs et chercheurs. . . 3 . . architectes souhaitaient réaliser le projet. Ce fut Dominique Perrault qui l'emporta. Au total, la bibliothèque peut accueillir . . 4 . . 3 592 personnes à la fois. Les rayonnages couvrent . . 5 . . 400 km. La bibliothèque se compose de galeries et de quatre tours de verre dont . . 6 . . comporte 18 étages. Entre ces quatre tours, un espace sacré, un jardin de 12 000 m2, peuplé de . . 7 . . 120 arbres venus pour la plupart de Normandie. Un . . 8 . . projet doit tenir compte des problèmes de température et d'hygrométrie. . . 9 . . les ouvrages sont protégés de l'humidité et maintenus à la température de 18 degrés. . . 10 . . ouvrage ne subit l'agression du soleil ou des moisissures. On attend plus d'un million de lecteurs par an. . . 11 . . autre bibliothèque au monde ne touche un public aussi nombreux.

# ... ET EN ROUTE!

## 4 Chacun à son goût

Vous venez de faire un voyage avec vos camarades de classe ou votre club de jeunes, mais tout le monde n'a pas fait la même chose tout le temps. Vous écrivez une lettre, en décrivant vos activités. Ecrivez 300 mots sur ce que vous avez fait, en utilisant quelques-unes des expressions que vous venez d'étudier.

Exemple:

*Tout le monde s'est rassemblé sur la place vers sept heures du matin.*
*Quelques-uns de mes copains portaient un short, d'autres un jean. Plusieurs avaient apporté un instrument ...*

## 5 La kermesse

Vous préparez une kermesse pour l'école, et vous vous réunissez avec vos camarades afin de l'organiser. Apportez vos idées.

Exemples:

*– Chacun doit faire un gâteau pour vendre à la kermesse.*
*– Tout le monde doit apporter de vieux vêtements ...*

## 6 Mangez BIO!

Vous assistez à une réunion de fabricants de produits agro-alimentaires. Quelles résolutions proposez-vous pour que nous ayons une alimentation plus saine? Utilisez les expressions que vous venez d'étudier dans ce chapitre.

Exemples:

*Il faut que tous les animaux puissent vivre en liberté.*
*Chaque producteur de viande doit vérifier la composition des aliments.*
*Aucune viande contenant des dioxines ne doit être commercialisée.*

## 7 Minuit moins cinq

Il est presque trop tard. Comme prévu, la population du monde n'a pas cessé d'augmenter, et les ressources naturelles de la planète ne sont qu'à quelques années de s'épuiser. Vous représentez votre pays à une conférence mondiale sur la distribution équitable des ressources qui restent, et vous proposez le rationnement de la nourriture et des produits basés sur les ressources non remplaçables.

Discutez entre vous, et faites une liste de vos propositions, en utilisant une variété d'adjectifs et de pronoms indéfinis.

Exemples:

*– Je crois que chacun devrait recevoir cinq litres d'essence par semaine.*
*– Il faudrait rationner le pain à quelques tranches pour chaque personne par semaine.*
*– Toute personne ne pouvant produire son carnet de rationnement ne recevra rien.*

# 12 Numerals

## MECANISMES

## 12.1 Cardinal numbers: counting 1, 2, 3 ...

| | | | |
|---|---|---|---|
| 1 un/une | **Take care from** | 100 | cent |
| 2 deux | **here on!** | 101 | cent un |
| 3 trois | 70 soixante-dix | 123 | cent vingt-trois |
| 4 quatre | 71 soixante et onze | 197 | cent quatre-vingt-dix-sept |
| 5 cinq | 72 soixante-douze | 200 | deux cents |
| 6 six | 73 soixante-treize | 205 | deux cent cinq |
| 7 sept | 74 soixante-quatorze | 275 | deux cent soixante-quinze |
| 8 huit | 75 soixante-quinze | 300 | trois cents |
| 9 neuf | 76 soixante-seize | 350 | trois cent cinquante |
| 10 dix | 77 soixante-dix-sept | 400 | quatre cents |
| 11 onze | 78 soixante-dix-huit | 414 | quatre cent quatorze |
| 12 douze | 79 soixante-dix-neuf | 500 | cinq cents |
| 13 treize | 80 quatre-vingts | 688 | six cent quatre-vingt-huit |
| 14 quatorze | | 748 | sept cent quarante-huit |
| 15 quinze | **At this point, the** | 881 | huit cent quatre-vingt-un |
| 16 seize | **'20' cycle is** | 999 | neuf cent quatre-vingt-dix-neuf |
| 17 dix-sept | **repeated:** | 1 000 | mille |
| 18 dix-huit | 81 quatre-vingt-un | 1 100 | mille cent or onze cents |
| 19 dix-neuf | 82 quatre-vingt-deux | 1 562 | mille cinq cent soixante-deux *or* quinze |
| 20 vingt | 89 quatre-vingt-neuf | | cent soixante-deux |
| 21 vingt et un | 90 quatre-vingt-dix | 2 000 | deux mille |
| 22 vingt-deux | 91 quatre-vingt-onze | 15 195 | quinze mille cent quatre-vingt-quinze |
| 23 vingt-trois | 92 quatre-vingt-deux | 1 234 567 | un million, deux cent trente-quatre |
| 24 vingt-quatre | 93 quatre-vingt-treize | | mille, cinq cent soixante-sept |
| 25 vingt-cinq | 97 quatre-vingt-dix- | | |
| 26 vingt-six | sept | | |
| 27 vingt-sept | | | |
| 28 vingt-huit | | | |
| 29 vingt-neuf | | | |
| 30 trente | | | |
| 31 trente et un | | | |
| 33 trente-trois | | | |
| 40 quarante | | | |
| 41 quarante et un | | | |
| 45 quarante-cinq | | | |
| 50 cinquante | | | |
| 51 cinquante et un | | | |
| 58 cinquante-huit | | | |
| 60 soixante | | | |
| 61 soixante et un | | | |
| 69 soixante-neuf | | | |

📝 Note the following:

- **un/une** agrees masculine/feminine with any noun it refers to.
- **le huit, le onze**: not **l'**.
- the **-x** of **six, dix** is pronounced as **-s** when there is no word following (**j'en ai six**), but is silent before a following consonant (**six points**), and sounds like a **-z** before a following vowel (**dix‿enfants**).
- 21, 31 etc = **vingt et un, trente et un**, etc.
- 21–29: the **-t-** in **vingt** is sounded: **vingt-trois**
- 60–99: take great care here! This is a system which takes a little getting used to, as two cycles of 20 are used instead of the more usual tens!
- You need to be particularly wary when people are dictating phone numbers as these are usually given in 'tens + units' pairs. You can't write anything down until you have heard the whole pair (**soixante** ... could be leading, for example, to **soixante-six** (66) or **soixante-seize** (76)).
- The French-speaking Swiss, Belgians and Canadians have invented **septante** (70), **octante** (80) (though the Belgians use **quatre-vingts**) and **nonante** (90) to avoid this problem, but you will get very funny looks if you try to use them in France! So get practising and get thoroughly used to it!
- **Quatre-vingts** (80) and the hundreds from 200 upwards with no other number following are written with a final **-s**.
- There is no **et** in 81, 91 or between the hundreds and a following number: **quatre-vingt-un, quatre-vingt-onze, cent un, deux cent trente**.
- **Mille** in a number never adds **-s**: **deux mille**. From 1 100 to 1 900 you can say either, e.g. for 1 200: **mille deux cents** or **douze cents**. Dates, such as 1999 can be expressed as either **mil(le) neuf cent** or **dix-neuf cent quatre-vingt-dix-neuf. Mille** is sometimes written **mil** in dates.
- **Million** adds **s** when it is plural: **deux millions**; if no other number follows, it takes **de** before a noun:

| | | |
|---|---|---|
| deux millions de personnes | but | deux millions cinq cent mille personnes |
| two million people | | two million five hundred thousand people |

➡️ **Exercises 1, 2**

# 12.2 Ordinal numbers: 1st, 2nd, 3rd ...

From 2nd upwards, you form the ordinal number by adding **-ième** to the cardinal number, removing the **-e** if there is one:

| | | | |
|---|---|---|---|
| 1st | premier/première | 11th | onzième |
| 2nd | deuxième/second(e) | 20th | vingtième |
| 3rd | troisième | 21st | vingt-et-unième |
| 4th | quatrième | 99th | quatre-vingt-dix-neuvième |
| 5th | cinquième | 100th | centième |
| 9th | neuvième | 415th | quatre cent quinzième |

📝 Note the following spelling and pronunciation adjustments: 5th is **cinquième**, 9th is **neuvième**, the **-x-** in **sixième** and **dixième** is pronounced **-z-**.

The ordinal numbers are adjectives, and therefore agree with their noun, though only *le premier* and *le/la second(e)* have a distinct feminine form:

**le premier** car   **la première** fois   **les premières** neiges d'hiver
**the first** bus    **the first** time    **the first** snows of winter

*Dernier/dernière* meaning 'last' behaves like *premier*.

C'est **le troisième** magasin à gauche dans **la deuxième** rue à droite.
It's **the third** shop on the left in **the second** street on the right.

*Second(e)* is used for 'second' when there is a specific contrast with 'first'.

Ordinal numbers are used much as in English, except that in dates and monarchs, popes, etc., only *le premier* is used – otherwise you use the cardinal numbers:

| | | | |
|---|---|---|---|
| *le premier mai* | 1st May | *Jean-Paul premier* | Jean-Paul the First |
| *le trois avril* | 3rd April | *Elisabeth deux* | Elizabeth the Second |
| *le vingt-sept juillet* | 27th July | *Louis quinze* | Louis the Fifteenth |

➡ **Exercise 3**

# 12.3 Collective (approximate) numbers

You can give an approximate, usually 'round', figure by adding *-aine* to the cardinal number, first removing a final *-e*. Note that these are nouns – expressions of quantity, really, and are always expressed as *une ... -aine* and linked to the noun by *de*:

*une douzaine **d'**œufs*   *une quinzaine **de** jours*   *une vingtaine **d'**années*
a dozen eggs     about a fortnight     twenty or so years

The most commonly used are:

| | |
|---|---|
| *une dizaine* | about 10 |
| *une douzaine* | about 12, a dozen |
| *une quinzaine* | about 15, a fortnight |
| *une vingtaine* | about 20 |

then in round tens up to:

| | |
|---|---|
| *une soixantaine* | about 60 |
| *une centaine* | about 100 |

but

| | |
|---|---|
| *un millier* | about 1000 |

There is no form for 70, 80, 90 or above 100 until 1000.

Il aurait **une vingtaine d'**années en l'an 2012.
He would be **about 20** in the year 2012.

Il y avait **une centaine de** personnes dans la salle.
There were **about 100** people in the hall.

*On voyait **des milliers de** moutons dans ces prés.*
You could see **thousands** of sheep in those fields.

## 12.4 Decimals and fractions

- In common with European practice, the decimal point is written as a comma.

| | | |
|---|---|---|
| **2,7** | *deux virgule sept* | two point seven |
| **2,77** | *deux virgule soixante-dix-sept* | two point seven seven |
| **2,777** | *deux virgule sept cent soixante-dix-sept* | two point seven seven seven |

- Fractions such as $\frac{1}{2}$ and $\frac{1}{4}$ are used in French, but smaller ones such as 16ths, 32nds, etc. are not used as much as in English. A school mark would be written 7,5 although you would most likely say **sept et demi**.

The most common fractions are:

| | | |
|---|---|---|
| $\frac{1}{2}$ | *demi* | a half |
| $\frac{1}{4}$ | *un quart* | a quarter |
| $\frac{3}{4}$ | *trois quarts* | three quarters |
| $\frac{1}{3}$ | *un tiers* | a third |
| $\frac{2}{3}$ | *deux tiers* | two thirds |

Other fractions, where used, are simply ordinal numbers as in English:

| | | |
|---|---|---|
| $\frac{3}{16}$ | *trois seizièmes* | three sixteenths |

**La moitié** is used for 'half' when referring to one of a choice of two halves:

*Tu veux **la moitié** de mon orange?*
Would you like **half** of my orange?

 **Exercise 4**

 ## METTEZ-VOUS AU POINT!

## 1 Savez-vous écrire les chiffres?

Ecrivez en mots ou dictez les numéros suivants à un(e) camarade:

| | | | | | |
|---|---|---|---|---|---|
| 21 | 73 | 92 | 102 | 401 | 2 534 |
| 42 | 79 | 94 | 157 | 666 | 4 806 |
| 64 | 81 | 95 | 194 | 898 | 12 999 |
| 69 | 85 | 98 | 276 | 903 | 994 743 |
| 71 | 88 | 99 | 397 | 1 005 | 2 297 176 |

## 2  En quelle année?

Ecrivez les années suivantes en toutes lettres, et dites ce qu'elles représentent pour vous:

1066; 1789; 1812; 1914; 1945; 1973; 1996; 2000; 2012

## 3  Il faut savoir l'ordre des choses!

Lisez à haute voix ou écrivez en toutes lettres les expressions suivantes:

---

Napoléon III      Le pape Grégoire X      Le roi Louis XIV      Mon 18ème anniversaire

Le 65ème anniversaire de papy      Pour la 100ème fois!

Le 9ème arrondissement de Paris

---

## 4  Savez-vous lire les décimaux?

Ecrivez ou dictez ces chiffres à un(e) camarade.

| | | | |
|---|---|---|---|
| 0,3 | 5,91 | 45,25 | 56,876 |
| 1,17 | 17,06 | 93,93 | 0,9384 |

 **... ET EN ROUTE!**

## 5  Tout ce qui vous importe!

Dites à haute voix, puis écrivez en toutes lettres:

1  Votre numéro de téléphone et celui du collège/lycée.
2  L'âge de vos grands-parents.
3  L'année où vous êtes né(e).
4  Votre âge.
5  L'année où nous sommes.
6  Le numéro d'immatriculation de votre voiture (ou celle d'un membre de votre famille).
7  Votre numéro de sécurité sociale.
8  La population de votre ville/village/région.
9  La distance approximative en kilomètres entre votre ville/village et Londres.
10  La distance approximative entre votre ville/village et Paris par le tunnel sous la Manche.
11  Les six numéros que vous choisiriez pour la loterie nationale.
12  La somme d'argent que vous voudriez gagner avec ces numéros!

## 6  Un peu de maths

Posez des opérations pour vos camarades.

Exemples:

*25 plus 26, ça fait combien? Ça fait 51.*
*56 moins 23, ça fait combien? Ça fait 33.*
*35 multiplié par 2, ça fait combien? Ça fait 70.*
*120 divisé par 4, ça fait combien? Ça fait 30.*

Pour rendre les questions de plus en plus difficiles, vous pourriez demander: Quelle est la racine carrée/cubique de ... ?/Quel est le carré/cube de ... ?

# 7  Vous n'êtes pas très fort(e) en maths!

Vous travaillez comme serveur/serveuse dans un restaurant en France, mais vous avez des problèmes à faire les additions pour les clients. Vous présentez une addition incorrecte au client, qui, naturellement, proteste. Travaillez par deux, en alternant le rôle de serveur et de client. Utilisez d'abord les deux additions ci-dessous, et puis continuez à en inventer d'autres pleines d'erreurs.

| | |
|---|---:|
| 2 × Crudités à 3,90€ | 7,90€ |
| 1 × Steack-frites | 10,60€ |
| 1 × Coq-au-vin | 11,30€ |
| 2 × Desserts à 4,30€ | 8,50€ |
| 2 Cafés à 1,60€ | 4,20€ |
| | 43,30€ |

| | |
|---|---:|
| 3 × Hors-d'œuvre à 6,50€ | 19,50€ |
| 1 × Côtelette de porc à 9,30€ | 10,30€ |
| 2 × Escalopes de veau à 10,50€ | 22,00€ |
| 3 × Desserts à 5,40€ | 16,80€ |
| 2 × Bières à 1,80€ | 3,80€ |
| 3 × Cafés à 2,10€ | 4,10€ |
| | 79,50€ |

# 8  Vous êtes très fort(e) en maths!

Comment peut-on obtenir 20 de neuf manières différentes, en utilisant:

- sur la première ligne, uniquement des 1
- sur la seconde ligne, uniquement des 2

... et ainsi de suite jusqu'à la 9ème ligne, en utilisant seulement des 9. Essayez de ne pas utiliser plus de six fois le même chiffre sur chaque ligne. Décidez entre vous de la manière à suivre.

Voici la première ligne comme exemple:

| | | |
|---|---|---|
| **1** | 11 + 11 − (1 + 1) | = 20 |
| **2** | ..................................... | = 20 |
| **3** | ..................................... | = 20 |
| **4** | ..................................... | = 20 |
| **5** | ..................................... | = 20 |
| **6** | ..................................... | = 20 |
| **7** | ..................................... | = 20 |
| **8** | ..................................... | = 20 |
| **9** | ..................................... | = 20 |

Vous trouverez la solution à la page 320.

# 9  Les fractions

Vous êtes instituteur/institutrice et vous inventez des problèmes sur les fractions pour les enfants de l'école primaire (les autres étudiants de votre classe).

Exemple:

*– Paul a 12 billes. Pierre en gagne les deux tiers. Combien reste-t-il de billes à Paul?*
*– Il lui en reste quatre.*

# 13 Measures and dimensions

## MECANISMES

## 13.1 Length, breadth, depth, height, thickness, diameter

The most common way to express dimensions of this sort is with *avoir* or *faire* + the adjective in some cases or the noun in all cases. Used in this way, the adjective does not agree with the object or person you are describing:

*La cour **a/fait** 50 mètres **de long/de longueur** sur 30 mètres **de large/de largeur**.*
The yard **is** 50 metres **long** by 30 metres **wide**.

*Le lac **a/fait** 20 mètres **de profondeur**.*      The lake **is** 20 metres **deep**.

*La tour **a/fait** 15 mètres **de haut/de hauteur**.* The tower **is** 15 metres **high**.

*Les murs **ont/font** 1 mètre **d'épaisseur**.*      The walls **are** 1 metre **thick**.

*La table **a/fait** 1m 50 **de diamètre**.*      The table **is** 1.50 metres **in diameter**.

Note also:

*Le château a un mur de trente mètres de long, cinq mètres de haut et deux mètres d'épaisseur.*
The castle has a wall 30 metres long, 5 metres high and 2 metres thick.

*La grande salle a/fait trente mètres de long sur quinze mètres de large.*
The great hall is 30 metres long by 15 metres wide.

## 13.2 Area, volume, capacity

*La maison **a/fait** 50 **mètres carrés**.*    The house **is** 50 **square metres**.

*Le réservoir **a/fait** 1 000 **mètres cube**.*    The tank **is** (of) 1,000 **cubic metres**.

*La bouteille **fait un litre**.*    The bottle's a litre one/**It's a litre bottle**.

*Le flacon fait 150 millilitres.*    It's a 150ml bottle.

*Le chauffe-eau est un 300 litres.*    The boiler's a 300-litre one/It's a 300 litre boiler.

*Le congélateur est un 3000 litres.*    The freezer is a 3000 litre one/It's a 3000-litre freezer.

*La moto est une 500 centimètres cube.*    It's a 500 cc motorbike.

# 13.3 Shapes

| Le nom | | L'adjectif | |
|---|---|---|---|
| *un carré* | a square | *carré(e)* | square |
| *un rectangle* | a rectangle | *rectangulaire* | rectangular, oblong |
| *un triangle* | a triangle | *triangulaire* | triangular |
| *un cercle* | a circle | *circulaire, rond(e)* | circular, round |
| *un(e) sphère* | a sphere | *sphérique* | spherical |
| *un ovale* | an oval | *ovale* | oval |
| *un polygone* | a polygon | *polygonal(e)* | polygonal |
| *un pentagone* | a pentagon | *pentagonal(e)* | pentagonal |
| *un cube* | a cube | *cubique* | cubic |
| *un cylindre* | a cylinder | *cylindrique* | cylindrical |
| *un losange* | a rhomboid | | |

# 13.4 Measures

| | | | |
|---|---|---|---|
| *un millimètre* | *un centimètre* | *un mètre* | *un kilomètre* |
| *un millilitre* | *un centilitre* | *un litre* | |
| *un milligramme* | *un centigramme* | *un gramme* | *un kilo(gramme)* |

 **Exercises 1, 2**

# 13.5 Percentages

*En janvier on fait des remises de 30 **pour cent** sur les vêtements.*
In January there are reductions of 30 **per cent** on clothes.

*La TVA en France s'élève à 18,6 **pour cent**.*
VAT in France is 18.6 **per cent**.

*Dans ce magasin, les familles nombreuses peuvent bénéficier d'une réduction de 5 **pour cent**.*
In this shop large families can get a reduction of 5 **per cent**.

 **Exercise 3**

 **METTEZ-VOUS AU POINT!**

## 1 Mesures nécessaires

Donnez les dimensions des objets illustrés ci-dessous.

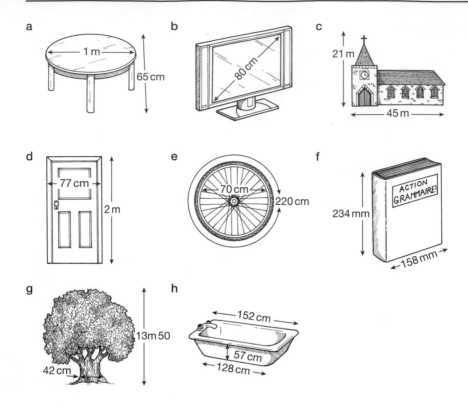

## 2 Les plans de l'appartement

Voici les plans d'un nouvel appartement avec sa terrasse. Donnez toutes les mesures en français.

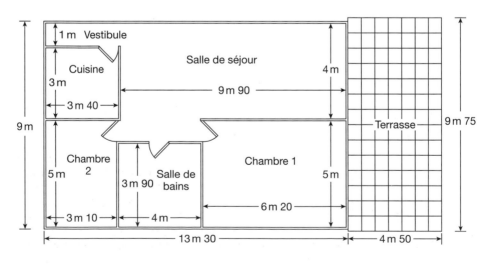

## 3  X pour cent

Calculez le pourcentage des nombres suivants. Vous pouvez vous servir d'une calculatrice!

Exemple: 15:30 – *ça fait cinquante pour cent.*

| | | | | | | | |
|---|---|---|---|---|---|---|---|
| **a** | 2:8 | **b** | 4:12 | **c** | 7:35 | **d** | 9:90 |
| **e** | 28:140 | **f** | 198:200 | **g** | 392:400 | **h** | 48:192 |
| **i** | 157:203 | **j** | 1987:2375 | **k** | 1100:1000 | **l** | 2499:1998 |

 **... ET EN ROUTE!**

## 4  Prenez des mesures

Décrivez la forme et prenez les mesures métriques les plus exactes possibles des objets suivants:

Exemple:

*la table où vous travaillez*

*Elle est rectangulaire. Elle a/Elle fait un mètre de long, sur soixante centimètres de large et quatre-vingt-six centimètres de haut.*

**a**  La salle où vous vous trouvez en ce moment
**b**  Une des fenêtres de la salle où vous travaillez
**c**  Votre crayon ou bic
**d**  Ce livre
**c**  Le tiroir d'une table
**f**  Votre chaise
**g**  L'horloge ou votre montre
**h**  Une pièce de 50 pence britanniques ou de deux euros
**i**  Une balle de golf ou de tennis, un ballon de football ou de basket

## 5  Puzzle liquide

Vous avez deux bouteilles d'un litre, chacune pleine de lait. Vous disposez de deux mesures vides, dont la capacité est respectivement de 40 et de 70 centilitres. En n'utilisant que ces quatre récipients, vous voulez verser 30 centilitres de lait dans chacune des deux mesures.

Aucune goutte de lait ne doit être versée ailleurs que dans les bouteilles et les mesures. A la fin des opérations, les deux mesures doivent contenir en même temps chacune 30 centilitres de lait.

Essayez de réaliser la chose en six opérations. Décidez entre vous en français de la façon dont vous allez procéder.

Vous trouverez la solution à la page 320.

## 6 Les exportations

**a** Vous travaillez pour une société qui exporte ses produits en France. D'abord décrivez à un(e) camarade (le patron/la patronne d'une société française) les produits qui sont illustrés ci-dessous, en donnant les détails de leurs dimensions, matériaux de fabrication, couleurs possibles, usage et prix.

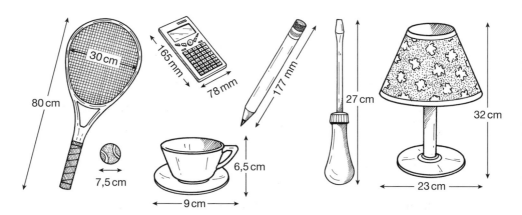

Il est possible que votre prof vous donne quelques autres objets à vendre ...

**b** Plus tard vous parlez au téléphone avec la société en France pour vérifier les prix en devises britanniques et en euros. Regardez d'abord dans un journal pour vérifier le taux de change de la livre sterling et de l'euro.

Exemple:

*Si une livre vaut un euro quarante, £20.35 (vingt livres et trente-cinq pence) font vingt-huit euros quarante-neuf.*

Voici les prix que vous devez changer:

£7.89     £11.45     £45.98     £67.90     £78.75     £342.99     £5674.62

**c** Maintenant convertissez ces prix en francs suisses, car demain il vous faudra téléphoner à une société à Genève, en Suisse francophone! Disons que le taux de change est de 2,20 francs suisses pour une livre sterling.

# 14 Times, days, dates

Here is a brief reminder of how to tell the time, days and dates, with some observations.

## 14.1 Time of day

- To ask the time:

  *Quelle heure est-il?*      *Avez-vous l'heure, s'il vous plaît?*
  What time is it?/What's the time?    Have you got the time, please?

- In French, as in English, there is a conversational and a more formal (digital) way of expressing the time:

  *Il est huit heures **et quart**.*      *Il est huit heures **quinze**.*
  It's a quarter **past eight**.        It's eight **fifteen**.

| | |
|---|---|
| *Il est une heure.* | It's one o'clock. |
| *Il est cinq heures.* | It's five o'clock. |
| *Il est six heures et quart.* | It's a quarter past six. |
| *Il est sept heures et demie.* | It's half past seven. |
| *Il est huit heures moins le quart.* | It's a quarter to eight. |
| *Il est sept heures quarante.* | It's seven forty. |
| *Il est neuf heures dix.* | It's ten past nine. |
| *Il est dix heures moins vingt.* | It's twenty to ten. |
| *Il est midi.* | It's twelve noon. |
| *Il est minuit.* | It's twelve midnight. |
| *Il est douze heures zéro sept.* <br> *Il est douze heures et sept minutes.* } | It's twelve seven. |

'a.m.' and 'p.m.' are expressed by ***du matin, de l'après-midi, du soir***:

  *huit heures du matin*      *huit heures du soir*
  eight a.m.            eight p.m.

Remember that in timetables, opening hours, on TV and radio, and even in ordinary conversation for clarity, the 24-hour clock is used in French-speaking countries:

  *Il est treize heures quinze.*      *Il est vingt-trois heures cinquante-neuf.*
  It's 13.15/It's one fifteen p.m.    It's 23.59/It's eleven fifty-nine p.m.

*Douze heures* is used only in timetables. You normally say *midi* for twelve noon, and *minuit* for twelve midnight:

> *Il est midi/minuit et demi.* (Note the spelling of *demi*!)
> It's half past twelve.

- 'At' a time is *à*, and the question is *à quelle heure* ...?:

> *A quelle heure part le car pour Briare?*
> **At what time** does the coach leave for Briare?

*Vers* is often used to give an approximate time:

> *Il était vers midi.*
> It was **about** twelve (noon).

When the time is written in figures, it is usual to insert *h* after the hour: *2h10*, *17h47*.

- 'In the morning/afternoon/evening', 'at night', when no time is expressed, are simply: *le matin, l'après-midi, le soir, la nuit* (no word for 'in'/'at').

➡ **Exercise 1**

# 14.2 **Days of the week**

| | |
|---|---|
| *lundi* | Monday |
| *mardi* | Tuesday |
| *mercredi* | Wednesday |
| *jeudi* | Thursday |
| *vendredi* | Friday |
| *samedi* | Saturday |
| *dimanche* | Sunday |

Days and months begin with a small letter.

📝 Note: (a) there is no word for 'on' a day in French and (b) the use of *le* to indicate 'every' Saturday, etc.:

| | |
|---|---|
| *samedi* | (on) Saturday (next Saturday) |
| *le samedi* | (on) Saturday**s** (every Saturday) |
| *vendredi soir* | (next) Friday evening |
| *le dimanche matin* | (= all) Sunday morning**s** |

# 14.3 Months and dates

| | |
|---|---|
| *janvier* | January |
| *février* | February |
| *mars* | March |
| *avril* | April |
| *mai* | May |
| *juin* | June |
| *juillet* | July |
| *août* | August |
| *septembre* | September |
| *octobre* | October |
| *novembre* | November |
| *décembre* | December |

You use *le premier* for the 1st of the month, and thereafter the cardinal numbers *le deux*, *le trois*, etc.:

| | |
|---|---|
| le *premier* août/le *1er* août | **1st** August |
| le vingt-sept janvier/le 27 janvier | 27th January |
| le mercredi 18 septembre | Wednesday, 18th September |

You can't put the number after the month, as in English (May 21st).

There is no word for 'on' a date:

| | |
|---|---|
| *le* 26 avril | **on the** 26th April |

'In' a month is *en*:

| | |
|---|---|
| *en* janvier | **in** January |

# 14.4 Years

Years are said in full, with the 'teen' centuries expressed, for example, either *dix-neuf cent* or *mil(le) neuf cent*. You will not need to write dates out very often, but you will frequently need to say them.

| | |
|---|---|
| *mil(le) neuf cent/Dix-neuf cent quarante-cinq* | 1945 |
| *mil(le) sept cent/Dix-sept cent quatre-vingt-neuf* | 1789 |
| *deux mil(le) quinze* | 2015 |

This is often shortened to *en 98* – in 98, if the century is known.

Note: 'in' a year is *en*: *en 2009*.

## 14.5  Année, journée, matinée, soirée

The long forms *année* – year, *journée* – day, *matinée* – morning, and *soirée* – evening, are used to emphasise the duration of that period of time:

*Nous avons passé **toute la matinée** en ville.*
We spent **the whole morning** in town.

*Année* also occurs in set phrases:

*Bonne année!*                                    *l'année dernière/prochaine*
Happy New Year!                              last/next year

➡ **Exercise 2**

## 14.6  Time

* *L'heure* is the only word you can use if you mean 'time of day'.

* *Le temps* = the general concept of 'time':

  *Nous avons mis **beaucoup de temps** à faire ce travail.*
  We put **a lot of time** into this work.

Otherwise, it usually means 'weather'! (*Il fait beau temps*, etc.)

* *Une fois* = a time, an occasion:

  | *une fois* | *deux fois* | *beaucoup de fois* | *quelquefois* | *combien de fois?* |
  |------------|-------------|--------------------|---------------|--------------------|
  | once       | twice       | lots of times      | sometimes     | how many times?/how often? |

* *L'époque* = a period of history:

  *à l'époque de Napoléon*              in Napoleon's time

* 'To have a good time' is usually *s'amuser bien*.

# METTEZ-VOUS AU POINT!

## 1 Avez-vous l'heure, s'il vous plaît?

Dites les heures suivantes à haute voix d'abord d'une manière formelle, puis en utilisant la langue de tous les jours.

Exemple: 20h15

*Vingt heures quinze/Huit heures et quart (du soir).*

| | | | | |
|---|---|---|---|---|
| **a** 16h10 | **b** 11h45 | **c** 12h07 | **d** 13h55 | **e** 15h15 |
| **f** 23h50 | **g** 01h10 | **h** 00h30 | **i** 21h25 | **j** 14h35 |
| **k** 07h01 | **l** 03h17 | **m** 08h00 | **n** 19h20 | |

## 2 Quelle est la date?

Dictez les dates de la première colonne à un(e) camarade de classe sans qu'il/elle les voie. Il/Elle doit les écrire en chiffres. Puis il/elle vous dicte la seconde colonne.

| | |
|---|---|
| **a** le 6–4–1983 | **g** le 21–9–1996 |
| **b** le 1–6–1941 | **h** le 31–8–1898 |
| **c** le 14–7–1789 | **i** le 8–5–1945 |
| **d** le 15–1–1875 | **j** le 11–2–1552 |
| **e** le 5–3–2000 | **k** le 18–11–2021 |
| **f** le 25–12–2003 | **l** le 1–10–1999 |

 # ... ET EN ROUTE!

## 3 Qu'est-ce qu'on va regarder?

Regardez la liste des programmes de télévision qui figure dans le journal ou dans le *Radio Times*. Discutez entre vous des programmes que vous voudriez voir cette semaine et à quelle heure il faut mettre le DVD pour que ça ne gêne pas vos devoirs!

## 4 L'année scolaire

Regardez le calendrier du collège/lycée ou de votre club des jeunes et expliquez à votre camarade de classe les événements qui y sont projetés.

# 15 The present tense

## MECANISMES

## 15.1 Uses

The present tense is used:

- to say what is going on at the present time:

  *Aujourd'hui M. et Mme Lechat **font** leurs courses au Super-U.*
  Today Mr and Mrs Lechat **are doing** their shopping in Super-U.

  *M. Lechat **coupe** la haie.*            Mr Lechat **is cutting** the hedge.

  *Leur fille **étudie** l'anglais à l'université.*    Their daughter **is studying** English at university.

  There are no 'progressive' tenses in French, so the straightforward present tense is the equivalent of the English 'is cutting', 'is studying'. However, if you really want to stress the 'ongoingness' of the action, you can use ***être en train de*** + the infinitive:

  *M. et Mme Lechat **sont en train de faire** leurs courses.*
  Mr and Mrs Lechat **are (in the process of) doing** their shopping.

  *M. Lechat est **en train de couper** la haie.*
  Mr Lechat **is (in the process of) cutting** the hedge.

- to say what happens at certain intervals (sometimes, always, often, usually, never):

  *Les Lechat **vont souvent** au Super-U, mais **quelquefois ils préfèrent** l'Intermarché.*
  The Lechats **often go** to Super-U, but **sometimes they prefer** Intermarché.

  ***D'habitude** leur fille **rentre** à la maison par le car, mais elle **ne revient jamais** en auto-stop.*
  **Usually** their daughter **comes home** by bus, but she **never hitch-hikes** home.

- to state general truths where the time when they occur is of no consequence:

  *La neige **est** blanche. **Il y en a** beaucoup dans les Alpes. On en **a besoin** pour pouvoir faire du ski.*
  Snow **is** white. **There's** a lot of it in the Alps. You **need** it to be able to ski.

- to denote an action in the immediate future, as in English:

  *A quelle heure **partez-vous**? **Nous partons** vers 14 heures.*
  What time **are you leaving**? **We're leaving** about 2 pm.

  *Que **faites-vous** ce week-end? **Nous repeignons** la salle de bains!*
  What **are you doing** this weekend? **We're repainting** the bathroom!

- to recount one-off past events, instead of the perfect or past historic, to bring the narrative to life:

    *Alors, le lundi suivant, **je vais** au marché, et **je rencontre** ... M. Lechat!*
    So, the next Monday, **I went (go)** to the market, and who **did (do) I meet** ... Mr Lechat!

- to say how long something has been going on, if the action is still in progress (caution here, as English uses the past):

    *Depuis quand **vous savez** ça? **Nous le savons** depuis plus d'un mois.*
    How long **have you known** that? **We've known** it for over a month (and still know it).

    *Depuis combien de temps **apprenez-vous** le français? Il y a maintenant six ans que **je l'apprends**.*
    How long **have you been learning** French? **I've been learning it** for six years now (and am still learning it).

(See also Chapter 40 for a fuller explanation of this point.)


# 15.2 Formation

## 15.2.1 Regular verbs

The vast majority of French verbs follow one of the three patterns or 'conjugations' listed below. We can call them, for convenience, regular '*-er*', '*-ir*' and '*-re*' verbs, according to their infinitive (see Chapter 25). You remove the *-er/-ir/-re* and add endings as below:

| '*-er*' verbs | '*-ir*' verbs | '*-re*' verbs |
|---|---|---|
| don**er** – *give* | rempl**ir** – *fill* | vend**re** – *sell* |
| je donn**e** | je rempl**is** | je vend**s** |
| tu donn**es** | tu rempl**is** | tu vend**s** |
| il/elle donn**e** | il/elle rempl**it** | il/elle vend *(no ending)* |
| nous donn**ons** | nous rempl**issons** | nous vend**ons** |
| vous donn**ez** | vous rempl**issez** | vous vend**ez** |
| ils/elles donn**ent** | ils/elles rempl**issent** | ils/elles vend**ent** |

Note:

- *-er* verbs: *-e* of the singular endings *-e*, *-es*, *-e* is almost silent.
- the *-er* 3rd person singular inserts a *-t-* in the inverted question form: ***donne-t-il?*** (see also Chapter 43 on question forms).
- *-ir* verbs: the *-s*, *-s*, *-t* pattern of the singular of *-ir* verbs is also a very common one in many irregular verbs.
- *-re* verbs: with these verbs there is a similar pattern – the singular endings *-s*, *-s*, then just the *-d* of the stem, with no additional ending.

- the **nous** form (1st person plural) ends in **-ons** in all verbs except **être** (**nous sommes**), but note the additional syllable in **-ir** verbs: nous **finissons**.
- the **vous** form (2nd person plural) usually ends in **-ez**, but again, note the **-issez** form in **-ir** verbs.
- the **ils/elles** (3rd person plural) usually ends in **-ent**. The **-e-** of the **-ent** is almost silent, and the **-nt** not sounded, though the **-t** would be heard when the verb is inverted in a question: **vendent-ils?**
- For further observations on the use and forms of the present tense in questions, see Chapter 43.

## 15.2.2  Patterns

We have already established some 'patterns' in the regular verbs listed above, for example, the **-e/-es/-e** of **-er** verbs, or the **-s/-s/-t** of **-ir** verbs, **nous ...ons**, **vous ...ez**, **ils/elles ...ent** for almost all verbs.

Some groups of French verbs often listed as 'irregular' have a perfectly predictable pattern of irregularity, and once this is understood, the system is simpler than you might think. It is often better to learn your French verbs grouped like this by tense, rather than to treat each as a separate entity which has to be learnt in all parts whether it is irregular or not. See also the verb list at the end of the book (pages 336–338).

## 15.2.3  Spelling change pattern, -er verbs: '1-2-3-6' verbs

Many verbs have changes in sound and/or spelling which occur in all the singular parts and the 3rd person plural, (parts 1, 2, 3 and 6 when set out) hence the name, 1-2-3-6 verbs. Some teachers even call them 'boot' verbs, as if you draw a line around the affected parts, you get the shape of a boot! We could, for example, draw a line around the parts of **jeter** where the **-t-** doubles to **-tt-** in parts 1, 2, 3 and 6:

**jeter – throw:**

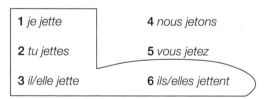

| | |
|---|---|
| **1** je jette | **4** nous jetons |
| **2** tu jettes | **5** vous jetez |
| **3** il/elle jette | **6** ils/elles jettent |

There are a number of such groups of **-er** verbs which are otherwise perfectly regular in the present tense. They all involve a spelling change, and in most of these there is a change to the sound of the preceding **-e-** from a 'mute' **e** to an 'open' **e**, as follows:

- Double consonant, as in **jeter**, above.

**appeler – call:**

| | |
|---|---|
| j'appelle | nous appelons |
| tu appelles | vous appelez |
| il/elle appelle | ils/elles appellent |

+ **rappeler** – recall, **épeler** – spell, **grommeler** – grumble, and others ending in **-eler**.

• Add a grave (`) accent, to 'open' the sound of the 'mute' **e**:

**acheter – buy:**

| | |
|---|---|
| j'achète | nous achetons |
| tu achètes | vous achetez |
| il/elle achète | ils/elles achètent |

+ **mener** – lead, **amener** – bring, **emmener** – take (away), **se promener** – (go for a) walk, **harceler** – hassle, **semer** – sow, **lever** – lift, **élever** – raise, **relever** – lift again, **soulever** – raise, **achever** – complete, **crever** – burst, and others ending in **-ener**, **-ever**, **-ecer**, **-eter**.

• Change an acute (´) accent to a grave (`) accent, to open the 'closed' **e**:

**céder – give way:**

| | |
|---|---|
| je cède | nous cédons |
| tu cèdes | vous cédez |
| il/elle cède | ils/elles cèdent |

+ **posséder** – possess, **considérer** – consider, **espérer** – hope, **se désespérer** – despair, **exagérer** – exaggerate, **protéger** – protect, **repérer** – spot, **répéter** – repeat, and many others.

Remember: you can **hear** the changes in the above types of verb. See also Chapter 47 on French spelling.

• Some '**-er**' verbs have no audible sound change, but make a spelling change from the **-y-** of the infinitive to **-i-** in these same (1-2-3-6) places:

**employer – use:**

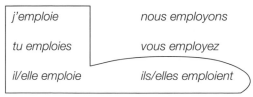

| | |
|---|---|
| j'emploie | nous employons |
| tu emploies | vous employez |
| il/elle emploie | ils/elles emploient |

+ **nettoyer** – clean, **appuyer** – lean, **ennuyer** – annoy, bore, **essuyer** – wipe, and other verbs ending in **-oyer** and **-uyer**; **essayer** and **payer** have the option **-aie** or **-aye**.

## 15.2.4 Other points to watch when writing otherwise perfectly regular -er verbs:

• In order to keep the **-c-** 'soft', verbs ending in **-cer** (such as **commencer** – begin), have a cedilla in the **nous** form: **nous commençons**. This affects: **annoncer** – announce, *avancer* – advance, *lancer* – throw, *placer* – place, *se déplacer* – move, *foncer* – rush/charge, *grimacer* – grimace, *grincer* – grate, grind, *menacer* – threaten, *pincer* – pinch, *rincer* – rinse, and many others.

- In order to keep the *-g-* 'soft', verbs ending in *-ger* (such as *manger*) add an *e* in the *nous* form: *nous mangeons*. This affects: *affliger* – afflict, *arranger* – arrange, *bouger* – move, *charger* – charge, *envisager* – envisage, *partager* – share, *protéger* – protect, *ranger* – tidy, *recharger* – recharge, *rédiger* – edit, draft, *songer* – dream, *soulager* – relieve, comfort, and many others.

## 15.2.5 Irregular *-ir* verb patterns

- There is a group of verbs that has the following pattern:

| *partir* – leave: | je pars | nous partons |
|---|---|---|
| | tu pars | vous partez |
| | il/elle part | ils/elles partent |

In other words, they have the established *-s*, *-s*, *-t* pattern, without the *-i-* or *-iss-* of the regular *-ir* verbs. Remove the ending and preceding consonant in the singular and add *-s*, *-s*, *-t*; in the plural, keep the consonant and add the normal endings *-ons*, *-ez*, *-ent*. Other verbs in this group are: *dormir* – sleep, *s'endormir* – go to sleep, *mentir* – lie, fib, *se repentir* – be sorry, *sortir* – go/come out, *sentir* – feel, *ressentir* – feel (the effect of), *servir*, *desservir* – serve.

- *Courir* (run) is similar in the present, but keeps the *-r-* throughout: *je cours* ... *nous courons* ..., etc.

- There is a small group of *-ir* verbs which take *-er* endings in the present:

| *ouvrir* – open: | j'ouvre | nous ouvrons |
|---|---|---|
| | tu ouvres | vous ouvrez |
| | il/elle ouvre | ils/elles ouvrent |

Also: *couvrir* – cover, *découvrir* – discover, *offrir* – offer, *souffrir* – suffer; *accueillir* – greet, *assaillir* – assail, *cueillir* – pick.

## 15.2.6 Irregular *-re* verb patterns

There is a small group ending in *-aindre*, *-eindre* or *-oindre*, which have the following pattern:

| *peindre* – paint: | je peins | nous peignons |
|---|---|---|
| | tu peins | vous peignez |
| | il/elle peint | ils/elles peignent |

(Note the *-s*, *-s*, *-t* of the singular, but the plural keeps *-aign-*, *-eign-* or *-oign-* throughout.)

Also: *contraindre* – constrain, *craindre* – fear, *éteindre* – extinguish, *joindre* – join, *plaindre* – pity, *se plaindre* – complain, *restreindre* – restrain, *se restreindre* – restrain oneself.

➡ **Exercises 1, 2**

# 15.3 Irregular verbs

## 15.3.1 Verbs with irregular stems but predictable endings: 1-4-6 verbs

The verbs in this group either have an infinitive from which it is impossible to predict the present stems, or their stem changes in an unexpected way. You need to know the stem for the 1st singular, the 1st plural and the 3rd plural (1-4-6), but the endings will always be **-s**, **-s**, **-t** (verbs ending in **-dre** such as **prendre** have **-d**), **-ons**, **-ez**, **-ent**. Some have also a 1-2-3-6 pattern, though this pattern is sometimes broken by an unpredictable 3rd person plural. Always pay attention to the **ils** form, as there is often a surprise!

---

acquérir – *acquire:* j'**acquiers**, tu acquiers, il acquiert, **nous acquérons**, vous acquérez, **ils acquièrent**
(+ conquérir – *conquer*, requérir – *call for, demand*)

---

s'asseoir – *sit down*: **je m'assieds**, tu t'assieds, il s'assied, **nous nous asseyons**, vous vous asseyez, **ils s'asseyent**; or: **je m'assois**, tu t'assois, il s'assoit, **nous nous assoyons**, vous vous assoyez, **ils s'assoient**

---

boire – *drink*: **je bois**, tu bois, il boit, **nous buvons**, vous buvez, **ils boivent**

---

conclure – *conclude*: **je conclus**, tu conclus, il conclut, **nous concluons**, vous concluez, **ils concluent**

---

conduire – *drive*: **je conduis**, tu conduis, il conduit, **nous conduisons**, vous conduisez, **ils conduisent**
(+ déduire – *deduct*, détruire – *destroy*, luire – *shine*, produire – *produce*, réduire – *reduce*, reproduire – *reproduce*, traduire – *translate*)

---

connaître – *know, be acquainted with*: **je connais**, tu connais, il connaît (*note the accent*), **nous connaissons**, vous connaissez, **ils connaissent**
(+ reconnaître – *recognise*, paraître – *seem, appear*, apparaître, comparaître – *appear*, reparaître – *reappear*)

---

coudre – *sew*: **je couds**, tu couds, il coud, **nous cousons**, vous cousez, **ils cousent**

---

croire – *believe/think*: **je crois**, tu crois, il croit, **nous croyons**, vous croyez, **ils croient**

---

croître – *grow*: **je croîs**, tu croîs, il croît, **nous croissons**, vous croissez, **ils croissent**
(+ accroître – *increase, add to*)

---

devoir – *must, have to*: **je dois**, tu dois, il doit, **nous devons**, vous devez, **ils doivent**

---

écrire – *write*: **j'écris**, tu écris, il écrit, **nous écrivons**, vous écrivez, **ils écrivent**
(+ décrire – *describe*, inscrire – *inscribe*, s'inscrire – *enrol*, prescrire – *prescribe*, proscrire – *proscribe, prohibit*, souscrire – *subscribe*)

---

falloir *(impersonal)* – *be necessary*: **il faut** *(only)*

---

fuir – *flee*: **je fuis**, tu fuis, il fuit, **nous fuyons**, vous fuyez, **ils fuient**
(+ s'enfuir – *run away, escape*)

---

haïr – *hate*: **je hais**, tu hais, il hait, **nous haïssons**, vous haïssez, **ils haïssent**

---

mettre – *put*: **je mets**, tu mets, il met, **nous mettons**, vous mettez, **ils mettent**
(+ admettre – *admit*, commettre – *commit*, émettre – *emit*, remettre – *put back*, omettre – *omit*, soumettre – *submit*)

---

mourir – *die*: **je meurs**, tu meurs, il meurt, **nous mourons**, vous mourez, **ils meurent** (1-2-3-6)

---

mouvoir – *power, drive*: **je meus,** tu meus, il meut, **nous mouvons**, vous mouvez, **ils meuvent** (1-2-3-6)
(+ émouvoir – *affect emotionally*, promouvoir – *promote*)

---

plaire – *please*: **je plais**, tu plais, il plaît, **nous plaisons**, vous plaisez, **ils plaisent**.
(+ déplaire – *displease*)

---

pleuvoir *(impersonal)* – *rain*: **il pleut** *(only)*

---

prendre – *take:* **je prends**, tu prends, il pren<u>d</u>, **nous prenons**, vous prenez, **ils prennent**
(+ apprendre – *learn*, comprendre – *understand*, reprendre – *regain, resume*)

---

recevoir – *receive*: **je reçois**, tu reçois, il reçoit, **nous recevons**, vous recevez, **ils reçoivent**
(+ apercevoir – *notice*, concevoir – *imagine, conceive*, décevoir – *disappoint/deceive*, percevoir – *perceive*)

---

résoudre – *resolve*: **je résous**, tu résous, il résout, **nous résolvons**, vous résolvez, **ils résolvent**.
(+ absoudre – *absolve*, dissoudre – *dissolve*)

---

rire – *laugh*: **je ris**, tu ris, il rit, **nous rions**, vous riez, **ils rient**

---

rompre – *break*: **je romps**, tu romps, il rompt, **nous rompons**, vous rompez, **ils rompent**

(+ corrompre – *corrupt*, interrompre – *interrupt*)

savoir – *know*: **je sais**, tu sais, il sait, **nous savons**, vous savez, **ils savent**

suivre – *follow*: **je suis**, tu suis, il suit, **nous suivons**, vous suivez, **ils suivent**
(+ poursuivre – *pursue*)

venir – *come*: **je viens**, tu viens, il vient, **nous venons**, vous venez, **ils viennent**
(+ convenir – *be suitable/arrange*, devenir – *become*, intervenir – *intervene*, revenir – *come back*, tenir – *hold*, contenir – *contain*, maintenir – *maintain*, obtenir – *obtain*, retenir – *hold back*)

vaincre – *vanquish, conquer*: **je vaincs**, tu vaincs, il vainc, **nous vainquons**, vous vainquez, **ils vainquent**
(+ convaincre – *convince*)

vivre – *live*: **je vis**, tu vis, il vit, **nous vivons**, vous vivez, **ils vivent**
(+ revivre – *live again*, survivre – *survive*)

voir – *see:* **je vois**, tu vois, il voit, **nous voyons**, vous voyez, **ils voient**
(+ prévoir – *foresee*, revoir – *see again*, pourvoir – *provide*)

The following have **-x, -x, -t** in the singular, and a 1-2-3-6 vowel pattern:

pouvoir – *be able, can*: **je peux** (*but*: puis-je?), tu peux, il peut, **nous pouvons**, vous pouvez, **ils peuvent**

vouloir – *want, wish*: **je veux**, tu veux, il veut, **nous voulons**, vous voulez, **ils veulent**

## 15.3.2 Unpredictable verbs

The following present tenses should be learnt, as there is no predictable pattern:

aller – *go*: je vais, tu vas, il va (va-t-il?), nous allons, vous allez, ils vont

avoir – *have*: j'ai, tu as, il a (a-t-il?), nous avons, vous avez, ils ont

être – *be*: je suis, tu es, il est, nous sommes, vous êtes, ils sont

faire – *do/make*: je fais, tu fais, il fait, nous faisons, vous faites, ils font
(+ refaire – *do again/make again*, satisfaire – *satisfy*)

Note also:

> dire – *say/tell*: **je dis**, tu dis, il dit, **nous disons**, **vous dites**, **ils disent**
> (*though its compounds*, contredire – *contradict*, interdire – *forbid*, maudire
> – *curse*, prédire – *predict*, *have* vous contredisez, *etc.*)

**Exercises 3, 4**

# METTEZ-VOUS AU POINT!

## 1 Le départ

Louise prépare le commentaire d'un film-vidéo qu'elle a fait sur ses vacances en France avec ses copines. Aidez-la à le rédiger en mettant les verbes au présent.

1 Nous voici à la gare St Pancras. Regardez le sac à dos d'Ellen! C'est elle qui (porter) la tente.
2 Je (montrer) mon passeport et mon billet.
3 Nous (passer) les contrôles de police et nous (décharger) nos sacs à dos sur le tapis roulant.
4 Nous voici sur le quai. Ellen et Vicky (entrer) dans l'Eurostar.
5 Moi, j'(acheter) un sandwich et une boisson avant de prendre le train.
6 Ici, nous sommes dans l'Eurostar et nous (commencer) à entrer dans le tunnel.
7 Regardez! Ellen (dormir) profondément. Elle (sembler) heureuse et décontractée.
8 Mais le contrôleur la (surprendre) dans son sommeil. Il lui (demander) son billet.
9 C'est l'heure du repas. Nous (manger) nos sandwichs dans le train.
10 Voilà! c'est l'arrivée à Paris Gare du Nord! Nous (mettre) nos affaires dans nos sacs et nous (sortir) du train.
11 Nous (envisager) de prendre le métro pour aller à la Gare de l'Est.
12 Ellen (penser) que c'est tout près et nous (décider) d'y aller à pied.

## 2 A l'usine de prêt-à-porter

Vous venez faire un stage dans une grande usine de fabrication de prêt-à-porter. Vous posez des questions aux employés sur ce qu'ils font. Vous notez leurs réponses sur votre carnet en mettant les verbes au présent.

Exemple:

*Qu'est-ce que vous faites, mesdames?*
*– Nous taillons des jeans.*

1 Qu'est-ce qu'ils font là-bas? Ils (coudre) les poches des tailleurs.
2 Qu'est-ce que tu fais? J' (appeler) un client.
3 Que fait-elle? Elle (envoyer) un fax.
4 Et lui, que fait-il? Il (recevoir) un représentant.
5 Et après, qu'est-ce qu'il fait? Il (payer) les factures.
6 Et lui là-bas, qu'est-ce qu'il fait? Il (concevoir) et (créer) les nouvelles collections.
7 Et elle, qu'est-ce qu'elle est en train de faire? Elle (partir) en tournée pour présenter les modèles.

8 Et vous, messieurs, qu'est-ce que vous faites? Nous (charger) les camions.
9 Et que font-ils là-bas? Ils (prendre) les commandes.
10 Et eux, qu'est-ce qu'ils font? Ils (repeindre) l'entrepôt.
11 Et vous, madame? Je (nettoyer) le magasin et (jeter) les vieux bouts de tissu.
12 Et vous, M. le Directeur, que faites-vous? Je (gérer) cette entreprise avec mon épouse et nous (ouvrir) de nouveaux marchés car nous (craindre) beaucoup la concurrence internationale.

## 3 Rando en Normandie

Maryline Catteau vous raconte comment elle passe ses vacances d'été. Vous compléterez son texte à l'aide de l'un des verbes dans la case ci-dessous que vous conjuguerez au présent.

Mon ami et moi, nous . . **1** . . la foule et le soleil. Je ne
. . **2** . . pas et mon ami non plus. Aussi, tous les étés, nous
. . **3** . . le train jusqu'à Pont-Audemer en Normandie et nous
. . **4** . . à la découverte d'un sentier de Grande Randonnée. Chaque
année, je . . **5** . . en découvrir un nouveau tronçon. Le paysage
normand me . . **6** . .

Il . . **7** . . beaucoup, mais ça ne fait rien. Quand je
. . **8** . . mouillée, je . . **9** . . dans une ferme demander de l'abri.
J' . . **10** . . de la chance, je . . **11** . . toujours m'abriter.

Chaque hiver, j' . . **12** . . dans les offices de tourisme et je
. . **13** . . les brochures avec les noms des gîtes ruraux.
Ils . . **14** . . très aimables, mais il . . **15** . . réserver longtemps à
l'avance. Je . . **16** . . la foule et le soleil, et j'en . . **17** . . très
heureuse.

| | | | | | | |
|---|---|---|---|---|---|---|
| pleuvoir | être (x 3) | conduire | pouvoir | fuir | avoir | falloir |
| haïr | écrire | aller (x 2) | prendre | recevoir | plaire | vouloir |

## 4 Le Tour de France

Votre correspondant(e) français(e) vous a écrit en décrivant le passage du Tour de France dans une petite ville de province française. Complétez le texte à l'aide des verbes dans la case ci-dessous que vous mettrez au présent.

Aujourd'hui, le Tour de France . . **1** . . à Sully-sur-Loire vers 10 heures. Les commerçants . . **2** . . les boutiques de bonne heure. Les gamins . . **3** . . sur les trottoirs, tout excités. Les habitants des communes environnantes . . **4** . . nombreux pour applaudir les coureurs. Chacun . . **5** . . son voisin: «Eh! Qui sera en tête du peloton? Lance Armstrong? Vers 9h, le premier stand de vente de boissons et de saucisses-frites . . **6** . . en place. Le maire et les conseillers municipaux . . **7** . . devant la mairie. La population . . **8** . . une haie d'honneur aux coureurs. Il . . **9** . . chaud. Les pâtissiers . . **10** . . beaucoup de glaces.

*A dix heures moins une, on . . **11** . . le premier coureur dans le lointain. «C'est lui, c'est lui! C'est Lance Armstrong!» Tout le monde . . **12** . . des mains.*

| | | | | | |
|---|---|---|---|---|---|
| courir | ouvrir | | apercevoir | battre | se mettre |
| faire (×2) | vendre | interpeller | apparaître | venir | passer |

# ... ET EN ROUTE!

## 5  Jeu de mime

Chaque étudiant(e) doit mimer une action sans rien dire (sauf «oui» ou «non»).

Les autres doivent lui suggérer ce qu'il/elle fait.

Par exemple, un(e) étudiant(e) fait semblant de faire du café.

*– Tu ouvres une boîte de viande pour le chat?*
*– Non.*
*– Tu prépares le déjeuner?*
*– Non*
*– Tu fais du café?*
*– Oui.*

Puis, deux étudiants peuvent faire le mime, et vous leur demandez: Faites-vous du thé? ... ou bien, un(e) étudiant(e) peut faire le lien entre le mime et le reste de la classe, et vous lui demandez: Fait-il du thé? ...

## 6 Quelle photo!

**a** Apportez une photo de votre famille ou de vos copains en vacances. Les autres doivent vous poser des questions pour deviner qui est sur la photo et ce qu'ils font.

Exemple:

*Vous êtes à la plage? Ta mère est à droite? Vous mangez des sandwichs? ...*

**b** Maintenant, demandez ce qu'ils sont en train de faire.

Exemple:

*Vous êtes en train de manger des sandwichs?*

## 7  Qui c'est?

Chaque étudiant(e) doit décrire un ou deux métiers, pour que les autres devinent qui fait ce métier.

Exemple:

*– Il installe les baignoires, les WC, les éviers, etc. Il répare les conduites.*
*– C'est le plombier.*

## 8  Léo et Agathe

Léo vit dans une tour à St-Denis, une banlieue déshéritée du nord de Paris. Il a 16 ans. Il fait la connaissance d'Agathe, 15 ans, dont le père est directeur de banque et qui vit dans le 16ème arrondissement, un quartier chic de Paris. Ils parlent de leurs parents, de leurs vacances, de leurs préoccupations.

**a** En travaillant à deux, imaginez leur conversation. Utilisez les expressions suivantes: travailler dans ..., partir au travail à ..., faire les 3/8 ...*, prendre des vacances ..., aller au ski ..., craindre le chômage, suivre des cours du soir, sortir en boîte, acheter des nouveaux vêtements, manger au restaurant, faire des économies, etc.

* = to work 8-hour shifts

**b** Ecrivez un paragraphe en comparant ces deux modes de vie différents.

Par exemple:

*Le père de Léo travaille à l'usine tandis que le père d'Agathe est directeur de banque.*
*Celui-ci ne part jamais au travail avant ...*

## 9  Le week-end

Demandez à vos copains ce qu'ils font le week-end prochain.

Par exemple:

*– Tu vas à la discothèque samedi soir?*
*– Non, je reste à la maison parce que j'ai beaucoup de travail à faire.*
*– Tu viens chez moi samedi matin?*
*– Non, je viens l'après-midi, parce que le matin j'aide mon père à réparer la voiture.*

## 10  Décrivez votre ville ou village.

Qu'est-ce qu'il y a à voir, et surtout, que font les habitants (travail, loisir ...). Faites une description orale ou écrite (200 mots).

## 11  Avez-vous vu le film de mes vacances ...?

Imaginez que vous avez réalisé un film vidéo à l'occasion d'un voyage ou de vacances récentes.

Ecrivez-en le commentaire, en décrivant ce que vous faites et ce que font les autres personnages (comme dans l'exercice 1). Si vous possédez vraiment un tel film que vous pouvez passer devant votre classe, tant mieux: faites-en un commentaire oral (au présent, bien sûr!).

# 16 The imperative

## MECANISMES

## 16.1 Uses

The imperative, or command, form of the verb is used to tell somebody what to do or what not to do. It is limited to the *tu*, *vous* and *nous* forms. The *tu* and *vous* forms give a direct command to the person you are addressing, and the *nous* form has the meaning 'let us' ('let's')/'don't let's':

> Paul, **finis** ta boisson, et **n'oublie pas** de te laver les mains.
> Paul, **finish** your drink, and **don't forget** to wash your hands.

> **Allez** tout droit, **ne traversez pas** la rue et puis **tournez** à gauche devant La Poste.
> **Go** straight on, **don't cross** the street and then **turn** left by the post office.

> **Allons** acheter des glaces.
> **Let's go** and buy some ice creams.

As a matter of fact, the *nous* form is no longer used a lot in spoken French. People tend to use forms like *si* + imperfect (see Chapter 39) or *pourquoi* + infinitive:

> **Si nous allions** acheter des glaces?       **Pourquoi ne pas acheter** des glaces?

> **How about going** to buy some ice creams?   **Why not buy** some ice creams?

## 16.2 Formation

|       | donner – *give* | remplir – *fill* | vendre – *Sell* |
|-------|-----------------|------------------|-----------------|
| tu    | donne           | remplis          | vends           |
| vous  | donnez          | remplissez       | vendez          |
| nous  | donnons         | remplissons      | vendons         |

All three forms of the imperative are the same as the present tense without the subject pronouns *tu/vous/nous*, except that the *tu* form of *-er* verbs drops the *-s* (*tu donnes* ⟶ *donne*). It retains the *-s* however when followed by *y* or *en*:

> Manges-en!
> Eat some!

> Voilà le placard: ranges-y tes affaires.
> There's the cupboard; put your things away in it.

There are only three complete exceptions:

|  | **être – be** | **avoir – have** | **savoir – know** |
|---|---|---|---|
| tu | sois | aie | sache |
| vous | soyez | ayez | sachez |
| nous | soyons | ayons | sachons |

*S'asseoir* usually uses its *-ie-/-ey-* form: **assieds-toi**, **asseyez-vous**, **asseyons-nous**.

The *tu* form of *aller* is *va*, except in *vas-y*! (= go on!), and *vouloir* has a sort of imperative in the *vous* form only, *veuillez*, which is used with an infinitive and means 'be good enough to, will you please …?':

> **Veuillez répondre** *le plus tôt possible.*
> **Would you please** reply as soon as possible.

➡ **Exercises 1, 2**

# 16.3 The imperative with object pronouns

## 16.3.1 Negative
When the imperative is negative (= don't!), object pronouns precede the verb as normal, and in the normal order (see Chapter 10):

| | |
|---|---|
| *Ne **les** touche pas!* | Don't touch **them**! |
| *Ne **me le** donnez pas!* | Don't give **it to me**! |
| *Ne **vous** levez pas!* | Don't stand up! |

## 16.3.2 Positive
When the imperative is positive (= do!), the pronouns follow the verb, joined on by hyphens, and the emphatic forms *moi* and *toi* are used instead of *me* and *te*, except before *en*. *Moi/toi* always come last:

| | |
|---|---|
| *Envoyez-**les-lui** aujourd'hui.* | Send **them to him** today. |
| *Donne-**le-moi** tout de suite!* | Give **it to me** right now! |
| *Donne-**m'en**, s'il te plaît, et puis **va-t'en**!* | Give **me some**, please, and then go away! |
| *Lève-**toi**!* | Get up!/Stand up! |

➡ **Exercise 3**

## 16.4 Other ways of expressing commands

- In formal language, such as on notices, packets, etc., instructions are sometimes given in the infinitive:

  **Ouvrir** *ici.*
  **Open** here.

  **Ne pas marcher** *sur les pelouses.*
  **Do not walk** on the grass.

- If the plain imperative seems too abrupt, you can, as in English, tone it down by using an expression such as **pourriez-vous ...?** (could you?), **vous devriez ...** (you ought to ...) + the infinitive. In a formal written context you can use **Veuillez** or **Ayez la bonté de** + infinitive (kindly ...):

  **Pourriez-vous envoyer** *votre réponse avant mardi?*
  **Could you send** your reply by Tuesday?

  **Vous devriez répondre** *avant mardi.*
  **You ought to/should reply** by Tuesday.

  **Veuillez répondre/Ayez la bonté de répondre** *avant mardi.*
  **Please (be kind enough to) reply** by Tuesday.

 **Exercise 4**

- You can sometimes use the future – as in some of the exercises in this book:

  **Vous transformerez** *l'infinitif en impératif.*
  **(You will) change** the infinitive into the imperative.

---

# METTEZ-VOUS AU POINT!

## 1 La pâte à crêpes

Voici la recette de la pâte à crêpes. Mettez les verbes à l'impératif en utilisant la 2ème personne du pluriel (*vous*):

> *Prendre* 3 œufs, *les battre* dans un saladier. *Ne pas oublier* de mettre une pincée de sel. *Peser* 100 grammes de sucre et 100 grammes de farine. *Mesurer* un demi-litre de lait. *Ajouter* d'abord le sucre aux œufs et *bien fouetter*. Puis *mélanger* tour à tour un peu de beurre fondu, de farine et de lait, et *parfumer* avec de l'eau de fleur d'oranger. *Ne pas faire* les crêpes tout de suite. *Laisser* reposer une heure ou deux.

## 2  La cuisson des crêpes

Vous expliquez à votre sœur cadette comment faire cuire les crêpes; alors mettez les infinitifs de la recette à la 2ème personne du singulier (*tu*).

*Prendre* une poêle. *Ne pas choisir* nécessairement une poêle «spéciale crêpes», mais *employer* une poêle non-adhésive. *Mettre* un peu de beurre ou d'huile dans le fond de la poêle et *la faire* chauffer. Lorsque la poêle est chaude, *y placer* un peu de pâte et *la faire* glisser pour qu'elle en recouvre tout le fond. Au bout de deux minutes, *retourner* la crêpe et *faire* cuire l'autre face. *Glisser* la crêpe sur une assiette et *la manger* avec du sucre ou de la confiture. Si l'on est très habile, *essayer* de «faire sauter» la crêpe pour la retourner.

## 3  Une femme très autoritaire

Isabelle est une femme très autoritaire qui ne cesse de donner des ordres à son mari. Elle insiste toujours pour qu'il fasse exactement ce qu'elle veut. Répétez ses ordres, en utilisant des pronoms. (Révisez les pronoms à la page 65 s'il le faut.)

Exemple:

*Ecris une lettre à ton père! Ecris-la-lui!*

1  Donne le gros morceau de gâteau à ton fils!
2  Apporte-moi mon journal!
3  Va à la boutique!
4  Achète-moi des chewing-gums!
5  Dis à ton frère que je ne suis pas d'accord!
6  N'envoie pas les photos à tes copains maintenant!
7  Ne raconte pas cette histoire à tes amis!
8  N'emprunte pas la voiture de ton frère!
9  Ne regarde pas la femme de ton voisin!

## 4  A la colo

Beaucoup d'enfants français passent leur été en colonie de vacances où ils font des activités touristiques et sportives avec des moniteurs. Julien, le moniteur de la colonie de vacances de Suze-la-Rousse n'est pas très poli. Pourriez-vous adoucir ses ordres en utilisant soit *je voudrais*, soit *voudriez-vous*, soit *pourriez-vous*?

1  Silence!
2  Assis!
3  Debout!
4  En route!
5  Dormez!
6  Par ici!
7  Arrêtez de jouer!
8  Mangez!
9  Mettez vos casquettes! Il fait chaud!
10  Ecoutez-moi!

**... ET EN ROUTE!**

## 5 Un hold-up raté

Une bande de jeunes voyous est dans le bureau du directeur d'une banque, mais ils ne savent pas très bien comment s'y prendre. Travaillez par deux: l'un donne des ordres, l'autre le contredit.

Exemple:

*– Attache-lui les mains derrière le dos!*
*– Non, ne les lui attache pas!*

(Lui ligoter les jambes, lui demander où est le coffre, lui bander les yeux, lui prendre ses lunettes, lui faire dire le code secret du coffre, aller dans le bureau du chef du personnel, ...)

Vous pouvez continuer selon votre inspiration.

## 6 Un job en France!

Vous travaillez dans un restaurant français. Le patron vous dit poliment ce qu'il faut faire, mais vous ne comprenez pas. La patronne vous le dit plus impérativement. Travaillez par trois. L'un d'entre vous est le patron, l'autre la patronne, et le troisième, c'est vous! Changez souvent de rôle.

Exemple:

| | |
|---|---|
| *Patron:* | *Voudriez-vous mettre le couvert de la table 12?* |
| *Vous:* | *Pardon, monsieur, je ne comprends pas.* |
| *Patronne:* | *Mettez le couvert de la table 12.* |
| *Vous:* | *Ah, bon. Maintenant j'ai compris.* |

Voici d'autres directives qu'on vous donne:

placer les clients, leur apporter le menu, leur servir l'apéritif, être plus souriant(e), conduire la dame aux toilettes, débarrasser les assiettes sales, mettre des assiettes propres, leur amener un pichet d'eau, faire goûter le vin au client ... ,

et ainsi de suite pendant tout le repas. Continuez avec des ordres de votre choix.

# 17 The future tense

## MECANISMES

## 17.1 Uses

- The future tense is used much as the future in English to say what **will happen**.

  *Alors, que **ferez-vous**?*
  What **will you do** then?

  ***J'écrirai** aux journaux, **j'organiserai** une manifestation, **je m'assiérai** devant les camions, **je ferai** tout mon possible pour les arrêter! **Ils ne passeront pas**!*
  **I'll write** to the papers, **I'll set up** a demonstration, **I'll sit down** in front of the lorries, **I'll do** all I can to stop them! **They will not get through**!

- It is quite often used in giving instructions: look at the instructions for some of the exercises in this book!

  *Voici des verbes que **vous mettrez** au futur.*
  Here are some verbs which **you will put** into the future.

- The future is also used in French when the action has not yet taken place (usually in conjunction with a future or a command in the main clause), where English would use the present tense:

  ***Quand vous arriverez** au bout de la rue, **vous verrez** le château.*
  **When you get** to the end of the street, **you'll see** the château.

  ***Aussitôt que tu recevras** ma lettre, montre-la à Sakina.*
  **As soon as you get** my letter, show it to Sakina.

  ***Tant que tu resteras** à Tahiti nous ne te verrons pas très souvent!*
  **All the while you remain** in Tahiti, we won't see much of you!

Use the future in these circumstances after the following time expressions:

| | |
|---|---|
| *quand* | when |
| *lorsque* | when |
| *aussitôt que* | as soon as |
| *dès que* | as soon as |
| *autant que* | all the while that |
| *une fois que* | once |
| *en même temps que* | at the same time as |
| *après que* | after (see also section 36.3) |

Remember: 'will' in English can sometimes indicate willingness to do something, not an event in the future, so you use **vouloir** + infinitive:

**Voulez-vous passer** le sucre, s'il vous plaît?
**Will you pass** the sugar, please?

J'ai appelé le chien, mais **il ne veut pas venir**.
I've called the dog, but **he won't come**.

➡ **Sections 17.3, 17.4 and Exercises 1, 2**

# 17.2  Other ways of expressing the future

- Another way to indicate an immediate, and possibly premeditated, future action, is to use **aller** + infinitive, just as we use 'going to do' in English:

Alors, qu'est-ce que **vous allez faire**?
Then, what **are you going to do**?

**Je vais écrire** aux journaux, **je vais organiser** une manifestation, **m'asseoir** devant les camions, **faire** tout mon possible pour les arrêter! **Je ne vais pas les laisser** passer!
**I'm going to write** to the papers, **I'm going to set up** a demonstration, **sit down** in front of the lorries, **do** everything possible to stop them! **I'm not going to let** them through!

➡ **Exercise 3**

- As in English, you can also use the present tense to say what you are doing in the fairly immediate future, where the actions are preplanned or premeditated:

Ce soir **nous jouons** au golf. **Vous venez** aussi?
This evening **we're playing** golf. **Are you coming** as well?

L'année prochaine, si tout va bien, **nous rendons visite** à nos cousins au Canada.
Next year, all being well, **we're visiting** our cousins in Canada.

# 17.3  Formation

**All** regular verbs have the endings **-ai**, **-as**, **-a**, **-ons**, **-ez**, **-ont** added to the infinitive, though **-re** verbs drop the **-e**:

| donner – *give* | remplir – *fill* | vendre – *sell* |
|---|---|---|
| je donner**ai** | je rempli**rai** | je vend**rai** |
| tu donner**as** | tu rempli**ras** | tu vend**ras** |
| il/elle donner**a** | ill/elle rempli**ra** | il/elle vend**ra** |
| nous donner**ons** | nous rempli**rons** | nous vend**rons** |
| vous donner**ez** | vous rempli**rez** | vous vend**rez** |
| ils/elles donner**ont** | ils/elles rempli**ront** | ils/elles vend**ront** |

- To help remember the endings – compare them with the present tense of **avoir**: quite a similarity!
- Only the stem can be irregular in the future tense, and it will always end in **-r-**.
- The 3rd person singular question form needs a **-t-** inserted: **arrivera-t-il? viendra-t-elle? que dira-t-on?**

# 17.4  Irregular verbs

## 17.4.1  -er verbs

---

**jeter** type (see section 15.2.3) – consonant doubles:
| | |
|---|---|
| jeter – throw | je je**tt**erai |
| appeler – call | j'appe**ll**erai |

**acheter** type (see section 15.2.3) – e becomes è:
| | |
|---|---|
| acheter – buy | j'ach**è**terai |
| mener – lead, take | je m**è**nerai |

**employer** and verbs ending in **-oyer/uyer** – y becomes **i**:
| | |
|---|---|
| employer – use | j'emplo**i**erai |
| essuyer – wipe | j'essu**i**erai |

---

Verbs in **-ayer** (**essayer** – try, **payer** – pay, etc.) can use either the **i** or **y** form: **je paierai** or **je payerai**.

Verbs of the **céder/répéter** type retain **é,** and do not change their vowel:

| | |
|---|---|
| céder – give way | je c**é**derai |
| répéter – repeat | je rép**é**terai |

✎ Note also:

| | | |
|---|---|---|
| aller – go | j'irai | |
| envoyer – send | j'enverrai | + renvoyer |

## 17.4.2  -ir verbs

| | | |
|---|---|---|
| acquérir – acquire | j'**acquerr**ai | + group |
| courir – run | je **courr**ai | + accourir, parcourir, recourir |
| cueillir – pick, gather | je **cueille**rai | + accueillir |
| mourir – die | je **mourr**ai | |
| tenir – hold | je **tiendr**ai | + compounds |
| venir – come | je **viendr**ai | + compounds |

113

### 17.4.3 *-re* verbs

| | |
|---|---|
| *être* – be | je **ser**ai |
| *faire* – make/do | je **fer**ai  + compounds |

Otherwise irregular verbs ending in **-re** (***boire, lire***, etc.) form their future perfectly normally: don't forget to remove the final **-e**, though!

### 17.4.4 *-oir* verbs

| | |
|---|---|
| *s'asseoir* – sit down | je m'**assié**rai |
| *avoir* – have | j'**aur**ai |
| *devoir* – have to, must | je **devr**ai |
| *falloir* – be necessary | il **faudr**a |
| *pleuvoir* – rain | il **pleuvr**a |
| *pouvoir* – be able, can | je **pourr**ai |
| *recevoir* – receive | je **recevr**ai |
| *savoir* – know | je **saur**ai |
| *valoir* – be worth | je **vaudr**ai  + compounds |
| *voir* – see | je **verr**ai  + compounds |

 ## METTEZ -VOUS AU POINT!

### 1  Quand je gagnerai au loto!

Comme beaucoup de Français, Jean-Claude Lefrançois joue au loto chaque semaine. Il joue 4€ et rêve à un futur meilleur que sa vie présente. Entrez dans son rêve et mettez les verbes au futur.

Quand je (gagner) au loto, je (vendre) mon appartement de banlieue, et j' (acheter) un appartement dans les Alpes. Avec ma femme, nous (vivre) à la montagne. Nos enfants (pouvoir) aller à l'université et ma femme (s'arrêter) de travailler. Je (céder) mon petit magasin. Nous (placer) l'argent, et je pense que nous en (avoir) assez pour vivre tranquillement. L'hiver, nous (faire) du ski, et l'été, nos amis (venir) nous rendre visite. Mais je n'ai pas encore gagné. Alors demain, je (jouer) encore une fois. (Vouloir)-vous tenter votre chance avec moi ?

## 2 Un gîte rural pour les Américains!

Les parents de votre correspondant(e) français(e) louent une ferme chaque été à des Américains. Interrogez-les au sujet de cette ferme et mettez les verbes de la réponse au futur.

– Combien de temps encore allez-vous louer cette maison?
– Aussi longtemps que les Américains (venir), nous la leur (louer).
– Quand allez-vous reprendre les travaux?
– Aussitôt que les Américains (partir), nous (reprendre) les travaux.
– Qu'allez-vous faire après la fin des travaux?
– Une fois que la maison (être) terminée, nous y (loger) deux couples.
– Où habiterez-vous plus tard?
– Lorsque nous (prendre) notre retraite, nous (venir) habiter dans cette maison-ci.
– Allez-vous également restaurer les étables?
– Oui, en même temps que nous (terminer) la maison, nous (restaurer) les dépendances.
– Allez-vous construire une piscine?
– Oui, en été, dès que ma fille (rentrer) du travail, elle (pouvoir) se baigner.
– Allez-vous avoir une bonne cave pour garder le vin dans cette maison?
– Oui, et je peux te dire que quand la saison des vendanges (venir), je (faire) mon vin moi-même.
– Pour qui sera cette maison plus tard?
– Lorsque je (mourir), la maison (revenir) à ma fille.

## 3 Une randonnée en montagne

Imaginez que vous allez faire une randonnée en montagne après-demain. Racontez vos projets et vos préparatifs en utilisant *aller* + infinitif.

Exemple:

– *Je (faire) mon sac demain.*
– *Je vais faire mon sac demain.*

1  Maman me (préparer) le pique-nique.
2  Je (se lever) de très bonne heure.
3  Je (partir) en voiture avec mes copains jusqu'au Saut du Géant.
4  Nous (commencer) l'ascension au petit jour.
5  Nous (s'arrêter) pour remplir les gourdes d'eau fraîche à la source.
6  Nous (marcher) toute la matinée.
7  Michel (faire peur) aux vaches des alpages.
8  Nous (pique-niquer) vers midi.
9  Puis je (faire) une bonne sieste à l'ombre.
10  Et mes amis (se mettre) au soleil pour bronzer.

## ... ET EN ROUTE!

## 4 Oh, les parents ...!

Votre père ou votre mère vous gronde parce qu'il y a un tas de choses que vous n'avez pas faites chez vous. Travaillez avec un(e) partenaire. L'un(e) joue le rôle de l'enfant, l'autre celui d'un des parents.

Exemple:

– *Tu n'as pas rangé ta chambre!*
– *Ne t'en fais pas, papa/maman, je la rangerai demain!*

Papa/Maman continue à vous harceler:

laver/essuyer la vaisselle, promener le chien, mettre la table, nettoyer les chaussures, envoyer une lettre, peindre le vestibule, repasser ta chemise, coudre les boutons, faire les courses, apprendre ton vocabulaire, aller à la banque, balayer la cour, rendre les livres à la bibliothèque, mener ta sœur cadette à la piscine, faire un gâteau, arroser les plantes ...!

## 5 Oh, toujours les parents ...!

Même exercice, mais cette fois-ci deux d'entre vous joueront le rôle des enfants et deux autres celui des parents. Il faudra utiliser *aller* suivi de l'infinitif.

Exemple:

– *Vous n'avez pas appris votre vocabulaire!*
– *Ne vous en faites pas, maman et papa, nous allons l'apprendre demain!*

(Attention à la position du pronom complément d'objet – entre *aller* et l'infinitif!)

## 6 Dans la boule de cristal

Travaillez avec un(e) partenaire. L'un(e) sera diseur/diseuse de bonne aventure, et lira l'avenir de l'autre, soit dans sa main, soit dans la boule de cristal. Puis, changez de rôle. Vous pouvez utiliser le futur ou *aller* + infinitif, comme vous le désirez.

Exemple:

*Ah, monsieur/mademoiselle, vous aurez de la chance! Bientôt vous ferez (vous allez faire) la connaissance d'une fille/d'un garçon extraordinaire ...*

## 7 La météo

Vous travaillez pour un journal de votre pays qui publie chaque jour en été une météo en français pour les touristes francophones. En utilisant l'extrait d'une météo que vous voyez ci-dessous, écrivez la météo pour le lendemain pour les îles britanniques (ou le pays où vous habitez).

Vous pourriez commencer par:

«*Dans la région du sud-ouest il fera généralement beau, mais il y aura quelques averses éparses au cours de l'après-midi. Les températures seront ...*».

Example d'une météo de la Presse française:

AUJOURD'HUI

Sur la Bretagne, les nuages seront de plus en plus nombreux en cours de matinée et la pluie arrivera à la mi-journée. De la Basse-Normandie aux Pays de la Loire et à la Vendée, après une matinée bien ensoleillée, le ciel se voilera progressivement.

Sur l'Aquitaine, dès ce matin, les nuages seront assez nombreux et donneront des averses cet après-midi.

Des Charentes au Limousin, à l'Auvergne, au Midi-Pyrénées, au pays Basque et au Roussillon, après le soleil du matin, des nuages donneront des averses et des orages l'après-midi.

De la Haute-Normandie, du Nord et de la Picardie à la Champagne, à l'Ile-de-France, aux régions du Centre et à la Bourgogne, de larges périodes de soleil seront suivies de nuages en fin de journée.

De l'Alsace et des Vosges à la Franche-Comté, aux Alpes, à la Provence, au Languedoc et à la Corse, le soleil et la chaleur seront encore au rendez-vous.

Les températures matinales vont de 7° à 18° du Nord au Sud. Cet après-midi, il fera 20° à 22° en bord de Manche et de 25° à 29° du Nord aux régions méridionales. Il fera localement 32° à 34° près de la Méditerranée.

# 18 The conditional tense

## 18.1 Uses

- The conditional is used much as the conditional in English to say what *would* happen.

  *Alors, que **feriez-vous**?*
  So, what **would you do**?

  *J'écrirais aux journaux, **je monterais** une manifestation, **je m'assiérais** devant les camions, **je ferais** tout pour les arrêter!*
  **I would write** to the papers, **I would set up** a demonstration, **I'd sit down** in front of the lorries. **I'd do** everything to stop them!

  Note: For fuller treatment of the conditional used in conjunction with **si** clauses, see Chapter 39.

  **Section 18.2 and Exercises 1, 2**

- The conditional is sometimes used, as in English, to soften a request or command, or to make a suggestion (especially with ***pouvoir**, **vouloir** and **devoir** – see also Chapter 26):

  ***Pourriez-vous me dire** pourquoi vous faites ça?*
  **Could you tell me** why you are doing that?

  *Je **voudrais** une glace à la vanille, s'il vous plaît.*
  **I'd like** a vanilla ice cream, please.

- Where the future is used in direct speech, the conditional is used in reported speech:

  *«**J'irai** bientôt à Marseille,» a dit Charles.*   *Charles **a dit qu'il irait** bientôt à Marseille.*
  **'I'll go'** to Marseille soon,' said Charles.   Charles **said that he would** soon **go** to Marseille.

  *«**Je le ferai** demain,» a répondu Elodie*   *Elodie a répondu qu'**elle le ferait** demain.*
  **'I'll do it'** tomorrow,' replied Elodie.   Elodie replied that **she would do it** tomorrow.

  *Mais sa mère se demandait toujours: «Est-ce qu'**elle le fera**?»*
  But her mother kept wondering: '**Will she do it**?'

  *Mais sa mère ne savait toujours pas si **elle le ferait**.*
  But her mother still didn't know whether **she would do it**.

  Note : See also Chapter 45 for further explanation and exercises.

- The conditional is also used after time expressions such as ***quand**, **lorsque**, **dès que**, etc., when the action had not yet happened at some point in the past.

Compare this with the use of the future after the time expressions listed in section 17.1.

*La dame nous a dit que, **quand nous arriverions** au bout de la rue, nous verrions le château.*
The lady told us that **when we arrived** at the end of the street, we would see the château (that is, **we hadn't got there yet**).

*Le chef d'orchestre m'a dit qu'**une fois que je serais là**, ils commenceraient la répétition.*
The conductor said that **once I was there** they would start the rehearsal.

➡ **Section 18.2 and Exercise 3**

• The conditional is sometimes used to conjecture or to cast uncertainty about information:

*La voiture a heurté celle qui s'approchait par la rue Creuse. Le conducteur **n'aurait pas vu** le feu rouge.*
The car collided with the one coming up Creuse Street. The driver **may not have seen** the traffic light.

Note: Remember that 'would' in English sometimes indicates willingness to do something, and has nothing to do with conditions, so you use **vouloir** + infinitive:

*Je continuais à appeler le chien, mais **il ne voulait pas venir**.*
I kept calling the dog, but **he wouldn't come**.

*Les enfants **ne voulaient pas** manger leur repas.*
The children **wouldn't eat** their food.

Note: Remember also that 'would' in English sometimes means 'used to', and in this case you should use the imperfect:

*Le dimanche au printemps, **nous faisions** des randonnées le long de la Loire et **déjeunions** dans un restaurant de campagne.*
On spring Sundays **we would go for walks** along the Loire and **have lunch** in a country restaurant.

# 18.2 Formation

All verbs in the conditional have the endings *-ais*, *-ais*, *-ait*, *-ions*, *-iez*, *-aient* added to the same stem as the future, which always ends in *-r*. (The stem for most verbs is the infinitive.)

| donner – *give* | remplir – *fill* | vendre – *sell* |
|---|---|---|
| je donner**ais** | je remplir**ais** | je vendr**ais** |
| tu donner**ais** | tu remplir**ais** | tu vendr**ais** |
| il/elle donner**ait** | il/elle remplir**ait** | il/elle vendr**ait** |
| nous donner**ions** | nous remplir**ions** | nous vendr**ions** |
| vous donner**iez** | vous rempl**iez** | vous vendr**iez** |
| ils/elles donner**aient** | ils/elles remplir**aient** | ils/elles vendr**aient** |

Note that the endings are the same as the imperfect – but on a different stem!

For irregular stems, see the list set out in Chapter 17 on the future tense.

# METTEZ-VOUS AU POINT!

## 1 L'homme ou la femme de vos rêves

Imaginez que vous rencontrez l'homme ou la femme de vos rêves. Utilisez le conditionnel pour décrire comment il/elle serait et quelles seraient les circonstances de la rencontre.

Il/Elle (être) grand(e). Il/Elle (avoir) des cheveux bruns et courts et de beaux yeux bleus. Il/Elle (porter) un jean noir et une chemise/un chemisier rouge ouvert(e) sur la poitrine. Il (faire) un soleil éclatant. Il/Elle (venir) à moto. Je (savoir) que c'était lui/elle que j'attendais. Je (courir) vers lui/elle. Nous nous (prendre) par la main, et nous nous (tenir) debout sans rien dire. Puis nous (partir) sur sa moto dans un grand vacarme assourdissant vers le soleil couchant.

## 2 Vivre à la campagne

M. Lechat veut vivre à la campagne. Mme Lechat y réfléchit et tente de se persuader qu'il s'agit là d'une bonne idée. Complétez ses pensées à l'aide des verbes ci-dessous utilisés au conditionnel. Comment serait-elle, cette vie à la campagne?

– J' . . **1** . ., se disait-elle, une grande maison et un jardin potager. Nous . . **2** . . une vie saine au grand air. Mon mari . . **3** . . cultiver le jardin et nous . . **4** . . toujours des produits frais. Je . . **5** . . les fruits du verger et je . . **6** . . des confitures. Ainsi nous . . **7** . . toujours en bonne santé. Nos enfants . . **8** . . souvent nous rendre visite et nous . . **9** . . leur faire partager notre nouvelle vie. Mais il . . **10** . . s'habituer! Adieu cinémas, cafés, beaux magasins! . . **11** . .-je jamais m'adapter à cette vie de campagnards?

| | | | | |
|---|---|---|---|---|
| venir | savoir | falloir | avoir | faire |
| mener | manger | cueillir | pouvoir (x2) | être |

## 3 Un agent secret à Paris

Peter est agent secret. Il est envoyé en mission à Paris. Vous avez une copie des instructions pour sa mission, écrites au futur (**Vous arriverez à la gare du Nord ..., etc.**). Vous écrirez un reportage sur sa mission, où il vous faudra transformer les phrases en utilisant le conditionnel et les locutions de temps données.

Commencez «**Si tout allait bien** ...»

Exemple:

– *Vous arriverez à la gare du Nord et prendrez le métro direction Luxembourg. (dès que)*
   *Si tout allait bien, dès qu'il arriverait à la gare du Nord, il prendrait le métro direction Luxembourg.*

1   Vous descendrez à Luxembourg et irez jusqu'à la Sorbonne à pied. (aussitôt que)
2   Devant la Sorbonne, vous verrez un homme portant une casquette à carreaux et fumant la pipe, et vous lui donnerez l'enveloppe. (quand)
3   Vous vous arrêterez pour lire la carte du métro devant la station Odéon et vous verrez un homme s'approcher de vous et vous donner le nom de votre hôtel et le numéro de votre chambre. (lorsque)
4   Vous serez dans votre chambre d'hôtel et quelqu'un vous téléphonera pour vous fixer un rendez-vous. (une fois que)
5   Le lendemain matin, vous irez faire votre footing et arriverez au Pont Alexandre III; un homme s'y trouvera avec son chien. (au moment où)
6   Vous boirez un café ensemble et l'homme vous indiquera comment rentrer en Angleterre. (pendant que)

 **... ET EN ROUTE!**

## 4 Le premier rendez-vous

Kévin et Hortense ont leur premier rendez-vous par l'intermédiaire d'une agence de rencontres. Or, l'ordinateur a dû se tromper car ni l'un ni l'autre ne correspond à ce qui était prévu. Travaillez par deux et prenez un rôle chacun.

Exemple:

*Hortense:   Je ne pensais pas que vous auriez les cheveux bruns!*
*Kévin:      Et moi qui croyais que vous auriez les yeux bleus!*

Continuez, en utilisant d'abord les phrases suivantes:

porter des lunettes/porter une mini-jupe; être divorcé(e)/être célibataire; travailler dans une banque/travailler pour une compagnie de cinéma; aimer les vieilles voitures/aimer les enfants ...

Maintenant continuez selon vos propres idées en attribuant aux personnages les caractéristiques que vous souhaitez.

## 5 La fête est finie!

Vous avez organisé une fête avec vos amis pendant que vos parents étaient partis pour le week-end. C'est dimanche après-midi. Vous vous dépêchez de nettoyer avant que vos parents ne rentrent, tout en imaginant ce qui se passerait s'ils arrivaient maintenant. Travaillez par deux et émettez le plus grand nombre d'idées possibles.

Exemple:

– *Papa verrait la pizza collée au plafond!*
– *Maman tomberait sur les bouteilles vides par terre dans le salon!*

se fâcher, ne pas comprendre, trouver le rideau troué, s'asseoir en pleurs sur le canapé ...

Continuez ainsi.

## 6 Les époux millionnaires

Imaginez que vous épousez un(e) millionnaire. Ecrivez environ 250 mots en décrivant comment serait votre vie, n'oubliant pas d'inclure quelques choses que vous **ne feriez pas**.

# 19 The perfect tense

## 19.1 Uses

This tense is used for single completed actions in the past.

- The perfect is the literal equivalent of the English perfect tense: it tells you what you *have done*, what *has happened*.

  *Ce matin **je suis allé(e)** en ville et **j'ai acheté** de nouvelles chaussures.*
  This morning **I've been** to town and **I've bought** some new shoes.

  ***Nous n'avons jamais vu** la tour Eiffel.*
  **We have never seen** the Eiffel Tower.

- However, most importantly and most frequently, it is also the tense used in conversational French as the equivalent of the English simple past, to say what you *did*, what *happened*.

  ***Je suis allé(e)** en ville et **j'ai acheté** de nouvelles chaussures.*
  **I went** to town and **bought** some new shoes.

  ***Nous sommes arrivés** l'après-midi, **nous nous sommes installés** dans notre hôtel, et puis **nous avons fait** un tour de la ville.*
  **We arrived** in the afternoon, **we settled** into our hotel, and then **we went** to look round the town.

Note: the past historic is used for this purpose in formal written French.
(See Chapter 22.)

Beware of assuming that you can use a French perfect as the equivalent of every simple past in English. 'When I lived in Paris I went to work on the métro' describes repeated, habitual actions, and the verbs would be in the imperfect: *Quand j'habitais ... j'allais ...*
(See Chapter 20.)

Remember that to say what you have been doing, you use the present in French: 'We've been living here for two years' = *Nous habitons ici depuis deux ans*.
(See Chapter 40.)

## 19.2 Formation

The perfect tense is a 'compound' tense, that is, it consists of more than one word, formed with an 'auxiliary' verb (*avoir* or *être*) and the past participle. The perfect of most verbs is formed with *avoir*, though a small group of verbs and all reflexive verbs use *être*.

For full details about the formation of the past participle and a full list of irregular ones, see Chapter 29.

## 19.2.1 *Avoir* verbs

|  | donner – *give* | remplir – *fill* | vendre – *sell* |
|---|---|---|---|
| Past participle:<br>Perfect: | donné – *given*<br>j'ai donné<br>tu as donné<br>il/elle a donné<br>nous avons donné<br>vous avez donné<br>ils/elles ont donné | rempli – *filled*<br>j'ai rempli<br>tu as rempli<br>ill/elle a rempli<br>nous avons rempli<br>vous avez rempli<br>ils/elles ont rempli | vendu – *sold*<br>j'ai vendu<br>tu as vendu<br>il/elle a vendu<br>nous avons vendu<br>vous avez vendu<br>ils/elles ont vendu |

- Question forms: when you wish to invert the verb in order to ask a question, you invert the auxiliary verb only and the past participle always remains last.

**Avez-vous terminé?**
**Have you finished?**

**As-tu vendu** ton vélo?
**Have you sold** your bike?

- The negative **ne ... pas** and some other negative phrases (see Chapter 38) likewise enclose the auxiliary verb only.

**Je n'ai pas** vendu mon vélo.
**I haven't** sold my bike.

- With **avoir** verbs, the past participle agrees with the direct object, but *only when it occurs before the verb*. In practice, this can only happen in one of three ways:

1 with an object pronoun:

**Les lettres?** Ah oui, je **les** ai déjà signé**es**.
The letters? Oh yes, I've already signed them.

2 in a relative clause (see Chapter 42) introduced by **que**, referring back to a feminine or plural noun:

Voilà **les lettres que** j'ai signé**es**.
Those are the letters (which) I've signed.

3 after **que de, combien de** or **quel/quelle/quels/quelles** in a question or exclamation:

**Que de lettres** j'ai signé**es** ce matin!
What a lot of letters I've signed this morning!

**Combien de lettres** avez-vous signé**es**?
How many letters have you signed?

**Quelles lettres** avez-vous signé**es**?
Which letters have you signed?

You don't often hear many of these past participle agreements in spoken French, but you must remember to make them when you are writing. You only hear the feminine ones, when the past participle ends in a consonant.

*Qu'as-tu fait des* **assiettes***? Je* **les** *ai mis**es** dans le lave-vaisselle.*
What did you do with the plates? I put them in the dishwasher.

➡ **Exercise 1**

## 19.2.2 *Être* verbs

There are a dozen or so verbs which form their compound tenses with *être*, and which fall mainly into pairs of approximate opposites involving motion:

| | | |
|---|---|---|
| A | arriver – *arrive* | partir – *leave* |
| D | descendre – *go/come down* | monter – *go/come up* |
| V | venir – *come* | aller – *go* |
| E | entrer – *go/come in* | sortir – *go/come out* |
| N | naître – *be born* | mourir – *die* |
| T | tomber – *fall* | rester – *stay, remain* |

Reading ADVENT down the initials may help you to remember them. Other verbs which use *être* as their auxiliary verb include: **apparaître** – appear, **retourner** – return, **passer** (when it means 'to come/go past'), and compounds of those in the box: **devenir** – become, **parvenir** – reach, **revenir** – come back, **survenir** – occur, **rentrer** – come/go back in, **repartir** – leave again, **remonter** – go/come up again, **redescendre** – go/come down again, **renaître** – be born again, **ressortir** – go/come out again.

With *être* verbs, the past participle agrees in gender and number (masculine/feminine, singular/plural) with the subject of the verb:

**Nous** *sommes arriv**és** lundi et sommes repart**is** vendredi matin.*
**We** arrived on Monday and left on Friday morning.

**Marie Curie** *est n**ée** en 1867 et elle est mort**e** en 1934.*
Marie Curie was born in 1867 and died in 1934.

*Est-**elle** déjà parti**e**?*
Has she already left?

🖉 Note that these *être* verbs are all intransitive, or used intransitively, that is, they cannot have a direct object when used in this way. Some can, however, be used transitively (with a direct object), and in that case, **avoir** is used, and the past participle does not agree with the subject.

**Nous avons** *déjà* **descendu** *les bagages.*
We've already brought the luggage down.

**Martin** *m'a* **passé** *les journaux.*
Martin passed me the papers.

➡ **Exercise 2**

## 19.2.3 Reflexive verbs

(See also Chapter 24.)

All verbs used reflexively are conjugated with *être*:

*Les enfants **se sont levés** et **se sont lavés** dans la salle de bains.*
The children got up and washed in the bathroom.

*Cette ville **s'est** très rapidement **développée**.*
This town has developed very quickly.

***Vous en êtes-vous aperçu?***
Did you realise it?

- Past participle agreement: in most cases, the agreement appears the same as for all *être* verbs, i.e. with the subject, and you can usually get away with this. However, if you want to understand fully what happens here and get it absolutely right, the past participle actually agrees with the preceding direct object, i.e. the reflexive pronoun, *me*, *te*, *se*, etc. This of course is the same person/thing as the subject *je*, *tu*, *il/elle*, etc. BUT: there are just a few occasions when the reflexive pronoun is the **indirect object**, i.e. meaning 'to/for myself, yourself etc.', and something else is the direct object. In these cases there is no agreement. This is most likely to happen when you do something to a part of the body or article of clothing, or you do something **for** yourself.

*Emilie **s**'est lavé**e**.*
Emilie washed herself.
('herself' is the direct object)

but:

*Emilie **s**'est lavé **la figure**.*
Emilie washed her face.
(The reflexive pronoun *s'* is the indirect object, *la figure* being the direct object.)

*Mme Albaret **s**'est acheté **un magazine**.*
Mrs Albaret bought (for) herself a magazine.

Another way of explaining this is that there is no agreement if the direct object (*la figure*, *le magazine*, in the above examples) comes after the verb.

See Chapters 10 and 28 for a fuller explanation of direct and indirect objects.

- Most reflexive verbs can also be used non-reflexively, with an ordinary direct object, in which case they are conjugated with *avoir*, and there is no agreement with the subject.

***J'ai lavé** la voiture.*
**I've washed** the car.

***Nous avons réveillé** les enfants à sept heures.*
**We woke** the children at 7 o'clock.

## 19.2.4  Object pronouns

- Object pronouns precede the auxiliary, whether in a question or statement.

  *Les documents? Non, je ne **les lui** ai pas envoyés.*
  The documents? No, I haven't sent **them to her**.

  ***L****'avez-vous vu(e)?*
  Have you seen **him/her**?

- The past participle can be further separated from the auxiliary verb by certain common adverbs.

  *Je ne les lui ai pas **encore** envoyés.*
  I haven't sent them to her **yet**.

  *Il n'a pas **beaucoup** essayé.*
  He didn't try/hasn't tried **very hard**.

➡ **Exercises 3, 4, 5, 6**

 # METTEZ-VOUS AU POINT!

## 1  Annabelle part en vacances

Annabelle est sur le point de partir en vacances en Angleterre. Elle fait toutes les vérifications nécessaires avant son départ. Voici sa liste de contrôle. Imaginez ce qu'elle se répond mentalement à elle-même:

Exemple:

*Mettre ma crème solaire dans mon sac.  (oui/non)*
*Oui, j'ai mis/Non, je n'ai pas mis ma crème solaire dans mon sac.*

1  acheter de nouvelles cartes-mémoire pour mon appareil-photo  (oui)
2  trouver mon passeport  (oui)
3  chercher mon billet Interail  (non)
4  téléphoner à mon petit ami  (oui)
5  répondre à mes e-mails  (non)
6  faire ma valise  (non)
7  écrire à ma copine en Suisse  (oui)
8  finir mon travail scolaire  (non)
9  lire ma police d'assurance  (oui)
10  prendre des livres sterling  (oui)

## 2  Le train jaune

Votre correspondant(e) est allé(e) en vacances dans les Pyrénées Orientales avec sa famille. Ils ont pris «le train jaune». Il/Elle vous envoie une lettre pour vous raconter son périple. Mettez les verbes au passé composé, en faisant attention à l'accord des participes passés.

1 Nous (partir) de Villefranche-de-Conflent.
2 Le petit train (monter) à l'assaut du Pont Gisclard.
3 La locomotive (entrer) sur le viaduc Séjourné, mais elle en (ressortir) beaucoup plus lentement.
4 A la gare d'Olette, ma mère et ma sœur (descendre) du train pour prendre l'air.
5 Mon père et mon frère (rester) assis sans bouger.
6 Puis on a entendu le sifflet du chef de gare. Ma mère et ma sœur (revenir) très vite s'asseoir et le train (repartir).
7 La locomotive (monter) jusqu'à Mont-Louis, elle (redescendre) puis (remonter) plusieurs fois.
8 Les montagnes défilaient, jusqu'au moment où le village de Latour-de-Carol (apparaître).
9 C'est là que nous (parvenir) au terme de notre voyage. Il fallait descendre.
10 En descendant du train, mon frère Henri (tomber) et il (se tordre) la cheville. Ma sœur (s'évanouir).
11 Alors les pompiers (arriver) et ma mère (partir) à l'hôpital avec eux. Quelle journée!

## 3 Un homme nouveau

Jean-Pierre a eu une crise cardiaque. Il est maintenant guéri mais il a beaucoup changé. Expliquez quels changements se sont produits en lui.

Par exemple:

*Jean-Pierre beaucoup (maigrir)*
*Jean-Pierre a beaucoup maigri.*

Ses cheveux (blanchir). Il (perdre) beaucoup de poids. Il (devenir) plus calme et plus posé. Il (prendre) l'habitude d'attendre. Aussi, il (apparaître) plus pondéré à sa famille. Au début ses enfants (voir) qu'il était différent, mais ils (ne rien dire). Son épouse (craindre) qu'il ne devienne taciturne. Un jour, ils lui (faire) part de leur inquiétude. Il leur (répondre): «Vous savez, j'(beaucoup vivre) dans les hôpitaux, j'(croire) mourir, j'(voir) beaucoup de souffrance, vous (faillir) me perdre, maintenant je suis un homme tranquille.»

## 4 Une lettre de vœux

Vous écrivez à votre correspondant(e) français(e) pour lui souhaiter la bonne année, prendre de ses nouvelles et donner des vôtres. Votre lettre est incomplète, parce que vous pensez aux verbes que vous allez utiliser. Complétez-la avec les verbes de la case ci-dessous conjugués au passé composé.

*Cher ami/Chère amie,*

*Je te souhaite une très bonne nouvelle année, ainsi qu'à ta famille. Comment . . 1 . . ton année? Tu . . 2 . . ton stage dans l'entreprise dont tu m'avais parlé? Tu . . 3 . . à chercher du travail? Tu . . 4 . . à l'agence pour l'emploi? Tu . . 5 . . des offres intéressantes? Ton ami(e) et toi, vous . . 6 . . en Italie pendant l'été comme vous le pensiez?*

*Chez nous, tout suit son cours. Mes parents . . 7 . . la retraite au mois d'août dernier, et ils . . 8 . . chercher une nouvelle maison à acheter, car le jardin . . 9 . . trop grand pour mon père qui vieillit. Ils . . 10 . . dans une petite maison du centre ville, beaucoup plus petite et confortable.*

*Les bébés de notre chienne, Diane, . . **11** . . au mois d'août et nous les . . **12** . . tous, sauf un chiot, Jazz, que nous gardons. Il est très mignon.*

*J'espère avoir bientôt de tes nouvelles. Je t'envoie toutes mes amitiés, ainsi qu'à ta famille.*

s'inscrire    vendre    faire    prendre    aller    se passer

commencer    devenir    s'installer    naître    avoir    devoir

## 5  Le festival de Sully

Beaucoup des grands festivals musicaux de province dépendent du bénévolat des habitants des communes qui accueillent les artistes. Colette et Jacques parlent des préparatifs qu'ils font chaque année. Après avoir lu leur récit, vous devrez dire ce qu'ils ont fait cette année, en mettant les verbes au passé composé.

Ils reçoivent les journalistes parisiens et les convainquent qu'il faut promouvoir le Festival de Sully. Ils écrivent aux Syndicats d'Initiative des villes environnantes pour leur envoyer affiches et programmes. Ils parcourent les villes du Centre et collent des affiches. Ils ont même parfois des problèmes avec la police. Ils achètent une nouvelle scène qu'ils repeignent, et ils cousent de nouveaux rideaux. Ils peignent aussi toutes sortes de décors. L'électricien vient au dernier moment pour installer la sono. Ils louent des chaises et les transportent jusqu'à la salle du spectacle. Ils vivent des moments difficiles quand il faut grimper sur les échafaudages pour fixer les projecteurs. Ils vendent des milliers de billets par les Syndicats d'Initiative et par Internet. Enfin, ce sont eux qui placent les spectateurs et apportent aux artistes ce dont ils ont besoin.

## 6  Vous aidez une ancienne fille au pair

Une amie de votre mère est en train d'écrire à une vieille amie française. Pouvez-vous l'aider à faire accorder les participes passés? Ils sont soulignés, mais attention! – ils n'ont pas tous besoin d'être accordés.

*Chère Marthe,*

*Depuis que je t'ai écrit la dernière fois, nous avons déménagé de Londres à la campagne dans le Wiltshire. Maintenant que les enfants se sont envolé du nid, c'est une décision que nous avons pris très vite: nous n'avons pas hésité du tout.*

*Emma, notre fille aînée est quand même resté à Londres: elle s'est trouvé un petit appartement. Les jumeaux, Christopher et Helen, sont tous les deux parti à l'université. Chris a choisi Aberdeen, c'est très loin d'ici, mais Helen a commencé ses études à Southampton: c'est la ville que nous avons visité la dernière fois que tu nous as rendu visite.*

*Mon mari, Tom, a <u>dû</u> prendre une décision importante: on lui a <u>proposé</u> de prendre sa retraite, et naturellement il l'a <u>pris</u> sans hésitation! C'est pour cette raison que nous sommes <u>venu</u> habiter ici. Il va sans dire que cette maison est plus petite que l'autre. Donc nous nous sommes <u>résolu</u> à ne garder que le nécessaire. Que de choses nous avons <u>jeté</u>! Je t'envoie notre nouvelle adresse: je l'ai <u>écrit</u> sur un papier à part.*

*A propos, la famille qui habitait à côté de chez vous est <u>passé</u> par ici pendant les vacances l'année dernière. Nous les avons <u>invité</u> à rester, mais après avoir <u>déjeuné</u> chez nous, ils se sont <u>mis</u> en route pour le ferry à Portsmouth.*

*A bientôt,*

*Margaret*

 # ... ET EN ROUTE!

## 7 Qu'est-ce que tu as fait?

Travaillez avec un(e) partenaire. L'un(e) prend le rôle d'un(e) copain/copine français(e) qui passe ses vacances chez l'autre. Celui-ci/Celle-ci lui demande ce qu'il/elle a fait aujourd'hui dans son village ou sa ville.

Par exemple:

*– Où es-tu allé(e) aujourd'hui?*
*– J'ai pris ton vélo et je suis allé(e) le long de la rivière.*
*– Qu'est-ce que tu as vu? ...*

## 8 Maman vous gronde

Votre mère vous reproche toujours ce que vous n'avez pas fait. Vous protestez, «Mais si, maman ...», en disant quand vous l'avez fait!

Par exemple:

*– Tu n'as pas fait ton lit!*
*– Mais si, maman, je l'ai fait quand je me suis levé(e).*

(donner à manger au chien, nettoyer les chaussures, mettre/débarrasser la table, laver/sécher la vaisselle, épousseter la salle de séjour, passer l'aspirateur, faire des courses, acheter des timbres, aller chercher du pain, éteindre l'ordinateur, recharger le portable, etc.)

## 9  Confessions

Chacun(e) d'entre vous doit confesser à la classe cinq «péchés» – (pas trop graves!), y compris des choses que vous auriez dû faire mais que vous n'avez pas faites!

Par exemple:

*Hier j'ai mis une punaise sur la chaise de notre prof. Le soir j'ai mangé deux grandes pâtisseries à la crème ... et si ça n'était pas assez, je n'ai pas acheté de cadeau d'anniversaire pour ma mère! ...*

## 10  Etes-vous bon en histoire?

Faites deux équipes. Une équipe lance le nom d'un personnage historique, l'autre équipe doit faire une phrase au passé composé pour dire ce qu'il/elle a fait. L'équipe qui fait une phrase correcte marque un point.

Exemple:

*Guillaume le Conquérant?*
*Il a envahi l'Angleterre.*

## 11  A chaque année son événement

Racontez oralement les événements principaux de votre vie. Commencez par votre naissance et continuez jusqu'aux événements de cette année ou de l'année dernière. Supposons une moyenne d'un événement par an: alors si vous avez 17 ans, utilisez au moins 17 verbes!

Commencez:

*Je suis né(e) à ...*

## 12  Déposition à la police

Vous avez été témoin d'un événement (un accident, un vol, etc.) dans la rue, et la police vous a demandé de faire une déposition écrite de ce que vous avez vu. Racontez la série d'événements, en employant au moins 15 verbes au passé composé. Vous pourriez commencer:

*«J'étais assis(e) à la terrasse du café au coin de la rue quand ...»*

# 20 The imperfect tense

## MECANISMES

## 20.1 Uses

The main point about the use of the imperfect is that there is no indication of the beginning or end of the action, whether the action described was finished or not. That is why it is called 'imperfect', in other words, 'incomplete'. It is therefore the tense you use to set the background in the past. You use other past tenses to describe events, to say what actually happened. (See Chapter 19.)

The imperfect has three main uses:

* To indicate what used to happen, such as habitual or repeated happenings:

   *Quand **nous habitions** à Grenoble, **nous faisions** souvent de l'alpinisme dans les Alpes.*
   When **we lived (used to live)** in Grenoble, **we** often **did (used to do)** some climbing in the Alps.

   *Avant le tunnel sous la Manche on **mettait** plus longtemps pour arriver à Paris.*
   Before the Channel Tunnel it **took (used to take)** longer to get to Paris.

   Note that the corresponding English verbs 'lived', 'spent' and 'took' can be expressed in the simple past in these examples, but these are definitely habitual actions, so use the imperfect in French.

* To describe a situation in the past:

   *A l'époque de Jeanne d'Arc, la ville d'Orléans **avait** une population de 12 000 habitants. Elle **n'était pas** aussi grande qu'aujourd'hui.*
   At the time of Joan of Arc, Orleans **had** a population of 12,000 inhabitants. It **wasn't** as big as it is today.

   *La maison **était** délabrée, **il y avait** de la poussière partout, et toutes les chambres **sentaient** la pourriture et l'abandon.*
   The house **was** dilapidated, **there was** dust everywhere and every room **smelt** of rot and neglect.

> Section 20.2 and Exercise 1

* To say what was happening at a particular time:

   *Je **parlais** au téléphone.*
   I **was talking** on the phone.

   *Florence **faisait** du café.*
   Florence **was making** some coffee.

In this sense the imperfect is often used in conjunction with the perfect or past historic (see Chapter 23) to set the background to an event or events; in other words to state what was going on when something else happened.

Je **parlais** au téléphone quand Luc **est venu** me voir.
I **was talking** on the phone when Luc **came** to see me.

Les camions **traversaient** quand une mine **a explosé** et **a détruit** le pont.
The lorries **were crossing** when a mine **exploded** and **destroyed** the bridge.

There is no 'progressive' imperfect ('was/were doing') using the verb 'to be', as in English. However, if you really wish to stress the 'ongoingness' of the action, you can use the imperfect of **être en train de** + infinitive:

Les camions **étaient en train de traverser**, quand une mine a explosé et a détruit le pont.
The lorries **were (in the process of) crossing**, when a mine exploded and destroyed the bridge.

➡ **Section 20.2 and Exercise 2**

# 20.2 Formation

The endings of the imperfect are always the same: **-ais, -ais, -ait, -ions, -iez, -aient**.
The stem is the same as that of the first person plural (**nous**) form of the present tense:

| donner – *give* | remplir – *fill* | vendre – *sell* |
|---|---|---|
| nous **donn**ons | nous **remplis**sons | nous **vend**ons |
| je donn**ais** | je rempliss**ais** | je vend**ais** |
| tu donn**ais** | tu rempliss**ais** | tu vend**ais** |
| il/elle donn**ait** | il/elle rempliss**ait** | il/elle vend**ait** |
| nous donn**ions** | nous rempliss**ions** | nous vend**ions** |
| vous donn**iez** | vous rempliss**iez** | vous vend**iez** |
| ils/elles donn**aient** | ils/elles rempliss**aient** | ils/elles vend**aient** |

Any irregularity of stem in the **nous** form of the present occurs throughout the imperfect, so if you know your present tense you have no problem:

boire – drink ⟶ nous **buv**ons ⟶ je buvais, tu buvais, il buvait, nous buvions, vous buviez, ils buvaient

However, for reference, here are most of the imperfects you may need. Verb 'groups' are set out in Chapter 15.

| Infinitive | 'nous' present tense | Imperfect |
|---|---|---|
| acquérir | nous **acquér**ons | j'**acquér**ais |
| aller | nous **all**ons | j'**all**ais |
| s'asseoir | nous nous **assey**ons | je m'**assey**ais |
| avoir | nous **av**ons | j'**av**ais |
| boire | nous **buv**ons | je **buv**ais |
| courir | nous **cour**ons | je **cour**ais |
| conclure | nous **conclu**ons | je **conclu**ais |
| conduire | nous **conduis**ons | je **conduis**ais (*and group*) |
| coudre | nous **cous**ons | je **cous**ais |
| croire | nous **croy**ons | je **croy**ais |
| connaître | nous **connaiss**ons | je **connaiss**ais (*also* croître *and* naître) |
| cueillir | nous **cueill**ons | je **cueill**ais |
| devoir | nous **dev**ons | je **dev**ais |
| dire | nous **dis**ons | je **dis**ais |
| écrire | nous **écriv**ons | j'**écriv**ais |
| être – *see below* | | |
| faire | nous **fais**ons | je **fais**ais |
| falloir | | il **fall**ait |
| joindre | nous **joign**ons | je **joign**ais (*and group*) |
| lancer | nous **lanç**ons | je **lanç**ais, tu **lanç**ais, il **lanç**ait, ils **lanç**aient (*and all verbs ending in* -cer) |
| lire | nous **lis**ons | je **lis**ais |
| manger | nous **mange**ons | je **mange**ais, tu **mange**ais, il **mange**ait, ils **mange**aient (*and all verbs ending in* -ger) |
| mettre | nous **mett**ons | je **mett**ais (admettre, omettre, promettre, remettre, soumettre) |
| mourir | nous **mour**ons | je **mour**ais |
| mouvoir | nous **mouv**ons | je **mouv**ais (also promouvoir) |
| ouvrir | nous **ouvr**ons | j'**ouvr**ais (*and group*) |
| plaire | nous **plais**ons | je **plais**ais (*also* déplaire, se taire) |
| pleuvoir | | il **pleuv**ait |
| pouvoir | nous **pouv**ons | je **pouv**ais |
| prendre | nous **pren**ons | je **pren**ais (*and* apprendre, comprendre, reprendre, surprendre, *etc.*) |
| recevoir | nous **recev**ons | je **recev**ais (*and group*) |
| résoudre | nous **résolv**ons | je **résolv**ais (*and group*) |
| rire | nous **ri**ons | je **ri**ais |
| savoir | nous **sav**ons | je **sav**ais |
| sortir | nous **sort**ons | je **sort**ais (*and group*) |
| suivre | nous **suiv**ons | je **suiv**ais |

| vaincre | nous **vainqu**ons | je **vainqu**ais |
| valoir | nous **val**ons | je **val**ais (*and group*) |
| vêtir | nous **vêt**ons | je **vêt**ais (*and* revêtir) |
| voir | nous **voy**ons | je **voy**ais (*and* prévoir, pourvoir, revoir) |
| vouloir | nous **voul**ons | je **voul**ais |

That just leaves *être*, whose imperfect is *j'étais*, etc.

 **METTEZ-VOUS AU POINT!**

## 1  Comment on apprenait le français il y a 50 ans

Mettez les verbes entre parenthèses à l'imparfait.

Un vieux prof de français parle: «Il y a 50 ans on (penser) que le français (être) comme le latin: on l'(apprendre) en silence. Notre livre de texte (s'appeler) *Cours élémentaire de français*, et nous (avoir) un prof, major d'armée retraité, qui (savoir) pas mal de français quand même. Mais nous ne (parler) pas le français en classe. Il (falloir) écrire tous les exercices et nous (apprendre) par cœur les temps de tous les verbes et nous les (réciter). Pour les devoirs il y (avoir) de longues listes de mots que nous (devoir) apprendre, et le lendemain le prof nous (donner) une interrogation écrite et nous (punir) si nous les (oublier). Un autre prof nous (dicter) souvent quelques phrases en français que nous (écrire) dans nos cahiers. Le problème (être) qu'il (cracher) quand il (parler), et souvent je ne (comprendre) pas grand-chose, et je (faire) des fautes! Le système (être) plus ou moins le contraire de celui d'aujourd'hui: on (acquérir) d'abord une bonne connaissance de la grammaire et on (commencer) à parler plus tard!».

## 2  Tout allait bien?

Mme Duclos est sortie de sa salle de classe parce qu'on la demandait au téléphone. Elle pensait que tout allait bien, mais quand la directrice est passée devant la fenêtre, voici la scène qu'elle a vue. Complétez chaque espace à l'aide de l'un des verbes qui apparaissent ci-dessous, à l'imparfait, naturellement.

1   Jean . . . . sa table en bleu, blanc et rouge.
2   Marie . . . . par la fenêtre.
3   Emilie . . . . des boules de papier partout.
4   Thomas . . . . à toute vitesse autour de la table de la prof.
5   Thierry et Didier . . . . à gros coups de poing.
6   Michèle . . . . des insultes au tableau noir.
7   Richard . . . . une canette de bière.
8   Anne . . . . une bande dessinée.
9   Youceff et Joséphine . . . . les affaires de Mme Duclos dans la corbeille à papiers, et
    Annabelle et Joël . . . . son sac de papiers.
10  Tous les autres élèves . . . . des bêtises de leurs copains, sauf la pauvre Yacine qui . . . .
    et . . . . comme toujours.
11  Et pendant tout ce temps Mme Duclos ne . . . . rien de ce qui . . . . !

| | | | | | | |
|---|---|---|---|---|---|---|
| se taire | courir | boire | remplir | savoir | peindre | lire |
| | | | | | | rire |
| se passer | ranger | pleurer | se battre | sortir | lancer | écrire |

 **... ET EN ROUTE!**

## 3  Il y a cinq ans

Discutez avec vos camarades de votre look et de vos habitudes il y a 5 ans. Parlez de vos amis, de vos intérêts, de votre famille et de leurs activités. Dites où vous habitiez, etc.

Puis écrivez chacun une petite description de 200–300 mots à propos de cette période de votre vie. Est-ce que vous étiez plus ou moins heureux/heureuse que maintenant?

## 4  Personne n'est coupable

On soupçonne votre classe d'avoir cassé un ordinateur. Chacun de vous doit donner son alibi. Par exemple, vous pouvez dire:

*Ce n'était pas moi parce que je n'étais pas dans cette salle, je faisais des maths avec M. Jones. Nous travaillions dans la salle 6.*

Utilisez au moins trois verbes pour expliquer ce que vous faisiez.

## 5  A cette époque-là

Choisissez une époque de l'histoire que vous aimez ou que vous avez étudiée, et parlez-en à votre classe. Evoquez, par exemple, les circonstances politiques, sociales, culturelles, militaires, économiques, c'est-à-dire, l'arrière-plan des événements plutôt que les événements eux-mêmes.

Ensuite rédigez ce que vous venez de dire oralement.

# 21 Other compound tenses

 **MECANISMES**

Like the perfect (Chapter 19), the pluperfect, future perfect, conditional perfect and past anterior are formed with the auxiliary verbs *avoir* or *être* and the past participle. All rules concerning the choice of auxiliary verb and past participle agreement apply in these tenses as described for the perfect.

## 21.1 The pluperfect tense

This tense tells you what **had** (already) happened before another action in the past. That is why it is called the *plus-que-parfait* – more than perfect:

> *Quand nous sommes arrivés, **ils avaient** déjà **terminé**.*
> When we arrived **they had** already **finished**.

> *J'ai téléphoné au poste de secours mais l'ambulance **était** déjà **partie**.*
> I phoned the first-aid post but the ambulance **had** already **left**.

It is also used, as in English, in reported speech (see Chapter 45):

> *«J'ai fini mon travail» a dit Pierre.*
> 'I have finished my work,' said Pierre.

> *Pierre a dit qu'il **avait fini** son travail.*
> Pierre said that he **had finished** his work.

It is made up of the imperfect of the auxiliary verb *avoir* or *être* and the past participle:

| donner<br>(*had given*) | venir<br>(*had come*) | s'asseoir<br>(*had sat down*) |
|---|---|---|
| j'**avais** donné | j'**étais** venu(e) | je m'**étais** assis(e) |
| tu **avais** donné | tu **étais** venu(e) | tu t'**étais** assis(e) |
| il **avait** donné | il **était** venu | il s'**était** assis |
| elle **avait** donné | elle **était** venue | elle s'**était** assise |
| nous **avions** donné | nous **étions** venu(e)s | nous nous **étions** assis(es) |
| vous **aviez** donné | vous **étiez** venu(e)(s) | vous vous **étiez** assis(e)(s) |
| ils **avaient** donné | ils **étaient** venus | ils s'**étaient** assis |
| elles **avaient** donné | elles **étaient** venues | elles s'**étaient** assises |

➤ **Exercises 1, 2**

# 21.2  Past anterior

After time expressions such as *quand*, *lorsque* (when), *dès que*, *aussitôt que* (as soon as), *après que* (after), when one action had been completed before another in the past historic, you use the past anterior, which is the past historic of the auxiliary verb + past participle:

*quand j'eus donné*       *quand je fus venu(e)*       *quand je me fus assis(e)*

The use of this tense is however rather formal, and it tends only to be used in a written context in conjunction with the past historic.

> ***Aussitôt que*** *l'ambulance* **fut** *arrivée, on emmena le blessé.*
> **As soon as** the ambulance **arrived**, the injured person was taken away.

In conversation you are more likely to use two perfects:

> *Aussitôt que l'ambulance* **est arrivée***, on* **a emmené** *le blessé.*
> As soon as the ambulance **arrived**, the injured person **was taken away**.

# 21.3  Future perfect

This tells you what will have happened (before another event, by a certain time, etc.).

> *Demain à cette heure mes parents* **auront atterri** *en Australie.*
> By this time tomorrow my parents **will have landed** in Australia.

After time expressions such as *quand*, *lorsque*, *dès que*, *aussitôt que*, *une fois que*, it can be used to contrast what you will have already done with what you will do then:

> ***Aussitôt que j'aurai réalisé*** *ce projet, je prendrai des vacances.*
> **As soon as I have completed** this project I will take a holiday.
> (i.e. first the project, then the holiday)

It is formed with the future of the auxiliary verb + the past participle:

| donner<br>*(will have given)* | venir<br>*(will have come)* | s'asseoir<br>*(will have sat down)* |
|---|---|---|
| j'**aurai** donné | je **serai** venu(e) | je **me serai** assis |
| tu **auras** donné | tu **seras** venu(e) | tu **te seras** assis(e) |
| il **aura** donné | il **sera** venu | il **se sera** assis |
| elle **aura** donné | elle **sera** venue | elle **se sera** assise |
| nous **aurons** donné | nous **serons** venu(e)s | nous **nous serons** assis(es) |
| vous **aurez** donné | vous **serez** venu(e)(s) | vous **vous serez** assis(e)(s) |
| ils **auront** donné | ils **seront** venus | ils **se seront** assis |
| elles **auront** donné | elles **seront** venues | elles **se seront** assises |

➡ **Exercise 3**

# 21.4  Conditional perfect

This tense tells you what would have happened (but didn't), or what wouldn't have happened (but did):

*Si j'avais su que vous veniez, **j'aurais fait** un gâteau.*
If I had known you were coming **I would have made** a cake. (no cake!)

***Nous ne serions pas entrés** dans la maison si on nous avait dit qu'elle était dangereuse.*
**We would not have gone** into the house if we had known it was dangerous. (We did go in.)

(See also Chapter 39 on 'if' clauses.)

It is also used in reported speech (see Chapter 45):

*«Nous aurons terminé avant midi» a dit le mécanicien.*
*Le mécanicien a dit qu'**ils auraient terminé** avant midi.*
'We'll have finished by twelve,' said the mechanic.
The mechanic said that **they would have finished** by twelve.

It is formed with the conditional of the auxiliary and the past participle:

| donner (would have given) | venir (would have come) | s'asseoir (would have sat down) |
|---|---|---|
| j'**aurais** donné | je **serais** venu(e) | je **me serais** assis(e) |
| tu **aurais** donné | tu **serais** venu(e) | tu **te serais** assis(e) |
| il **aurait** donné | il **serait** venu | il **se serait** assis |
| elle **aurait** donné | elle **serait** venue | elle **se serait** assise |
| nous **aurions** donné | nous **serions** venu(e)s | nous **nous serions** assis(es) |
| vous **auriez** donné | vous **seriez** venu(e)(s) | vous **vous seriez** assis(e)(s) |
| ils **auraient** donné | ils **seraient** venus | ils **se seraient** assis |
| elles **auraient** donné | elles **seraient** venues | elles **se seraient** assises |

 **Exercise 4**

# METTEZ-VOUS AU POINT!

## 1 Pierre est étourdi

Pierre a de mauvais résultats scolaires et ses parents ne comprennent pas pourquoi. Ils décident d'aller voir son professeur principal qui leur explique que Pierre est étourdi. Combiner les éléments de la colonne gauche avec ceux de la colonne droite pour reconstituer les paroles du professeur.

| | |
|---|---|
| 1 Hier, Pierre est arrivé en retard à l'école | a Pierre avait oublié le sien. |
| 2 La semaine dernière, il n'a pas pu manger à la cantine | b parce qu'il n'avait pas pris sa tenue. |
| 3 Il y a deux jours, quand j'ai demandé de prendre le cahier | c car il avait oublié d'aller en cours de mathématiques. |
| 4 Quand ses camarades sont sortis en récréation | d parce qu'il s'était trompé d'autobus. |
| 5 Quand il a commencé à lire «La Peste», | e parce qu'il n'avait pas fait son travail. |
| 6 Il y a 15 jours, je lui ai mis un zéro | f tous ses camarades avaient déjà fini. |
| 7 Lundi dernier, il n'a pas fait de sport | g car il avait perdu sa carte de restaurant scolaire. |
| 8 Hier, le directeur l'a convoqué à son bureau | h Pierre n'avait pas encore rangé ses affaires. |

## 2 Un peu d'histoire de France

Complétez ce texte concernant l'histoire du Val de Loire à l'aide des verbes entre parenthèses utilisés au plus-que-parfait.

Exemple:

cette ville (s'appeler) ⟶ s'était appelée

Avant de prendre le nom d'Orléans, cette ville (s'appeler) Genabum, de même que Paris (se nommer) Lutèce. Avant d'être envahi par les Normands, le Val de Loire (connaître) les invasions des Huns, des Visigoths et des Maures. Bien avant de se soumettre au roi de France fixé à Paris, les seigneurs (se partager) les pays de Loire, (fortifier) l'accès aux ponts sur la Loire et (construire) des forteresses imprenables au bord du fleuve. En épousant Henri II d'Angleterre, Aliénor d'Aquitaine lui (apporter) tout le sud-ouest en dot. Ce n'est qu'en 1481 que le Val de Loire (devenir) totalement français alors que la Bretagne (rester) autonome.

# 3 Demain à cette heure ...

Votre tante vous a offert un billet d'avion pour Paris. Vous partez demain matin passer trois jours dans un hôtel Boulevard Montparnasse. Imaginez ce que vous aurez déjà fait demain à cette heure-ci ...

Exemple:

*Arriver à l'aéroport de Roissy.*
*Demain, je serai déjà arrivé(e) à Roissy.*

1    Prendre le bus pour aller à Paris.
2    Trouver mon hôtel.
3    M'installer dans ma chambre.
4    Ouvrir ma fenêtre et admirer Paris.
5    Prendre une douche.
6    Remonter le Boulevard Montparnasse à pied.
7    Admirer les belles boutiques.
8    Me payer un café dans un bistrot.

# 4 Qu'auriez-vous fait, vous?

Qu'auriez-vous fait si vous aviez eu une panne d'essence sur l'autoroute?

Exemple:

*Garer ma voiture sur le bas-côté*
*– J'aurais garé ma voiture sur le bas-côté.*

1    Faire du stop jusqu'à la station-service.
2    Acheter un bidon d'essence.
3    Revenir à la voiture.
4    Mettre l'essence dans le réservoir.
5    Redémarrer la voiture.

Qu'auriez-vous fait si votre appareil-photo était tombé dans la rivière?

6    Me dévêtir.
7    Plonger dans la rivière.
8    Prendre l'appareil-photo.
9    Remonter sur la berge.
10   Retirer la carte SIM.
11   La sécher.
12   Essayer le portable.
13   Me sécher moi-même et me rhabiller.

 **... ET EN ROUTE!**

## 5 Avant ce moment-là

On fait une enquête sur un crime, et on vous demande ce que vous aviez fait avant un certain moment. Déterminez l'heure du crime entre vous, et chacun(e) doit dire ce qu'il/elle avait fait avant l'heure fatidique.

Exemple:

*Voici ce que j'avais fait avant 11 heures: j'avais pris une douche, j'avais fait mon lit, j'étais descendu(e) prendre le petit déjeuner ...*

## 6 A une année d'ici

Essayez de pronostiquer les événements de votre vie pour la prochaine année. A cette époque de l'année prochaine, qu'aurez-vous fait? Où aurez-vous été? Vous pouvez le dire oralement à vos camarades de classe ou votre professeur, ou bien l'écrire comme une courte rédaction.

## 7 Quel mépris!

**a** Travail à deux. L'un(e) raconte ce qu'il/elle a fait pendant un voyage ou des vacances, au passé composé. L'autre, qui est très méprisant(e), pense qu'il/elle aurait pu faire mieux, et dit ce qu'il/elle aurait fait (au conditionnel passé, bien entendu).

Exemple:

*– Nous sommes allés en Italie par le car Eurolines.*
*– Oh, bof! Moi, j'y serais allé(e) en avion!*
*– Nous avons passé une journée à Rome.*
*– Ça alors! Moi, j'y aurais passé au moins une semaine!*

Continuez ...

**b** Exercice écrit. Imaginez que vous avez passé des vacances très simples en Grande Bretagne, parce que vous n'aviez ni l'argent ni le temps pour faire autre chose. Ecrivez ce que vous auriez fait (au conditionnel passé) si vous aviez eu plus d'argent et de temps.

Exemple:

*– Je suis allé(e) en Cornouailles avec des copains/copines: nous avons séjourné dans les auberges de jeunesse.*

*Si nous avions eu plus d'argent et de temps, nous serions allé(e)s sur la Côte d'Azur, où nous aurions loué des chambres dans un hôtel de luxe, nous ...*

Continuez cette histoire imaginaire!

# 22 The past historic tense

## MECANISMES

## 22.1 Uses

The past historic is a 'simple', that is, a one-word, tense used to report single, 'one-off' events in the past. However, it is used only in formal writing, and therefore is a tense that is quite often seen – in books, newspapers, reports, documents, and so on – but seldom heard. You would in fact only hear it when one of the above examples of reading matter was being read aloud. You would never use it in conversation, however formal: you would use the perfect instead (see Chapter 19).

> *Les représentants de la ville jumelle **plantèrent** un arbre et leur président **prononça** un petit discours en français.*
> The representatives from the twin town **planted** a tree and their chairman **gave** a little speech in French.

> *La seconde guerre mondiale **éclata** en 1939 quand les Allemands **envahirent** la Pologne.*
> World War 2 **broke out** in 1939, when the Germans **invaded** Poland.

This tense can be used to sum up a longer period of time, looked at as a completed whole:

> *Les années de la guerre **furent** dures pour la France occupée. L'occupation **dura** cinq ans.*
> The war years **were** hard for occupied France. The occupation **lasted** five years.

Although this tense is usually the formal equivalent of the English simple past, beware of sentences such as: 'When Monet lived in Normandy, he spent a lot of time creating his garden', which is descriptive and requires the imperfect (see Chapter 20) in French:
*Quand Monet habitait en Normandie, il passait beaucoup de temps à créer son jardin*.

## 22.2 Formation

### 22.2.1 Regular verbs

To form the past historic of regular verbs, remove the infinitive ending in all cases:

| donner – *gave* | remplir – *filled* | vendre – *sold* |
|---|---|---|
| je donn**ai** | je rempl**is** | je vend**is** |
| tu donn**as** | tu rempl**is** | tu vend**is** |
| il/elle donn**a** | il/elle rempl**it** | il/elle vend**it** |
| nous donn**âmes** | nous rempl**îmes** | nous vend**îmes** |
| vous donn**âtes** | vous rempl**îtes** | vous vend**îtes** |
| ils/elles donn**èrent** | ils/elles rempl**irent** | ils/elles vend**irent** |

- All *-er* verbs (even *aller*!) are regular in the past historic; the only point you need to watch concerns verbs ending in *-cer* and *-ger*, where because of the *-a-* in all endings but *-èrent*, you need to write *-ç-* and *-ge-*:

*je lançai, il commença, elle mangea, nous arrangeâmes*

and so on, but:

*ils commencèrent, ils bougèrent*

- Nearly all *-ir* verbs, including those groups which go their own way in the present, have the stem + *-is* series of endings as tabled above. Exceptions: **acquérir** – **j'acquis**; **courir** – **je courus**; **tenir/venir** – **je tins/je vins** (see below).

- *-re* verbs: for irregular ones see below.

## 22.2.2 Irregular verbs

Most verbs which do not fall into the regular conjugations or sub-groups have unpredictable stems, but their endings are formed as follows, using *-i-* or *-u-* as the vowel throughout:

*-is, -is, -it, -îmes, -îtes, -irent* or
*-us, -us, -ut, -ûmes, -ûtes, -urent*

Note: 'compounds' and 'groups' are listed under the present tense in sections 15.2 and 15.3 and in the verb tables at the end of the book, pages 333–355.

| *-i-* verbs | |
|---|---|
| acquérir *(and group)* | j'acquis |
| s'asseoir | je m'assis |
| battre *(and group)* | je battis |
| conduire *(and group)* | je conduisis |
| dire *(and group)* | je dis |
| écrire *(and compounds)* | j'écrivis |
| faire *(and compounds)* | je fis |
| mettre *(and compounds)* | je mis |
| naître | je naquis |
| peindre *(and group)* | je peignis |
| prendre *(and compounds)* | je pris |
| rire/sourire | je ris/souris |
| rompre *(and compounds)* | je rompis |
| suffire | je suffis |
| suivre/poursuivre | je suivis/poursuivis |
| vaincre *(and group)* | je vainquis |
| voir *(and compounds)* | je vis |

| **-u- verbs** | |
|---|---|
| avoir | j'eus |
| boire | je bus |
| connaître *(and group)* | je connus |
| courir *(and compounds)* | je courus |
| croire | je crus |
| croître *(and compounds)* | je crûs |
| devoir | je dus |
| être | je fus |
| falloir | il fallut *(only)* |
| lire | je lus |
| mourir | je mourus |
| plaire | je plus |
| pleuvoir | il plut *(only)* |
| pouvoir | je pus |
| recevoir *(and group)* | je reçus |
| résoudre *(and group)* | je résolus |
| savoir | je sus |
| se taire | je me tus |
| valoir | je valus |
| vivre | je vécus |
| vouloir | je voulus |

This only leaves *tenir*, *venir* and their compounds, which have basically the same pattern but the vowel sound is the nasal *-in-* throughout:

| **tenir – *hold*** | **venir – *come*** |
|---|---|
| je tins | je vins |
| tu tins | tu vins |
| il/elle tint | il/elle vint |
| nous tînmes | nous vînmes |
| vous tîntes | vous vîntes |
| ils/elles tinrent | ils/elles vinrent |

Because this is essentially a written tense, used to relate things about people and things rather than to talk to them, the 3rd person forms (*il/elle*, *ils/elles*) will occur much more frequently than the 1st and 2nd person forms.

**Exercises 1, 2, 3, 4**

# METTEZ-VOUS AU POINT!

## 1 La vie de ma grand-mère

Le petit frère de votre correspondant a fait une rédaction sur la vie de sa grand-mère, qu'il a écrite au passé composé. Vous transformerez son texte en utilisant le passé simple.

Ma grand-mère était très gentille. Elle <u>est née</u> à la campagne dans le Nord de la France en 1925. Elle <u>a eu</u> sept frères et sœurs et elle <u>a arrêté</u> l'école à 14 ans, lorsque la guerre <u>a commencé</u>. Elle <u>a travaillé</u> dans les champs pour nourrir ses frères et sœurs. A la fin de la guerre, elle <u>a connu</u> mon grand-père et ils <u>sont allés</u> à Paris pour chercher du travail. Après quelques années, ils <u>ont pu</u> s'acheter l'appartement où ma mère <u>est née</u>. Ensuite, ils <u>sont revenus</u> vivre dans le Nord: ils <u>ont vendu</u> l'appartement de Paris pour s'acheter une maison. Ma grand-mère <u>est morte</u> dans sa maison et mon grand-père y vit encore.

## 2 A la recherche de nouvelles rencontres

Fuyant l'insomnie et l'obsession d'un amour déçu, Jean erre dans les rues et les bars, en quête de nouvelles rencontres. Voici un extrait de *Les gens de la nuit de* Michel Déon, que vous mettrez au passé simple:

C'est à la fin du sixième concerto brandebourgeois que l'on (frapper). Gisèle (se lever) et (ouvrir) à demi, juste au moment où la minuterie du couloir s'éteignait. Je n'(avoir) que le temps d'apercevoir la haute silhouette d'homme qui se tenait dans l'encadrement de la porte: un visage sombre zébré de sparadrap, un crâne rasé, un blouson de cuir noir. Gisèle (sortir) et (refermer) la porte derrière elle. Maggy ne (bouger) pas de son divan ... Je (se lever) pour changer le disque ... Aux premières mesures de Schubert, Gisèle (revenir), (fermer) la porte, (fouiller) dans son sac, (sortir) de nouveau et (rester) encore quelques minutes sur le palier avant de nous rejoindre et de s'affaler dans le fauteuil. Je (reprendre) ma place à ses pieds ...

Il devait être minuit quand Maggie (se lever) ... Elle (embrasser) son amie, me (tendre) une main distraite ...

Nous (se retrouver) face à face. J'(ouvrir) les bras. Elle (s'avancer) lentement, la tête penchée, offrant son cou ...

Michel Déon, *Les gens de la nuit*

## 3 Charles de Gaulle

Charles de Gaulle fut un grand général et un grand homme politique français. Ecrivez ce court récit de sa vie en mettant au passé simple les verbes qui sont au présent.

> Charles de Gaulle naît le 22 novembre 1890 à Lille. Son père Henri de Gaulle est professeur de lettres et de philosophie. Dès son plus jeune âge, Charles de Gaulle se passionne pour l'histoire de France que lui fait découvrir son père. Celui-ci le conduit régulièrement visiter le tombeau de Napoléon aux Invalides. Il va à l'école militaire de Saint-Cyr, il en sort en 1912 et devient officier. Pendant la Première Guerre mondiale, 1 350 000 Français meurent. Ceci choque beaucoup le général qui tire les leçons de la Première Guerre mondiale. Il organise la Résistance depuis Londres en 1940 et vainc l'envahisseur avec l'aide des Alliés. Lui et le Gouvernement Provisoire reconstruisent la France, nationalisent des banques et des entreprises, accordent le droit de vote aux femmes. Il revient au pouvoir en 1958, au moment de la guerre d'Algérie et il conduit la décolonisation. Il meurt le 9 novembre 1970.

 **... ET EN ROUTE!**

## 4 Histoire d'une ville

Ecrivez au passé simple une courte histoire de votre ville, village ou région. Qui la/le fonda? Qui dessina/construisit les bâtiments principaux? Qui établit les activités économiques originelles et actuelles? Comment la ville souffrit-elle pendant les guerres? Et pendant les récessions? Qui fut son personnage le plus célèbre? Et son citoyen le plus connu/généreux, etc.? Quand arriva le chemin de fer? L'aéroport? L'électricité? ...

## 5 Héros ou vilain?

Ecrivez une courte biographie d'un personnage historique, en racontant ses exploits ou ses méfaits principaux.

## 6 Qui fit quoi?

Résumez au passé simple l'action d'un livre, d'un film ou d'une pièce de théâtre. Si vous étudiez un livre ou film pour vos examens, cet exercice pourrait faire d'une pierre deux coups!

## 7 Reportage

Rédigez au passé simple un article de journal qui rendra compte d'un incident dans la rue. Ce pourrait être le même fait que celui que vous avez déclaré à la police à la page 131, exercice 12: dans ce cas, vous le mettrez au passé simple.

# 23 Past tenses contrasted

You have already seen the differences in the use of the perfect (*le passé composé*) in Chapter 19 and the past historic (*le passé simple*) in Chapter 22. This chapter concentrates on the contrast between either of these two tenses and the imperfect (*l'imparfait*), of which you will have found the details in Chapter 20.

## 23.1 The perfect or past historic v. the imperfect

### 23.1.1 The perfect and past historic

First of all, a reminder that the perfect and past historic are used to denote single, completed, 'one-off' actions in the past, even if the action actually lasted a long time:

> Hier *je suis allé(e)* à la plage avec mon club de jeunes. ***Nous y avons passé*** toute la journée et ***nous sommes rentrés*** vers 10 heures du soir.
> Yesterday **I went** to the seaside with my youth club. **We spent** the whole day there and **came home** around ten in the evening.
> (Three completed events, in informal, conversational style, therefore in the perfect.)

> Charles de Gaulle **fut** un des personnages militaires et politiques français les plus importants du vingtième siècle. Sa vie **fut** assez longue: il **naquit** en 1890 et **mourut** en 1970. C'est à dire qu'il **vécut** 80 ans.
> Charles de Gaulle **was** one of the most important French military and political figures of the 20th century. His life **was** quite a long one: he **was born** in 1890 and **died** in 1970. That is, he **lived** 80 years.
> (Five completed events or states in formal, written style.)

### 23.1.2 The imperfect used to describe the background scene

Remember that the imperfect is used to describe the background scene or actions. When the action began and if or when it was likely to end are of no importance.

> Il *faisait* beau hier au bord de la mer, et la plage *était* pleine de gens qui *bronzaient*, *nageaient*, *jouaient*, *pique-niquaient*. Tout le monde *était* content.
> It **was** lovely yesterday at the seaside, and the beach **was** full of people **(who were)** **sunbathing**, **swimming**, **playing**, **picnicking**. Everybody **was** happy.
> (All the actions and states are descriptive, stating what was happening: when or whether these actions began and ended is of no importance here.)

> De Gaulle *était* Président à l'époque des agitations étudiantes de 1968.
> De Gaulle **was** president at the time of the student unrest in 1968.
> (Background information: again the beginning or end of his presidency is irrelevant to the statement.)

## 23.1.3 The imperfect used to describe actions that happened repeatedly

Remember also that the imperfect is used to describe actions that happened repeatedly, and is therefore often linked to adverbs of time indicating repetition, such as ***toujours***, *souvent*, *quelquefois*, ***tous les jours***, ***jamais***.

* Contrast these two statements:

  *Quand **j'allais** à l'école primaire, **je rentrais** tous les jours à la maison pour le déjeuner, mais quelquefois, quand ma mère **devait** travailler, **je mangeais** à la cantine.*
  When **I went (used to go)** to primary school, **I went (used to go)** home every day to lunch, but sometimes when my mother **had (used to have)** to work, **I ate (used to eat)** in the canteen.
  (All these actions say what you 'used to do' at the stated intervals, and again, the beginning or end of the period is of no consequence.)

  *Quand **j'allais** à l'école primaire **je n'ai mangé** à la cantine que trois fois.*
  When **I went** to primary school **I** only **ate** in the canteen three times.
  (The first action is still background and therefore imperfect, the second verb looks at the eating as a completed whole which began with the first and ended with the third canteen meal: therefore the perfect is used.)

* Another contrast:

  *A l'école primaire **je n'apprenais pas** l'anglais.*
  At primary school **I didn't learn** English.

  *A l'école primaire **je n'ai pas appris** d'anglais.*
  At primary school **I didn't learn** any English.

The first example merely implies that nobody taught (used to teach) English there: time is irrelevant. The second example suggests that at the point where you ended your primary school education, no-one had succeeded in teaching you any English, therefore the perfect is used to express this completed (non-)event!

* Here is another contrast, only this time using the past historic in a more formal style:

  *Au cours du vingtième siècle, **il y avait** de temps en temps des guerres – civiles, internationales, mondiales.*
  *Au cours du vingtième siècle **il y eut** de temps en temps des guerres – civiles, internationales, mondiales.*
  From time to time during the 20th century, **there were** wars – civil, international, worldwide.

Although the length of time is specified (the twentieth century), in the first example (imperfect) the recurrent nature and variety of the wars are emphasised, whereas in the second example (past historic) the century is looked at as a completed whole, including its wars.

### 23.1.4 Using the imperfect and perfect or past historic in the same sentence

The imperfect and perfect or past historic often occur in the same sentence when you want to describe the background (what was going on) to an event in the past (what actually happened):

*Il pleuvait* quand **nous sommes partis** ce matin.
**It was raining** when **we left** this morning.

*Je dînais* quand **tu as téléphoné**.
**I was having** my dinner when **you phoned**.

*Au moment où Guillaume le Conquérant* **débarqua** *en Angleterre, le roi Harold* **se trouvait** *toujours au nord de Londres.*
When William the Conqueror **landed** in England, King Harold **was** still north of London.

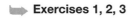 **Exercises 1, 2, 3**

## METTEZ-VOUS AU POINT!

### 1 Coopération fraternelle

Aidez votre jeune frère à faire cet exercice, que vous devriez trouver assez facile, en mettant le verbe entre parenthèses au passé composé ou à l'imparfait.

1 Quand nous étions en vacances, je (aller) tous les jours à la piscine.
2 Ce matin je (aller) à la piscine.
3 Il y a trois ans nous (travailler) moins que maintenant.
4 Hier nous (travailler) de huit heures du matin jusqu'à dix heures du soir.
5 Le week-end dernier je ( faire) un nouveau gâteau.
6 Je le (faire) quand ma sœur aînée est rentrée à la maison samedi midi.
7 Qu'est-ce que tu (faire) quand je t'ai téléphoné?
8 Quand le téléphone (sonner), j'étais sous la douche!
9 Dimanche dernier toute la famille (manger) dans un restaurant.
10 Il y a quelques années, nous (manger) dans les restaurants beaucoup plus souvent que maintenant.
11 Qu'est-ce que tu (choisir) dimanche dernier au restaurant?
12 J'ai choisi le coq au vin, mais quand j'étais plus jeune, je (choisir) toujours le steak-frites.
13 A cette époque-là je ne (prendre) jamais d'alcool ...
14 ... mais dimanche dernier je (boire) plusieurs verres de vin.
15 C'est la dernière question: je (finir) l'exercice!

## 2  Ah! Comme il pleuvait ...!

Choisissez entre le passé composé ou l'imparfait selon le sens:

1   Quand je suis sorti ce matin, (il a plu/il pleuvait) à verse.
2   De temps en temps les voitures qui (sont passées/passaient) dans la rue (ont éclaboussé/éclaboussaient) les piétons.
3   Après avoir fait 200 mètres, (j'ai décidé/je décidais) de rentrer chercher mon parapluie et de mettre mes bottes.
4   Ma sœur (m'a demandé/me demandais) ce que (j'ai fait/je faisais), et (je lui ai décrit/je lui décrivais) le temps qu'il (a fait/faisait) dehors.
5   Il faut dire que ma sœur (a quitté/quittait) la maison toujours un quart d'heure après moi, car elle (est allée/allait) à un autre collège.
6   Alors, maintenant que (j'ai été/j'étais) mieux préparé pour affronter le mauvais temps, (je suis sorti/je sortais) de nouveau.
7   Avant d'arriver à l'arrêt du bus (j'ai vu/je voyais) soudain qu'(il y a eu/il y avait) une petite foule qui (a regardé/regardait) quelque chose dans la rue.
8   (J'ai demandé/je demandais) à une fille qui (s'est détachée/se détachait) de la foule ce qui (s'est passé/se passait).
9   Elle (m'a répondu/me répondait): «Un vieux monsieur (a glissé/glissait) sur la chaussée, qui (a été/était) très mouillée, et (il s'est fait/se faisait) mal à la jambe.
10  On (a appelé/appelait) l'ambulance», (a-t-elle ajouté/ajoutait-elle).
11  Quant à moi, (je me suis rendu/je me rendais) compte que (je n'ai pu/je ne pouvais) rien faire pour l'aider, et aussi que (je me suis trempé/je me trempais) sous l'eau.
12  Donc (j'ai repris/je reprenais) le chemin du collège.

## 3  Grisaille parisienne

Voici un autre extrait du livre *Les gens de la nuit,* de Michel Déon, dont vous avez déjà utilisé un extrait à la page 146, exercice 2. Il faut mettre les verbes au passé simple ou à l'imparfait selon le sens:

> Lella était levée quand je (rentrer). Elle (préparer) le petit déjeuner pendant que je (se baigner) et (se raser).
>
> Au bureau, j'(arriver) le premier avant les secrétaires. La baie vitrée (donner) sur les Champs-Elysées que (couvrir) le flot des voitures multicolores. Au loin, on (apercevoir) l'Arc de Triomphe appuyé contre le ciel bleu pâle. Le printemps (donner) à Paris un air de kermesse froide avec des affiches géantes mais muettes, les arbres qui (bourgeonner), les devantures rouges des cafés, les paquets de piétons qui (traverser) les clous. Je (quitter) la fenêtre et (s'asseoir) à ma table. Dans le tiroir à droite, il y (avoir) encore une photo d'elle. Je la (regarder) un instant avant de la déchirer en morceaux.
>
> Michel Déon, *Les gens de la nuit*

# ... ET EN ROUTE!

## 4  En équipe c'est mieux

Vous vous divisez en deux groupes. Le groupe A propose un début de phrase à l'imparfait (Exemple: **Quand mon père était jeune ...**), le groupe B a 30 secondes pour terminer cette phrase soit à l'imparfait, soit au passé composé et marquer 1 point.

Puis le groupe B propose un début de phrase (Exemple: **Quand on construisait la tour Eiffel ...**) et c'est au groupe A de terminer. Si la fin de la phrase n'a pas de sens, le point va à l'équipe adverse.

## 5  Devinettes historiques

Qui était Président des Etats-Unis lorsque le premier homme a marché sur la lune?
Qui était roi ou reine d'Angleterre lorsque Shakespeare a écrit Hamlet?
Que mangeaient les Gaulois lorsque les Romains ont envahi la Gaule?

Posez des devinettes sur l'histoire aux autres étudiants et inventez-en d'autres, sur le même modèle. Ceci peut également se faire par équipes, sous forme de jeu.

## 6  Une journée pleine d'interruptions

Ecrivez une lettre à un(e) ami(e) où vous racontez une journée de travail ou de loisir où tout le monde semblait s'être mis d'accord pour interrompre vos activités. Dites ce que vous faisiez quand quelqu'un vous a interrompu(e).

Exemple:

*J'étais sur le point de me mettre sous la douche, quand j'ai entendu le chien aboyer.
Je me dirigeais vers la fenêtre pour voir ce que c'était, quand le téléphone a sonné.
Pendant que je parlais au téléphone ...*

Continuez!

# 24 Reflexive verbs

## MECANISMES

## 24.1 Uses

Reflexive verbs are verbs where the subject and object are the same, or, if you like, the action 'reflects back' on to the subject. There are some in English, such as 'behave yourself!', and they are easily recognisable because of the use of the 'self' word, but there are many more in French.

> **Je m'appelle** Gaëtan.
> **I'm called** (literally 'I call myself') Gaëtan.

> Anne **se lave** dans la salle de bains.
> Anne **is washing (herself)** in the bathroom.

- Sometimes the verb is reflexive although the reason may be less obvious:

> Michèle **s'en va** en Provence.
> Michèle **is going away** to Provence.

> Elle **se plaint** de son travail.
> She **complains** about her work.

> Que **se passe-t-il**?
> What**'s going on**?

Here are some common reflexive verbs, which are not all reflexive in English:

| | |
|---|---|
| s'en aller | to go away |
| s'asseoir | to sit down |
| se baigner | to bathe, have a bath |
| se coiffer | to do one's hair |
| se couper | to cut oneself |
| se coucher | to go to bed |
| se doucher | to have a shower |
| s'élever | to rise, go up |
| s'habiller | to dress, get dressed |
| se laver | to wash (oneself) |
| se lever | to get up, stand up |
| se peigner | to comb one's hair |
| se raser | to shave |
| se réveiller | to wake up |
| se taire | to be quiet, shut up |
| se vêtir | to dress |

Often a verb is used reflexively in French, where it is used intransitively (that is, without a direct object) in English. Compare:

| Intransitive – reflexive | Transitive – not reflexive |
|---|---|
| *La porte **s'est fermée**.* <br> The door **closed**. | *Didier **a fermé la porte**.* <br> Didier **closed the door**. |
| *Soudain la lumière **s'est éteinte**.* <br> Suddenly the light **went out**. | *En sortant, Claudine **a éteint la lumière**.* <br> As she left, Claudine **put out the light**. |
| *Le car **s'arrête** près de la mairie.* <br> The bus **stops** near the town hall. | *Il faut **arrêter le car**.* <br> We must **stop the bus**. |

Some verbs commonly used reflexively in this way are:

| | |
|---|---|
| *s'allumer* | to light up (light, fire) |
| *s'arrêter* | to stop |
| *se développer* | to develop, grow |
| *s'éteindre* | to go out (light, fire) |
| *se fermer* | to close, shut (window, door, shop) |
| *s'ouvrir* | to open |

- The reflexive form is also used to indicate reciprocal action, that is, things you do to one another:

  ***Nous nous écrivons*** *tous les mois.*
  **We write to each other** every month.

  ***Ils s'aimaient*** *follement.*
  **They loved each other** madly.

  ***Ils se regardèrent*** *avec appréhension.*
  **They looked at each other** apprehensively.

- The reflexive form is sometimes used instead of a passive:

  *La mairie **se reconstruisit** après la guerre.*
  The town hall **was rebuilt** after the war.
  (See Chapter 30 for a fuller treatment of this use.)

- When you perform an action to a part of your body or clothing, you use the reflexive verb, where the reflexive pronoun (***me***, ***te***, etc.) is used instead of the possessive (***mon***, ***ton***, etc.):

  *Hélène **s'est cassé la jambe** en faisant du ski.*
  Hélène **broke her leg** skiing.

  *En passant par la barrière **je me suis déchiré le pantalon**.*
  **I tore my trousers** going through the gate.

# 24.2 Formation

The reflexive pronouns, *me*, *te*, *se*, *nous*, *vous*, *se*, come before the verb except in the positive imperative. *Me*, *te*, *se* become *m'*, *t'*, *s'* before a vowel or 'mute' *h*. *Te* becomes *toi* in the positive imperative, except in *va-t'en* (go away). The reflexive pronoun can be either the direct or indirect object.

*Nous **nous** sommes réveillés vers sept heures.*      **We woke up** about 7 o'clock.
(Direct object – we woke ourselves up.)

*Nous **nous** sommes fait un café.*      **We made ourselves** a coffee.
(Indirect object – we made coffee for ourselves.)

## 24.2.1 Simple tenses

The endings of the verb are not affected by the reflexive pronoun in the simple (one word) tenses.

| se laver – *wash* | s'habiller – *get dressed* | s'en aller – *go away* |
|---|---|---|
| je **me** lave | je **m'**habille | je **m'**en vais |
| tu **te** laves | tu **t'**habilles | tu **t'**en vas |
| il/elle **se** lave | il/elle **s'**habille | il/elle **s'**en va |
| nous **nous** lavons | nous **nous** habillons | nous **nous** en allons |
| vous **vous** lavez | vous **vous** habillez | vous **vous** en allez |
| ils/elles **se** lavent | ils/elles **s'**habillent | ils/elles **s'**en vont |

## 24.2.2 Positive imperative

*lave **toi*** – wash (yourself)      *habille-**toi*** – get dressed      *va-**t'en*** – go away
*lavez-**vous*** – wash (yourself/ves)      *habillez-**vous*** – get dressed      *allez-**vous**-en* – go away
*lavons-**nous*** – let's wash      *habillons-**nous*** – let's get dressed    *allons-**nous**-en* – let's go away

## 24.2.3 Compound tenses

In the compound (two word) tenses, the perfect, pluperfect, future perfect, conditional perfect and past anterior (see Chapters 19 and 21), take great care, because:

1   when a verb is used reflexively it is conjugated with *être*, and
2   the past participle agrees with the reflexive pronoun if it is the direct object (in practice, of course, it also agrees with the subject, which is the same person or thing). There is no agreement if the reflexive pronoun is the indirect object.

Here are a few examples:

*Nous **nous** sommes levé**s** tôt ce matin.*
We got up early this morning.

*Nos parents **s'**étaient déjà levé**s**.*
Our parents had already got up.

*Si elle avait eu assez d'argent, Francine **se** serait achet**é** du parfum.*
If she had had enough money, Francine would have bought herself some perfume.
(for herself = indirect object, so no agreement)

This is explained more fully in section 19.2.3.

➡ **Exercises 1, 2, 3, 4**

✏ Note: Be careful about phrases like 'I did it myself'. This is not a reflexive construction,
the 'myself' simply helps to emphasise the subject, and the French equivalent is
***moi-même**, **toi-même***, etc. (See section 10.5).

*Je l'ai fait **moi-même**.   Ils sont venus **eux-mêmes**.*

I did it **myself**.        They came **themselves**.


# METTEZ-VOUS AU POINT!

## 1  C'est la routine

Adrienne est allée chez le médecin parce qu'elle ne se sentait pas bien. Le médecin lui a
demandé de lui raconter ses journées pour essayer de comprendre.

**a** Utilisez les verbes de la case ci-dessous et mettez-les dans un ordre vraisemblable au
présent, pour indiquer ce qu'elle fait tous les jours.

Commencez:

*Je me réveille tous les jours à 06h45, puis je ...*

**b** Vous êtes le médecin et vous notez ce que vous raconte Adrienne. Ecrivez ce qu'elle a
fait hier.

Commencez:

*Hier, Adrienne s'est réveillée à 06h45, puis elle ...*

| | | | | |
|---|---|---|---|---|
| se coucher | se doucher | se détendre | s'endormir | s'asseoir devant la télé |
| se laver | se faire un café | | se rendre au travail | se lever |
| | | s'étendre au soleil | | se brosser les cheveux |

## 2  Deux ennemis jurés

Léon et Marcel étaient ennemis jurés à l'école. Ils se retrouvent 10 ans plus tard.

**a** Vous racontez l'histoire de leur rencontre au présent.

«*Les deux hommes (se reconnaître): oui, ils se sont déjà rencontrés. Ils (se regarder). Ils (ne pas se saluer). Ils (ne se faire) aucun signe. Ils (ne s'adresser) qu'un regard plein de défi. Ils (se mesurer). Et vlan! Le premier coup est parti. Ils (se battre), comme au bon vieux temps. Ils (s'arracher) tout ce qu'ils peuvent: les cheveux, les oreilles, les boutons, ils (se taper), ils (se cogner), ils (se griffer), comme autrefois; puis, épuisés, ils (se regarder), (se serrer) la main et puis (s'éloigner) l'un de l'autre, heureux d'être encore jeunes.*»

**b** Le soir, Léon raconte à sa femme:

«*Tu sais, j'ai rencontré Marcel, nous nous sommes reconnus: oui, nous nous étions déjà rencontrés. Nous nous sommes regardés ...*»

Continuez son histoire en utilisant le passé composé.

**c** Léon parle maintenant de ce qu'ils auraient pu faire. Racontez ce qu'il dit, en utilisant le conditionnel passé.

«*Ah!*» dit-il à sa femme, «*si nous avions oublié les haines du passé, nous nous serions salués, nous (se serrer) la main; nous (se dire) qu'on était contents nous (se parler) pendant des heures; nous (se montrer) des photos; nous (se raconter) nos voyages; nous (se promettre) de nous téléphoner; nous (se donner) rendez-vous ...*»

## 3  Une maison très moderne

Voici votre idée de la maison moderne parfaite. Complétez le texte à l'aide des verbes ci-dessous utilisés au présent.

Les volets . . **1** . . et . . **2** . . en appuyant sur la télécommande. Toutes les lumières de la maison . . **3** . . et . . **4** . . par télécommande. L'alarme incendie . . **5** . . dès qu'il y a trop de fumée. La télévision . . **6** . . dans la maison par commande à distance. Le portail du garage . . **7** . . dès que la voiture . . **8** . ., elle . . **9** . . toute seule et le moteur . . **10** . . tout seul. Ce style de maison . . **11** . . de plus en plus.

| | | | | |
|---|---|---|---|---|
| s'arrêter | s'allumer | se déplacer | s'ouvrir (x 2) | s'approcher |
| se fermer | s'éteindre | se développer | se garer | se mettre en marche |

## 4 Le casse-cou

Choisissez parmi les verbes de la case ci-dessous pour raconter l'histoire de Jean-Marie au passé composé.

Jean-Marie est un vrai casse-cou à moto. Hier encore, il est tombé et il . . **1** . . le nez, il . . **2** . . le bras, il . . **3** . . l'arcade sourcilière et il . . **4** . . des bleus partout. Mais sa mère se moque bien de tout cela. Ce qui la fâche, c'est qu'il . . **5** . . le pantalon, qu'il . . **6** . . la veste dans la roue de la moto et qu'il . . **7** . . trois boutons. En plus, il . . **8** . . la chemise, il . . **9** . . les chaussures qu'elle venait de lui acheter et il . . **10** . . (même) le casque.

s'abîmer    se casser    se déchirer    se fracturer    se faire

se tacher    s'arracher    se cabosser (= to dent)    se prendre    s'ouvrir

---

## ... ET EN ROUTE!

## 5 Un échange interplanétaire

Vous faites un échange avec un(e) jeune d'une autre planète (joué(e) par votre camarade de classe), où la vie quotidienne est très différente de la nôtre. Alors, expliquez-lui vos activités de tous les jours, en employant beaucoup de verbes pronominaux. Votre camarade interplanétaire est tellement surpris(e) de ce que vous lui racontez, qu'il/elle répète tout ce que vous lui dites.

Exemple:

– *Je me réveille à six heures du matin.*
– *Comment? Tu te réveilles/Vous vous réveillez à six heures du matin?*

## 6  Chez le médecin

Travaillez avec un(e) partenaire. Vous êtes le médecin et son/sa secrétaire, et vous discutez des problèmes des différents patients que le médecin a vus ce matin.

– M. Laforge, qu'est-ce qu'il a, lui?
– Ah, lui, il s'est tordu la cheville.

Voici des verbes que vous pourriez utiliser:

| | | | |
|---|---|---|---|
| se casser | se tordre | se faire mal à | se couper |
| | se faire un bleu à | se brûler | s'écorcher |

## 7  Les retrouvailles

Racontez à votre voisin(e) que vous avez revu X, un(e) camarade de classe de l'année dernière.

Exemple:

– Tu sais, j'ai revu X.
– Ah bon! Et qu'est-ce que vous avez fait?
– Nous nous sommes salué(e)s.
– Ah bon! Vous vous êtes salué(e)s?

Continuez, en utilisant les propositions suivantes ou d'autres de votre choix:

s'asseoir dans le parc; se parler pendant des heures; se promener au bord du lac; se diriger vers ...; se prendre un coca en route; se promettre de se revoir; se donner rendez-vous la semaine prochaine; se séparer, etc.

# 25 The infinitive

## MECANISMES

The infinitive is the basic form or the 'title' of the verb which you will find when you look it up in a dictionary or a vocabulary list. It is not a tense, it is the neutral or 'in-finite' part of the verb, hence its name. It is the equivalent of the English 'to do', 'to write', or simply 'do' or 'write'.

The majority of French infinitives end in **-er**, **-ir**, or **-re**, and this is an indication of their 'family' or 'conjugation', and if the verb is 'regular', you can tell how to form all of its tenses. (The explanation of how to form each tense will be found in the relevant chapter on that tense, with indications of any irregular patterns, and in the verb table at the end.)

A few verbs have an infinitive ending in **-oir**, and these have to be learned individually, as they have no set 'pattern'.

## 25.1 Uses

- The infinitive is often used when you convert the verb to a noun, usually as the equivalent of the English form ending in '-ing':

  ***Trouver*** *un emploi devient de plus en plus difficile.*
  **Finding** a job is getting more and more difficult.

  *J'aime mieux **travailler** qu'être au chômage.*
  I prefer **working** to being unemployed.

- The infinitive is also used to refer to or sum up an action, without indication of time or tense:

  ***Payer*** *50 euros pour entrer? Tu plaisantes!*
  **Pay** 50 euros to go in? You must be joking!

  ***Sortir*** *sans chapeau sous ce soleil: c'est fou!*
  **To go out** without a hat in that sun: it's mad!

- The infinitive is frequently used after the modal auxiliaries (see Chapter 26) and many other verbs, nouns or adjectives, sometimes linked by a preposition, sometimes not:

  *J'ai essayé de **trouver** un emploi, mais je n'ai pas encore pu en **trouver** un. J'ai besoin de **gagner** de l'argent! Je serais très content de **travailler**!*
  I've tried **to find** a job, but have not yet managed **to find** one. I need **to earn** some money. I'd be very happy **to work**!

(As there are many verbs, adjectives and nouns which can be followed by an infinitive, and as it is necessary to know which preposition, if any, is used, a complete chapter (27) is devoted to this matter. See pages 175–186.)

➡ **Exercise 1**

- All prepositions except **en** (which takes the present participle, see Chapter 29) are followed by the infinitive:

*Il faut sonner **avant d'entrer**.*
You must ring **before going in**.

*Il ne faut pas entrer **sans sonner**!*
You mustn't go in **without ringing**!

*On pourrait envoyer un e-mail **au lieu d'y aller** en personne.*
One could send an email **instead of going** in person.

Note that all English prepositions except 'to' take the '-ing' form of the verb: don't be tempted to use the present participle (**-ant**) in French.

➡ **Exercises 2, 3**

Note: after **après** you must use the perfect infinitive (**avoir/être/s'être** + past participle). Note that all the usual past participle agreement rules (see section 19.2) apply:

***Après avoir sonné** nous sommes entrés.*
**After ringing** we went in.

***Après être entrés**, nous nous sommes dirigés vers le bureau de Mme Duvallier.*
**After going in**, we made our way to Mme Duvallier's office.

***Après nous avoir accueillis**, elle nous a invités à nous asseoir.*
**After welcoming us**, she invited us to sit down.

***Après s'être assise**, Mme Duvallier nous a expliqué le but de la discussion.*
**After sitting down**, Mme Duvallier explained the purpose of the discussion to us.

➡ **Exercises 4, 5**

- The infinitive is often used as a command in a formal context, such as notices and instructions:

***Déchirer** ici!*         ***Ne pas marcher** sur les pelouses!*
**Tear** here!         **Don't walk** on the grass!

Note that the negative form of the infinitive is preceded by both **ne** and **pas** (and also **ne jamais** and **ne rien** – see section 38.3).

➡ **Exercise 6**

 # METTEZ-VOUS AU POINT!

## 1 Tecnikart

Voici une publicité pour un logiciel de création artistique par ordinateur. Tous les infinitifs ont été omis. Retrouvez-les vite dans la case ci-dessous et replacez-les dans le texte de la publicité.

Vous ne saviez pas . . **1** . . ?

Avec Tecnikart, . . **2** . . vos cartes de vœux ou de félicitations deviendra un jeu d'enfant.

. . **3** . . vous semblera facile.

. . **4** . . de couleur ou d'écriture selon votre fantaisie sera chose aisée.

Vous pourrez . . **5** . . instantanément par e-mail les dessins que vous aurez imaginés et les . . **6** . . sur votre disque dur. Il vous sera possible d' . . **7** . . des photos à vos cartes de félicitations.

. . **8** . . vos copains par votre imagination: voilà ce dont vous rêviez.

Alors, n'hésitez plus: . . **9** . . notre CD-ROM dès aujourd'hui est encore plus avantageux: une réduction de 25% est offerte pour les 1000 premières commandes. Et n'oubliez pas, . . **10** . . Tecnikart, c'est l' . . **11** . .

---

commander    surprendre    essayer    envoyer    adopter    intégrer

stocker    créer    changer    dessiner (×2)

---

## 2 La gaffeuse

Chantal est la reine de la gaffe. La semaine dernière, elle était invitée à dîner chez les De Luisseaux qui ne la réinviteront plus jamais. Vous devinerez pourquoi en faisant correspondre les propositions de la colonne A avec celles de la colonne B.

**A**

1  Elle a salué la cuisinière
2  Elle a embrassé le maître de maison
3  Elle s'est assise à table
4  Elle a pris la meilleure place

5  Elle est allée à la cuisine
6  Elle a réclamé du vin rouge
7  Elle a quitté ses chaussures
8  Elle a demandé du cognac
9  Elle s'est rempli les poches de chocolats fins

**B**

a  sans demander la permission.
b  avant de partir.
c  avant de saluer la maîtresse de maison.
d  après avoir vidé les trois bouteilles de vin blanc qui étaient sur la table.
e  au lieu d'attendre qu'on lui indique où s'asseoir.
f  pour reprendre un peu plus de poisson.
g  au lieu de boire le café qu'on lui proposait.
h  sans y avoir été invitée.
i  sans le connaître.

## 3 L'enfant et le chien

Bon nombre d'enfants veulent un chien sans bien se rendre compte des contraintes que cela impose. Rédigez une liste de conseils pour les enfants qui veulent un chien et transformez les phrases ci-dessous en utilisant *sans* + l'infinitif.

Exemple:

*Le chien doit dormir dans un endroit chaud et confortable, mais il ne doit pas dormir dans ta chambre ou dans ton lit.*

1 Le jeune chiot doit prendre deux repas par jour, mais il ne doit pas grignoter à longueur de journée.
2 Le chien peut vivre avec ses maîtres, mais il ne faut pas qu'il saute autour de la table lorsqu'ils prennent leurs repas.
3 Tu dois brosser ton chien régulièrement, mais pas tous les jours.
4 Tu dois emmener ton chien en promenade tous les jours, mais il ne faut pas que tu le laisses trop s'éloigner.
5 En ville, ton chien doit marcher en laisse et ne pas tirer dessus.
6 Tu dois faire obéir ton chien et ne pas te fâcher ou crier.

## 4 Conseils à un apprenti barman

Bruno est apprenti barman. Son patron lui donne quelques conseils. Transformez ses conseils et faites une seule phrase en utilisant: *avant de, après avoir, sans, au lieu de, pour*.

Exemple:

*Quand tu as servi un client, replace la bouteille sur l'étagère.*
*Après avoir servi un client, replace la bouteille sur l'étagère.*

1 Quand tu fais un sandwich, lave-toi les mains.
2 Ne prends pas les verres à la main, prends un plateau.
3 Lorsque tu auras débarrassé une table, nettoie-la.
4 Salue d'abord le client, ensuite, prends sa commande.
5 Si tu connais le client, parle-lui aimablement. Ne passe pas des heures à discuter avec lui.
6 N'essuie pas les verres avec ton tablier, utilise un torchon.
7 Quand tu prépares les apéritifs ou les cocktails, utilise une mesure.
8 Prends les cornichons avec une pince, n'y mets pas les doigts.
9 Replace toujours la viande au frigidaire lorsque tu as fini les sandwichs.

## 5 Vol avec effraction dans un véhicule

Reconstituez l'article de journal relatant ce vol, en utilisant *après avoir* ou *après être* aussi souvent que possible.

Exemple:

*L'auteur du vol a brisé la vitre de la portière avant gauche et il a pénétré à l'intérieur du véhicule.*

*Après avoir brisé la vitre de la portière avant gauche, l'auteur du vol a pénétré à l'intérieur du véhicule.*

1 Il a détérioré le tableau de bord et il a enfin réussi à stopper l'alarme.
2 Il a détruit la boîte à gants du véhicule et s'est enfui en emportant un lecteur MP3 et un portefeuille.
3 Quand il est sorti du véhicule, il a couru vers la rue des Halles.
4 Quand il a été interpellé par la police, il a tout avoué.
5 Ensuite il a été confronté au propriétaire du véhicule et a promis de le dédommager.

## 6 Poires Belle-Hélène

Voici une recette d'un dessert délicieux. Changez les verbes pour utiliser l'infinitif.

> Pour les ingrédients, *préparez* 8 demi-poires au sirop; 150g de chocolat à croquer; 2 cuillerées à soupe de crème fraîche; 0.5 litre de glace à la vanille; une cuillerée à soupe de Grand Marnier; amandes effilées.
>
> D'abord *mettez* quatre coupes vides au réfrigérateur une heure avant la préparation. *Cassez* le chocolat en petits morceaux; *placez* ceux-ci dans une petite casserole; *versez* le Grand Marnier; *faites* fondre le chocolat à feu très doux. *Egouttez* les demi-poires. *Ajoutez* la crème au chocolat fondu; *remuez* et *laissez* chauffer à feu doux. *Sortez* les coupes refroidies du frigo. *Répartissez* la glace à la vanille au fond des quatre coupes individuelles. Dans chaque coupe *posez* deux demi-poires collées l'une à l'autre, debout, sur la glace à la vanille; *nappez* de la sauce au chocolat. *Saupoudrez* les coupes d'amandes effilées. *Servez* immédiatement.

# ... ET EN ROUTE!

## 7 Les bonnes manières à table

Les parents de votre correspondant(e) viennent en Angleterre pour la première fois. Ils ont entendu dire que les manières de table sont très formelles en Angleterre. Comme vous le savez, ce n'est pas du tout vrai, mais pour les mettre à l'aise, vous leur donnez des conseils. Rédigez une liste des choses qu'il faut ou ne faut pas faire à table, en utilisant l'infinitif du verbe.

Exemples:

*Mettre le pain ou petit pain sur la petite assiette à gauche.*
*Au petit déjeuner, ne pas tremper le Weetabix dans la tasse de café!*

## 8 Danger!

Vous êtes guide pour la visite d'un groupe de Français du troisième âge. Vous préparez une promenade dans votre ville/village, et vous ne voulez pas qu'il y ait d'accidents. Donc vous faites une liste de conseils et d'instructions à leur responsable, en utilisant l'infinitif.

Exemples:

*Faire attention aux travaux dans la rue principale. Ne pas oublier qu'en Grande-Bretagne les voitures roulent à gauche; regarder deux fois à droite avant de traverser la rue, etc.*

# 9  Comment ça marche?

Vous venez de vendre un appareil (soit un modem, un lecteur de DVD, un vélo pliant, un robot de cuisine, un sèche-cheveux, un lecteur MP3, etc.) à un acheteur français, et vous lui écrivez le mode d'emploi en français. Utilisez l'infinitif.

Exemple (pour une cafetière):

*Mettre deux cuillerées à soupe de café moulu dans la cafetière, ajouter la quantité d'eau bouillante nécessaire pour le nombre de tasses voulues, remettre le couvercle, laisser infuser pendant cinq minutes, baisser le filtre, et le café est prêt à être servi.*

# 10  Sans blague?

Pour cette activité vous pouvez travailler en groupes ou par deux. Vous vous vantez de tous les exploits que vous faites. Faites une liste de ces exploits pour voir qui aura la liste d'activités la plus osée ou la plus originale. Utilisez *sans* avec l'infinitif dans chaque phrase.

Exemples:

– *Moi, sur ma moto, je fais du cent à l'heure en ville sans tuer personne.*
– *Anne essaie toujours de voyager dans le train sans payer.*
– *Le père de Frédéric brûle ses ordures ménagères dans la cuisine sans abîmer les meubles.*

# 26 Modal auxiliaries

 **MECANISMES**

Care needs to be taken when looking for the corresponding French expressions for 'must', 'ought', 'should', 'may', 'can', 'could' etc.

## 26.1 Must, to have to, to have got to

### 26.1.1 *devoir* and *il faut*

There are two main ways of saying that you must or mustn't do something in French, either by using the verb **devoir** or by using the impersonal verb **il faut** (infinitive: **falloir**).

**Je dois** *terminer mon travail aujourd'hui.*
**I must/I've got to** finish my work today.

**Nous avons dû** *rentrer tôt à la maison.*
**We had to** return home early.

**On ne doit pas** *entrer sans permission.*
**One/You mustn't** go in without permission.

**Il faut** can be used with an infinitive when a general obligation is expressed without reference to a particular person or if the 'person who must' is obvious from the context:

**Il faut** *terminer ce travail aujourd'hui.*
**I/We/You must** finish this work today/This work must be finished today.

*Nous voulions rester plus longtemps, mais* **il a fallu** *rentrer tôt à la maison.*
We wanted to stay longer, but **we had to** come come early.

**Il ne faut pas** *entrer sans permission.*
**One/You mustn't** go in without permission.

- If the obligation refers to a specific person or people, that person is the indirect object, though this construction may be regarded as somewhat stilted and old-fashioned nowadays:

  *Il* **vous faut** *terminer ce travail aujourd'hui.*
  **You (and no-one else) must** finish this work today.

  **Il nous faudra** *rentrer tôt.*
  **We shall have to** come home early.

- More often, in spoken French, **il faut** is followed by the subjunctive (see also Chapter 32 and section 33.2 for further examples and information on the subjunctive):

  **Il faudra que nous rentrions** *tôt.*
  **We shall have to come home** early.

*Il faut que vous terminiez* ce travail aujourd'hui.
**You must finish** this work today.

- Dictionaries often give *falloir* as meaning 'to be necessary', which is correct, but remember that the negative *il ne faut pas* nearly always has the meaning 'must not'. 'It isn't necessary to' would normally be *il n'est pas nécessaire de/il n'y a pas besoin de* …

*Il ne faut pas* marcher sur la pelouse.
**You mustn't** walk on the grass.

*Il n'est pas nécessaire de/Il n'y a pas besoin* de marcher sur la pelouse.
**It isn't necessary/There's no need to** walk on the grass.

## 26.1.2  The tenses of *devoir* and *il faut*

Note how other tenses of *devoir* and *il faut* work:

- Future:

*Nous devrons* aller/*Il faudra que nous* allions à Paris ce samedi.
**We'll have to** go to Paris this Saturday.
(You could also say: *Il faudra aller à Paris* **…** without a pronoun, if you know it is we who will have to go to Paris.)

- Perfect – a one-off event:

*Nous avons dû* aller/*Il a fallu que nous* allions à Paris samedi dernier.
**We had to** go to Paris last Saturday.
(You could also say: *Il a fallu aller* **…** if you knew it was we who had to go to Paris.)

- Imperfect:

*Nous devions* aller à Paris samedi dernier.
Either:
(i) **We had to** go to Paris (the arrangement pre-existed, therefore the imperfect is used).
or:
(ii) **We were to** go to Paris (the arrangement pre-existed, but something prevented it and it didn't take place).

*Il fallait* aller/*Il fallait* que nous allions would be used only for option (i).

- *Devoir* can also be used in the imperfect and perfect to express supposition or expectation:

*Ils devaient être* très fatigués après leur journée à Paris!
**They must have been** very tired after their day in Paris!

*Ils ont dû* voir beaucoup de choses.
**They must have** seen lots of things.

➥ **Exercises 1, 2**

# 26.2 Ought/ought to have, should/should have

Be careful with the English word 'should'. It can mean much the same as 'would' when used in the conditional, but here we are concerned with it when it means the same as 'ought'.

- 'Ought/should' is usually expressed by the conditional of **devoir**:

  **Tu devrais** *voir ce que j'ai dessiné!*
  **You ought to**/**should** see what I've drawn!

  **Vous ne devriez pas** *sortir sans parapluie.*
  **You ought not to**/**shouldn't** go out without an umbrella.

- 'Ought to have/should have' is expressed by the conditional perfect of **devoir** + infinitive:

  **Tu n'aurais pas dû** *manger tant de pâtisseries!*
  **You ought not to have**/**shouldn't** have eaten so many cakes!

  **Vous auriez dû** *prendre un parapluie.*
  **You ought to have**/**should have** taken an umbrella.

# 26.3 Can/could/could have

Finding the French equivalent for the various forms of 'can', 'could', 'could have' and also 'may/might' requires some care.

- 'Can' and 'could' are usually rendered by the relevant part of **pouvoir**.

  **Nous ne pouvons pas** *vous rendre visite cette année.*
  **We can't** come and visit you this year.

  **Pouvez-vous** *me dire à quelle heure ferme le musée?*
  **Can you** tell me what time the museum shuts?

- 'Could' can be past or conditional in English, so if you are not sure of the right tense, convert it to 'to be able' first:

  *Nous voulions visiter le musée mais* **nous ne pouvions pas/nous n'avons pas pu**, *comme il ne restait pas assez de temps.*
  We wanted to visit the museum, but **we couldn't (= we weren't able)**, as there was not enough time left.

  *J'ai essayé de lever le poids, mais* **je n'ai pas pu**.
  I tried to lift the weight, but **I couldn't (= I wasn't able)**.

  **Tu ne pourrais pas** *lever ce poids même si tu essayais!*
  **You couldn't (= wouldn't be able to)** lift that weight even if you tried!

- 'Could have' is usually rendered by the conditional perfect + infinitive:

  **Nous aurions pu** *aller au musée après tout.*
  **We could have** gone to the museum after all.

- However, when it expresses conjecture, the perfect may be used:

  ***Ils n'ont pas pu*** *voir l'autre voiture.*
  **They couldn't have** seen the other car (that is, it was impossible that they saw it).

- When you are talking about an acquired skill, you use ***savoir***:

  ***Savez-vous*** *manger avec des baguettes?*
  **Can you** eat with chopsticks?

- With verbs of perception, in phrases such as 'can you see?', you don't use ***pouvoir***, simply the verb by itself:

  ***Voyez-vous*** *cet arbre?*
  **Can you see** that tree?

  *Parlez plus haut, s'il vous plaît.* ***Nous ne vous entendons pas*** *très bien.*
  Speak up, please. **We can't hear you** very well.

➡ **Exercises 3, 4**

# 26.4  May/might

***Pouvoir*** is also used to express permission:

  ***Est-ce que je peux/Puis-je*** *emprunter ce livre?*
  **May I** borrow this book?

  ***Vous ne pouvez pas*** *partir sans ma permission.*
  **You may not/can't** leave without my permission.

and also possibility:

| | |
|---|---|
| *Oui,* ***ça peut*** *être vrai.* | ***Ils pourraient*** *arriver demain.* |
| Yes, **that might** be true. | **They might** arrive tomorrow. |

See also section 35.3 (***il se peut que, il est possible que ...***).

# 26.5  Some points about *vouloir*

***Vouloir*** means 'to want (to)' and can be used with the infinitive:

  ***Nous ne voulons pas*** *aller à Paris ce week-end.*
  **We don't want** to go to Paris this weekend.

- It is used with the subjunctive when you want someone else to do something (see section 33.1).
- It is the equivalent of 'will/won't', 'would/wouldn't' when indicating willingness to do something (see sections 17.3 and 18.1).
- ***Veuillez*** is used in formal French in the sense of 'would you kindly ...?'/'please be good enough to' (see section 16.4).

➡ **Exercise 5**

## METTEZ-VOUS AU POINT!

### 1 Consignes à respecter en cas d'accident

Vous travaillez dans une auto-école, et vous avez rédigé une liste de ce qu'il faut faire si l'on assiste à un accident de la route.

1   On doit s'arrêter.
2   On doit aller voir s'il y a des blessés.
3   On doit arrêter les autres voitures.
4   On doit téléphoner aux gendarmes et aux pompiers.
5   On ne doit pas tenter de sortir les blessés de la voiture.
6   On doit éventuellement prévenir les familles des blessés.

Vous décidez d'essayer les mêmes phrases en utilisant *il faut*. Alors, transformez ces phrases, en utilisant d'abord (a) *il faut* + infinitif et puis (b) *il faut* + subjonctif. (Voir la section 33.2.)

Exemple:

a)   *Il faut s'arrêter ...*
b)   *Il faut qu'on s'arrête ...*

### 2 Une femme tombe dans les pommes

Antoine est allé au cinéma pour voir un film d'horreur. La femme qui était à côté de lui s'est évanouie en voyant une scène particulièrement dure.

**a** Il raconte à son épouse ce qu'il a dû faire (c'est-à-dire, au passé composé):

«J' . . **1** . . la soulever, mais elle était trop lourde, alors j' . . **2** . . demander de l'aide à une autre personne. Nous . . **3** . . la porter dans le hall et l'allonger par terre. Nous . . **4** . . lui tapoter le visage pour qu'elle reprenne ses esprits, mais comme il n'y avait rien à faire, j' . . **5** . . appeler un médecin. Puis les ambulanciers sont arrivés, ils . . **6** . . la mettre sur une civière pour la faire entrer dans la voiture. Il paraît qu'elle s'est réveillée dans l'ambulance. Elle . . **7** . . être très surprise!»

**b** Danièle, la femme de Gilles, raconte cette histoire à une collègue de bureau:

«Il a fallu qu'il la soulève, mais elle était trop lourde, alors il a fallu qu'il ...» et continuez ainsi jusqu'à 'dans la voiture'.

# 3  Les Olympiades sous l'eau

Le canton de La Ferté avait préparé ses Olympiades pour les 500 enfants des écoles. Malheureusement il a plu.

Qu'est-ce que les enfants auraient pu faire s'il n'avait pas plu?

Exemple:

*Faire des courses de poneys.*   *Ils auraient pu faire des courses de poneys.*

1  Qu'auraient pu faire les élèves les parents?   Jouer au badminton ou au tennis de table en et plein air.
2  Et toi, Marc?   Faire du tir à l'arc.
3  Et vous, les grands?   S'affronter dans le rallye-vélo.
4  Et le directeur?   Participer à la course moto-enfants.
5  Et la sous-directrice?   Pique-niquer avec les instituteurs.
6  Et le Maire de La Ferté?   Faire un beau discours sur la réussite de cette journée.

# 4  Il n'a pas pu le faire seul!

Deux commères parlent. L'une vante les exploits des membres de sa famille, l'autre met systématiquement en doute ce qu'elle dit.

Exemple:

– *Ma fille a fait cet exercice qui est très difficile.*
– *Pas possible! Elle n'a pas pu le faire seule!*

1   C'est mon fils qui a fait cette sauce très difficile à réussir!
2   Ce sont mes enfants qui ont construit cette superbe cabane.
3   C'est mon petit-fils qui a monté ce circuit!
4   C'est moi qui ai fait cette installation très compliquée!
5   C'est ma bru qui a réparé cet appareil!
6   Ce sont mes nièces qui ont fait ce dessin!

# 5  Les maris sont mal vus!

Vous faites une visite en groupe à votre ville jumelle en France. Un soir, où tout le monde est réuni à table à une réception, deux dames – l'une britannique et l'autre française – trouvent qu'elles ont un sujet de discussion en commun: leur mari. Malheureusement vous vous trouvez assis(e) entre les deux, et, ne pouvant pas y échapper, il faut que vous soyez l'interprète! Traduisez donc les observations suivantes des dames!

*La dame française* – Traduisez en anglais:

1   Mon mari aurait dû venir à cette réception ce soir, mais il n'a pas voulu.
2   Il aurait pu venir: il n'a rien à faire à la maison.
3   Il a dit qu'il ne pouvait pas venir parce qu'il devait passer quelques coups de fil.
4   A mon avis, cela aurait pu attendre jusqu'à demain.
5   Il ne devrait pas être si impoli!
6   Puis-je vous demander ce que votre mari aurait fait dans ces circonstances?

*La dame britannique* – Traduisez en français:

7   My husband would probably have done the same thing.

8   He wouldn't come to France because he says he can't speak French.

9   I think our husbands could have got on well (*s'entendre bien*) together, but they would have had to find a way of making themselves understood (*se faire comprendre*)!

10   Still, it isn't necessary to speak French well when we have such a charming young interpreter . . .

11   . . . but I ought to learn more French, and before my next visit I must go to some classes.

12   My husband says he won't, but I may be able to persuade him!

 ## . . . ET EN ROUTE!

## 6  Il faut un peu de discipline pour ces jeunes!

Imaginez que vous êtes dans un lycée où il n'y a pas de règles (il existe de tels lycées!), et que vos camarades et vous, comme étudiants responsables, proposez à la direction quelques règles. Discutez entre vous, et puis rédigez une liste de 10 ou 12 règles pour améliorer la situation. Utilisez: *Il faut/Il ne faut pas*.

Exemple:

*Il ne faut pas courir dans les couloirs.*

## 7  Que faire?

Travaillez en groupes ou par deux. Vous vous trouvez dans une situation délicate. Que devriez-vous faire?

Exemple:

*Situation: Vous aviez rendez-vous avec votre petit(e) ami(e) hier soir, mais il/elle n'est pas venu(e).*

*– Qu'est-ce que je devrais faire?*
*– Tu devrais lui téléphoner pour lui demander pourquoi.*
*– Tu devrais oublier ce garçon/cette fille.*

Voici quelques situations possibles:

1   On vous a volé le vélo ou la voiture.

2   La grand-mère de votre correspondant(e) français(e) vient de mourir.

3   Vous venez de renverser une tasse de café sur les vêtements d'un(e) ami(e).

4   Vous voulez aller au cinéma mais votre ami(e) préférerait faire une promenade à vélo.

5   Vous voulez aller passer des vacances en France cette année tout(e) seul(e), mais vos parents insistent pour que vous soyez accompagné(e) d'un(e) ami(e).

Maintenant, pensez vous-mêmes à d'autres situations, et continuez à travailler.

# 8 Est-ce que tout est comme il faut en Europe?

Voici quelques affirmations concernant la Communauté européenne. Dites ce qu'on aurait pu faire ou dû faire d'après vous, et expliquez pourquoi.

Exemple:

**1** La monnaie unique de l'Europe s'appelle l'euro.

*On aurait dû (pu) appeler la monnaie la «deutschpound», parce que l'Allemagne et le Royaume-Uni ont les économies les plus fortes de la communauté!*

**2** Le drapeau européen comporte 12 étoiles.
**3** Les députés européens sont élus tous les 5 ans.
**4** Les fonctionnaires européens vivent à Bruxelles.
**5** Il y a 14 500 fonctionnaires européens.
**6** La «capitale» de l'Europe est Bruxelles.
**7** Tous les pays n'ont pas ratifié la constitution européenne.

# 9 En voilà des catastrophes!

Vous racontez à vos camarades français (vos camarades de classe) vos dernières vacances. Ils doivent suggérer ce que votre père aurait pu ou aurait dû faire pour éviter ce catalogue de désastres.

*«Nos vacances de l'année dernière ont été une catastrophe totale. D'abord nous sommes arrivés à Portsmouth juste au moment où le ferry s'éloignait du quai. A la sortie de Cherbourg, la police française nous a arrêtés parce que notre voiture avait un pneu très usé, et il a fallu acheter un pneu neuf sur-le-champ. Nous avons même dû appeler un taxi pour aller le chercher. Nous avons eu un problème pour payer le taxi, puisque mon père n'avait que des livres sterling: il n'avait pas encore changé d'argent en euros.*

*Comme mon père voulait faire au moins 300 kilomètres avant de s'arrêter le soir, tous les hôtels étaient complets, et nous avons dû passer la première nuit dans la voiture sur un parking. Le lendemain nous n'avons pas pu acheter de provisions, parce que mon père n'avait pas encore changé d'argent, et on nous a informés que c'était jour de fête et toutes les banques étaient fermées! Bien entendu, personne d'autre que mon père n'aurait laissé sa carte bancaire internationale à la maison, et nous n'avons même pas pu aller au distributeur automatique . . .»*

*Maintenant continuez l'histoire, en inventant d'autres problèmes et en proposant des solutions.*

## 10  Comment joue-t-on?

Vous expliquez à un(e) camarade français(e) comment jouer à un jeu qu'il/elle ne connaît pas. Vous devez lui dire ce qu'il faut et ce qu'il ne faut pas faire, ou ce qu'on peut et ce qu'on ne peut pas faire, le matériel et le nombre de joueurs qu'il faut, etc. Vous pouvez faire cette activité oralement, à deux: votre camarade vous pose des questions ou vous pouvez écrire l'explication dans une lettre à votre ami(e).

Exemple:

*Pour jouer au ping-pong, il faut avoir une table assez grande, deux ou quatre joueurs, une raquette pour chacun d'eux, un filet et une petite balle en celluloïd. En général, on joue à l'intérieur, mais on peut jouer en plein air s'il ne fait pas de vent! Il faut frapper la balle, qui doit passer par dessus le filet. L'autre joueur doit renvoyer la balle, qui ne doit pas rebondir plus d'une fois de son côté du filet ...*

Vous devriez peut-être consulter votre professeur pour connaître le vocabulaire pour cette activité!

## 11  Quelle ville!

Vous n'êtes pas satisfait(e) des conditions de vie dans la ville ou la région où vous habitez. Faites quelques suggestions pour l'améliorer, en utilisant les verbes modaux que vous venez d'étudier.

Exemples:

*– On pourrait interdire les camions dans le centre-ville.*
*– On aurait dû construire une piscine couverte au lieu d'un troisième supermarché.*

## 12  Quel gouvernement!

Rédigez une liste des choses que le gouvernement (de votre pays ou de France) aurait dû/aurait pu faire, ou qu'il devrait ou pourrait faire.

Exemples:

*On aurait pu réduire les impôts cette année.*
*On devrait faire plus pour les handicapés.*

## 13  Un film difficile

Pensez à un film qui vous a semblé particulièrement difficile à réaliser. Dites ce qu'ils ont dû faire pour le tournage. Qu'est-ce qu'ils auraient pu faire pour l'améliorer? Vous pouvez vous expliquer oralement devant vos camarades ou par écrit en quelques courts paragraphes.

# 27 The infinitive after prepositions

 **MECANISMES**

You will have seen in Chapter 23 that the infinitive frequently follows other verbs, adjectives and nouns. Sometimes there is no link word, but many verbs, and all adjectives and nouns, will be linked with either **à** or **de**.

This chapter will help you to decide which preposition, if any, is necessary, and also provide tables for quick reference.

Note that because some verbs take a direct object and others an indirect object, this is indicated in the tables, and the following abbreviations are used frequently in this chapter:

*qqc = quelque chose*          sth = something
*qqn = quelqu'un*             sb = somebody, someone

Direct object: *prier qqn de faire qqc*  }
Indirect object: *demander à qqn de faire qqc*  } (to ask sb to do sth)

See sections 10.2 and 10.3 for explanations of direct and indirect objects.

## 27.1 Linking the infinitive without a preposition

### 27.1.1 Modal auxiliaries

Amongst these are all the modal auxiliaries fully explained in Chapter 26.

| | |
|---|---|
| *devoir* | to have to, must, ought |
| *falloir (il faut)* | to be necessary, must |
| *pouvoir* | to be able, can, may |
| *savoir* | to know how to, be able to |
| *vouloir* | to want to, wish to, will |

## 27.1.2 Movement, wanting, hoping, liking, disliking

Other verbs in this category include those denoting movement, wanting and hoping, and liking and disliking:

| | |
|---|---|
| *accourir* | to rush to, hasten to |
| *admettre* | to admit to |
| *adorer* | to love, adore ...ing |
| *aimer* | to like ...ing |
| *aimer mieux* | to prefer ...ing |
| *aller* | to be going to, go and ... |
| *s'en aller* | to go away to/and |
| *avoir beau* | to do sth in vain, without success |
| *avouer* | to admit, confess to |
| *compter* | to intend to, intend ...ing |
| *courir* | to run to/and |
| *croire* | to believe, think |
| *descendre* | to go down to/and |
| *désirer* | to wish to |
| *détester* | to hate ...ing |
| *entrer* | to go/come in to/and |
| *envoyer (qqn)* | to send (sb) to |
| *espérer* | to hope to |
| *faire ... qqn/qqc* (see below) | to make (sb) ..., to get/have (sth) done |
| *imaginer* | to imagine |
| *jurer* | to swear (to) |
| *laisser* | to let, allow (to happen) |
| *monter* | to go/come up to/and |
| *nier* | to deny ...ing/having ... |
| *oser* | to dare to |
| *paraître* | to appear, seem to |
| *partir* | to leave to, go away and |
| *penser* | to think of ...ing, intend to |
| *préférer* | to prefer to, prefer ...ing |
| *prétendre* | to claim to |
| *rentrer* | to go/come back to/and |
| *retourner* | to return to/and |
| *sembler* | to seem to |
| *sortir* | to go out to/and |
| *souhaiter* | to wish to |
| *valoir/il vaut mieux* | to be better/best to, it's better/best to |
| *venir* | to come to/and |

*Mon frère **déteste se lever** le matin. **Il adore faire la grasse matinée**.*
My brother **hates getting up** in the morning. **He loves to lie in**.

*Ce matin, cependant, **il est sorti acheter** des billets pour un festival de jazz.*
***Il espérait obtenir** quelques billets pour ses camarades.*
This morning, however, **he went out to buy** some tickets for a jazz festival.
**He was hoping to get** a few tickets for his mates.

*Il semble beaucoup aimer écouter toutes sortes de musiques: il dit qu'il pense devenir musicien.*
**He seems to love** listening to all kinds of music: he says **he is thinking of becoming** a musician.

## 27.1.3 *Faire* + infinitive

Note the use of *faire* + infinitive in the sense of 'to have/get something done', or 'to make sb do something':

*Nous avons fait construire une maison sur la route de Gien.*
**We('ve) had** a new house **built** on the Gien road.

*Le patron l'a fait appeler à son bureau.*
The boss **had him called** to his office.

These verbs are followed by an infinitive when the subject of both verbs is the same, and English would use two clauses:

*J'avoue beaucoup aimer le martini blanc.*
**I confess I'm very fond** of white martini.

*Il espère retourner en France l'année prochaine.*
**He hopes he can go back** to France next year.

Some of these verbs are followed by a perfect infinitive if a past sense is needed:

*J'avoue m'être trompé(e).*
**I admit being wrong/I admit I was wrong.**

*Il nie avoir vu l'accident.*
**He denies having seen/He denies he saw** the accident.

## 27.1.4 Verbs of the senses

Verbs of the senses also take no preposition with a following infinitive:

| | |
|---|---|
| *écouter* | to listen to |
| *entendre* | to hear |
| *regarder* | to look at, watch |
| *sentir* | to feel, sense |
| *voir* | to see |

*Il faut l'écouter chanter ou le regarder jouer de la batterie!*
You should **listen to him singing** or **watch him playing** the drums!

Note also the expression, used in the past tenses, meaning that something very nearly happened (but didn't quite): *j'ai failli*:

*Ce matin ma mère **a failli rentrer** dans le trou qu'on a creusé devant notre maison avec sa voiture.*
This morning my mother **nearly drove** her car into the hole they have dug outside our house.

# 27.2  Linking with *à*

Many of these expressions indicate the beginning or the purpose of an action, but it is impossible to group them exactly. Better to learn them, and to use this table for reference when you want to make sure.

| | |
|---|---|
| *s'accoutumer à* | to get accustomed to ...ing |
| *s'acharner à* | to persist in |
| *aider (qqn) à* | to help (sb) to |
| *s'amuser à* | to enjoy oneself ...ing |
| *apprendre à* | to learn to |
| *apprendre qqn à* | to teach sb to |
| *s'apprêter à* | to get ready to |
| *arriver à* | to manage to, succeed in ...ing |
| *s'attendre à* | to expect to |
| *avoir du mal à* | to have a job to |
| *n'avoir qu'à* | to only have to |
| *avoir tendance à* | to tend to |
| *chercher à* | to try to |
| *commencer à* | to begin to, start ...ing |
| *conduire à* | to lead to ...ing |
| *consentir à* | to consent to, agree to |
| *consister à* | to consist of/in ...ing |
| *continuer à* | to continue, go on ...ing |
| *contribuer à* | to contribute to ...ing |
| *se décider à* (but *décider de*) | to make up one's mind to |
| *se dédier à* | to devote oneself to ...ing |
| *demander à* | to ask to |
| (but *demander à qqn de faire qqc*) | to ask sb to do sth |
| *encourager qqn à* | to encourage sb to |
| *s'ennuyer à* | to get bored ...ing |
| *enseigner à qqn à* | to teach sb to |
| *être enclin à* | to be inclined to |
| *forcer qqn à* | to force sb to |
| (but *être forcé(e) de*) | to be forced to |
| *s'habituer à* | to get accustomed/used to ...ing |
| *hésiter à* | to hesitate to |
| *inciter qqn à* | to incite sb to |
| *inviter qqn à* | to invite sb to |

| | |
|---|---|
| *se limiter à* | to confine/limit oneself to |
| *se mettre à* | to start, set about ...ing |
| *obliger qqn à* | to oblige sb to |
| *passer (une heure/son temps) à* | to spend (an hour/one's time) ...ing |
| *pencher à* | to be inclined to |
| *perdre du temps à* | to waste time ...ing |
| *persister à* | to persist in ...ing |
| *pousser qqn à* | to urge sb to |
| *se préparer à* | to get ready, prepare oneself to |
| *se refuser à* (but *refuser de*) | to refuse to |
| *se résigner à* | to resign oneself to |
| *renoncer à* | to give up ...ing |
| *résister à* | to resist ...ing |
| *réussir à* | to succeed in ...ing, manage to |
| *rêver à* | to dream of ...ing |
| *servir à* | to be used for ...ing |
| *songer à* | to dream of ...ing |
| *tarder à* | to take a long time in ...ing |
| *ne pas tarder à* | not to be long in ...ing |
| *tendre à* | to tend to |
| *tenir à* | to be keen on ...ing, eager/anxious to |

**J'ai poussé** *mon frère* **à chercher** *un autre métier, mais* **il s'acharne à me convaincre** *qu'il a raison.*
**I've urged** my brother **to seek** another career, but **he persists in convincing me** that he is right.

**Il a** *enfin* **réussi à convaincre** *nos parents.*
At last **he has managed to convince** our parents.

## 27.2.1  Adjectives

Some adjectives are also linked with *à*:

| | |
|---|---|
| *difficile à* | difficult to |
| *disposé(e) à* | disposed to |
| *facile à* | easy to |
| *habile à* | clever at ...ing |
| *lent(e) à* | slow to |
| *prêt(e) à* | ready to |
| *le seul/la seule à* | the only one to |
| *le dernier/la dernière à* | the last to |
| *le premier/la première à* | the first to |
| *le/la troisième à* | the third to |
| (any ordinal number) | |

The adjective can be used alone, or after **être/sembler/se sentir** and similar verbs:

> *Il paraît que je suis **la seule à ne pas être d'accord** avec ses projets, et je ne suis pas encore **prête à céder**!*
> It seems I'm **the only one to disagree** with his plans, and I'm not yet **ready to give up**!

## 27.2.2 Use

*à* + infinitive is used with a noun to denote use:

| | |
|---|---|
| *une machine à laver* | a washing machine |
| *une chambre à coucher* | a bedroom |
| *une salle à manger* | a dining room |

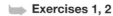 **Exercises 1, 2**

# 27.3 Linking with *de*

Most other verbs are linked with **de**. Here is a list of the most common ones, which include verbs indicating the end or cessation of an action, and also many equivalents of English expressions involving 'of/from ...ing':

| | |
|---|---|
| *accuser qqn de* | to accuse sb of ...ing |
| *arrêter de* | to stop ...ing |
| *avoir besoin de* | to need to |
| *avoir envie de* | to want to, feel like ...ing |
| *avoir honte de* | to be ashamed of ...ing |
| *avoir l'intention de* | to intend to |
| *en avoir marre de* | to be fed up with ...ing |
| *avoir peur de* | to be afraid of ...ing |
| *avoir/prendre soin de* | to take care to |
| *avoir raison de* | to be right to |
| *avoir tort de* | to be wrong in ...ing |
| *cesser de* | to stop, leave off ...ing |
| *choisir de* | to choose to |
| *commander à qqn de* | to order, command sb to |
| *conseiller à qqn de* | to advise sb to |
| *il convient de* | it is advisable to |
| *décider de* (but *se décider à*) | to decide to |
| *demander à qqn de* | to ask sb to |
| *dire à qqn de* | to tell sb to |
| *dissuader qqn de* | to dissuade sb from ...ing |
| *s'efforcer de* | to strive, endeavour to |
| *empêcher qqn de* | to prevent sb (from) ...ing |
| *entreprendre de* | to undertake to |
| *essayer de* | to try to |
| *se fatiguer de* | to get tired of ...ing |
| *se garder de* | to be careful not to |

| | |
|---|---|
| interdire à qqn de | to forbid sb to |
| se lasser de | to get tired of ...ing |
| manquer de | to fail to |
| ne pas manquer de | not to fail to, 'mind you don't' |
| menacer de | to threaten to |
| offrir de | to offer to |
| ordonner à qqn de | to order sb to |
| oublier de | to forget to |
| se passer de | to do/go without ...ing |
| permettre à qqn de | to allow sb to |
| persuader qqn de | to persuade sb to |
| prier qqn de | to ask, beg sb to |
| promettre de | to promise to |
| proposer de | to suggest ...ing |
| recommander à qqn de | to recommend sb to |
| refuser de | to refuse to |
| se souvenir de | to remember to |
| suggérer de | to suggest ...ing |
| terminer de | to finish ...ing |
| se vanter de | to boast of/about ...ing |
| venir de | to have just (+ past participle) |

M. Laforge **a oublié d'acheter** du lait au supermarché: **il ne se souvient jamais d'en acheter! Après avoir fini de ranger** les produits qu'**il venait d'acheter, il a offert de retourner** au supermarché, mais sa femme lui **a proposé d'aller** en chercher au magasin du village.

Mr Laforge **forgot to buy** milk at the supermarket: **he never remembers to buy any! When he finished putting away** the goods **he had just bought, he offered to go back** to the supermarket, but his wife **suggested going** to get some at the village shop.

## 27.3.1 Adjectives

Most adjectives are linked with **de**:

| | |
|---|---|
| capable de | capable of ...ing |
| certain(e) de | certain to |
| content(e) de | pleased to, happy to |
| ennuyé(e) de | bored with ...ing |
| fatigué(e) de | tired of ...ing |
| heureux/euse de | happy to |
| sûr(e) de | sure to |

The adjective can stand alone, or be the complement of verbs such as **être**, **sembler**, **se sentir**, etc.:

**Je suis content(e) d'observer** que **vous êtes capable de comprendre** ce chapitre!
**I'm pleased to see** that **you are capable of understanding** this chapter!

## 27.3.2 *Il est* + adjective

All impersonal expressions beginning *il est* + adjective take *de*:

| | |
|---|---|
| *il est bon de* | it is good/right to |
| *il est (im)possible de* | it is (im)possible to |

(See Chapter 31 for the contrast between these expressions and those with *C'est ... à*.)

> ***Il est possible de voir*** la cathédrale d'ici.
> **It's possible to see** the cathedral from here.

## 27.3.3 Nouns

A number of nouns are also linked with *de*, standing alone, or often following verbs such as *avoir*, *sentir*, *posséder*, *voir*, etc.:

| | |
|---|---|
| *le besoin de* | the need to |
| *le bonheur de* | the good fortune to, the delight in |
| *le désir de* | the desire to |
| *l'envie de* | the longing to |
| *le malheur de* | the bad luck to, the unhappiness to |
| *les moyens de* | the means to/of ...ing |
| *la nécessité de* | the necessity to |
| *l'occasion de* | the opportunity, occasion to |
| *le plaisir de* | the pleasure of ...ing |
| *la possibilité de* | the possibility of ...ing |
| *le temps de* | the time to |
| *la volonté de* | the will to |

> *Je n'ai pas **le temps de faire** cela. D'ailleurs, je ne vois pas **la nécessité de le faire**.*
> I haven't **time to do** that. What's more, I really don't see **the need to do it**.

➡ **Exercises 3, 4**

# 27.4 Linking with other prepositions

- Note the difference between ***commencer à*** (begin **to**) and ***commencer par*** (begin **by**), and ***finir/terminer de*** (finish **...ing**) and ***finir/terminer par*** (finish **by** ...ing).

- ***Pour*** + infinitive stresses purpose – 'in order to':

> *Il travaille **pour vivre** mais il ne vit pas **pour travailler**!*
> He works **(in order) to live** but he doesn't live **(in order) to work**!

- Some of the motion verbs in section 27.1.2 can be linked with **pour** if the purpose needs emphasising:

  *Il est venu exprès **pour** nous donner des nouvelles.*
  He came especially **to** tell us the news.

- **Insister pour:**

  **Il insiste pour** *savoir où elle passera le week-end.*
  **He insists on** knowing where she will spend the weekend.

 # METTEZ-VOUS AU POINT!

## 1 Visite d'une maison française

Vos correspondants français vous font visiter leur maison. Au passage, ils testent vos connaissances de vocabulaire. Trouvez les noms des objets qu'ils désignent, en utilisant pour chaque objet un nom + *à* + verbe à l'infinitif.

1 **Dans la laverie:**
  a   Comment appelle-t-on cette machine qui sert à laver le linge?
  b   Et cet outil qui sert à repasser?
  c   Et cette table conçue spécialement pour repasser?
  d   Et cette machine qui sert à recoudre les vêtements déchirés?
  e   Et ces longues aiguilles avec lesquelles on tricote les pull-overs?
2 **Dans la salle de bains:**
  a   Comment appelle-t-on cette table qui sert à langer les bébés?
  b   Et cette pince qui sert à retirer les poils?
3 **Dans la cuisine:**
  a   Connais-tu le nom de cette planche de bois qui sert à découper les aliments?
  b   Et cette machine qui sert à moudre le café?
4 **Dans la salle de jeu:**
  Comment s'appelle cette corde que les petits utilisent pour sauter?

## 2 Le marché au foie gras de Samatan

Vous comprendrez l'étonnement de ce jeune Anglais en visite dans le Sud de la France! Voici le compte-rendu qu'il écrit pour son professeur de français après être allé au marché au foie gras de Samatan dans le Gers. Malheureusement un disque défectueux d'ordinateur n'a pas enregistré les «à», et ils manquent tous dans le texte. Remplacez les pointillés par *à* lorsque c'est nécessaire.

De nos jours, les Français semblent . . **1** . . vouloir . . **2** . . acheter des produits du terroir qu'ils pensent . . **3** . . être plus naturels que les produits de supermarché. C'est pourquoi les marchés des villages recommencent . . **4** . . devenir populaires. Les gens renoncent . . **5** . . acheter des aliments sous cellophane et n'hésitent plus . . **6** . . perdre du temps . . **7** . . choisir de bons produits sur un étal. Au marché de Samatan, les gens accourent de toute la France . . **8** . . acheter des foies gras d'oies et de canards. De bon matin, les paysans se mettent . . **9** . . installer leurs foies gras sur les longues tables du marché couvert. Une foule nombreuse ne tarde pas . . **10** . . se masser devant la porte du marché. Tout le monde espère . . **11** . . faire de bonnes affaires. A 9h30, une cloche rententit et la foule commence . . **12** . . pénétrer dans le marché couvert. Les restaurateurs et les revendeurs ne tardent pas . . **13** . . emporter des cageots pleins de bons foies. Les touristes sont les seuls . . **14** . . s'attarder, choisir, comparer. Certains même viennent . . **15** . . faire des photos, car le spectacle est étonnant! La présence des Parisiens fait . . **16** . . monter les prix. Ils partent satisfaits . . **17** . . cuisiner leur précieuse denrée ou . . **18** . . la revendre plus cher encore.

## 3 Un nouvel appartement

Vous êtes nommé(e) assistant(e) de français au lycée de Gien, en France. Vous êtes venu(e) choisir un appartement, et vous écrivez un e-mail à des amis français, en expliquant votre choix. En relisant cet e-mail, vous vous apercevez que vous avez souvent oublié la préposition *de*. Corrigez-vous.

Chers amis,

Me voici installé(e) à Orléans. Je suis très content(e) vivre en France, même si j'ai quelquefois envie parler anglais avec ma famille. J'ai choisi vivre à Orléans et pas à Gien car il est plus facile sortir, aller au cinéma et se faire des amis ici.

Le Proviseur du Lycée de Gien m'a proposé vivre au lycée dans une chambre, mais j'ai refusé le faire, car c'était un peu triste. Quand je lui ai dit que j'avais l'intention vivre à Orléans, il m'a prié arriver à l'heure au travail, et j'ai promis le faire. Il a eu raison insister, car c'est difficile trouver des autobus en France. Il y a peu de transports en commun ici. Je serais heureux/se vous voir si vous décidiez venir jusqu'à Orléans.

## 4  Une visite guidée du Château de Blois

Vous travaillez comme guide au Château de Blois. D'habitude vous faites la visite guidée en anglais, mais aujourd'hui la guide française est malade, et elle vous a demandé de faire son travail. Alors vous préparez votre commentaire, mais vous hésitez sur l'usage des prépositions. Voici le texte de votre visite guidée. Relisez-le et complétez-le à l'aide de *à* ou *de* lorsque cela vous semblera nécessaire.

«C'est ici, au Château de Blois, que Charles d'Orléans avait choisi . . **1** . . installer sa cour. C'était un poète qui passait son temps . . **2** . . versifier et ne se résignait pas . . **3** . . s'occuper du royaume de France. Son fils, Louis XII, chercha . . **4** . . embellir la demeure de ses pères et commença . . **5** . . agrandir le château. Ensuite ce fut François Ier qui contribua beaucoup . . **6** . . changer l'aspect de la demeure royale. Il invita les architectes de l'époque . . **7** . . travailler pour lui, et entreprit . . **8** . . construire ce célèbre escalier à l'italienne que vous pouvez . . **9** . . voir devant vous. Mais je vous suggère . . **10** . . pénétrer tout de suite à l'intérieur du château où j'ai l'intention . . **11** . . vous raconter l'épisode qui permit au château . . **12** . . entrer dans la légende. Je m'efforcerai . . **13** . . être bref/brève. C'est donc ici qu'Henri III fit . . **14** . . tuer son rival, le Duc de Guise. Il décida . . **15** . . se débarrasser de lui car le Duc de Guise désirait . . **16** . . affaiblir son pouvoir.

Il était donc près de huit heures du matin quand le roi envoya les valets de chambre . . **17** . . réveiller le Duc de Guise. Puis il le fit . . **18** . . appeler dans son cabinet. Le roi avait pris soin . . **19** . . placer des soldats sur son passage et leur avait commandé . . **20** . . frapper le Duc à coups de poignard et . . **21** . . le tuer. Le Duc se refusait . . **22** . . mourir et ne cessait . . **23** . . crier: «Eh! Mes amis! Eh! Mes amis!» à chaque coup de poignard. Il ne tarda pas . . **24** . . entraîner ses bourreaux jusqu'au pied du lit du roi où il eut beau . . **25** . . lutter contre la mort, il s'effondra.

Et si vous n'êtes pas lassés . . **26** . . m'entendre, permettez-moi maintenant . . **27** . . vous raconter la réaction de la reine mère, Catherine de Médicis, après l'assassinat du Duc de Guise.»

 **... ET EN ROUTE!**

## 5  Les intentions et les raisons

Travaillez par deux. L'un(e) d'entre vous doit exprimer une intention, l'autre l'interroger sur ses raisons. Chaque intention et chaque raison doivent contenir au moins une des expressions qui apparaissent dans ce chapitre. Alternez les rôles.

Exemple:

– J'ai envie de me trouver un job pour le samedi.
– Pourquoi?
– Parce que mes parents ont refusé de me donner de l'argent pour mes distractions.
  Ils m'ont dit de chercher du travail.

## 6 Quelle serait votre réaction?

Quelle serait votre réaction si on vous proposait d'aller à la chasse?

Exemple:

– Je serais très content(e) d'
– Je ne pourrais pas
– Je ne voudrais pas                    } aller à la chasse.
– J'aurais honte d'
– Je n'hésiterais pas à

Maintenant discutez avec vos camarades de classe de vos réactions aux propositions suivantes:

On vous propose:     de faire un saut en parachute
                     d'avoir 10 enfants
                     de partir en guerre pour votre patrie
                     un serpent comme cadeau
                     de descendre une falaise en rappel
                     de devenir scaphandrier.

Maintenant continuez à vous faire d'autres propositions – un peu absurdes ou extravagantes si vous le voulez!

## 7 Un vrai tyran!

Chaque étudiant(e) doit choisir quelques verbes parmi les suivants: *encourager, enseigner, forcer, inciter, inviter, obliger, pousser, accuser, commander, conseiller, dire, empêcher, interdire, menacer, ordonner, persuader.*

Imaginez comment vous avez influencé les actions de votre famille, vos amis, vos adversaires, etc. Voici l'occasion de vous vanter des exploits que vous auriez peut-être voulu réaliser, mais où vous avez manqué de courage!

Vous pouvez le faire oralement ou par écrit.

Exemples:

J'ai obligé ma sœur à faire mon travail de collège.
J'ai accusé mon frère d'avoir volé mes CD.
J'ai empêché mes copains d'obtenir de bonnes notes en français.
J'ai menacé mes parents de devenir clochard(e)!
J'ai dit au professeur de se taire!

## 8 Devinettes

Mettez-vous par deux. Choisissez ensemble un des verbes de la liste qui vous plaît, par exemple, *avoir l'intention de.* Chacun(e) pense à une action et doit deviner la pensée de l'autre en lui posant des questions.

Par exemple:

Est-ce que tu as l'intention d'aller au cinéma samedi soir? Est-ce que tu as l'intention de travailler ton français? ...

# 28 Verbs and their objects

 **MECANISMES**

An area of French which needs careful attention is the question of what type of object follows the verb: direct or indirect, or whether the object is linked by a preposition different from the corresponding English one: for example, *écouter* – listen **to**, *jouir de* – enjoy. (See sections 10.2 and 10.3 for explanations of direct and indirect objects.) We have concentrated on examples where there is a difference between French and English usage, as it would be far too long to list every example where the two languages correspond (for example, *J'ai honte de mon frère* – I'm ashamed **of** my brother).

## 28.1 Verbs taking a direct object in French

| | |
|---|---|
| *attendre* | to wait for |
| *chercher* | to look for, search for |
| *écouter* | to listen to |
| *regarder* | to look at |

Nous **cherchons** *l'église St Pierre.*
We're **looking for** St Peter's church.

## 28.2 Verbs taking an indirect object with the preposition *à*

- Verbs which take a direct object in English but indirect in French:

| | |
|---|---|
| *convenir à qqn* | to suit sb |
| *déplaire à qqn* | to displease sb |
| *faire confiance à qqn* | to trust sb |
| *se fier à qqc* | to trust sth |
| *jouer à (un jeu)* | to play (a game) |
| *nuire à qqn/qqc* | to harm sb/sth |
| *obéir à qqn/qqc* | to obey sb/sth |
| *pardonner qqc à qqn* | to forgive sb (for) sth |
| *plaire à qqn* | to please sb |
| *renoncer à qqc* | to give up sth |
| *résister à qqn/qqc* | to resist sb/sth |
| *succéder à qqn/qqc* | to succeed (= come after) sb/sth |
| *survivre à qqn/qqc* | to survive sb/sth |
| *téléphoner à qqn* | to phone sb |

*J'ai renoncé **au** tabac mais je ne peux toujours pas résister **au** chocolat!*
I've given up tobacco but I still can't resist chocolate!

In this group also are a number of the verbs which are linked to their object by **à** and a following infinitive by **de** (***dire à quelqu'un de faire quelque chose***). These can be found in the first list in section 27.3.

- Verbs whose equivalent in English is followed by 'from':

| | |
|---|---|
| *acheter qqc à qqn* | to buy sth from sb |
| *arracher qqc à qqn* | to snatch, tear sth from sb |
| *commander qqc à qqn* | to order sth from sb |
| *confisquer qqc à qqn* | to confiscate sth from sb |
| *emprunter qqc à qqn* | to borrow sth from sb |
| *enlever qqc à qqn* | to take sth away from sb |
| *voler qqc à qqn* | to steal sth from sb |

*J'ai acheté mon vélo **à** un camarade de classe.*
I bought my bike **from** a classmate.

*On a volé le portefeuille **à** mon père.*
Someone has stolen my father's wallet (i.e. **from** my father).

 Note also:

    *demander qqc **à** qqn*        to ask sb **for** sth

*Bruno a demandé une glace **à** sa maman.*
Bruno asked his mum for an ice cream.

- Verbs taking **à** in French and a variety of prepositions in English:

| | |
|---|---|
| *assister à qqc* | to be present at, witness sth |
| *croire à qqn/qqc* | to believe in sb/sth |
| (NB *croire **en Dieu***) | (to believe **in** God) |
| *s'intéresser à qqn/qqc* | to be interested in sb/sth |
| *manquer à qqc* | to fail in sth |
| *penser à qqn/qqc* | to think of sb/sth ( = to concentrate thoughts on) |
| *réfléchir à qqc* | to reflect on sth, think about sth |
| *réussir à* | to succeed in sth |

*Malheureusement on ne croyait pas **à** ma capacité de faire ce travail.*
Unfortunately they didn't believe **in** my ability to do this work.

*Pensez **à** un numéro et multipliez-le par sept.*
Think **of** a number and multiply it by seven.

*Réfléchissez-**y**!*
Reflect **on it**/Think **about it**!

# 28.3  Verbs linked to their object with *de*

- Verbs which have a direct object in English:

| | |
|---|---|
| *s'apercevoir de qqn/qqc* | to notice sb/sth |
| *s'approcher de qqn/qqc* | to approach sb/sth |
| *avoir besoin de qqn/qqc* | to need sb/sth |
| *changer de qqn/qqc* | to change sb/sth |
| *discuter de qqn/qqc* | to discuss sb/sth |
| *douter de qqn/qqc* | to doubt sb/sth |
| *se douter de qqc* | to suspect sth |
| *s'emparer de qqn/qqc* | to grab sb/sth |
| *jouer de (un instrument)* | to play (an instrument) |
| *jouir de qqc* | to enjoy sth |
| *manquer de qqc* | to lack sth |
| *se méfier de qqn/qqc* | to mistrust sb/sth |
| *se souvenir de qqn/qqc* | to remember sb/sth |
| *se tromper de qqn/qqc* | to make a mistake about sb/sth |

*Nous avons changé **de** médecin. L'autre manquait **d'**expérience de nos problèmes, et nous nous méfiions **de** lui.*
We've changed doctors. The other one was lacking in experience of our problems, and we mistrusted him.

*Est-ce que vous vous êtes aperçu **de** son erreur en l'écoutant parler?*
Did you notice his mistake as you heard him talk?

- Verbs which take a variety of prepositions in English:

| | |
|---|---|
| *dépendre de qqn/qqc* | to depend on sb/sth |
| *féliciter qqn de qqc* | to congratulate sb on sth |
| *s'inquiéter de qqn/qqc* | to worry about sb/sth |
| *penser de qqn/qqc* | to think ( = have an opinion about) sb/sth |
| *punir qqn de qqc* | to punish sb for sth |
| *récompenser qqn de qqc* | to reward sb for sth |
| *remercier qqn de qqc* | to thank sb for sth |
| *servir de qqc* | to be used as sth |
| *vivre de qqc* | to live on sth |
| *avoir envie de qqc* | to feel like sth |

*Que penses-tu **de** ton nouveau prof?*
What do you think **of** your new teacher?

*Nous vous remercions **de** votre lettre du 29 octobre.*
We thank you **for** your letter of 29th October.

*Cette boîte servira **de** chaise.*
This box will do **as** a chair.

## 28.4 Verb + other preposition + object:

*croire **en** Dieu*    to believe **in** God

(otherwise **à** is usually used after **croire**)

*entrer **dans** qqc*   to enter, go/come **into** sth

> *Est-ce que vous croyez **en** Dieu?*
> Do you believe **in** God?

> *Il ne faut pas entrer **dans** cette chambre!*
> You must not go **into** that room!

If you are unsure of how to link pronouns rather than nouns to these verbs, have a look back at the explanations of indirect object pronouns, emphatic pronouns and **y** and **en** in section 10.7.

➡ **Exercises 1, 2, 3, 4**

 **METTEZ-VOUS AU POINT!**

## 1  Querelle infantile

Deux jeunes enfants se disputent et s'accusent mutuellement de tous les maux. Ils sont si fâchés l'un contre l'autre qu'ils en oublient les prépositions! Complétez leur conversation à l'aide de celle qui vous semblera correcte.

– Tu ne plais . . **1** . . personne, tu n'obéis . . **2** . . personne, tu ne réussis . . **3** . . rien, tu n'as besoin . . **4** . . personne, tu ne t'intéresses . . **5** . . rien, tu ne penses qu' . . **6** . . toi, tu n'es qu'un égoïste!
– Et toi, est-ce que tu plais . . **7** . . quelqu'un? Est-ce que tu obéis . . **8** . . quelqu'un? Est-ce que tu as besoin . . **9** . . quelqu'un?
– Non, mais je ne vole rien . . **10** . . personne, je ne m'approche . . **11** . . personne, je n'emprunte rien . . **12** . . personne, je ne me mêle . . **13** . . rien, je ne dépends . . **14** . . personne, je ne m'inquiète . . **15** . . personne.
– Alors, tu es un pauvre type! Tu es un ours!

## 2  Les centrales nucléaires en France

Dans un bar près de la centrale nucléaire de Dampierre-en-Burly, vous assistez à cette conversation. Vous la compléterez à l'aide des prépositions qui conviennent: *à, aux, de, d', des*.

– Je me méfie beaucoup . . **1** . . centrales nucléaires. L'état devrait renoncer . . **2** . . les construire car elles nuisent . . **3** . . notre santé.
– Penses-tu! Elles ne sont pas dangereuses et elles servent à produire l'électricité que nous consommons. D'ailleurs, les gens ont bien tort . . **4** . . s'inquiéter . . **5** . . dangers du nucléaire car on a réussi . . **6** . . éliminer les radiations au maximum.

– Je ne suis pas d'accord. Elles obéissent . . **7** . . un souci de rentabilité, mais elles ne plaisent pas . . **8** . . la population. Nous manquons . . **9** . . imagination et nous devrions réfléchir . . **10** . . d'autres solutions. Te souviens-tu . . **11** . . la catastrophe de Chernobyl? Elle devrait nous servir . . **12** . . exemple et nous faire changer . . **13** . . cap. Personnellement, je crois beaucoup . . **14** . . l'énergie solaire. Il est temps . . **15** . . s'intéresser . . **16** . . possibilités qu'elle offre.

## 3  L'étudiant(e) modèle

Voici en dix points le code de l'étudiant(e) modèle. Complétez-le à l'aide des verbes contenus dans la case ci-dessous.

1   Tu . . . . à tous les cours.
2   Tu . . . . à tes professeurs.
3   Tu . . . . d'heure ni de salle de classe.
4   Tu . . . . les livres conseillés à la bibliothèque.
5   Tu . . . . des dictionnaires et des encyclopédies.
6   Tu . . . . de plusieurs instruments.
7   Tu . . . . l'occasion de faire un exercice supplémentaire.
8   Tu . . . . au plaisir de briller par ton intelligence.
9   Tu . . . . aux jeux au profit du travail.
10  Tu . . . . les professeurs de leur compétence et de leur dévouement.

| | | | |
|---|---|---|---|
| emprunteras | *ne manqueras jamais* | *joueras* | te serviras |
| | | renonceras | remercieras |
| ne te tromperas jamais | obéiras | assisteras | *ne résisteras pas* |

## 4  Ah! Le bon vieux temps!

Les personnes âgées ont du mal à s'habituer à l'informatique. Elles y voient beaucoup d'inconvénients.Vous reconstituerez les phrases de ce vieux monsieur en prenant un élément de chaque colonne.

1   Je me souviens            progrès des communications.
2   Je doute                  l'époque où je recevais de longues lettres.
3   Je ne me fie pas          mes amis.
4   Je préfère téléphoner  du    temps où j'écrivais de longues lettres manuscrites.
5   Je ne joue jamais      de    la modernité.
6   Je m'inquiète          aux   l'ordinateur que c'est la meilleure et la pire des choses.
7   J'ai envie             à     être obligé d'utiliser un ordinateur.
8   Je me méfie            des   envoyer de longues lettres manuscrites.
9   Je pense               d'    jeux informatiques.
10  Je redoute                   l'ordinateur.
11  Je ne renoncerai jamais      lire de longues lettres comme avant.
12  Je réfléchis

## ... ET EN ROUTE!

### 5 Devinez ce que j'en pense!

Vous annoncez le nom d'un objet ou d'une personne et les autres étudiants doivent deviner votre attitude à l'égard de cet objet ou de cette personne (en utilisant les verbes du chapitre, bien entendu).

Exemple:

– *Un téléphone portable ...*
– *Tu as besoin d'un téléphone portable!*

– *Ce cours de français ...*
– *Tu devrais changer de cours!*
– *Tu t'es trompé(e) de cours!*

### 6 Aux voleurs!

Vous avez été agressé(e) dans la rue, et vous expliquez à un(e) ami(e) ce qui vous est arrivé et ce que le voleur vous a pris. Faites votre récit, oral ou écrit, en utilisant la plupart des verbes de la case ci-dessous.

Exemple:

*J'ai aperçu trois voyous qui s'approchaient de moi. Ils ...*

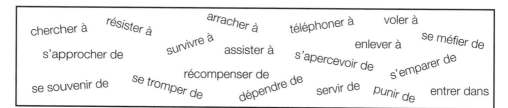

chercher à   résister à   arracher à   téléphoner à   voler à
s'approcher de   survivre à   assister à   enlever à   se méfier de
s'apercevoir de   s'emparer de
se souvenir de   se tromper de   récompenser de   dépendre de   servir de   punir de   entrer dans

### 7 Une histoire de n'importe quoi!

Un(e) étudiant(e) commence une histoire, en utilisant un des verbes de ce chapitre. Tous les autres étudiants, à leur tour, doivent continuer l'histoire, toujours en utilisant au moins un de ces verbes avec son complément. Vous pouvez parler de n'importe quoi!

Exemples:

– *Ce matin je me suis mêlé(e) à la foule qu'il y avait sur la place.*
– *Je croyais que j'assistais à un événement important.*
– *Beaucoup de monde s'intéressait à ce qui se passait.*
– *J'entendais de la musique: c'était quelqu'un qui jouait de la flûte.*
– *La musique me plaisait beaucoup.*

Continuez cette histoire, ou inventez la vôtre depuis le début.

## 8 Concours

Vous faites deux équipes. Un membre de l'équipe A annonce un verbe des listes ci-dessus et un membre de l'équipe B doit faire une phrase avec ce verbe. Si la phrase est correcte, l'équipe B marque un point. Puis c'est à l'équipe B d'annoncer un verbe.

## 9 T'es plus dans le coup!

Prenez une activité moderne que pratiquent les jeunes (le paint-ball, le ski, le saut à l'élastique, le bobsleigh, etc. ...) et imaginez ce qu'en dirait une personne âgée, en utilisant:

verbe + préposition + complément d'objet.

Exemple:

*Je me méfie du saut à l'élastique!*

# 29 Participles

## MECANISMES

Participles are parts of the verb that are not self-contained tenses, and so cannot form a sentence that can stand on its own:

| | |
|---|---|
| *son mari **étant** absent ...* | her husband **being** away ... |
| ***arrivés** en ville ...* | **having arrived** in the town ... |

(These statements are incomplete.)

In French as in English, both the present and past participles can be used as an adjective:

| | |
|---|---|
| *une dame **charmante*** | a **charming** lady |
| *une porte **peinte*** | a **painted** door |

## 29.1 Present participle

Although this part of the verb is traditionally known as the 'present' participle, it is not linked specifically to present time, as some of the examples below will illustrate. The 'active' participle would be a better name, as opposed to the so-called 'past' participle, which has a mainly passive function.

### 29.1.1 Uses

The *-ant* ending corresponds to '-ing' in English, but **beware**, as '-ing' is used in many more instances in English, other than as a present participle.

- The present participle can be used adverbially after ***en***, to mean 'on doing', 'while doing', 'by doing' something. In this case the subjects of both clauses must be the same:

  ***En entrant** (= **quand nous sommes entrés**) chez nous, **nous** avons découvert le cambriolage.*
  **On entering** (= **when we entered**) our house, **we** discovered the burglary.

  ***En étudiant** (= **si vous étudiez**) ce livre, **vous** perfectionnerez votre grammaire française.*
  **By reading** (= **if you read**) this book, **you** will perfect your French grammar.

  *Mais je me suis endormi **en lisant** (= **pendant que je lisais**) ce livre!*
  But I fell asleep (= **while I was**) **reading** this book!

It can also express the manner in which an action is performed:

*Le cambrioleur est sorti **en courant**.*
The burglar came **running** out.

*Les spectateurs ont quitté le cinéma **en riant**.*
The audience left the cinema **laughing**.

➡ **Section 29.1.2 and Exercise 1**

- Many present participles have become adjectives in their own right, and as such, agree like any other adjective with the noun(s) they describe:

*C'est une ville **charmante**.*
It's a **charming** town.

*Dans cette pièce on se servait d'une scène **tournante**.*
In that play they used a **revolving** stage.

*Chéri, va chercher les fauteuils **pliants**, s'il te plaît.*
Darling, go and get the **folding** chairs, please.

📝 Note: remember that the present participle cannot be used with *être* to make a progressive tense, as in English: I am read**ing** = *je lis*, I was read**ing** = *je lisais*. You must use the simple present or imperfect, or say *je suis/j'étais en train de lire*.

📝 Note also: many bodily positions (such as sitting, lying) are described using the past participle in French, not the present participle, because logically they result from an action in the past.

➡ **Section 29.1.2 and Exercises 2, 3**

- The present participle can be used to replace a relative clause (see Chapter 42):

*Les enfants **apportant** (= **qui apportent**) leur pique-nique le mangeront dans le parc.*
Children **bringing** (= **who bring**) a picnic will eat it in the park.

*Les enfants **n'ayant pas apporté** (= **qui n'ont/auront pas apporté**) leur pique-nique pourront acheter un casse-croûte au café.*
Children **not having brought** (= **who haven't/won't have brought**) a picnic will be able to buy a snack in the café.

*Le train **venant** (= **qui vient**) de Paris a dix minutes de retard.*
The train **coming** from Paris is ten minutes late.

*Le train **étant parti** (= **qui est parti**) de Paris à neuf heures précises, est arrivé juste à l'heure à Lille.*
The train **having left** (**which left**) Paris at exactly 9 a.m., arrived right on time at Lille.

➡ **Section 29.1.2 and Exercise 4**

- In rather formal language, the present participle can replace a clause beginning with **comme**, or **parce que**:

*Son père **étant** souvent absent (= **comme** son père **était** souvent absent), Paul dépendait beaucoup de sa mère.*
His father **being** often away (= **as** his father **was** often away), Paul depended a great deal on his mother.

*Le père **ayant été** (= **comme le père avait été**) tant de fois absent, la mère décida de divorcer.*
**The father having been** (= **as the father had been**) away so much, the mother decided to divorce (him).

## 29.1.2 Formation

The present participle is formed by removing the **-ons** from the 1st person plural (**nous**) form of the present tense and adding **-ant**:

| | | | |
|---|---|---|---|
| **donner** | nous donn**ons** | donn**ant** | *giving* |
| **remplir** | nous rempliss**ons** | rempliss**ant** | *filling* |
| **vendre** | nous vend**ons** | vend**ant** | *selling* |
| **boire** | nous buv**ons*** | buv**ant** | *drinking* |
| **croire** | nous croy**ons*** | croy**ant** | *believing* |

* As the stem is the same as for the imperfect, and all irregular stems are listed in section 20.2, please refer to that list or the verb table on pages 333–355 if you are not sure of the stem. Remember that otherwise regular verbs ending in **-cer** and **-ger** will change to **-çant** and **-geant**.

Three verbs do not conform to this pattern:

| | | | |
|---|---|---|---|
| **avoir** | nous avons | **ayant** | *having* |
| **être** | nous sommes | **étant** | *being* |
| **savoir** | nous savons | **sachant** | *knowing* |

**ayant** or **étant** + past participle is used to make up a compound or 'perfect' form:

**ayant** *déjà **vu** le film*          **having** already **seen** the film
*étant **parti** de bonne heure*         **having left** early

# 29.2  Past participle

## 29.2.1  Uses

- The most frequent use of the past participle is to form the perfect, pluperfect and other compound tenses together with **avoir** or **être**. This is fully dealt with in Chapters 19 and 21.

- The past participle is also used to form the passive with **être**, and this is explained fully in Chapter 30.

- As an adjective in its own right:

  *Je préfère les exercices **écrits**.*
  I prefer **written** exercises.

  *Vous avez vu la forêt **enchantée**?*
  Have you seen the **enchanted** forest?

  *Si vous voulez prendre un légume **cuit** il y a des pommes **frites**.*
  If you want a **cooked** vegetable there are some chips (i.e. **fried** potatoes).

➡ **Section 29.2.2 and Exercise 5**

- Describing bodily positions:

  *Nous étions **assis** sur la pelouse.*
  We were **sitting** on the lawn.

  *La chatte était **couchée** au soleil.*
  The cat was **lying** in the sun.

- Replacing an adjectival relative clause describing a noun:

  *C'est une vie (= **qui a été**) **détruite** par la drogue.*
  It's a life (**which has been**) **destroyed** by drugs.

  *Nous assistions à une situation (**qui était**) **chargée** d'émotion.*
  We were witnessing a situation (**which was**) **charged** with emotion.

- Replacing a clause beginning with **quand** or **après que**. This construction tends to be used in narrative style, and is perhaps more common in French than in English.

  ***Ses parents morts** (= **après que/quand ses parents étaient morts**), elle déménagea à la campagne.*
  **Her parents dead** (= **after/when her parents had died**), she moved to the country.

  ***Tout le monde assis** à table (= **quand tout le monde a été assis**), la maîtresse de maison souhaita la bienvenue.*
  **When everyone was seated** at the table, the hostess welcomed them.

This construction is sometimes used after **une fois** = once.

  ***Une fois** tout le monde **assis** à table, Claire et Joseph se sont assis à leur tour.*
  **Once** everyone was **seated** at the table, Claire and Joseph sat down in their turn.

➡ **Section 29.2.2 and Exercise 6**

## 29.2.2 Formation

- Regular verbs: Remove the infinitive ending to form the stem, add the endings *-é*, *-i*, *-u*:

| donn**er** | donn**é** | *given* |
| rempl**ir** | rempl**i** | *filled* |
| vend**re** | vend**u** | *sold* |

- Irregular past participles:

*-er* verbs: all are regular, even **aller**: **allé**
*-ir* verbs: most are formed regularly, except:

| acquérir *(and group)* | acqu**is** | *acquired* |
| ouvrir *(and group)* | ouv**ert** | *opened, open* |
| courir | cou**ru** | *run* |
| haïr | ha**ï** | *hated* |
| mourir | **mort** | *died, dead* |
| vêtir *(and compounds)* | vêt**u** | *dressed* |

*-re* verbs: see lists below.

- Irregular past participles ending in *-é*:

| être | **été** | *been* |
| naître | **né** | *born* |

- Ending in *-u*:

| avoir | **eu** | *had* |
| battre *(and compounds)* | batt**u** | *beaten* |
| boire | b**u** | *drunk* |
| connaître *(and group)* | conn**u** | *known* |
| conclure *(and group)* | concl**u** | *concluded* |
| coudre | cou**su** | *sewn* |
| courir *(and compounds)* | cou**ru** | *run* |
| croire | cr**u** | *believed* |
| croître | crû/cr**ue*** | *grown* |
| accroître | accr**u** | *added, enhanced* |
| devoir | dû/d**ue*** | *had to* |
| émouvoir | ém**u** | *moved, affected* |
| falloir | fall**u** | *been necessary* |
| lire | l**u** | *read* |

| mouvoir | mû/mue* | moved |
| promouvoir | promu | promoted |
| plaire | plu | pleased |
| pleuvoir | plu | rained |
| pouvoir | pu | been able |
| recevoir *(and group)* | reçu | received |
| résoudre *(and group)* | résolu | resolved |
| rompre | rompu | broken |
| savoir | su | known |
| (se) taire | tu | been quiet |
| tenir *(and compounds)* | tenu | held |
| vaincre *(and compounds)* | vaincu | conquered |
| valoir | valu | been worth |
| venir *(and compounds)* | venu | come |
| voir *(and compounds)* | vu | seen |
| vouloir | voulu | wanted |

\* The circumflex is only written on the masculine singular form *crû/dû/mû*, is removed when any agreement is added, and does not occur on compounds of *croître* and *mouvoir*: *accru*; *ému/promu*.

- Lnding in *-i*:

| fuir/s'enfuir | fui/enfui | fled |
| rire/sourire | ri/souri | laughed/smiled |
| suffire | suffi | sufficed |
| suivre/poursuivre | suivi/poursuivi | followed/pursued |

- Ending in *-is*:

| s'asseoir | assis | sat down |
| mettre *(and compounds)* | mis | put |
| prendre *(and compounds)* | pris | taken |

- Ending in *-t*:

| conduire *(and group)* | conduit | led, driven |
| dire *(and compounds)* | dit | said, told |
| écrire *(and compounds)* | écrit | written |
| faire *(and compounds)* | fait | made, done |
| mourir | mort | dead |
| ouvrir *(and group)* | ouvert | opened, open |
| peindre *(and group)* | peint | painted |

# METTEZ-VOUS AU POINT!

## 1 Un prof pas comme les autres

M. Michel est un professeur très étourdi. Il oublie tout et ne s'en aperçoit qu'au dernier moment. Transformez les phrases suivantes en utilisant le participe présent.

Exemple:

C'est **lorsqu'il est entré** dans la classe qu'il s'est aperçu qu'il n'avait pas son cartable.

C'est **en entrant** dans la classe qu'il s'est aperçu ...

1 C'est **lorsqu'il a ouvert** le robinet qu'il a compris qu'il était tout habillé sous la douche.
2 C'est **au moment où il est monté** dans sa voiture qu'il a vu qu'il avait gardé sa veste de pyjama.
3 C'est **lorsqu'il a commencé** à lire le texte de l'exercice qu'il a compris qu'il n'avait pas mis ses lentilles de contact.
4 **Quand il s'est changé** pour aller jouer au tennis, il a vu qu'il avait deux chaussures différentes.
5 **Quand il est rentré** à la maison, il a découvert qu'il portait la chemise de quelqu'un d'autre.

## 2 Un bulletin météo

Vous préparez un bulletin météo. Faites correspondre les adjectifs de droite aux noms de gauche. Attention! Vous avez plusieurs possibilités, mais n'oubliez pas de faire l'accord des adjectifs!

| | |
|---|---|
| des pluies | montant / inquiétant / important |
| le soleil | descendant / croissant / gênant |
| la lune | grandissant / décroissant |
| un orage | luisant / brillant |
| des éclairs | brûlant / terrifiant / agaçant |
| des vents | dérangeant / surprenant |
| la marée | resplendissant / rafraîchissant |

## 3 Promenade matinale

Complétez ce texte à l'aide de l'un des verbes de la case ci-dessous au participe présent que vous ferez accorder s'il y a lieu.

Le soleil . . **1** . . de bonne heure, elle partit tôt dans la campagne . . **2** . . de vie à cette heure matinale. Longtemps, elle marcha dans la rosée, sur la terre . . **3** . . et se perdit dans les genêts* . . **4** . . Enfin, elle décida de rentrer par le bord de la mare . . **5** . . de vie aquatique, et arriva au refuge, essoufflée, les joues . . **6** . . de sueur, les oreilles . . **7** . . Là elle but un thé . . **8** . .

*genêts = *brooms*

| | | | | | | | |
|---|---|---|---|---|---|---|---|
| ruisseler | *coller* | *palpiter* | *grouiller* | bourdonner | *brûler* | *jaunir* | *se lever* |

## 4 Règlement du collège

Voici quelques points du règlement d'une école française. Transformez les phrases de manière à utiliser le participe présent.

Exemples:

Les élèves **qui ne paient pas** la cantine à la fin du trimestre ne pourront pas manger au collège le trimestre suivant. ⟶ Tout élève **ne payant pas** la cantine à la fin du trimestre ne pourra pas manger au collège le trimestre suivant.

1 Les élèves **qui n'apportent pas** leur tenue de sport ne pourront pas participer au cours d'éducation physique.
2 Les élèves **qui ne rendent pas** leurs livres de bibliothèque à temps ne pourront plus emprunter les livres.
3 Les élèves **qui s'absentent** sans justification des parents ne pourront pas se présenter en cours.
4 Les élèves **qui fument** dans l'établissement scolaire en seront exclus.
5 Les élèves **qui commencent** un club en début d'année devront y participer jusqu'à la fin de l'année.

Faites maintenant le contraire:

6 Tout élève **introduisant** des armes dans l'établissement scolaire en sera exclu définitivement.
7 Tout élève **faisant** de la propagande politique ou religieuse à l'intérieur de l'école en sera exclu temporairement.
8 Un Conseil de Discipline se réunira pour décider du sort des élèves **ayant**, **donnant** ou **vendant** de la drogue à l'intérieur de l'établissement scolaire.

## 5 Menu du jour

Voici une liste de plats et de boissons, mais on les a mélangés. Rangez les mots de la deuxième colonne pour qu'ils correspondent à ceux de la première. L'accord des participes passés pourra vous aider.

Exemple:

*café*                          *moulu*

| | | | |
|---|---|---|---|
| **1** | thé | **a** | grillé |
| **2** | carottes | **b** | pochés |
| **3** | pommes de terre | **c** | réduit pour les enfants |
| **4** | lait | **d** | farcies |
| **5** | œufs | **e** | demi-écrémé |
| **6** | hors-d'œuvre à tarif | **f** | glacé |
| **7** | poulet | **g** | râpées |
| **8** | pain | **h** | pressé |
| **9** | tomates | **i** | rôti |
| **10** | citron | **j** | sautées |

## 6 Pas facile d'être maman et médecin en même temps!

Mireille est médecin et mère de trois jeunes enfants. Tous les matins, c'est la course pour arriver à l'heure au cabinet médical. Réécrivez les phrases suivantes en utilisant les participes passés.

Exemple:

*Après avoir réveillé les enfants, elle prépare le petit déjeuner.*
*Les enfants réveillés, elle prépare le petit déjeuner.*

**1** Quand les enfants sont douchés et habillés, elle prend le petit déjeuner avec eux.
**2** Quand le petit déjeuner est fini, elle vérifie les cartables.
**3** Elle signe les carnets de notes et puis téléphone à sa secrétaire pour savoir s'il y a des urgences au cabinet médical.
**4** Elle sort la voiture du garage et puis dit au revoir au chien.
**5** Elle dépose Isabelle chez la nourrice et puis emmène Thibault et Carine à l'école.
**6** Quand elle arrive au cabinet médical, elle regarde son carnet de rendez-vous.
**7** Elle entre dans son bureau et appelle le premier patient.

 **... ET EN ROUTE!**

## 7 Comment faire?

Travaillez par deux, ou en groupes. Un(e) étudiant(e) pose un problème et les autres, ou son partenaire, doivent proposer des solutions, en utilisant (comme ici!) le participe présent avec *en*.

Exemple: Vous avez laissé votre clef dans la maison. Comment allez-vous entrer?

*– En grimpant par la fenêtre ouverte.*
*– En téléphonant à papa pour qu'il apporte sa clef.*
*– En défonçant la porte!*

Voici quelques situations possibles:

* Réussir aux examens qui approchent.
* Sortir de classe sans que le prof s'en rende compte.
* Passer quelques jours à un festival de musique pop sans dépenser beaucoup d'argent.
* Présenter vos devoirs à votre prof sans faire le travail.

## 8 C'est en forgeant que l'on devient forgeron

Le titre de cet exercice est un proverbe français. Imaginez d'autres proverbes que vous pourriez former en utilisant *en* + le participe présent. Pour commencer, complétez les suivants:

C'est . . **1** . . que l'on apprend à nager; c'est . . **2** . . que l'on apprend le français; c'est . . **3** . . que l'on devient professeur; c'est . . **4** . . que l'on devient ivrogne.

Maintenant, chacun(e) d'entre vous doit inventer au moins trois proverbes semblables.

## 9 La journée de Mireille continue

Il est midi. Mireille (voir exercice 6) a terminé ses consultations. Elle doit maintenant partir en visite à domicile. Voici ce qu'elle fait:

*Une fois un sandwich mangé, elle boit son café. Une fois son café bu, elle appelle le laboratoire d'analyses. Une fois le laboratoire appelé, elle donne les directives à sa secrétaire ...*

Imaginez son après-midi, en utilisant des participes passés.

## 10 Au pair

Vous êtes fille/garçon au pair dans une famille française. Vous écrivez à un/une ami(e) pour lui parler de votre vie. Essayez d'utiliser ce type de phrase:

*Une fois le bébé lavé, je lui donne le biberon. Une fois mon travail terminé, je pars en ville rejoindre mes amis, ...*

# 30 The passive

## 30.1 The passive

A passive verb is one where the subject suffers or undergoes the action. In the sentence 'My friend sold the house', the verb is active, as the subject, 'my friend', performed the action of selling 'the house', which is the direct object. However, it is perfectly good English, and at least theoretically correct French, to turn the sentence round and say 'The house was sold by my friend'. The verb is now passive, the subject is now what underwent the action of selling ('the house') and 'my friend' becomes what is known as the 'agent'.

| Active | Passive |
|---|---|
| *Mon ami a vendu la maison.* | *La maison **a été vendue par** mon ami.* |
| My friend sold the house. | The house **was sold by** my friend. |
| *Le gouvernement gagna les élections.* | *Les élections **furent gagnées par** le gouvernement.* |
| The government won the elections. | The elections **were won by** the government. |
| *M. le Maire ouvrira la nouvelle piscine.* | *La nouvelle piscine **sera ouverte par** M. le Maire.* |
| The Mayor will open the new swimming pool. | The new swimming pool **will be opened by** the Mayor. |

You can see that the passive in English is made up of the relevant tense of 'to be' (is/was/will be, etc.) and the past participle of the verb denoting the action in question. You do exactly the same in French, using the relevant tense of **être** plus the past participle, but remember that in French, in addition, you must make the past participle agree with the subject (hence **vendue**, **gagnées**, **ouverte** in the above examples).

It is not always necessary to express an agent:

*Pétain **fut emprisonné** comme traître.*
Pétain **was imprisoned** as a traitor (who by is not expressed).

➡ **Exercises 1, 2a**

# 30.2  Alternatives to the passive

Although the passive exists in French, it is not used nearly as much as in English, where perhaps it tends to be over-used. There are a number of alternative constructions used in French to convey the same meaning.

## 30.2.1  Use *on*

This means literally 'one', and is used very much more than its English equivalent, which sounds very stilted. This is not the case in French, where *on* simply has the effect of 'depersonalising' the action, rather as the passive does in English. *On* can only be used where there is no agent expressed:

>*On a vendu* la maison.
>The house **was sold**.

>*On ouvrira* la nouvelle piscine demain.
>The new swimming pool **will be opened** tomorrow.

>*On emprisonna* Pétain comme traître.
>Pétain **was imprisoned** as a traitor.

It is not possible to say who or what the action was done **by** in these examples.

*On* is used to convey the equivalent of English expressions such as 'I was given', 'we were told', where the **indirect** object becomes the subject of the passive verb. There is no literal equivalent of this in French. This construction is often used with verbs such as *demander*, *dire*, *donner*, *envoyer*, which take an indirect object:

>*On m'a donné* une moto pour Noël.
>**I was given** a motorbike for Christmas.
>(*m'* is the indirect object and *une moto* the direct object)

>*On nous a dit* d'attendre ici.
>**We were told** to wait here.

>*On a montré* à Julie un portrait-robot du voleur.
>Julie **was shown** a photo-fit picture of the thief.

 **Exercise 3**

## 30.2.2  Use a reflexive verb

Sometimes, especially when describing a general, social phenomenon, it is possible to use a reflexive verb instead of a passive one. Again, the agent cannot be expressed.

>Cette tendance *s'observe* souvent chez les habitants des grandes agglomérations urbaines.
>That tendency **can** often **be seen** among those who live in large towns.

>Cette année les jupes *se portent* très courtes sur des collants de couleur.
>This year skirts **are being worn** very short over coloured tights.

*Les tracteurs **ne s'utilisaient pas** encore pour les travaux des champs.*
Tractors **were not** yet **being used** for work in the fields.

*Les antibiotiques doivent **se prendre** au cours des repas.*
Antibiotics should **be taken** during meals.

➡ **Exercise 2b**

## 30.2.3 Make the verb active

If you need to express who or what the action was done **by**, you must either use the passive:

*Généralement, ces décisions **sont prises par** la direction.*
Generally, these decisions **are taken by** the management.

... or make the verb active by turning the verb round:

*Généralement, la direction **prend** ces décisions.*
Generally, the management **takes** these decisions.

The equivalent of 'I was given something **by** someone' can only be expressed using an active verb:

**Mes parents m'ont donné** *une moto pour Noël/***Ce sont mes parents qui m'ont donné** *une moto pour Noël.*
**My parents gave me** a motorbike for Christmas/**I was given** a motorbike for Christmas **by my parents**.

# 30.3 When using the passive in the past tenses

It is often important to distinguish between the use of the perfect or past historic, and the imperfect:

*La piscine **a été/fut** ouverte hier.*
The swimming pool **was opened** (that is, **the action was performed**) yesterday.

*Quand j'y suis arrivé(e), la piscine **était** ouverte.*
When I arrived there, the pool **was** open (**it was in an open(ed) state**).

*Ce roman **a été/fut** écrit au 19ème siècle.*
This novel **was** written in the 19th century (that is, the author **wrote** it – **action**).

*Le roman **était** écrit en français.*
The novel **was** written in French (descriptive – it **was in a written state**, in French).

*La maison **fut/a été** bâtie sur une colline.*
The house **was** built on a hill (someone **built** it there – **action**).

*La maison **était** bâtie sur une colline.*
The house **was** built on a hill (that was its **situation**).

➡ **Exercise 4**

The imperfect passive with *j'étais*, etc. can of course be the normal equivalent of 'was being (done)' or 'used to be (done)':

*Au début du siècle les enfants **étaient considérés** comme des ouvriers à part entière.*
At the beginning of the century children **used to be considered** as full-time workers.

 **Exercise 5**

# METTEZ-VOUS AU POINT!

## 1 Au bureau

Vous travaillez comme secrétaire dans un bureau et votre patron(ne) vous harcèle avec des questions concernant les tâches que vous avez dû achever. Répondez à ses questions selon le modèle:

– Avez-vous écrit les lettres?
– Mais oui, M./Mme Imbault, elles sont écrites.

1  Avez-vous signé les papiers?
2  Avez-vous faxé les factures?
3  Avez-vous préparé le déjeuner?
4  Est-ce qu'on a réparé le chauffage?
5  Avez-vous mis le fichier informatique en ordre?
6  Avez-vous emballé les paquets?
7  Avez-vous posté les lettres?
8  Avez-vous consulté la boîte aux lettres du courrier électronique?

## 2 Les tendances de la mode actuelle

**a** Vous assistez maintenant à un défilé de mode à la salle de fêtes de Coullons. A l'issue de ce défilé, vous faites un compte-rendu sur les tendances de la mode actuelle à la forme passive du présent. N'oubliez pas l'accord du participe passé!

Cette année, les femmes (orner) de couleurs vives et de bijoux. Les lignes (allonger). Les genoux (cacher) sous de longues jupes droites qui (fendre) à l'arrière ou sur les côtés. Les mini-jupes (encore porter) mais sur des collants ou des caleçons de couleurs vives. Les T-shirts ou les boléros (échancrer) de profonds décolletés qui dégagent les cous et les poitrines. Ils (raccourcir) et laissent voir le nombril des jeunes femmes. Les visages (parer) de grosses boucles d'oreilles et les chevelures (embellir) de foulards et de rubans.

Cette mode, plus souple et plus féminine (observer) chez les très jeunes femmes. Les femmes plus âgées (habiller) de façon plus stricte avec des costumes-pantalons dont les vestes (garnir) de boutons dorés et de larges revers.

Mais que vous choisissiez d'être stricte ou féminine, madame, votre look (modeler) dans les ateliers des créateurs de prêt-à-porter.

Commencez:

«Cette année les femmes sont ornées ...»

**b** Vous reprendrez ce texte et remplacerez les formes passives par des formes pronominales pour exprimer que la mode est un phénomène général de société dont le sujet est impersonnel.

Commencez:

«*Cette année, les femmes s'ornent ...*»

## 3  Le marché de Sully-sur-Loire

Vous êtes venu(e) en France afin d'étudier la vie de province. Voici votre rapport sur le marché de Sully-sur-Loire. Afin d'alléger le texte rédigé à la forme passive, vous le réécrirez en utilisant *on* suivi d'une forme active.

Dès sept heures du matin, les camions venant de Paris et transportant fruits et légumes frais sont déchargés, les étals sont installés, les fruits et légumes sont exposés à la vente. Les étals des horticulteurs, des maraîchers, des fromagers et des marchands de vêtements sont dressés plus tard. Chez le fromager, le beurre est vendu à la motte et la crème fraîche à la louche. Des promotions sont faites sur les fromages les plus courants, le camembert et le gruyère, afin d'attirer les clients. Chez le pisciculteur, les truites sont présentées dans le vivier et choisies vivantes par les clients. Chez le fripier, les vêtements sont vendus très bon marché et les meilleurs articles sont achetés dès les premières heures de la matinée. Ici, les vêtements sont posés en vrac sur des planches de bois. Une foule nombreuse est attendue chaque lundi, mais c'est surtout les jours fériés, le lundi de Pâques et le lundi de Pentecôte que sont réalisées les meilleures ventes.

Commencez:

«*Dès sept heures du matin, on décharge les camions venant de Paris ...*»

## 4  Histoire de la ville d'Orléans

Vous portez maintenant votre attention sur l'histoire de la vieille ville d'Orléans. Vous écrirez cette histoire à la forme passive au temps convenable.

La ville de Cenabum, ancien nom d'Orléans (soumettre) par les Romains en 52 avant Jésus Christ. Après les terribles invasions barbares, la ville (détruire) et bientôt (entourer) d'une muraille au IVème siècle de notre ère. La première église, dédiée à St Etienne (également édifier) au IVème siècle. Au cours de la guerre de Cent Ans, Orléans (envahir) par les Anglais et des bastilles (y construire). En 1429, la ville (délivrer) par Jeanne d'Arc.

A la fin du XXème siècle, plusieurs opérations de rénovation (entreprendre). Un parc floral de 35 ha (créer) et 700 ha de terrain (acquérir) pour installer la ville nouvelle d'Orléans-la-Source.

De nos jours, la majorité de la population (installer) extra-muros. Sous l'influence de la décentralisation parisienne, la mutation d'Orléans (accélérer) et la ville (promouvoir) au rang de grande capitale régionale.

Bientôt, le centre-ville (entièrement rénover) et les maisons anciennes (réhabiliter).

## 5  L'histoire d'une réussite

Une compagnie de votre région a décidé d'exporter ses produits, et le directeur des exportations vous a demandé de traduire la lettre de publicité qu'il a écrite sur la compagnie et ses produits. Vous remarquerez que la version anglaise contient un bon nombre de verbes utilisés à la forme passive, et il s'agira de trouver la meilleure manière de les exprimer en français. Cette traduction n'est pas facile. (Vous devriez peut-être l'étudier avec votre professeur ou votre assistant(e) de français avant de commencer!)

*Bonnybabe Baby Products plc was founded in 1896. It was first decided to manufacture a talcum powder because the young owner, James White, had noticed how babies' skin was irritated by the nappies that were made in those days. Several experiments were carried out in his laboratories, and finally 'Bonnybabe' talcum was invented. It was sent to all corners of the British Empire, but when the Empire was dismantled in the second half of the 20th century, the powder was no longer exported, and in 2000 only small quantities were being manufactured and distributed.*

*People thought that the factory would be closed. However, in 2006, the company was bought by its present owner. New products have been launched, and the decision was taken to increase exports to the European Union. Unfortunately some workers had to be told that their services were no longer required. Others were told that they would be taught foreign languages.*

*It can now be seen that a successful operation has been carried out, and that the company will soon be considered one of the best in Europe.*

talcum powder = *le talc*
nappy = *la couche*

 **... ET EN ROUTE!**

## 6  Qu'en fera-t-on?

Voici diverses situations. Essayez de suggérer ce qu'on fera dans ces situations. Utilisez *on* ou la forme passive dans vos suggestions.

Exemples: Vous avez découvert un chat qui a une patte cassée.

*– On l'emmènera/il sera emmené chez le vétérinaire. On lui guérira la patte cassée. On lui mettra la patte dans le plâtre.*

* Votre vieil oncle vient de mourir. Que fera-t-on de ses affaires?
* Un pont s'est écroulé dans votre ville. Que fera-t-on des blessés, des voitures, etc.?
* Un groupe de votre ville jumelle va arriver. Que fera-t-on pour les accueillir?
* L'équipe de football de votre région vient de gagner une coupe importante. Que fera-t-on pour les fêter?
* Un voyou vient de lancer une grande pierre dans la vitrine d'un magasin dans la rue principale. Sera-t-il attrapé? Que fera-t-on?

## 7  Histoire du collège

Vous écrivez avec vos camarades une histoire de votre collège ou lycée pour le magazine du collège de France ou de Belgique avec lequel vous êtes jumelés. Utilisez beaucoup de formes passives, *on*, ou des verbes pronominaux, comme on vous l'a expliqué dans ce chapitre. Vous pourriez commencer par:

*«Le collège/lycée a été fondé en … et on lui a donné le nom de …»*

## 8  Histoire de ma ville ou de mon quartier

A l'aide d'un plan, de cartes postales ou d'autres illustrations, racontez à vos camarades de classe une courte histoire de la ville ou du quartier où vous habitez. Utilisez souvent *on* ou des formes passives, par exemple:

*«Il y a quelques années on a construit un nouveau supermarché aux abords de la ville, et le commerce du centre a été beaucoup affecté».*

## 9  Règlements d'hygiène et de protection

Vous travaillez dans une usine de fabrication de médicaments. Vous faites une liste de règlements élémentaires pour l'hygiène et pour la protection du personnel.

Exemple:

*On portera un masque.*

# 31 Impersonal verbs

 **MECANISMES**

Impersonal verbs are verbs that do not have a personal subject, such as 'I, you, they, the children', etc. In French the subject of impersonal verbs is always *il*, corresponding to 'it' in English, and the verb is always singular.

## 31.1 The weather

Most expressions that describe the weather are impersonal, many of them using *il fait*:

| | |
|---|---|
| *Il fait beau* | It's fine |
| *Il fait mauvais* | It's bad weather |
| *Il fait froid* | It's cold |
| *Il faisait chaud* | It was hot |
| *Il fait du soleil* | It's sunny |
| *Il fera du vent* | It will be windy |
| Also: | |
| *Il pleut* | It rains, it's raining |
| *Il a plu hier* | It rained yesterday |
| *Il neige* | It snows, it's snowing |
| *Il va neiger demain* | It's going to snow tomorrow |
| *Il gèle* | It freezes, it's freezing |

 **Exercise 1**

## 31.2 Time of day

See also Chapter 45.

| | |
|---|---|
| *Quelle heure est-il?* | What time is it? |
| *Il est deux heures.* | It's two o'clock. |
| *Il était midi.* | It was twelve midday. |

## 31.3 Other common impersonal verbs

| | |
|---|---|
| *Il y a* | There is, there are/... ago |
| *Il faut* | It is necessary to (see also Chapter 26) |
| *Il vaut mieux* | It is better/best to |

| | |
|---|---|
| *Il s'agit de* | It's a question of, it means |
| *Il semble/semblerait que* | It seems/would seem that |
| *Il paraît que* | It appears/seems that |
| *Il apparaît que* | It appears that |
| *Il arrive/se passe que* | It happens that |
| *Que se passe-t-il?* | } What's going on? |
| *Qu'arrive-t-il?* | |
| *Il existe* | There exists |

*Il y a un problème ici.*
**There's** a problem here.

*Il y a trois mois que nous habitons ici.*
We've lived here for three months. (see Chapter 40)

*Nous sommes venus ici il y a trois mois.*
We came here three months **ago**.

*Il s'agit d'un changement d'emploi.*
**It's a question of/It involves** a change of job.

➡ **Exercises 2, 3**

# 31.4 *Il ...*

*Il* is used at the beginning of a clause where the true subject is delayed until after the verb, often for emphasis. One of the most common expressions used in this way is *il reste*, meaning, literally, 'there remains'. Note that the verb is always singular in this construction.

*Il ne reste que deux jours de vacances.*
**There are only** two days' holiday **left**.

*Il va arriver un ouragan.*
**There's going** to be a hurricane.

*Il est arrivé un accident.*
**There has been** an accident.

# 31.5 *Il est + adjective + de or que ...*

*Il est* introduces an adjective, in impersonal expressions such as *il est possible*. This is either linked to the infinitive with *de* (see Chapter 27) or to a verb, usually in the subjunctive, with *que* (see Chapter 37).

*Il n'est pas pratique de nous occuper de votre commande cette semaine.*
**It is not practical to** process your order this week.

*Il est tout à fait raisonnable que nous l'expédions la semaine prochaine.*
**It is perfectly reasonable that** we should despatch it next week.

See also Chapter 46 for further information on the use of *il est*.

# METTEZ-VOUS AU POINT!

## 1  Un bulletin météo

Le présentateur de Météo-France maîtrise mal les tournures impersonnelles. Vous corrigerez son bulletin-météo en employant une expression impersonnelle à chaque fois que cela sera possible.

Exemple:

*Demain, le temps sera beau et chaud > Demain, il fera beau et chaud ...*

> Demain, le temps sera beau et chaud sur l'ensemble de la France, mais le soleil apparaîtra surtout sur la Côte d'Azur et la Corse. Dans l'après-midi, les températures se rafraîchiront et le vent se lèvera notamment sur les côtes de la Manche et de l'Atlantique. En fin de journée, la pluie tombera sur la pointe ouest de la Bretagne. Dans la nuit, les températures descendront au-dessous de zéro dans les Alpes, alors, attention au verglas si vous sortez! Au cours du week-end, attendez-vous à un rafraîchissement des températures qui descendront au-dessous des normales saisonnières, avec des brouillards le matin. Toutefois nous ne sommes pas encore en hiver; nous devrons attendre plusieurs semaines pour que la neige tombe en montagne.
>
> C'était Météo-France, et l'horloge indique exactement 8 heures et 48 minutes.

## 2  C'est comment, l'Europe?

Vous avez un correspondant tahitien qui prépare un voyage en Europe et vous a posé un certain nombre de questions par e-mail. Voici vos réponses à ses questions. Utilisez les expressions impersonnelles listées ci-dessous pour compléter vos réponses.

1  . . . . aller de Paris à Londres en Eurostar.
2  Si vous partez d'Orléans en train, . . . . presque trois heures pour arriver à la Gare du Nord à Paris.
3  . . . . beaucoup d'autobus à l'impériale à Londres.
4  . . . . emmener des livres sterling que de changer l'argent en Angleterre.
5  . . . . un bon métro pour aller à Kew Gardens.
6  . . . . divers ferries entre le Pays de Galles et l'Irlande.
7  Non, . . . . de prendre le ferry.
8  Oui, malheureusement, . . . . quelquefois que les ferries soient en retard.
9  Non, . . . . quelquefois mauvais temps à Londres.
10 Bien sûr, . . . . toujours quelque chose d'intéressant à Londres.

| il est préférable | *il arrive* | | *il existe* | il reste | il y a | | il se passe |
| il vous faudra | | *il faut* | il vaut mieux | | *il fait* | | |

## 3 Les SDF à Paris

Les données concernant les «Sans Domicile Fixe» à Paris ne sont pas encore bien précises. Le ministère du Logement étudie le problème afin d'avoir des bases de travail concrètes. Complétez ce texte à l'aide des expressions impersonnelles qui apparaissent dans la case ci-dessous, afin de montrer que c'est un domaine où les connaissances sont parfois encore floues. Les expressions *il semble que, il semblerait que, il paraît que, il apparaît que* sont toutes équivalentes.

. . **1** . . un problème grandissant à Paris: . . **2** . . des SDF (Sans Domicile Fixe). Leur nombre et leur situation ne sont pas encore bien connus, mais . . **3** . . il s'agit surtout de jeunes sans emploi. . . **4** . . plusieurs années que ce problème existe, du fait du chômage croissant. . . **5** . . c'est la crise qui a engendré cette situation. Lorsque l'on interroge les SDF, . . **6** . . leur problème essentiel est celui de l'hygiène: comment se laver correctement, comment laver ses vêtements lorsque l'on vit sous les ponts? . . **7** . . beaucoup de courage à un jeune SDF privé de travail et de logement pour rester digne. Néanmoins, . . **8** . . des dispensaires s'ouvrent afin qu'ils puissent bénéficier de soins médicaux gratuits. Mais c'est l'hiver que les SDF souffrent le plus. . . **9** . . alors pour eux? Où dorment-ils? . . **10** . . de nombreux foyers s'ouvrent alors aux quatre coins de Paris, qui leur dispensent chaleur et nourriture.

il existe     *il y a*     *il s'agit de*     il faut     que se passe-t-il

il semble que/il apparaît que/il paraît que/il semblerait que

# ... ET EN ROUTE!

## 4 Les vacances en Ecosse

Vous écrivez une lettre à votre correspondant(e) français(e), dans laquelle vous décrivez le temps qu'il a fait lors des dix journées passées en Ecosse avec vos parents ou vos amis.

Exemple:

Le 10 août: *il a fait beau, mais pas très chaud.*
Le 11 août: . . . . *jusqu'au 19 août.*

Décrivez la variété climatique dont seule l'Ecosse est capable!

## 5 Réglé comme une horloge!

Travaillez à deux. L'un(e) décrit une activité de tous les jours, l'autre dit quelle heure il est (il doit être).

Exemples:

– *Vous prenez le petit déjeuner.*
– *Alors il est sept heures et demie du matin.*
– *Vous promenez le chien.*
– *Alors il doit être six heures du soir.*
– *Vous lisez au lit.*
– *Alors il doit être dix heures et demie du soir.*

## 6 Les solutions

Chacun(e) d'entre vous pose un problème, et les autres doivent proposer une solution qui commence avec un verbe impersonnel.

Exemple:

– *Je me suis déchiré le pantalon.*

– *Alors, il faut le coudre!*
– *Il vaut mieux rentrer à la maison changer de pantalon!*
– *Il faudra en acheter un autre à l'heure du déjeuner!*
– *Il reste de vieux pantalons dans le vestiaire! Choisissez-en un!*
– *Il ne reste qu'une solution: il faudra l'enlever pour que nous le réparions!*

## 7 Il y a si longtemps?

Travaillez à deux ou en groupes. Vous vous posez les uns aux autres des questions sur les événements de votre vie, et chacun(e) répond en suivant l'exemple de la réponse.

Exemples:

– *Quand as-tu appris à parler?*
– *J'ai appris à parler il y a à peu près seize ans.*
– *Quand as-tu commencé à lire?*
– *J'ai commencé à lire il y a douze ans environ.*

## 8 Encore les SDF

Discutez entre vous du problème des SDF que vous avez déjà étudié dans l'exercice 2. Qu'est-ce qu'il faudra faire pour résoudre le problème? Qu'est-ce qu'il vaudrait mieux faire? Qu'est-ce qu'il y aura à faire dans l'immédiat? Et pour résoudre le problème à long terme? Existe-t-il des solutions?

## 9 Le dépeuplement de la campagne

Les villages français se dépeuplent. Qu'est-ce qu'il faudrait faire pour encourager les jeunes à aller vivre dans les villages? Qu'est-ce qu'il y aurait à faire?

Exemples:

*Il vaudrait mieux créer des entreprises.*
*Il faudrait donner le terrain gratuitement aux jeunes pour bâtir.*
*Apportez d'autres idées à ce débat en classe, ou écrivez une courte rédaction.*

# 32 The subjunctive: introduction

## MECANISMES

The subjunctive itself is not a tense, but an alternative form of the verb which has to be used in certain circumstances. Grammar books usually refer to it as the subjunctive mood, and it is true that it does often convey a particular mood of, for example, sadness, joy, anger, doubt or uncertainty.

Exactly where and how to use the subjunctive will be explained little by little in the chapters which follow (Chapters 32–37). If you follow the explanations and do the exercises and activities which accompany them, you should be well on the way to acquiring a feeling or instinct for the subjunctive.

Although all the tenses of the subjunctive are set out below, the main tenses that you will need to know and be able to use yourself are the present subjunctive and the perfect subjunctive.

## 32.1 The present subjunctive

The starting point for the stem of most verbs is the 3rd person plural (*ils/elles*) of the present indicative: *ils*: *donn-ent*, *rempliss-ent*, *vend-ent*, *dis-ent*, *reçoiv-ent*, etc. You would do well to refer back to the explanations and lists in Chapter 15 on the present indicative, as a comparison. (The 'indicative' is the word for the 'normal' tenses, of which you now have considerable experience.)

### 32.1.1 Regular verbs

| donner – *give* | remplir – *fill* | vendre – *sell* |
|---|---|---|
| ils **donn**ent | ils **rempliss**ent | ils **vend**ent |
| je donn**e** | je remplisse | je vend**e** |
| tu donn**es** | tu remplisse**s** | tu vend**es** |
| il/elle donn**e** | il/elle remplisse | il/elle vend**e** |
| nous donn**ions** | nous rempliss**ions** | nous vend**ions** |
| vous donn**iez** | vous rempliss**iez** | vous vend**iez** |
| ils/elles donn**ent** | ils/elles rempliss**ent** | ils/elles vend**ent** |

Note that in both the spoken and written language, *-er* verbs only differ from the indicative (the 'normal' present) in the 1st and 2nd persons plural, and that in all three conjugations the 3rd person plural is identical to the indicative.

## 32.1.2 Irregular verbs

These can be grouped into four main types.

**a** Verbs which establish an invariable stem from the 3rd person plural of the present indicative. These include:

- *conduire, ouvrir, partir, peindre*, and all the verbs in their respective groups;
- also *s'asseoir* (-*eyent* form), *conclure, connaître, coudre, croître, dire, écrire, haïr, lire, mettre, plaire, pleuvoir, résoudre, rire, rompre, suivre, vaincre, vivre*, and all compounds of these (*décrire, remettre, convaincre*, etc.).

Examples:

| conduire – *drive* | ouvrir – *open* | partir – *leave* | écrire – *write* | mettre – *put* |
|---|---|---|---|---|
| je cond**uise** | j'**ouvre** | je par**te** | j'écri**ve** | je me**tte** |
| tu cond**uises** | tu **ouvres** | tu par**tes** | tu écri**ves** | tu me**ttes** |
| il/elle cond**uise** | il/elle **ouvre** | il/elle par**te** | il/elle écri**ve** | il/elle me**tte** |
| nous cond**uisions** | nous **ouvrions** | nous par**tions** | nous écri**vions** | nous me**ttions** |
| vous cond**uisiez** | vous **ouvriez** | vous par**tiez** | vous écri**viez** | vous me**ttiez** |
| ils/elles cond**uisent** | ils/elles **ouvrent** | ils/elles par**tent** | ils/elles écri**vent** | ils/elles me**ttent** |

**b** Verbs which establish a 1-2-3-6 pattern from the 3rd person plural stem, but which have the same stem as the indicative in 1st and 2nd plural. These include:

- the *-er* verbs with the 1-2-3-6 pattern of spelling changes listed in section 15.2.3. The 1-2-3-6 parts are identical to the indicative. In common with all the regular *-er* verbs, only the 1st and 2nd plural have different endings from the indicative:

| appeler – *call* | jeter – *throw* | mener – *lead* | employer – *use* |
|---|---|---|---|
| j'app**elle** | je j**ette** | je m**ène** | j'empl**oie** |
| tu app**elles** | tu j**ettes** | tu m**ènes** | tu empl**oies** |
| il/elle app**elle** | il/elle j**ette** | il/elle m**ène** | il/elle empl**oie** |
| nous app**elions** | nous j**etions** | nous m**enions** | nous empl**oyions** |
| vous app**eliez** | vous j**etiez** | vous m**eniez** | vous empl**oyiez** |
| ils/elles app**ellent** | ils/elles j**ettent** | ils/elles m**ènent** | ils/elles empl**oient** |

- verbs and their compounds whose 3rd person plural ends in **-oient** or **-uient**:

| croire – *believe, think* | voir – *see* | fuir – *flee, run away* |
|---|---|---|
| je cr**oie** | je v**oie** | je f**uie** |
| tu cr**oies** | tu v**oies** | tu f**uies** |
| il/elle cr**oie** | il/elle v**oie** | il/elle f**uie** |
| nous croyions | nous voyions | nous fuyions |
| vous croyiez | vous voyiez | vous fuyiez |
| ils/elles cr**oient** | ils/elles v**oient** | ils/elles f**uient** |

- the following and their compounds:

*acquérir*: j'acqu**ière**, tu acqu**ières**, il acqu**ière**, nous acqu**érions**, vous acqu**ériez**, ils acqu**ièrent** (note the change of accent **è/é** and corresponding sound)
*boire*: je b**oive**, tu b**oives**, il/elle b**oive**, nous buvions, vous buviez, ils b**oivent**
*devoir*: je d**oive**, tu d**oives**, il/elle d**oive**, nous devions, vous deviez, ils d**oivent**
*falloir*: il f**aille** (only)
*mourir*: je m**eure**, tu m**eures**, il/elle m**eure**, nous mourions, vous mouriez, ils m**eurent**
*mouvoir*: je m**euve**, tu m**euves**, il/elle m**euve**, nous mouvions, vous mouviez, ils m**euvent**
*prendre*: je pr**enne**, tu pr**ennes**, il/elle pr**enne**, nous prenions, vous preniez, ils pr**ennent**
*recevoir*: je re**çoive**, tu re**çoives**, il/elle re**çoive**, nous recevions, vous receviez, ils re**çoivent**
*tenir*: je t**ienne**, tu t**iennes**, il/elle t**ienne**, nous tenions, vous teniez, ils t**iennent**
*venir*: je v**ienne**, tu v**iennes**, il/elle v**ienne**, nous venions, vous veniez, ils v**iennent**

**c** Verbs which have a consistent stem, but which is not taken from 3rd person plural:

*faire*: je f**asse**, tu f**asses**, il/elle f**asse**, nous f**assions**, vous f**assiez**, ils f**assent**
*pouvoir*: je p**uisse**, tu p**uisses**, il/elle p**uisse**, nous p**uissions**, vous p**uissiez**, ils p**uissent**
*savoir*: je s**ache**, tu s**aches**, il/elle s**ache**, nous s**achions**, vous s**achiez**, ils s**achent**

**d** Verbs whose subjunctive stem is erratic:

*aller*: j'**aille**, tu **ailles**, il/elle **aille**, nous allions, vous alliez, ils **aillent**
*vouloir*: je v**euille**, tu v**euilles**, il/elle v**euille**, nous voulions, vous vouliez, ils v**euillent**
(This is a 1-2-3-6 pattern, but not derived from 3rd person plural!)

e *Avoir* and *être*, which are irregular in both stem and endings:

> *avoir*: j'aie, tu **aies**, il/elle **ait**, nous **ayons**, vous **ayez**, ils **aient**
> (Note: the present subjunctive of *il y a* is therefore *il y ait*.)
> *être*: je sois, tu sois, il/elle soit, nous soyons, vous soyez, ils soient

# 32.2 The perfect subjunctive

The present subjunctive is the predominant subjunctive tense, but if a past tense is needed, the perfect subjunctive is used. The action in the perfect subjunctive must have happened before that of the main verb, otherwise the present subjunctive is used.

> *Nous regrettons que **vous ne soyez pas venus** nous voir.*
> We're sorry you didn't come and see us. (The regret occurs after the non-arrival.)
>
> *Nous ne croyions pas que **vous veniez**.*
> We didn't think you would come. (The belief was in existence before the non-arrival.)

This tense is made up of the present subjunctive of the auxiliary (*avoir/être/s'être*) and the past participle:

| donner – *give* | partir – *leave* | se lever – *get up* |
|---|---|---|
| j'**aie** donné | je **sois** parti(e) | je **me sois** levé(e) |
| tu **aies** donné | tu **sois** parti(e) | tu **te sois** levé(e) |
| il **ait** donné | il **soit** parti | il **se soit** levé |
| elle **ait** donné | elle **soit** partie | elle **se soit** levée |
| nous **ayons** donné | nous **soyons** parti(e)s | nous **nous soyons** levé(e)s |
| vous **ayez** donné | vous **soyez** parti(e)(s) | vous **vous soyez** levé(e)(s) |
| ils **aient** donné | ils **soient** partis | ils **se soient** levés |
| elles **aient** donné | elles **soient** parties | elles **se soient** levées |

# 32.3 The imperfect subjunctive

This tense is derived from the past historic (see Chapter 22), and in practice, in modern French, its use is even more restricted. It is only used in very formal writing, you are unlikely to find it in the press, and few modern authors use it. However, if you read literature written earlier in the 20th century or before that, you will come across it. It is therefore set out here, so that you will be able to recognise it if you come across it.

## 32.3.1 Regular verbs

Regular verbs use the same stem and vowel as for the past historic. See also Chapter 21.

| je donnai | je remplis | je vendis |
|---|---|---|
| je donn**asse** | je rempl**isse** | je vend**isse** |
| tu donn**asses** | tu rempl**isses** | tu vend**isses** |
| il/elle donn**ât** | il/elle rempl**ît** | il/elle vend**ît** |
| nous donn**assions** | nous rempl**issions** | nous vend**issions** |
| vous donn**assiez** | vous rempl**issiez** | vous vend**issiez** |
| ils/elles donn**assent** | ils/elles rempl**issent** | ils/elles vend**issent** |

## 32.3.2 All other verbs

All other verbs take the same stem and **vowel** as in the past historic, with endings as explained below. See also Chapter 21.

Those whose ending vowel in the past historic is:

| -i-<br>écrire – *write*<br>PH: **j'écrivis** | -u-<br>être – *be*<br>PH: **je fus** | -in-<br>venir – *come*<br>PH: **je vins** |
|---|---|---|
| j'écr**ivisse** | je f**usse** | je v**insse** |
| tu écr**ivisses** | tu f**usses** | tu v**insses** |
| il/elle écr**ivît** | il/elle f**ût** | il/elle v**înt** |
| nous écr**ivissions** | nous f**ussions** | nous v**inssions** |
| vous écr**ivissiez** | vous f**ussiez** | vous v**inssiez** |
| ils/elles écr**ivissent** | ils/elles f**ussent** | ils/elles v**inssent** |

You will discover when you pronounce some of these parts, that they are not a pretty sound, and this may explain in part why the tense is all but dead!

## 32.4 The pluperfect subjunctive

Like the imperfect subjunctive, this tense has fallen into disuse in all but the most formal of written French. Here it is so that you can recognise it if you come across it. It is formed with the imperfect subjunctive of the auxiliary (*avoir/être/s'être*) and the past participle.

| donner – *give* | partir – *leave* | se lever – *get up* |
|---|---|---|
| j'**eusse** donné | je **fusse** parti(e) | je **me fusse** levé(e) |
| tu **eusses** donné | tu **fusses** parti(e) | tu **te fusses** levé(e) |
| il **eût** donné | il **fût** parti | il **se fût** levé |
| elle **eût** donné | elle **fût** partie | elle **se fût** levée |
| nous **eussions** donné | nous **fussions** parti(e)s | nous **nous fussions** levé(e)s |
| vous **eussiez** donné | vous **fussiez** parti(e)(s) | vous **vous fussiez** levé(e)(s) |
| ils **eussent** donné | ils **fussent** partis | ils **se fussent** levés |
| elles **eussent** donné | elles **fussent** parties | elles **se fussent** levées |

# 32.5 Use of the subjunctive tenses

In modern French, the most frequently used subjunctive tense is the present, even if the sense would appear to require a past tense:

*On construisait un nouveau pont, **pour que** la circulation **puisse** éviter le centre-ville*
They were building a new bridge **so that** the traffic **could** avoid the town centre.

*Je suis sorti(e) ce matin **sans que** personne m'**entende**.*
I came out this morning **without** anyone **hearing** me.

The perfect subjunctive should be used if the 'pastness' of an event or condition needs to be made clear:

*Nous sommes désolés que **vous ayez été** si malade.*
We're sorry **you have been**/**were** so ill.
(... *que **vous soyez** ...* would mean that you **are** so ill)

# 32.6 The meaning of the subjunctive

Some students are disconcerted by subjunctive forms and ask 'what do they mean?'.
**A subjunctive does not change the basic meaning of the verb**. As explained above, it is more a question of feeling, mood or nuance than a complete shift of meaning.

Here are a few examples of sentences containing subjunctives – and some encouragement from the authors:

*Nous sommes très contents que vous vous **serviez** de ce livre.*
We are very pleased that you **are using** this book.

*Nous souhaitons que vous **fassiez** des progrès et que vous **parliez** et **écriviez** bien le français.*
We wish you to **make** progress and **speak** and **write** French well.

*Nous expliquons ici le subjonctif pour que vous le **compreniez** et l'**utilisiez** avec confiance.*
We're explaining the subjunctive here so that you can **understand** it and **use** it with confidence.

*Bien que **ce soit** un élément de la langue un peu plus difficile à comprendre, il ne faut pas que vous **ayez** de craintes: vous le maîtriserez vite.*
Although **it's** a more difficult element of the language to understand, there's no need for you to **be afraid** of it: you will master it quickly.

*Pour en savoir davantage, nous suggérons que vous **lisiez** et **étudiez** avec soin les chapitres suivants.*
To know more about it, we suggest that you **read** and **study** the following chapters carefully.

Activities practising the use of the subjunctive follow in the ***Mettez-vous au point!*** and ***... Et en route!*** sections of Chapters 33–37.

# 33  The subjunctive: influence

## MECANISMES

✍ Remember that the formation of the subjunctive is set out in detail in Chapter 32. Refer back to these pages when you need to.

The subjunctive is used after verbs and other expressions which influence somebody or something to carry out or not carry out an action. These expressions include wanting, requiring, ordering, suggesting, urgency, necessity and also preventing and avoiding.

Where there are two verbs, the subjects of the main verb and the dependent verb must be different.

Compare:

*Je veux aller en ville.*
I want to go to town (**I** both want and go: dependent verb in infinitive).

*Je veux que tu ailles en ville.*
I want **you** to go to town (**I** want, **you** go: dependent verb in subjunctive).

*Nous désirons réussir.*
We want to succeed.
(**We** want, **we** succeed.)

*Nous désirons que vous réussissiez.*
We want **you** to succeed.
(**We** want, **you** succeed.)

## 33.1  The subjunctive after verbs of wanting, requiring, etc.

Some of the verbs which are used with the subjunctive in this way are:

| | |
|---|---|
| *aimer que* | to like (sb/sth to) |
| *aimer mieux que* | to prefer that, prefer (sb/sth to) |
| *attendre que* | to wait for … to |
| *s'attendre à ce que* | to expect that … |
| *commander\* que* | to order |
| *consentir à ce que* | to agree that |
| *défendre que* | to forbid that |
| *demander que* | to ask that |
| *empêcher\* que* | to prevent … from |
| *éviter que* | to avoid |
| *exiger que* | to demand, require that |
| *interdire que* | to forbid that |
| *ordonner\* que* | to order |
| *insister pour\* que* | to insist on |
| *permettre\* que* | to allow, permit |
| *préférer que* | to prefer that, prefer (sb/sth to) |

| | |
|---|---|
| *proposer que* | to propose, suggest that |
| *souhaiter que* | to wish, want |
| *suggérer que* | to suggest that |
| *vouloir que* | to want |

*Le directeur **a ordonné que** tout le monde **se rassemble** dans la cour.*
The head **has ordered** everyone **to assemble** in the yard.

*La loi **ne permet pas qu'on boive** d'alcool dans la rue.*
The law **does not allow you to drink** alcohol in the street.

*La loi **interdit qu'on boive** de l'alcool dans la rue.*
The law **forbids you to drink** alcohol in the street.

*Ils voulaient **éviter que** la police **ne s'en mêle**.*
They wanted **to avoid** the police **getting involved**.

***Nous ne nous attendions pas à ce qu'il réagisse** comme ça.*
**We weren't expecting him to react** like that.

***Nous attendions qu'ils s'en aillent.***
**We were waiting for them to go away.**

\* The verbs in the box above marked with an asterisk are also frequently used with an infinitive, even if the subjects of the two verbs are different (see Chapter 27 for a full treatment of this):

*Le directeur **a ordonné** à tout le monde **de se rassembler** dans la cour.*
The head **ordered** everybody **to assemble** in the yard.

*La loi **ne permet pas de boire** d'alcool dans les rues.*
The law **does not permit you to drink** alcohol in the streets.

Note: ***espérer que*** – 'to hope that' does **not** take the subjunctive:

*Nous **espérons que** vous **viendrez** nous voir bientôt.*
We **hope** you **will come** and see us soon.

# 33.2 Impersonal expressions indicating necessity, importance, etc.

| | |
|---|---|
| *il est indispensable que* } | it is essential that |
| *il est essentiel que* | |
| *il est important que* | it is important that |
| *il est nécessaire que* | it is necessary that |
| *il est temps que* | it is time that |
| *il est urgent que* | it is urgent |
| *il faut que* | it is necessary to, one must (see Chapter 26) |

***Il est important que nous sachions*** *tous les détails.*
**It's important that we know** all the details.

***Il est temps que vous nous disiez*** *la vérité.*
**It's time you told us** the truth.

***Il fallait que nous changions*** *à Lyon.*
**We had to change** at Lyon. (See Chapter 26 for full treatment of ***il faut***.)

*Il est* + adjective is the 'basic' form of these expressions, but they can occur in other guises:

| | |
|---|---|
| *il semble important que* | it seems important that |
| *il paraît urgent que* | it appears urgent that |
| *je trouve nécessaire que* | I find it necessary that |

Nouns associated with many of the expressions listed in this chapter can also introduce a subjunctive:

*Ils ont tous exprimé* **le souhait que vous vous remettiez** *le plus vite possible.*
They all expressed **the wish that you recover** as quickly as possible.

***La suggestion que*** *la nouvelle route* **soit construite** *dans la vallée n'a pas été bien reçue.*
**The suggestion that** the new road **should be built** through the valley was not well received.

## 33.3 *Que* + subjunctive

A wish or desire may also be expressed by simply using ***que*** followed by the present subjunctive. This is used with the 3rd person. It is the equivalent of the English 'let' or 'may' something happen:

***Qu'ils fassent*** *comme ils veulent.*　　　**Let them do** what they like.

***Qu'il vienne***, *je le recevrai!*　　　**Let him come**, I'll welcome him!

***Que*** *vos rêves* ***se réalisent!***　　　**May** your dreams **come true**!

➡ **Exercises 1, 2, 3**

 **METTEZ-VOUS AU POINT!**

## 1 Une invitation

Votre correspondant(e) vient d'avoir son permis de conduire et ses parents lui ont acheté une voiture. Il/Elle vous invite à passer le mois de juillet avec lui/elle pour partir à la découverte de la France. Complétez le texte de sa lettre en mettant les verbes au subjonctif.

*Il faudra que tu (venir) passer le mois de juillet avec moi. J'aimerais que nous (rouler) ensemble sur les routes de France et que nous (découvrir) ensemble les provinces que tu ne connais pas. Je voudrais que tu (pouvoir) passer au moins un mois avec moi. Il faudrait que tu (avoir) de l'argent pour aller à l'hôtel, à moins que tu préfères que nous (aller) camper. J'ai des amis dans les Pyrénées, à Ax-les-Thermes; ils insistent pour que nous (passer) une semaine chez eux. Je propose que nous (prendre) la Nationale 20 et que nous (s'arrêter) dans les villes et villages du Périgord. Que tu le (vouloir) ou non, il faudra goûter à toutes les spécialités régionales, et je voudrais que tu (boire) les vins du terroir dans les auberges où nous nous arrêterons. Tu vas peut-être grossir! J'ai déjà prévenu mes amis de ton arrivée pour qu'ils te (recevoir) dignement!*

## 2  Le dopage chez les coureurs du tour de France

La télévision française a réalisé une enquête sur le dopage des cyclistes du Tour de France. Voici les réactions des Français. Combinez les éléments des deux colonnes pour retrouver ce qu'ils ont dit. De nombreuses combinaisons sont possibles.

1  Il ne faut pas
2  Il est grand temps
3  Il est urgent
4  Il me semble essentiel
5  Je propose
6  Je préférerais
7  Il est naturel

a  que les autorités prennent des mesures.
b  que les cyclistes ne soient pas des machines.
c  que les cyclistes veuillent améliorer leurs performances.
d  que le dopage continue.
e  que les cyclistes eux-mêmes réagissent.
f  que des contrôles systématiques soient effectués.
g  que le cyclisme redevienne un sport humain.

## 3  Votez pour moi!

Comme toujours, les candidats aux élections présidentielles en France font des promesses. Vous réécrirez ce discours d'un candidat en mettant le verbe au présent de l'indicatif ou au présent du subjonctif selon le sens des phrases.

Quand je serai président, il faudra que je (prendre) des mesures pour combattre la corruption en France. Il n'est pas tolérable qu'il y (avoir) encore autant d'inégalités. J'(avoir) les moyens de mettre fin à cette situation inacceptable. Je veux que les personnes âgées, les immigrés, les SDF (pouvoir) disposer d'un revenu minimum pour vivre décemment. Je vous assure que nous (pouvoir) changer les choses dans ce pays. Il suffit que le gouvernement le (vouloir) et nous le (vouloir). Si je deviens président, il est urgent que nous (agir) pour régler le problème de la faim dans le monde. Il faut que nous, pays riches, nous (venir) en aide aux pays pauvres. Il est important que ces pays (savoir) qu'ils (pouvoir) compter sur nous. Je voudrais que vous me (faire) confiance car je (être) le seul à pouvoir faire progresser notre pays.

 **... ET EN ROUTE!**

## 4  Ces manies agaçantes!

Tout le monde a des manies ou des habitudes qui vous agacent. Parlez de celles des membres de votre famille ou de votre classe. Dites, en employant le subjonctif, ce que vous n'aimez pas qu'ils fassent, et ce que vous voudriez ou préféreriez qu'ils fassent.

Exemple:

*Je n'aime pas que mon frère laisse ses chaussures de rugby pleines de boue dans la salle de séjour. Je voudrais qu'il les nettoie et qu'il les mette dans le garage! Je préférerais qu'il lave son short et sa chemise lui-même!*

## 5 Quelle vie de chien!

Voici l'occasion de vous plaindre – de tout ce qui ne vous plaît pas, et d'organiser votre révolte. La seule condition est que vous vous serviez du subjonctif!

Exemples:

*Les plaintes:*
*– Voilà ce que je disais: ils exigent toujours que nous fassions quelque chose de difficile!*
*– Ils ne veulent jamais que nous nous amusions.*

*Le complot:*
*– Il est temps que nous nous révoltions!*
*– Il est essentiel que nous agissions ensemble!*

## 6 Une bonne idée, mais ...

Répondez à la lettre de votre correspondant(e) français(e) de l'exercice 1 et faites-lui des suggestions concernant votre voyage en France.

Exemple:

*J'aime beaucoup tes propositions, mais je voudrais que nous allions ...*
*J'aimerais que nous visitions, ...*

## 7 Carnet vert

En utilisant des expressions avec le subjonctif, faites un «carnet vert» de propositions pour améliorer:

a   La sécurité dans les grandes villes la nuit
b   La sécurité routière
c   L'accueil dans les hôpitaux
d   La vie des SDF (Sans Domicile Fixe)
e   Le traitement des animaux transportés.

Exemples:

*Il faut que toutes les rues soient bien éclairées.*
*Il faut empêcher que trop d'animaux soient entassés dans un camion.*

# 34 The subjunctive: emotional and mental reactions

 **MECANISMES**

The subjunctive is used after expressions indicating an emotional or mental reaction to the event in the dependent clause.

## 34.1 Emotional reactions

The subjunctive is used after verbs and other expressions of joy, sadness, anger, sorrow, fear and other emotions:

**Je suis ravie que tu viennes** *passer tes vacances chez nous.*
**I'm delighted you are coming** to spend your holidays with us.

**Nous sommes désolés que** *notre fils* **ne puisse pas** *être ici.*
**We're sorry** our son **cannot** be here.

Remember that the subjects of the two clauses must be different, otherwise you use an infinitive:

**Je suis ravie de pouvoir** *passer mes vacances chez vous.*
I'm delighted I can (= to be able to) spend my holidays at your house.

Here are some examples of 'emotion' phrases which take the subjunctive:

| | |
|---|---|
| *être content(e) que* | to be pleased that |
| *être heureux/heureuse que* | to be happy that |
| *être ravi(e) que* | to be delighted that |
| *avoir honte que* | to be ashamed that |
| *être déçu(e) que* | to be disappointed that |
| *être désolé(e) que* | to regret, be sorry that |
| *s'étonner/être étonné(e) que* | to be astonished that |
| *être surpris(e) que* | to be surprised that |
| *être époustouflé(e) que* | to be amazed that |
| *avoir peur que* | to be afraid that |
| *craindre que* | to fear, be afraid that |

After **avoir peur** and **craindre que**, the verb in the dependent clause is sometimes preceded by **ne**, even when the sense is positive:

**J'ai peur/Je crains qu**'*ils* **ne** *viennent nous chercher.*
I'm afraid they'll come and get us.

## 34.2 Mental reactions and value judgements

Closely related to all these emotional reactions are all 'value judgements' – reactions of indignation, incredulity, justification, approval, disapproval or concern:

> ***Quel scandale qu'on ne puisse pas*** *sortir sans peur d'être agressé.*
> **What a disgrace that one can't** go out without the fear of being mugged.

> *Comment allons-nous* ***justifier que*** *tant d'argent* ***soit gaspillé?***
> How are we going to **justify** so much money **being squandered**?

> *Nous sommes très* ***inquiets que*** *ces enfants* ***puissent*** *jouer dans un endroit si dangereux.*
> We're very **worried that** these children **can** play in such a dangerous spot.

> *Nous trouvons* ***incroyable que*** *le conseil municipal* ***ne fasse rien*** *pour les empêcher.*
> We find it **incredible that** the town council **does nothing** to stop them.

> *Nous* ***n'aimerions pas que*** *nos enfants y* ***jouent***.
> We **wouldn't like** our children **to play** there.

Here are some examples of 'judgements' that require the subjunctive, but there are many more:

| | |
|---|---|
| *accepter que* | to accept that |
| *aimer que* | to like ...ing |
| *s'indigner/être indigné(e) que* | to be indignant that |
| *justifier que* | to justify ...ing |
| *il est absurde que* | it's absurd that |
| *il est dommage que* | it's a pity that |
| *cela (m')est égal que* | it's all the same (to me) that, I don't mind (sb) ...ing |
| *il est embarrassant que* }<br>*il est gênant que* | it is embarrassing that |
| *il est incroyable que* | it is incredible that |
| *il est ridicule que* | it's ridiculous that |

✏️ Note that the reaction can be expressed in the form of a verb, a noun or an adjective followed by *que* and the subjunctive.

| | |
|---|---|
| *quelle absurdité que* | what an absurdity that |
| *quel scandale que* | what a scandal/disgrace that |
| *c'est un scandale que* | it's a disgrace that |
| *il est scandaleux que* | it's disgraceful/scandalous that |

> *C'est* ***un scandale*** *que l'argent* ***soit gaspillé*** *comme ça!*
> It's a **disgrace that** the money **is being squandered** like that.

➡️ **Exercises 1, 2, 3**

# METTEZ-VOUS AU POINT!

## 1  Une lettre pas tout à fait désintéressée

Une voisine vient d'apprendre que ses amis français ont des difficultés financières et ont décidé de vendre leur belle villa de Cagnes-sur-Mer. Elle en est désolée et vous l'aidez à leur écrire une lettre pour leur proposer son aide. Afin d'exprimer son émotion, elle voudrait bien mettre les verbes de cette lettre au subjonctif.

*Chers amis,*

*Je suis vraiment époustouflée par la nouvelle que vous (avoir) à vendre votre maison de Cagnes-sur-Mer. Elle était si agréable! Je ne voudrais pas qu'elle (tomber) dans les mains de n'importe qui. Quel scandale que vos enfants (ne pas pouvoir) vous aider dans cette situation difficile et quelle honte que les banques (ne pas subvenir) à vos besoins! Vous qui avez toujours eu tant d'argent! Je suis déçue qu'ils (ne rien faire) pour vous.*

*Voyez-vous! J'ai bien peur qu'on (me blâmer), mais je vais vous faire une proposition: j'ai quelques économies qui me viennent d'un héritage d'une vieille tante. Je serais ravie que vous en (profiter) et que vous (venir) discuter de mon offre au plus tôt. Comme je serais heureuse que vous (passer) à nouveau des heures merveilleuses dans ce cadre magnifique! Comme il serait dommage que vous (perdre) la jouissance de ce petit coin de paradis! Alors, j'espère avoir bientôt de vos nouvelles ...*

## 2  L'économie du 21ème siècle

A la campagne, les gens sont très inquiets de l'évolution économique. Vous réagirez comme eux, en adaptant la seconde phrase pour introduire le subjonctif.

Exemple:

*Les petites boutiques sont remplacées par de grands supermarchés. C'est ridicule.*

*C'est ridicule que les petites boutiques soient remplacées par de grands supermarchés.*

1  Tous les petits commerces ferment. C'est dommage.
2  Il n'y a plus de communication. Je n'accepte pas ça.
3  Il n'existe plus de transport public. C'est gênant.
4  Les gens perdent leur emploi. C'est scandaleux!
5  On leur donne le R.M.I.* C'est idiot!
6  Les jeunes ne font rien. Quel scandale!
7  La petite délinquance se développe. C'est ce que je crains.
8  Les jeunes ne vont plus en ville. C'est une absurdité.
9  Les jeunes ne savent plus s'amuser ensemble. Ça ne me surprend pas.

*\*R.M.I. = Revenu Minimum d'Insertion* (minimum wage)

## 3 Commérages

Dans un village, une personne médisante dit du mal des personnalités locales. Vous réagirez comme bon vous semblera, en utilisant les expressions suggérées dans 'Mécanismes':

Exemple:

– Il paraît que la femme du médecin fume!
– Je serais étonné(e) que la femme du médecin fume!

1  On dit que le vétérinaire boit et se soûle!
2  Les gens disent que le notaire sort en boîte tous les week-ends!
3  On raconte que le curé joue au casino!
4  On dit que le coiffeur y va avec lui!
5  On murmure que le pharmacien a une maîtresse!
6  Et on raconte qu'ils vont ensemble au cinéma!
7  Il paraît que le maire gaspille l'argent de la commune et qu'il se fait construire une nouvelle maison avec les deniers publics!

 **... ET EN ROUTE!**

## 4  C'est scandaleux!

Les autorités de votre région viennent de publier leurs projets pour les dix années à venir, et vos camarades et vous devez exprimer vos réactions à leurs propositions. Vous devez approuver ou désapprouver, en vous servant de phrases qui exigent le subjonctif.

Exemple:

• Construire un hypermarché dans des terrains agricoles.

– Moi, je trouve incroyable qu'ils fassent ça!
– Il est scandaleux qu'ils engloutissent encore de la terre arable.
– Quant à moi, je serais très content(e) qu'il y ait beaucoup de magasins. Je voudrais qu'on ait le plus grand choix possible.

Le Conseil Régional propose aussi de:

• faire construire un hôpital neuf sur le terrain de sports.
• attirer la nouvelle ligne du TGV et construire une nouvelle gare aux alentours de la ville.
• détourner le budget des beaux arts vers la construction des routes.
• démolir le vieil hôtel de ville et le remplacer par un édifice «pour le vingt-et-unième siècle».
• créer une nouvelle zone industrielle, avec les emplois qui en résulteraient.
• hausser les tarifs des parkings au centre-ville.

Maintenant, pensez vous-mêmes à d'autres propositions pour sonder les réactions de vos camarades.

## 5  Oh! Ce monde!

Prenez un journal britannique – de préférence un journal à sensation – pour cette activité. Vous expliquez les titres à un(e) étudiant(e) français(e), qui rend visite aux élèves de votre classe, mais dont la connaissance de l'anglais est très limitée. Tout le monde doit exprimer ses réactions à l'article.

Exemple:

*Cet article parle d'un député au Parlement qui a été invité par une femme millionnaire à passer quelques jours sur la Côte d'Azur chez elle.*

*– Il est embarrassant qu'un député se comporte de cette manière.*
*– Je ne trouve pas étrange qu'il fasse comme ça.*

## 6  L'inventaire délirant des objets perdus

Vous étudierez le texte suivant et vous en parlerez avec vos camarades en utilisant des expressions qui nécessitent le subjonctif, par exemple, *il est incroyable que, Il est effrayant que, il est scandaleux que*, etc.

C'est fou ce que les gens sont distraits! Dans les aéroports, les gens oublient des passeports, des cartes d'identité, des cartes bleues quand ce n'est pas de l'argent. Dans les trains de banlieue, on retrouve les courses du soir et à l'approche de Noël, les cadeaux bien emballés; dans les toilettes des trains des alliances, des rasoirs, des dentiers parfois ... Les hommes d'affaire sont tellement stressés qu'ils perdent plus de choses que monsieur-tout-le-monde qui voyage une fois dans l'année. Mais les plus stupides sont les amoureux qui viennent chercher leur copine à l'aéroport et oublient ... leur auto-radio sur le caddie des bagages. Les plus étourdis sont les Japonais qui cachent des liasses de billets sous leur matelas ou leur oreiller à l'hôtel et ... les oublient en partant. Les plus ignobles sont les propriétaires d'animaux qui les laissent sur le quai de la gare, ou les parents qui oublient le landau chez le boucher ou se trompent de jour et oublient d'aller chercher leur jeune enfant à la gare au retour des vacances.

D'après *Cosmopolitan France*.

# 35 The subjunctive: doubt, disbelief and possibility

## MECANISMES

The subjunctive is used in various situations where there is an element of doubt or uncertainty.

## 35.1 After expressions indicating doubt and uncertainty

| | |
|---|---|
| *douter que* | to doubt that/whether |
| *il est douteux que* | it's doubtful that/whether |
| *avoir quelques doutes que* | to have one's doubts whether |
| *ne pas être certain(e)/sûr(e) que* | not to be certain/sure that |

Note that when expressions of certainty are used negatively they express doubt, and therefore require a subjunctive; conversely, when an expression of doubt is used in the negative, it becomes an expression of certainty, and requires an indicative.

Compare:

| | | |
|---|---|---|
| *Je suis certain qu'il est coupable.* | (indicative) | **I'm sure** he **is** guilty. |
| *Je ne suis pas certain qu'il soit coupable.* | (subjunctive) | **I'm not sure** that he **is** guilty. |
| *Je doute qu'il soit coupable.* | (subjunctive) | **I doubt** whether he **is** guilty. |
| *Je ne doute pas qu'il est coupable.* | (indicative) | **I don't doubt** he **is** guilty. |

## 35.2 Expressions of disbelief and denial

The subjunctive is also used after verbs of saying and thinking in the negative or to ask questions with negative implications. This can be regarded as a further extension of doubt: if you can't say or don't think that something is the case, then that is doubt.

*Je ne crois pas qu'il comprenne la raison de nos actions.*
**I don't think he will understand** the reason for our actions.

*Je ne peux pas dire de tout mon cœur que vous ayez raison, mais je l'espère.*
**I can't say** with all my heart **that you are right**, but I hope so.

However, if the 'not thinking that ...' merely expresses an opinion about something which is more or less obvious or certain, the indicative is used:

***Je ne crois pas qu'il vient.***
**I don't think he's coming** (from the evidence, it's pretty clear he isn't!).

***Je ne crois pas qu'il vienne.*** *(= je doute qu'il vienne)*
**I don't think he'll come.**

*Nier que* (to deny that) also takes the subjunctive:

*Le représentant **nie qu**'il y **ait** un problème.*
The salesmen **denies** that there **was** a problem.

As usual, if the subjects of the two verbs are the same, the infinitive is used:

*Le représentant **niait avoir** laissé l'appareil.*
The salesman **denied** having left (**that he had left**) the machine.

# 35.3 Possibility

Possibility is still closely linked to doubt: it might happen or it might not!

The following 'possibility' phrases take the subjunctive:

| | |
|---|---|
| *il est possible que* | it's possible that |
| *il se peut que* | it's possible that |
| *il existe la possibilité que* | there exists the possibility that |
| *il est impossible que* | it's impossible that |

*Il se peut que/Il est possible que* provide two ways of putting the English 'may' or 'might' into French, particularly when they are emphasised:

***Il se peut que** ce **soit** vrai.*
That **may be** true.

***Il se peut qu'**ils **ne le sachent pas**.*
They **might not know**.

Note that *il est probable que* – 'it is probable that' takes the indicative, but that *il est improbable que* and *il est peu probable que* – 'it's unlikely, not very likely that' take the subjunctive:

***Il est probable que** nous **recevrons** le paquet aujourd'hui.*
**It's likely** we **shall receive** the package today.

***Il est peu probable que** nous **recevions** le paquet aujourd'hui.*
**It's not very likely** we **shall receive** the package today.

Exercises 1, 2, 3

# METTEZ-VOUS AU POINT!

## 1 Le futur de la planète Terre

Rien n'est plus incertain que le futur de notre planète. Pour l'exprimer, vous compléterez le texte suivant en mettant les verbes au subjonctif.

Il est possible que les écologistes (faire) enfin prendre conscience aux gens qu'il est temps de réagir. Il se peut que les gouvernements (devenir) plus stricts et (punir) les pollueurs des mers et des rivières, mais il n'est pas certain que les individus (s'auto-discipliner) et (comprendre) la nécessité d'utiliser des produits biodégradables et de réduire leur consommation d'énergie. Il est peu probable que nos gouvernements (vouloir) réduire la production d'énergie nucléaire au profit de sources d'énergie moins dangereuses, et pourtant il est impossible que les gens (ne pas réagir), surtout après qu'une catastrophe nucléaire se soit produite. Mais le problème le plus important n'est-il pas la surpopulation? Il se peut qu'enfin les pays pauvres (recevoir) des aides intelligentes des pays riches et (pouvoir) alimenter leur population, et qu'enfin on leur (fournir) une information et les moyens d'une contraception efficace.

## 2 Un choix difficile

Votre correspondant(e) vous écrit une lettre dans laquelle il/elle vous annonce sa décision d'arrêter ses études pendant deux ou trois ans. Vous lui répondez en essayant de l'aider à y réfléchir davantage. Pour chacune des phrases, vous choisirez le début qui convient.

| | | |
|---|---|---|
| 1 | Il se peut / Je suis certain(e) | que tu sois fatigué(e) d'étudier. |
| 2 | Il est possible / Je pense | que tu aies besoin d'argent. |
| 3 | Mais je suis certain(e) / Je ne suis pas sûr(e) | que ce soit une bonne idée. |
| 4 | Je pense / Je doute | que ce sera très difficile de reprendre tes études après plusieurs années d'arrêt. |
| 5 | Je ne doute pas / Il existe la possibilité | que tu fasses une année en Angleterre comme assistant(e) de français. |
| 6 | Il est probable / Il est impossible | que tu feras un(e) excellent(e) assistant(e) et que tu feras beaucoup de progrès en anglais. |
| 7 | En tout état de cause, demande conseil à tes professeurs. Je ne doute pas / Je doute | qu'ils sauront t'aider. |

## 3  Vive l'indécision!

Vos amis français vous ont invité(e) à passer le mois d'août dans un petit village de Normandie avec eux. Vous n'êtes pas sûr(e) que ce soit le meilleur moyen d'occuper vos vacances, et vous leur écrivez cette lettre pleine de doute et d'incertitude. Vous la compléterez en mettant les verbes au futur, ou au présent du subjonctif, selon le sens de la phrase.

*Chers amis,*

*Je vous remercie beaucoup pour votre lettre et votre invitation mais il est fort probable que mes parents (vouloir) que j'aille en Provence avec eux. Je ne suis pas certain(e) qu'ils (accepter) que je passe encore un été loin d'eux. Je peux vous dire de tout mon cœur que je (se sentir) très ému(e) de vous retrouver dans votre charmante petite maison de Normandie. Il est possible que mes parents ne (partir) qu'une quinzaine de jours fin août et dans ce cas, je ne doute pas que vous (être) très heureux de m'avoir parmi vous au début du mois. A vrai dire, je ne nie pas le fait que j'(avoir) une préférence pour la Provence car il y fait meilleur.*

*Au fond, je ne crois pas que je (pouvoir) accepter votre invitation. Après cette lettre, je ne doute pas que vous (penser) que je suis indécis(e), comme les Normands: «Ptêt ben qu'oui, ptêt ben qu'non!». Je vous prie néanmoins de croire en la sincérité de mon amitié.*

 **... ET EN ROUTE!**

## 4  Encore une fois la boule de cristal!

La boule de cristal est un peu nuageuse et vous ne voyez pas clairement ce qui va se produire. Alors il vous faudra parler du futur en utilisant des phrases comme *il est possible que, il est peu probable que*, qui introduisent le doute à vos pronostics! Vous pouvez travailler à deux, ou tous ensemble.

Exemple:

*Il est possible que vous vous mariez bientôt. Il est peu probable que vous ayez moins de quatre enfants ...*

## 5 Un(e) partenaire impossible!

Travaillez à deux. L'un(e) fait des suggestions pour les vacances de l'année prochaine, et l'autre y met des obstacles, en utilisant le subjonctif.

Exemples:

– *Si nous allions en Islande?*
– *Il se peut qu'il fasse très mauvais temps.*
– *Alors pourquoi ne pas aller faire les canaux du Midi en péniche.*
– *Je doute qu'il y ait suffisamment d'eau à cause de la sécheresse.*

Continuez.

## 6 Incroyable!

Lisez cet article sur les effets de la passion pour Internet, et exprimez vos doutes et votre incrédulité – et d'autres émotions – au moyen des expressions qui exigent le subjonctif.

Exemple:

*Je trouve incroyable qu'Internet puisse avoir de tels effets!*

Entre six et sept pour cent des utilisateurs d'Internet sont des «accros» qui souffrent d'une dépendance comparable à celle de la drogue. Depuis qu'il est connecté, Matthieu Duval, 19 ans, ment à sa famille, il ne dort plus, il oublie de manger, il passe sa vie devant son écran d'ordinateur; ce qui est encore pire, il a perdu son emploi, il ne s'intéresse plus à sa petite amie, il ne voit plus personne, il est même devenu violent avec sa mère, avec laquelle il vit. Ce problème est maintenant reconnu comme une maladie, et l'on peut se faire soigner. Il existe des centres spécialisés, aux Etats-Unis, bien entendu! Mais, en Europe? Peut-être! Comment connaître leurs adresses? Il suffit de se connecter à Internet, bien sûr!

# 36 The subjunctive: after conjunctions

 **MECANISMES**

The subjunctive is used after a number of subordinating conjunctions. A conjunction is a word such as 'and', 'although', 'unless', which joins two clauses. A subordinating one is one that joins a subordinate clause to the main sentence. A 'subordinate' clause is subordinate to the main sentence, that is, it can't exist by itself, for example: 'although we got there early' needs a main clause to say what did or didn't happen to make a complete sentence.

## 36.1 Purpose

| | |
|---|---|
| *pour que*<br>*afin que*<br>*de façon que*<br>*de manière que*<br>*de sorte que* | in order that, so that |

*J'ai apporté mon travail **pour que vous puissiez** voir ce que j'ai fait.*
I've brought my work **so that you can** see what I have done.

***Afin que tout le monde connaisse** le problème, nous allons écrire au journal.*
**So that everyone should know** about the problem, we're going to write to the paper.

It is preferable to use ***afin que*** rather than ***pour que*** at the beginning of a sentence.

Note that when the clause indicates **purpose**, *de façon que*, *de manière que* and *de sorte que* take the subjunctive; if the clause denotes **result**, they take the indicative.

Compare:

*J'ai enregistré tout le discours **de sorte que vous puissiez** écouter ce qu'elle a dit.*
I recorded the whole speech **so (= in order) that you can** listen to what she said (= purpose).

*J'ai enregistré tout le discours, **de sorte que vous pouvez** écouter ce qu'elle a dit.*
I recorded the whole speech, **so (= therefore) you can listen** to what she said (= result).

## 36.2 Condition

| | |
|---|---|
| *a moins que ... ne* | unless |
| *à condition que* | on condition that, provided that |
| *pourvu que* | provided that |

*Tu peux y aller **à condition que tu reviennes** avant dix heures.*
You may go **on condition (that) you come back** by 10 o'clock.

***A moins que je ne reçoive** le règlement du compte avant la fin du mois, il faudra recourir à la justice.*
**Unless I receive** settlement of the account by the end of the month, I shall have to take the matter to court.

📓 *A moins que* needs *ne* before the verb.

📓 *Si* ('if') never takes the subjunctive (see Chapter 39).

# 36.3 Time

| | |
|---|---|
| ***avant que ... ne ...*** | before |
| ***en attendant que*** ⎫ | until |
| ***jusqu'à ce que*** ⎭ | |

📓 *Avant que* needs *ne* before the verb:

***Avant que vous ne partiez**, je voudrais dire quelques mots pour vous remercier.*
**Before you go**, I would like to say a few words in order to thank you.

| | |
|---|---|
| ***après que ...*** | after |

There is a grey area here. Some French grammars suggest the use of the indicative, others that the subjunctive is, in practice, frequently used. The following examples use the subjunctive. (See also section 17.1)

***Après que tout le monde soit parti**, il faudra remettre les chaises en place.*
**After everyone has gone**, we shall have to replace the chairs.

***Après que tout le monde ait fini de dîner**, Patrick s'est rendu sur le lieu de l'accident.*
**After everyone had finished dinner**, Patrick went to the scene of the accident.

***Après qu'il ait fini de dîner**, il se rendra sur le lieu de l'accident.*
**After he has finished dinner**, he will go to the scene of the accident.

# 36.4 Concession

| | |
|---|---|
| ***bien que*** | although |
| ***quoique*** | although |
| ***non que*** | not that |
| ***ce n'est pas que*** | it's not that |

*Quoique les freins aient été* rigoureusement vérifiés quelques jours avant l'accident, ils ont quand même lâché.
**Although the brakes were** carefully checked a few days before the accident, they nevertheless failed.

*Bien qu'il fasse un temps abominable*, tous les concurrents ont terminé le parcours.
**Although the weather was dreadful**, all the competitors finished the course.

*Ce n'est pas que nous voulions le faire*: c'est notre obligation.
**It's not that we want to do it**: it's our duty.

✍ *Quoique* is more formal than *bien que.*

# 36.5  Fear

| | |
|---|---|
| *de crainte que ... ne ...* <br> *de peur que ... ne ...* | for fear that, in case ... not |

*Il est retourné faire les courses de peur qu'il n'y ait pas* assez de vin pour tous les invités.
He did some more shopping **for fear that (in case) there wouldn't be** enough wine for all the guests.

# 36.6  *Sans que*

*Sans que* means 'without' and sometimes has an optional *ne* before the verb:

*J'ai réussi à le faire sans que personne (ne) s'en aperçoive.*
I managed to do it **without anyone noticing**.

*Il faudra lui en parler sans qu'il (ne) réagisse d'une façon négative.*
It will be necessary to talk to him about it **without him reacting** in a negative way.

➡ Exercises 1, 2, 3

# 36.7  Subjunctive or infinitive?

When the subject of both verbs is the same, the following prepositional forms are used with the infinitive:

| | |
|---|---|
| *afin de* <br> *pour* | in order to |
| *de façon à* <br> *de manière à* <br> *en sorte de* | so as to |
| *à condition de* | provided that |
| *à moins de* | unless |

| | |
|---|---|
| *avant* | before |
| *après* | after |
| *de crainte de*<br>*de peur de* } | for fear of |
| *sans* | without |
| *en attendant de*<br>*jusqu'à* } | until |

**Afin de** *mieux pouvoir vous renseigner, nous augmentons à partir de demain le nombre de pages de notre journal.*
**So as to** keep you better informed, we are increasing the number of pages in our paper as from tomorrow.

*Vous pouvez voyager par ces trains* **à condition de** *réserver à l'avance.*
You can travel by these trains **provided that** you book in advance.

*Vous devez réserver votre place* **avant de** *voyager.*
You have to reserve your seat **before** travelling.

*Nous sommes partis de très bonne heure* **de peur de rater** *le ferry.*
We set out very early **for fear of missing** the ferry.

**En attendant de pouvoir passer** *son permis, Martin s'est résigné à utiliser son vélo.*
**Until he got** his driving licence, Martin was resigned to using his bike.

*Farouk a couru* **jusqu'à perdre haleine**.
Farouk ran **until he was out of breath**.

 **Après** is followed by the perfect infinitive (**après avoir/être** + past participle):

**Après être arrivés** *au port, nous avons eu le temps de prendre un café.*
**After arriving** at the port, we had time to have a coffee.

 **Sans** is used with an infinitive and a negative word without the need for **ne**:

*sans rien dire*        without saying anything
*sans voir personne*    without seeing anybody

**Exercise 4**

 **METTEZ-VOUS AU POINT!**

## 1 On part au ski

Votre classe prépare un voyage au ski. Les organisateurs ont prévu plusieurs dispositions pour que tout se passe le mieux possible. Combinez les éléments de la colonne A avec ceux de la colonne B afin de retrouver quelles sont ces dispositions.

| A | | B | |
|---|---|---|---|
| **1** | Une bourse aux vêtements sera organisée | **a** | à condition que les parents en fassent la demande écrite. |
| **2** | Les tarifs seront fixés en fonction des revenus des parents | **b** | après que l'on soit rentré des pistes. |
| **3** | Une aide spéciale sera accordée à la demande des parents | **c** | de manière que tous les élèves puissent participer même si les revenus de leurs parents sont faibles. |
| **4** | L'assurance Europe-Assistance est obligatoire | **d** | jusqu'à ce que le soleil se couche. |
| **5** | Il faudra louer les chaussures et les skis à l'arrivée | **e** | à moins qu'ils n'aient un certificat médical qui les en dispense. |
| **6** | Les élèves pourront sortir jusqu'à minuit | **f** | pour que les élèves les plus démunis puissent acheter des vêtements de ski d'occasion. |
| **7** | Des cours de géographie locale seront dispensés le soir | **g** | de peur que quelqu'un n'ait un accident et qu'il ne faille le/la rapatrier en Angleterre. |
| **8** | Les élèves devront participer à toutes les activités sportives | **h** | afin que leur fils/fille aille skier même s'ils sont au chômage. |
| **9** | Il est recommandé de prendre un petit déjeuner très copieux car on restera sur les pistes très longtemps | **i** | de sorte que les élèves connaissent mieux la région qui les accueille. |
| **10** | Il est recommandé de prendre une douche bien chaude le soir | **j** | à moins que vous n'ameniez votre propre matériel. |

## 2  Le métier de professeur

Un de vos amis souhaite devenir professeur. Vous lui donnez quelques conseils que vous modérez en utilisant *sans que* + subjonctif.

Exemple:

*Il faudra que vous soyez proche de vos élèves* **mais ce ne doit pas être de la familiarité**.
*Il faudra que vous soyez proche de vos élèves* **sans que ce soit de la familiarité**.

1   Il faudra prendre en compte les préoccupations et les problèmes de vos élèves mais ça ne doit pas prendre trop d'importance.
2   Il faudra que vous parliez d'une façon claire mais ce ne doit pas être artificiel.
3   Il faudra que vous plaisantiez avec vos élèves mais ça ne doit pas devenir de la camaraderie.
4   Il faudra que vous fêtiez les anniversaires ou les événements importants, mais ça ne doit pas se faire pendant les heures de classe.
5   Il faudra que vos élèves participent à la classe mais vous ne devez pas perdre le contrôle.
6   Il faudra qu'ils vous apprécient, mais vous ne devez pas remplacer leurs parents.

## 3 Il faut des enfants!

Vous lisez un rapport sur l'évolution de la population française dans les 10 années à venir. Les conjonctions ont été omises, et il faut le compléter à l'aide de la conjonction qui vous semblera la plus judicieuse.

Choisissez entre: *bien que/quoique/afin que/de peur que/à moins que/avant que*. Vous pouvez utiliser ces conjonctions plus d'une fois.

. . 1 . . la France prévoie une hausse du chiffre global de sa population dans les 10 années à venir, cette hausse sera inégale selon les régions. C'est surtout le Sud de la France qui sera affecté par cette croissance de population. . . 2 . . le Sud-est soit traditionnellement plus âgé, il profitera de ce dynamisme pour rattraper la moyenne d'âge nationale. . . 3 . . le Nord, l'Est et le Massif Central profitent également de cette croissance, il faudrait y créer des emplois pour attirer une population jeune. Il faut aussi souligner le fait que . . 4 . . la France envisage de gagner 6 millions d'habitants d'ici à 2015, ce sont surtout les plus de 60 ans qui bénéficieront de cet accroissement. . . 5 . . ce chiffre se renverse, il faudrait que la moyenne de fécondité passe de 1,8 enfant par femme à plus de deux enfants par femme. Le gouvernement prend des mesures d'incitation à la naissance . . 6 . . les foyers français décident d'avoir davantage d'enfants. . . 7 . . la France ne devienne un pays vieux, on distribue beaucoup d'aides et d'allocations aux familles nombreuses. . . 8 . . la tendance ne s'inverse d'ici quelque années, ce sont les familles d'origine maghrébine qui contribueront le plus à l'augmentation du nombre des jeunes en France. La région parisienne qui attire les étudiants et les jeunes actifs sera moins marquée par ce vieillissement général. Néanmoins, dans toute la France, il est bon ton de dire: «Faites des enfants . . 9 . . il ne soit trop tard.»

## 4 Le TGV

Le TGV est rapide et pratique, mais il faut connaître la règle du jeu afin de pouvoir le prendre. Voici quelques indications données à un jeune Anglais, concernant le TGV. Vous en simplifierez l'expression en remplaçant le subjonctif par un infinitif à chaque fois que cela est possible.

Exemple:

*On ne peut pas prendre le TGV à moins que l'on ait réservé à l'avance.*
*On ne peut pas prendre le TGV à moins d'avoir (sans avoir) réservé à l'avance.*

1   On peut réserver à condition qu'on aille dans une gare, une agence de voyage, ou qu'on dispose d'Internet à la maison.
2   Pour réserver, il faut s'y prendre plusieurs jours à l'avance, de peur qu'il n'y ait pas de place.
3   A la réservation, il faut spécifier si l'on souhaite un compartiment fumeurs ou non-fumeurs, de sorte qu'on ne soit pas dérangé par la fumée des voisins.
4   En tout état de cause, il vous faudra composter votre billet avant que vous ne montiez dans le train.
5   Bien que le TGV soit rapide, il faudra quand même un peu moins de deux heures pour que vous alliez de Paris à la frontière belge.

**... ET EN ROUTE!**

## 5  Au complexe sportif

On vient d'ouvrir un nouveau complexe sportif dans votre ville. Voici une description de ce qu'on y a fait. Vous devez suggérer l'objectif de chaque action. Utilisez *pour que/pour*, *afin que/afin de*, etc. dans vos réponses.

Exemple:

*On a construit une porte d'entrée très large, avec une rampe.*

*– C'est pour que les handicapés puissent y entrer facilement en fauteuil roulant.*
*– C'est afin d'aider les handicapés à entrer.*

a   On a mis beaucoup de panneaux indicateurs.
b   On a installé une consigne automatique dans le vestiaire.
c   Tout le personnel a suivi un stage de formation.
d   On a mis la surveillance permanente dans les piscines.
e   Il y a un système de réservation téléphonique pour les terrains de tennis, squash, etc.
f   On a construit un café-restaurant avec une terrasse donnant sur la rivière.
g   Il y a un pont piéton qui unit le parking du complexe au centre-ville.

Continuez à penser à d'autres aspects du complexe qui ne sont pas mentionnés ici, et à en suggérer l'objectif.

## 6  Oui, mais ...

Travaillez par deux. L'un(e) doit dire ce qu'il/elle voudrait faire ce soir, ce week-end, pendant les vacances, etc., et l'autre doit prendre le rôle de parent, en lui imposant des conditions. Il faut utiliser *à condition que, pourvu que* ou *à moins que*.

Exemple:

*– Je voudrais assister au festival de musique pop qui aura lieu en juin.*
*– Ah, bon. Tu peux y aller, à condition que tu ne te mêles pas à des histoires de drogue.*

## 7 Malgré les circonstances

Certaines personnes font des prouesses bien qu'elles aient des conditions de vie défavorables. Décrivez ces conditions de vie, en utilisant *bien que* ou *quoique*.

Exemple:

– Bien qu'il soit dyslexique, Jérôme a gagné un prix pour sa rédaction.

a    . . . ., Elsa joue dans l'équipe de hockey.
b    . . . ., Xavier a sauté par dessus la haie.
c    . . . ., Amélie représente son pays aux prochains Jeux olympiques.
d    . . . ., Sakina est la première de sa classe.
e    . . . ., Benjamin s'est acheté une voiture neuve.
f    . . . ., Kader est allé aux Etats-Unis.
g    . . . ., Danielle vit dans une ferme.
h    . . . ., Ségolène a décidé d'aller en Espagne en avion.

## 8 Je te parie ...!

Vous vous lancez des défis, les uns aux autres. Un(e) étudiant(e) en défie un(e) autre, en utilisant *sans* ou *sans que*. Vous pouvez travailler par deux, ou en groupes.

Exemples:

– Mélanie, je te parie que tu ne peux pas te tenir sur un pied pendant cinq minutes sans tomber.
– Et Thibaut, je te parie que tu ne peux pas dévisager Nina sans qu'elle rie!

## 9 Attention!

Vous avez loué une salle municipale pour faire une fête avec vos amis. Vous êtes censés «quitter ce lieu dans l'état de propreté dans lequel il était en entrant». Imaginez des consignes précises. Utilisez *avant de/avant que, après/après que*.

Exemple:

Prière de laver la vaisselle avant de la ranger dans le placard!

# 37 The subjunctive: other main uses

# MECANISMES

## 37.1 After certain types of antecedent

The subjunctive is used in relative clauses, when the antecedent is indefinite, negative or superlative. The antecedent is the person who, the thing which, the place where, etc.

### 37.1.1 Indefinite antecedent

The antecedent is 'indefinite' if it is not a specific person, thing or concept, even though it may be required to have certain attributes:

*Nous cherchons **un** professeur **qui sache** le portugais.* (Indefinite: subjunctive.)
*Nous cherchons **ce** professeur **qui sait** le portugais.* (Definite: indicative.)

'We're looking for a teacher who knows Portuguese': the antecedent, 'teacher', is indefinite because any teacher will do, so long as he/she meets the requirement of knowing Portuguese. On the other hand, in the sentence 'We're looking for that teacher who knows Portuguese', the teacher is a definite known one.

This construction tends to be used after verbs of wanting, needing, looking for, dreaming of, etc. It is, in fact, a further instance of uncertainty dictating the need for a subjunctive.

Some more examples to compare indefinite with definite:

*Nous voulons acheter **la maison qui est peinte** en rose et **qui a** des volets verts.*
We want to buy **the house which is painted pink** and **which has** green shutters.
(Indicative: a definite, known house: *the* pink house.)

*Nous voudrions acheter **une maison qui soit peinte** en rose et **qui ait** des volets verts.*
We would like to buy **a house which is painted pink** and **which has** green shutters.
(Indefinite: *any* house, provided it meets the colour requirements, therefore the verb is subjunctive.)

*Le pays a besoin d'**un** Président **qui sache équilibrer** les intérêts nationaux et internationaux.*
The country needs **a** president **who can balance** national and international interests.
(**Any** president who can meet those requirements, so subjunctive.)

*François Mitterrand était **un** Président **qui savait équilibrer** les intérêts nationaux et internationaux.*
François Mitterrand was **a** president **who knew how to balance** national and international interests.

## 37.1.2 Negative antecedent

The subjunctive is also required when the antecedent clause is negative, that is, the antecedent does not exist. This is also an extension of uncertainty and denial of fact:

*Je n'ai **rien** vu **qui convienne**.*
I haven't seen **anything** (that is) **suitable**.
(anything suitable **does not exist** as far as the speaker is concerned)

*Il ne reste **personne** ici **qui nous connaisse**.*
There is **no-one** left here **who knows us**.
(a person who knows the speaker **does not exist**)

## 37.1.3 Superlative antecedent

The subjunctive is also required after an antecedent qualified by a superlative or *le dernier*, *le premier*, *le seul*, *l'unique*.

*Ce doit être **la plus grande glace que tu aies jamais mangée**!*
That must be **the biggest ice cream you've ever eaten**!

*C'est la **seule** fois que **nous n'ayons pas pu** participer au concours.*
It's the **only** time **we haven't been able** to take part in the competition.

➡ **Exercises 1, 2**

# 37.2 Equivalents of English words ending in '-ever'

There are various ways of getting over these expressions depending on the context, and a much longer chapter could be devoted to this area. However, here are a few examples as general guidelines.

## 37.2.1 Whatever, wherever

| | |
|---|---|
| *quoi que* | whatever (pronoun) |
| *quel(le) que* | whatever (adjective) |
| *où que* | wherever |

**Quoi qu'on veuille** savoir, on le trouvera ci-dedans.
**Whatever you wish** to know, you will find it inside.

**Quelle que soit** la difficulté, vous en trouverez la solution!
**Whatever** the difficulty (**may be**), you will find the solution.

*Portez ce livre avec vous, **où que vous alliez**!*
Carry this book with you, **wherever you go**!

✎ Note: when 'whatever' refers to a noun, *quel/quels/quelle/quelles que* is used with *être*, and has to agree like any adjective.

✐ The French equivalent of 'whenever', meaning 'every time that' is **chaque fois que** or **toutes les fois que** and takes the indicative:

**Chaque fois que nous allons** à la librairie nous achetons quelques livres.
**Whenever** (= **each time that**) **we go** to the bookshop, we buy a few books.

When it means 'at whatever time', simply use **quand**:

Vous pouvez le lire **quand** il vous plaira.
You can read it **whenever** you please.

## 37.2.2 Whoever

In the sense of 'whatever person':

**Quelle que soit la personne qui lise** ce livre, elle le trouvera utile.
**Whoever reads** this book (whoever that person may be) will find it useful.

In the sense of 'whoever you are/may be ...', there exist a small range of rather stilted expressions:

Qui que vous soyez.
Whoever you may be.

Qui que tu voies.
Whoever you (may) see.

## 37.2.3 However

However in the sense of 'in whatever way'; do not confuse the equivalents of 'however' in this section with the adverbs **cependant**, **quand même** and **néanmoins** in the sense of 'nevertheless'.

| | |
|---|---|
| de quelque manière/façon que<br>quelle que soit la manière dont } | however (= in whatever way) |
| quelque + nom + que + verbe | however much/many + noun + verb |
| aussi + adjectif/adverbe + que + verbe | however + adj/adverb + verb |

**De quelque manière que/quelle que soit la manière dont vous vous en serviez**, nous sommes sûrs qu'il vous sera utile.
**However** (= **in whatever way**) **you use it**, we are sure that it will be useful to you.

**Quelque pays que vous visitiez**, il sera toujours utile de prendre un dictionnaire avec vous.
**Whatever country you visit**, it will always be useful to take a dictionary with you.

**Aussi bien que vous parliez** le français, vous y trouverez quelque chose de nouveau.
**However well you speak** French, you will find something new in it.

➡ **Exercise 3**

## 37.3 'Whether ... or ...'

Where two alternative actions are expressed in this way, the verbs go in the subjunctive preceded by *que*:

***Qu'il pleuve*** *ou* ***que le soleil brille****, nous allons à la pêche demain!*
**Whether it rains** or **is sunny**, we're going fishing tomorrow!

***Que cela vous plaise ou non****, voilà la réponse!*
**Whether you like it or not**, that's the answer!

 **METTEZ-VOUS AU POINT!**

## 1 La maison fait peau neuve

Vous disposez d'un peu d'argent et vous rêvez de refaire la décoration de votre maison pour la rendre plus gaie, plus accueillante. Laissez-vous aller à rêver tout en mettant les verbes de votre rêve au subjonctif.

*J'achèterais un pot de peinture d'une couleur qui (être) claire et gaie pour rendre le salon plus lumineux. Je trouverais une moquette qui (aller) avec la couleur des murs. Je fabriquerais des rideaux à grandes fleurs qui (illuminer) toute la pièce, même en hiver. Je mettrais des coussins et des tapis afin que personne ne (dire) que ma maison est froide et peu accueillante. Il faut que rien ne (être) gris ou triste. J'achèterais un gros poêle à gaz pour chauffer le salon, quoi qu'il m'en (coûter). Par les temps les plus froids qu'il (pouvoir) faire, je veux que ma maison soit toujours chaude et accueillante. Je veux que ma maison soit la plus gaie et la plus chaleureuse que mes amis (connaître).*

## 2 Le rêve s'effondre

Au moment de passer aux actes, les choses sont moins belles. Vous rédigez la suite de cette histoire en utilisant, selon le cas, un présent de l'indicatif ou un présent du subjonctif.

Hélas! j'ai acheté une peinture qui (couler) et qui (faire) des traînées sur les murs. J'ai cherché un ami qui (savoir) poser les moquettes, mais j'en ai trouvé un qui (ne pas savoir), et qui a coupé la moquette trop court. Ce doit être la seule personne qui (vouloir) couper une moquette sans prendre les dimensions au préalable. Je n'ai jamais vu personne d'autre que moi qui (faire) autant de bêtises en une seule journée. J'aurais dû appeler mon frère qui (savoir) couper les moquettes et les rideaux. En ce qui concerne le poêle, l'employé du supermarché m'a fait acheter le meilleur poêle qu'on (pouvoir) trouver à l'heure actuelle. Une fois arrivé à la maison, il sentait très fort le gaz et je n'ai trouvé personne qui (pouvoir) le faire fonctionner. Ma maison est toujours la plus froide que je (connaître) et mes économies se sont envolées.

## 3  L'amour est aveugle

Marion et Pierre sont deux habitants d'un village, et Marion veut, coûte que coûte, épouser Pierre. Vous tentez de la dissuader, mais elle ne veut rien entendre. Vous la ferez réagir en utilisant soit *aussi que* + adjectif ou adverbe, soit *quel/quels/quelle/quelles que* + subjonctif + nom.

Exemple:

– *Pierre est trop grand pour toi.*
– *Aussi grand que soit Pierre, je veux l'épouser!*
– *Quelle que soit la taille de Pierre, je veux l'épouser!*

**1**   Pierre est bien trop bête pour toi.
**2**   Pierre est trop peu soigné.
**3**   Pierre est mauvais travailleur.
**4**   Pierre est très maladroit. Il casse tout.
**5**   Pierre conduit mal la voiture. Il aura des accidents!
**6**   Pierre s'occupe mal de toi.
**7**   Pierre a de trop grands pieds!

 **... ET EN ROUTE!**

## 4  Un moment de rêverie

Chaque étudiant(e) doit exprimer trois souhaits ou désirs, en utilisant le subjonctif selon les exemples.

Exemples:

– *Je voudrais une maison où tout soit neuf.*
– *J'ai besoin d'un ordinateur qui sache faire mes devoirs!*
– *Je cherche un(e) petit(e) ami(e) avec qui je puisse partager mes intérêts.*

(N'oubliez pas que la forme du subjonctif des verbes en *-er* est la même que celle de l'indicatif, sauf avec *nous* et *vous*.)

## 5 Quel trou!

Imaginez que vous venez de faire un stage dans un foyer délabré d'une ville qui est également en piteux état, en plein hiver. En utilisant beaucoup de phrases à l'antécédent négatif (voir la section 37.1.2 de ce chapitre), racontez vos expériences. Vous pouvez faire une description orale ou écrite.

Exemples:

– *Dans le foyer il n'y a aucun ascenseur qui marche.*
– *Il n'y a pas non plus une seule chambre où on puisse fermer la porte à clef.*
– *En ville je n'ai pas pu trouver un magasin qui vende les DVD.*

Vous pouvez parler des repas, des cours, du bar, du personnel, des installations du foyer; des magasins, des distractions, des transports publics de la ville, etc.

## 6 Un vendeur persuasif

Vous faites un autre stage, cette fois bien organisé, de formation de vendeur/vendeuse. On vous a demandé de vendre un objet, que vous pouvez apporter en classe ou bien dessiner au tableau. Construisez des phrases au subjonctif comme dans les exemples et persuadez vos camarades d'acheter cet objet.

Exemples:

– *Voici le vélo le plus efficace que vous ayez jamais vu!*
– *Je suis le premier qui le vende dans ce pays!*
– *C'est la seule occasion où je puisse vous l'offrir à ce prix ridicule!*
– *C'est le dernier qui me reste aujourd'hui!*

## 7 Comment passer vos moments angoissants ...

Vous êtes coincé(e) dans une caverne avec vos camarades et la caverne est entourée d'eau. Il vous faut attendre des secours. Pour tuer le temps, vous jouez à «Utilisez le subjonctif». Chaque participant(e) doit inventer une phrase qui ait un rapport avec la situation et qui contienne au moins un subjonctif. Celui ou celle dont la phrase n'est pas correcte sera poussé(e) à l'eau. Seul le dernier/la dernière sera sauvé(e). Vous pouvez choisir n'importe quelle phrase qui contienne le subjonctif, dans ce chapitre ou dans les précédents.

Exemples:

– *Quelle que soit la personne qui vienne nous sauver, elle ne pourra pas le faire avant que l'eau redescende.*
– *Quoi que nous fassions, il faut que nous restions calmes!*
– *A moins que la température de notre corps ne baisse, nous survivrons.*

# 38 Negatives

## MECANISMES

## 38.1 Making verbs negative

The verb is made negative by 'wrapping' it in **ne (n') ... pas**, complete with any object pronouns:

| Affirmative | Negative |
| --- | --- |
| Nous comprenons l'allemand. | Nous **ne** comprenons **pas** l'allemand. |
| *We understand German.* | *We **don't** understand German.* |
| Nous le comprenons. | Nous **ne** le comprenons **pas**. |
| *We understand it.* | *We **don't** understand it.* |
| Stéphane arrivera aujourd'hui. | Stéphane **n'**arrivera **pas** aujourd'hui. |
| *Stéphane will arrive today.* | *Stéphane **won't** arrive today.* |
| La monarchie tomba. | La monarchie **ne** tomba **pas**. |
| *The monarchy fell.* | *The monarchy **did not** fall.* |
| J'en suis sûr(e). | Je **n'**en suis **pas** sûr(e). |
| *I'm sure about it.* | *I'**m not** sure about it.* |

When the verb is inverted in a question, the subject is also enclosed:

*Venez-vous?*  **Ne** *venez-vous* **pas**?
Are you coming?  **Aren't** you coming?

In the perfect and other compound tenses, **ne ... pas** encloses the auxiliary verb, but not the past participle:

*J'ai compris l'explication.*  *Je **n'ai pas** compris l'explication.*
I understood the explanation.  I **didn't** understand the explanation.

*Sont-ils allés à Bordeaux?*  ***Ne sont-ils pas** allés à Bordeaux?*
Did they go to Bordeaux?  **Didn't** they go to Bordeaux?

*Nous nous sommes levés*  *Nous **ne nous sommes pas** levés de*
*de bonne heure.*  *bonne heure.*
We got up early.  We **didn't** get up early.

➡ **Exercises 1, 2**

# 38.2 Other negative expressions

All negative expressions require *ne* before the verb.

## 38.2.1 *ne ... jamais* – never, not ever

| | |
|---|---|
| Je **ne** bois **jamais** de vin à midi. | I **never** drink wine at midday. |

*Jamais* can be used without *ne,* meaning 'ever':

| | |
|---|---|
| Avez-vous **jamais** visité la Guadeloupe? | Have you **ever** visited Guadeloupe? |

## 38.2.2 *ne ... guère* – hardly

| | |
|---|---|
| Il **ne** restait **guère** de vin. | There was **hardly** any wine left. |

## 38.2.3 *ne ... rien/rien ne ...* – nothing, not anything

| | |
|---|---|
| Il **n'**y a **rien** d'intéressant dans cette ville. | There's **nothing** of interest in this town. |
| **Rien ne** me surprend! | **Nothing** surprises me. |

## 38.2.4 *ne ... personne/personne ne ...* – nobody, no one, not anyone

| | |
|---|---|
| Nous **ne** connaissons **personne** ici. | We **don't** know **anyone** here. |
| **Personne n'**est venu. | **No one** came. |

## 38.2.5 *ne ... plus* – no longer, not any more

| | |
|---|---|
| **Nous n'**y allons **plus**. | We **don't** go there **any more**. |

## 38.2.6 *ne ... que* – only

*Que* precedes the word to which 'only' refers:

| | |
|---|---|
| Ils **n'**avaient **qu'**une fille. | They **only** had one daughter. |
| Nous **n'**en avons **qu'**en bleu. | We **only** have them in blue. |

Strictly, although *ne ... que* is listed under negatives, it is a positive expression, and can be made negative by the use of *pas*.

Compare:

| | |
|---|---|
| Je **ne** fais **que** travailler. | I **only** work. (I do nothing but work.) |
| Je **ne** fais **pas que** travailler. | I **don't only** work. (I do other things as well.) |

When 'only' qualifies a verb, use *ne faire que*:

| | |
|---|---|
| Il **ne fait que dormir** toute la journée. | He **only sleeps** all day. |

✍ Note the useful phrase *n'avoir qu'à* – to have only to:

**Vous n'avez qu'à** *me téléphoner.*
**You only have to** phone me.

## 38.2.7 *ne ... aucun(e)/aucun(e) ne ...* – no, none, not any
  *ne ... nul(le)/nul(le) ne ...* – no, none, not any

Watch the agreement of both these negatives, of which **aucun(e)** is the more common:

Je **n'**en ai **aucune** idée.                     I have **no** idea (about it).

**Aucune** de ses idées **ne** me semble acceptable.
**None** of his ideas seems acceptable to me.

Il **n'**a connu **nul** remords.                     He knew **no** remorse.

## 38.2.8 *ne ... nullement* – in no way, not in any way

Nous **n'**étions **nullement** convaincus par cet argument.
We were **in no way** convinced by that argument.

## 38.2.9 *ne ... nulle part* – nowhere, not anywhere

On **ne** le voit **nulle part**.
We **can't** see him **anywhere**. (He's **nowhere** to be seen.)

## 38.2.10 *ne ... ni ... ni .../ni ... ni ... ne ...* – neither ... nor ...

Nous **ne** voyons **ni** notre fils **ni** sa femme.        We **neither** see our son, **nor** his wife.

**Ni** lui **ni** sa femme **ne** se préoccupe de nous.    **Neither** he **nor** his wife worries about us.

✍ (Note the use of the emphatic pronoun as subject – see also section 10.5.)

A single *ni* is used instead of *ou* to join negatives:

Non, nous **ne** l'avons pas vu ... **ni** sa femme.
No, we **haven't** seen him ... **(n)or** his wife.

## 38.2.11 *ne ... pas non plus* – neither, not either

Don't confuse this phrase, which means 'neither', 'not either' (as the opposite of *aussi* 'also') with *ni ... ni ...*

Compare:

Tu vas en ville? Alors, moi j'y vais **aussi**.
Are you going to town? Right, I'll come too.

Tu **ne** vas **pas** en ville? Alors, moi je **n'**y vais **pas non plus**.
You're **not** going to town? Well, I **won't** go **either**.

## 38.3 Position of negative words

In many cases the position of the negative word occurs naturally, but note the following points:

- In the compound tenses, **personne** and **nulle part** usually come after the past participle, but **pas**, **guère**, **jamais** and **rien** come between the auxiliary verb and the past participle. See Chapter 19.

Between auxiliary and past participle:

*Nous n'avons **jamais** vu cet homme.*
We've never seen that man.

*Ils n'avaient **guère** travaillé, quand nous sommes arrivés.*
They had hardly done any work, when we arrived.

After past participle:

*Nous n'avons reconnu **personne**.*          We didn't recognise anybody.

*Je ne l'ai trouvé **nulle part**.*          I didn't find it anywhere.

- With an infinitive, **pas**, **jamais**, **plus** and **rien** come with **ne** immediately before the verb, the other negative words come after.

Before the infinitive:

*Elle m'a demandé de **ne rien dire**.*          She asked me not to say anything.

*Prière de **ne pas marcher** sur les pelouses.*          Please do not walk on the grass.

After the infinitive:

*Elle m'a prié de ne rendre visite à **personne**.*          She asked me not to visit anyone.

- Order of negative words:

It is perfectly in order in French to have double negatives: they do not have the mathematical effect of two negatives making a positive as in English! The order in which negative words are used when two (or three) are used together is: *plus*; *jamais*; *rien*; *personne*; *que*; *nulle part*.

*Nous n'y allons **plus jamais**!*          We **don't ever** go there **any more**!

*Je n'ai **jamais** aimé **que** toi!*          I've **only ever** loved you!

*On ne voit **plus jamais** sa mère **nulle part** dans cette région.*
You **no longer ever** see his mother **anywhere** in this area.

➥ Exercises 3, 4

## 38.4 Negatives without a verb

Most of these negative words can stand alone, without a verb, in which case **ne** is not required:

**Pas** encore.          *Par ici, **pas** par là!*

**Not** yet.          This way, **not** that way!

(*Non* or *non pas* can be used as 'not' in this way, but they are rather more emphatic or literary.)

| | |
|---|---|
| *Qui est arrivé?* **Personne**. | Who has arrived? **Nobody**. |
| *Qu'as-tu dit?* **Rien**. | What did you say? **Nothing**. |
| *Où l'as-tu vue?* **Nulle part**. | Where did you see her? **Nowhere**. |
| *Vous ne savez pas?* **Moi non plus**! | You don't know? I don't, **either**! |

*Quel régime:* **plus de** *chips,* **plus de** *glaces,* **plus d'***alcool!*
What a diet: **no more** crisps, **no more** ice cream, **no more** alcohol!

➡️ **Exercise 5**

# 38.5  *Sans* + infinitive + negative object

*Ne* is not required. (See also Chapter 36.)

*Elle est partie* **sans rien dire**.
She left **without saying anything**.

# 38.6  *Si* for 'yes'

After a negative question or assertion, *si*, rather than *oui* is used for 'yes':

*Thibault,* **tu n'as pas fini** *tes devoirs! Mais* **si**, *maman!*
Thibault, **you haven't finished** your homework! Oh **yes** I have, Mum!

# 38.7  Further observations about *ne*

- *Ne* has no negative meaning when it occurs after certain expressions requiring the subjunctive (see Chapter 36):

  *Nous avons peur qu'ils* **ne** *nous trouvent ici.*
  We're afraid they will find us here.

- In rapid spoken French you will often find that *ne* is omitted, especially after *je*, *tu*, and in the phrase *c'est pas*. This is not strictly 'legal', and it is a practice you should never adopt in written French. In spoken French, its use would depend on the degree of formality of the conversation. You will nevertheless have to get used to hearing and understanding such phrases as:

| | |
|---|---|
| ***C'est pas** vrai!* | **It's not** true! |
| ***J'sais pas**!* | **I don't know**! (Compare 'Dunno!' in – not good – English!) |
| ***J'ai pas** fini!* | **I haven't** finished! |
| ***T'es pas** si bête que ça!* | **You're not** as daft as that! |

➡️ **Exercise 6**

 **METTEZ-VOUS AU POINT!**

## 1 Michel a peur

Michel a deux frères, Léo et Max. Alors que ses frères sont de joyeux lurons sportifs, Michel a peur de tout et ne fait rien de ce que font ses frères. Expliquez ce que ne fait pas Michel, comme dans l'exemple.

Exemple:

*Léo et Max font du ski ...*
*... mais Michel ne fait pas de ski.*

1 Léo et Max vont à l'école à pied ...
2 Léo et Max mangent des bonbons et du chocolat ...
3 Léo et Max ont toujours chaud, même l'hiver ...
4 L'an dernier, Léo et Max sont allés faire du surf à Biarritz ...
5 L'été dernier, Léo et Max ont traversé les Pyrénées à vélo ...
6 Léo et Max camperont dans les Alpes l'année prochaine ...
7 Léo et Max feront de l'escalade en montagne l'année prochaine ...
8 Léo et Max seront bronzés et en pleine forme ...

## 2 Ne le faites pas!

Vous êtes moniteur/monitrice dans une colonie de vacances en France. Vous allez faire une excursion en train avec un groupe de jeunes, à qui vous donnez des conseils, car la dernière fois qu'ils ont voyagé un voyageur s'est plaint:

«*Dans le train, ils se penchent par la fenêtre, ils jettent des objets par la fenêtre, ils descendent avant l'arrêt complet du train. Dans la rue, ils jettent des détritus, ils traversent en dehors des passages protégés, ils arrachent les posters, ils font du bruit après dix heures.*»

Continuez selon le modèle:

*– Ne vous penchez pas par la fenêtre!*

Si vous avez besoin de réviser l'impératif, vous le trouverez au Chapitre 16.

# 3　Je ne connais pas grand-chose en France

Les parents de votre correspondant(e) français(e) voudraient vous inviter à faire un tour de France des villes historiques ou touristiques. Pour cela, ils cherchent à savoir ce que vous connaissez déjà et vous interrogent. En fait, vous ne connaissez pas encore grand-chose en France. Vous leur répondez au passé composé en utilisant la négation indiquée entre parenthèses.

- Connaissez-vous le Val de Loire?
- Ah, non! Je (ne jamais visiter) le Val de Loire.
- Avez-vous déjà été à Paris?
- Oh! Je (ne guère aller) à Paris. Je (ne voir que) la tour Eiffel il y a dix ans et je (n'y plus retourner) depuis.
- Avez-vous visité les villes de la Côte Atlantique?
- Non, je (ne visiter aucune) de ces villes, sauf Bayonne, naturellement, mais Bayonne, c'est déjà le Pays Basque.
- Ah! Vous connaissez le Pays Basque?
- Non, je (ne aller nulle part) ailleurs qu'à Bayonne avec mon père, il y a quelques années, pour un voyage d'affaires. Nous (ne rien voir) d'intéressant dans cette ville, sauf la cathédrale et les vieux quartiers. Nous (n'avoir que) une heure pour visiter la ville, car mon père était toujours en réunion. Ensuite, nous avons repris l'avion pour Londres, et nous avons fait escale à Bordeaux, mais nous (ne pas pouvoir ... non plus) visiter cette ville.

# 4　La panne

Vous avez eu une panne de voiture dans la nuit, sur une petite route de campagne. Racontez ce qui s'est passé et complétez le texte à l'aide des mots négatifs contenus dans la case ci-dessous.

Quand j'ai senti que ma voiture chauffait, j'ai mis mes warnings et je me suis arrêté(e) sur le bas-côté, mais . . **1** . . ne s'est arrêté pour me dépanner. Il y avait de grosses voitures, des petites voitures, un autocar de tourisme même, mais . . **2** . . les uns . . **3** . . les autres ne faisaient attention à moi. Alors, j'ai décidé de descendre de la voiture et d'appeler à l'aide. . . **4** . . n'a changé: les voitures défilaient sans s'arrêter. Puis, tout à coup, deux voitures ont ralenti et se sont arrêtées: . . **5** . . des deux chauffeurs ne savait ce qu'il fallait faire pour m'aider. «. . **6** . . n'est capable de m'aider,» pensai-je «. . **7** . . les hommes, . . **8** . . les femmes, . . **9** . . les jeunes, . . **10** . . les vieux. Je vais me débrouiller seul(e). De toute façon, . . **11** . . ne s'occupe . . **12** . . de moi.» Alors j'ai pris mon jerrycan d'eau et je l'ai vidé sur le moteur.

| rien | ni ... ni ... | jamais | aucun | personne |
|------|---------------|--------|-------|----------|

## 5 Le secret

Vous préparez l'anniversaire de votre ami(e) en cachette, mais il/elle se doute de quelque chose et vous harcèle de questions. Répondez à ses questions pressantes en utilisant les mots et expressions contenus dans la colonne B.

| A | | B | |
|---|---|---|---|
| 1 | Qui as-tu invité à mon anniversaire? | a | Jamais. |
| 2 | As-tu bien tout préparé? | b | Rien. |
| 3 | Où as-tu mis mon cadeau? | c | Pas encore. |
| 4 | Qu'est-ce que tu m'as acheté? | d | Pas ce soir-là. |
| 5 | Tu m'as préparé un beau gâteau? | e | Nulle part. |
| 6 | On ira danser le soir de mes 20 ans? | f | Personne. |
| 7 | Je n'aime pas les cachotteries. | g | Nullement. |
| 8 | Tu inviteras mes parents? | h | Moi non plus. |

## 6 C'est pas possible!

Votre correspondant(e) vous parle un français très familier que vous ne comprenez guère, et vous lui demandez de redire la même chose dans un français plus soutenu. Ensuite, c'est vous qui essayez de transformer ses phrases de façon à ce qu'elles soient correctes.

Exemple:

*C'est pas possible.* ⟶ *Ce n'est pas possible.*

1   J'savais pas que tu connaissais pas Paris.
2   Alors t'es jamais monté en haut de la tour Eiffel?
3   Y a rien d'autre qui t'intéresse?
4   Tu veux pas aller au Musée Grévin?
5   Moi, la dernière fois que j'y suis allé(e), j'ai pas trouvé ça formidable.
6   Personne trouve ça super dans ma famille.
7   D'ailleurs, mes parents, ils veulent plus y retourner.

 **... ET EN ROUTE!**

## 7 Les perspectives sont sombres

Ce matin vous vous êtes levé(e) fort déprimé(e). Votre vision du monde est tout à fait négative. Racontez à vos camarades (ou écrivez dans une lettre) au moins dix causes de votre dépression, en utilisant des phrases négatives.

Exemple:

*Personne ne m'aime, je n'ai ni amis ni argent ...*

# 8 On vous accuse ...!

Travaillez par deux. Choisissez une situation conflictuelle, par exemple, un(e) parent et son fils/sa fille, vous et votre petit(e) ami(e), votre prof et vous, etc. Vous vous accusez, l'un l'autre, d'avoir ou de ne pas avoir fait certaines choses. Utilisez beaucoup de phrases négatives dans vos accusations et vos justifications.

Exemples:

– *Tu ne ranges jamais tes affaires dans ton placard! Je ne t'en parle plus. Je les jette à la poubelle! Tu ne fais jamais attention à ce que je dis!*
– *Mais si, maman. Tu ne fais que me gronder tout le temps. Ça n'a pas d'importance. Personne ne vient dans ma chambre. Il n'y a que toi qui y entres.*
– *Tu ne m'as pas téléphoné hier soir! Pourquoi! Tu n'as jamais manqué de téléphoner. Que se passe-t-il?*
– *Mais je n'avais rien à te dire et je n'avais aucune possibilité de trouver un téléphone parce que j'étais en voiture avec mon père et il n'a pas de portable.*

# 9 Attention aux oiseaux!

Travaillez par deux. L'un(e) est représentant(e) du ministère de l'Environnement, et l'autre représente une organisation pour la protection de l'environnement. Vous discutez des mesures – ou de l'absence de mesures – qui ont été prises par le gouvernement, soit dans votre région, soit sur un plan national. Utilisez beaucoup de phrases négatives!

Exemple:

– *Vous n'essayez jamais de restreindre la construction de nouvelles autoroutes, et vous n'écoutez jamais personne qui proteste.*
– *Mais si, monsieur/madame. Par exemple, il y a eu des consultations concernant la nouvelle route mais aucun membre de votre organisation n'a rien dit pendant la réunion.*

# 10 Non, non et non!!

La classe pose des questions qui exigent une réponse négative d'un(e) étudiant(e). Celui-ci/Celle-ci doit y répondre sans utiliser *non*. Il/Elle peut utiliser des mots comme *nullement, certainement pas, ça jamais, c'est pas possible, je ne crois pas*, etc. mais pas *non*. S'il ou si elle répond *non*, c'est le tour d'un(e) autre étudiant(e), et ainsi de suite.

# 39 If ...

**MECANISMES**

Conditional sentences containing 'if' clauses are fairly straightforward in French if you follow the guidelines set out below. Although the *si* clause is put first in the examples to highlight it, it may of course follow the main clause.

- With a totally open possibility: use *si* + **the present tense**, as in English. This is usually combined with a main verb in the present, future or imperative:

  *Si je vois Bruno, je lui donnerai votre message.*
  **If I see** Bruno, **I'll give him** your message.

  *Si tu vois Bruno, donne-lui mon message.*
  **If you see** Bruno, **give him** my message.

- Where English uses 'if' + the simple past, with the main verb in the conditional, to express a rather more hypothetical or remote condition, in French you use *si* + **the imperfect**, also with the main verb in the conditional:

  *Si tu voyais Bruno, tu lui donnerais mon message, n'est-ce pas?*
  **If you saw** Bruno, **you would give him** my message, wouldn't you?

- If the statement is contrary to what actually happened, you use *si* + **the pluperfect**, with the main verb in the conditional or conditional perfect. Take care with the auxiliary verbs!

  *Si j'avais vu Bruno, je lui aurais donné ton message.*
  **If I had seen** Bruno, **I would have given him** your message.

  *Si j'étais arrivé(e) plus tôt, je l'aurais vu.*
  **If I had arrived** earlier, **I would have seen him**.

  *Si je ne m'étais pas mis(e) en colère, il serait toujours ici.*
  **If I hadn't** got angry, **he would** still **be** here.

- *Si* is also used in statements of fact in the past. These are not true conditional sentences and *si* can often have the meaning of *quand* = 'when':

  *S'il (= quand il) pleuvait pendant que nous étions en vacances, nous restions à la maison à lire.*
  **If** (= when) **it rained** while we were on holiday, **we stayed** indoors and read.

▶ **See Exercises 1, 2**

- 'What if ...?' is rendered by *et si* + the present, imperfect or pluperfect, according to the sense:

  *Et si Bruno vient nous voir?*
  **What if Bruno comes** and sees us?

*Et si Bruno venait* nous voir?
**What if Bruno came** and saw us?

*Et si Bruno était venu* nous voir?
**What if Bruno had come** and seen us?

- *Si* + **the imperfect** is also used to make suggestions of the kind 'what about ...ing?':

*Si nous allions* le voir?
**What about (us/our) going** to see him?

*Si j'allais* le voir moi-même?
**What about me going** to see him myself?

📖 **Exercise 3**

- When 'if' means 'whether' in indirect questions after verbs such as *savoir* – know, *demander* – ask, *se demander* – wonder, it can be followed by any (indicative) tense according to the sense:

| Je me demande | *s'il viendra ...* | I wonder **if/whether** | he **will come** ... |
|---|---|---|---|
| | *s'il viendrait ...* | | he **would come** ... |
| | *s'il venait ...* | | he **was coming** ... |
| | *s'il est venu ...* | | he **came** ... |
| | *s'il vient ...* | | he **is coming** ... |
| | *... nous voir.* | | ... to see us. |

🛠 # METTEZ-VOUS AU POINT!

## 1 Journal de vacances

Une dame est en vacances avec son mari sur la Côte d'Azur. Elle note ses pensées au jour le jour. Mettez le verbe entre parenthèses au temps qui convient.

### Dimanche – jour d'arrivée

S'il n'y (avoir) pas trop de monde dans le bar, nous prendrons une bière.
Nous passerons l'après-midi sur la plage s'il (faire) très chaud.

### Lundi

Mon mari dit que si nous (passer) tellement de temps au soleil nous allons ressembler à une paire de homards.
Je me demande ce qui arriverait si nous (prendre) tous les deux une insolation.

### Mardi

Si nous nous (mettre) de l'huile solaire auparavant, nous n'aurions pas eu la peau brûlée.
Si nous (avoir) la peau mate comme les Italiens, nous n'aurions pas ces problèmes.

**Mercredi**

Si mon mari (continuer) à boire et à manger comme ça, il tombera malade.
Quels nuages menaçants! S'il (pleuvoir) cet après-midi, nous resterons à côté de la piscine.

**Jeudi**

Si je (réussir) à persuader mon mari, nous irons faire des achats en ville.
Si je (trouver) une poupée typique, je l'achèterais pour ma nièce.

**Vendredi**

Je n'ai pas acheté la poupée, mais si elle (être) moins chère, je l'aurais achetée.
Si je (savoir) quel autre cadeau lui plairait, je le lui achèterais.

**Samedi – jour du départ**

Si l'avion (avoir) du retard, il faudra attendre à l'aéroport.
S'il (rester) plus de temps, nous aurions voulu visiter l'intérieur de la Provence.

## 2  Le tunnel sous la Manche

Lisez ce reportage à propos du tunnel sous la Manche, et mettez les verbes aux temps qui conviennent le mieux.

Si le tunnel sous la Manche (ne pas être percé), la circulation entre l'Angleterre et le continent serait beaucoup moins aisée. S'il (falloir) encore prendre le bateau pour passer de France en Angleterre, les prix des traversées seraient plus élevés. Si le tunnel (ne pas exister), l'aéroglisseur aurait peut-être eu plus de succès. Et s'il (ne pas y avoir) la concurrence du tunnel, les compagnies maritimes devraient moderniser les bateaux. De nombreux Français vont s'installer dans le Kent ou à Londres; si les liaisons Paris–Londres en Eurostar (se multiplier) dans les années à venir, il y en aura davantage encore. De leur côté, si les Anglais (s'installer) sur la côte française, c'est parce que le coût du logement est inférieur en France. S'il (ne pas y avoir) d'accident dans le tunnel, les gens le prendraient naturellement, sans appréhension, et les bateaux deviendraient un luxe pour les touristes en vacances. Et si le ferry (devenir) une destination touristique proprement dite, un peu comme l'Orient-Express?

## 3 Un homme averti en vaut deux

L'année suivante, le couple de l'exercice 1 revient sur la même plage. Afin d'éviter les mésaventures de l'année précédente, la dame propose diverses activités à son mari qui se moque gentiment d'elle, comme dans l'exemple:

– Nous pourrions faire la sieste entre 12h et 14h.
– Oui, ma chérie, si nous faisions la sieste entre 12h et 14h!

1   Nous pourrions aller visiter l'arrière-pays.
2   Nous pourrions rendre visite à ta tante de Cannes.

3   Nous pourrions passer une journée en mer.
4   Nous pourrions visiter le Musée d'Art Moderne de Nice.
5   Nous pourrions écouter un concert au festival de Jazz à Nice.
6   Nous pourrions nous promener au marché aux fleurs du Cours Soleya.

 **... ET EN ROUTE!**

## 4  Quels camarades!

Votre ami(e) vous a demandé de l'aider samedi prochain, mais vous n'avez pas très envie de le faire. Inventez beaucoup de conditions qui commencent par *si* avant de consentir à l'aider! Vous aurez un tas de problèmes: le temps qu'il fera, vos autres copains/copines, les travaux ménagers, les achats, les visiteurs, les devoirs du lycée/collège, vous serez fatigué(e), etc.

Exemple:

– *Ben, je t'aiderai si j'ai le temps.*

## 5  Un premier ministre prudent

Que feriez-vous si vous étiez Premier ministre? Supposons que vous êtes déjà chef du gouvernement et vous voulez réduire les impôts, mais vous ne pouvez pas encore. Dans une interview pour la radio, vous devez dire dans quelles circonstances vous les réduiriez, selon ce modèle:

– *Je réduirais les impôts si la productivité industrielle était plus élevée.*

N'oubliez pas de mentionner: les taux d'intérêt, la valeur de l'euro, les prochaines élections, les services sociaux, les pensions, l'éducation, les importations, les exportations, la balance des paiements, le chômage.

## 6  L'histoire d'un délinquant

Paul Arcachon, 23 ans, sans emploi, sans adresse fixe, fut condamné hier à trois ans de prison pour avoir agressé à Boulogne-sur-mer une Anglaise et lui avoir volé son sac à main. Il paraît que ce n'est pas la première fois qu'il comparaît devant le tribunal puisqu'il a un casier judiciaire depuis l'âge de 14 ans.

Avec vos camarades, essayez d'analyser le cas de Paul, pour découvrir comment il est sorti du droit chemin. Combien de raisons pouvez-vous exprimer, en utilisant *si* selon le modèle?

Exemple:

*Si son père ne l'avait pas mis à la porte à l'âge de 16 ans, il ne serait pas devenu délinquant.*

Considérez aussi: les problèmes au collège, les mauvaises influences, les disputes à la maison, les vols de voitures, les autres agressions, les problèmes de logement avec les squatters, le chômage et d'autres problèmes auxquels vous pouvez penser.

# 40 How long for?

## MECANISMES

When you want to say in French how long an activity went on or has been going on, you need to take a number of factors into consideration.

## 40.1 The present

Actions which have been going on and are still in progress need the **present tense** in one of the following structures:

> Nous **habitons** à Montargis **depuis trois ans**.
> **Il y a**
> **Voilà**  } **trois ans que nous habitons** à Montargis.
> **Ça fait**
> We **have been living** in Montargis **for three years**.

These are all ways of saying the same thing, except that using **ça fait ... que** is rather more colloquial. The important thing to remember is that French uses the present tense, where English uses a past:

> **J'apprends** le français depuis six ans.
> Il y a/Voilà/Ça fait six ans que **j'apprends** le français.
> **I've been learning** French for six years.

> Mon père **travaille** aux Etats-Unis depuis six mois.
> Il y a/Voilà/Ça fait six mois que mon père **travaille** aux Etats-Unis.
> My father **has been working** in the USA for six months.

- If you want to ask 'How long has something been going on ...?', you would say:

> **Depuis combien de temps** habitez-vous ici?
> **Depuis quand** habitez-vous ici?
> **Il y a/Ça fait combien de temps que** vous habitez ici?
> **How long** have you been living here?

- If the action **had been going** on for a period of time, and **was still going on** at the time of reference, you use the above constructions with the **imperfect** in French. Note that **il y a** and **ça fait** also go into the imperfect:

> **Nous habitions** à Montargis **depuis** trois ans quand ma petite sœur est née.
> **Il y avait**
> **Voilà**  } trois ans que nous **habitions** à Montargis quand ma petite sœur est née.
> **Ça faisait**
> We **had been living in** Montargis for three years when my little sister was born.

*J'apprenais le français **depuis** six ans quand je suis allé(e) en France pour la première fois.*
***Il y avait/Voilà/Ça faisait** six ans que **j'apprenais** le français, quand je suis allé(e) en France pour la première fois.*
**I had been learning** French for six years when I went to France for the first time.

*Mon père **travaillait** aux Etats-Unis **depuis** six mois, quand nous sommes allés le rejoindre.*
***Il y avait/Voilà/Ça faisait** six mois que mon père **travaillait** aux Etats-Unis, quand nous sommes allés le rejoindre.*
My father **had been working** for six months in the USA, when we went to join him there.

- The question form would be:

  ***Depuis combien de temps** habitiez-vous ici ...*
  ***Depuis quand** habitiez-vous ici ...*
  ***Il y avait/Ça faisait combien de temps que** vous habitiez ici ...*
  *... quand votre sœur est née?*
  **How long had you been living** here when your sister was born?

- You can also use ***depuis*** meaning 'since' a particular occasion or date, or ***depuis que*** if this involves a clause. The same tense rules apply if the action is/was still going on:

  ***Depuis son enfance** il **rêve** de devenir président.*
  **Since his childhood** he **has dreamt** of becoming president.

  ***Depuis qu'il était jeune**, il **rêve** de représenter sa patrie.*
  **Since he was young**, he **has dreamt** of representing his country.

# 40.2  The past

If the action in the past is completed, you use the perfect or past historic with ***pendant***:

*Mon père **a travaillé** aux Etats-Unis **pendant** deux ans.*
My father **worked** in the USA **for** two years.
(He has now finished.)

*J'**ai étudié** le français **pendant** six ans.*
I **studied** French **for** six years.
(You have now stopped doing so.)

*François Mitterrand **fut** Président de la France **pendant** 14 ans.*
François Mitterrand **was** President of France **for** 14 years.
(He completed that term of office.)

- After certain verbs closely associated with time, the completed timespan can come directly after the verb with no preposition:

  *Au total, nous **avons vécu cinq ans** à Montargis.*
  In all, we **lived five years** in Montargis.

  *Mon père **a travaillé deux ans** aux Etats-Unis.*
  My father **worked for two years** in the USA.

## 40.3 The future

Referring to an intended period of time in the future, you use **pour**:

*Nous espérons aller en Espagne **pour** quinze jours.*
We're hoping to go to Spain **for** a fortnight.

If the duration is to be emphasised, you may use **pendant**:

*Nous serons en Espagne **pendant** une quinzaine.*
We shall be in Spain **for** a fortnight.

➡ **Exercices 1, 2, 3, 4**

 **METTEZ-VOUS AU POINT!**

## 1 Petite histoire d'Alsace

L'histoire d'Alsace est difficile à comprendre pour les étrangers. Vous avez la chance de rencontrer un ancien professeur d'histoire alsacien, et vous lui posez quelques questions sur l'étrange destin de sa région. Mettez les verbes aux temps qui conviennent le mieux.

- Depuis combien de temps est-ce que l'Alsace (être) française?
- L'Alsace (être) française depuis 1945.
- Et avant ça, pendant combien de temps est-ce que Hitler (annexer) l'Alsace?
- Il (annexer) l'Alsace pendant cinq ans.
- Mais avant Hitler, l'Alsace était-elle française?
- Oui, ça (faire) 21 ans qu'elle était française quand la seconde guerre mondiale a éclaté.
- Et vous, Monsieur, parliez-vous français ou allemand à l'école?
- Je suis né en 1935. J'ai donc commencé mes études en allemand. J'(étudier) en allemand depuis quatre ans quand la seconde guerre mondiale s'est terminée. Et voilà maintenant plus de 60 ans que je (parler) le français. Mais je n'ai pas oublié l'allemand, et j'(utiliser) aussi notre dialecte, l'*elsasserditsch,* depuis toujours quand je suis avec ma famille et mes amis.

## 2 Thierry Henry

Un journaliste a écrit ce court reportage sur le footballeur Thierry Henry. Dans son texte, cinq erreurs de temps de verbes se sont glissées. Veuillez les corriger.

> Thierry Henry est né en 1977 à Paris, et depuis son enfance, il rêve de devenir champion de France de football, ce qui se produisit en 1997. Il est marié depuis 2003 et père de famille depuis 2004. Il vit à Hampstead avec sa femme depuis plusieurs années. Depuis le début de sa carrière, il a 73 sélections et il marque 30 buts.
>
> Lorsque nous avons interviewé Thierry Henry en 2005, il joue déjà pour Arsenal depuis cinq ans. Avant ça, il joue pour la Juventus de Turin pendant un an, et entre 1994 et 2000 il s'est distingué dans l'équipe de Monaco.
>
> Il est encore très jeune, mais depuis ses débuts, il joue de façon remarquable.

# 3 Grand-père n'est pas convaincu

Votre correspondant(e) explique les avantages d'Internet à son grand-père qui n'est pas convaincu. Complétez ses explications à l'aide de *pour, pendant, depuis* ou *depuis que*.

Lorsque tu étais enfant, tu attendais . . **1** . . des heures au téléphone pour obtenir un renseignement, ou tu faisais la queue . . **2** . . des demi-journées au guichet de la gare pour faire une réservation. Maintenant, c'est différent.

. . **3** . . nous sommes sur Internet c'est plus rapide: pour obtenir un renseignement SNCF ou une réservation, il suffit d'un petit clic, et le tour est joué.

. . **4** . . une dizaine d'années, avec maman, nous réservons aussi nos places d'avion par Internet, et quelquefois, je fais même mes courses par Internet. C'est beaucoup plus pratique!

Avant, il fallait être patient et attendre son tour . . **5** . . longtemps au guichet de la banque. Maintenant, plus besoin d'attendre, tu consultes tes comptes par Internet, avec un code secret.

Et si tu pars à l'étranger . . **6** . . plusieurs mois, tu peux rester en contact avec ta famille, recevoir ton courrier et consulter tes comptes où que tu sois!

. . **7** . . quelques années, les ordinateurs sont très puissants et les connections très rapides!

Vraiment, grand-père, c'est très facile, tu aurais dû t'acheter un ordinateur . . **8** . . longtemps!

# 4 Depuis quand ...?

Vous avez des amis qui ne parlent pas beaucoup de français, mais qui veulent accueillir chez eux des invités de votre ville jumelle. Pour mieux connaître leurs invités, ils ont préparé une liste de questions que vous leur avez promis de traduire en français. Alors, allez-y!

1 How long have you lived in Jargeau?
2 How long have you been learning English?
3 How long have you lived in your present house?
4 How long have you been a member of your twinning association (*comité de jumelage*)?
5 How long have you played football for Jargeau?
6 How long have you been working in Orléans?
7 How long have you been coming to England?
8 How long did you stay last time?
9 How long were you in the Channel Tunnel?
10 How long will you be here?

 **... ET EN ROUTE!**

## 5 Depuis quand ... ? (suite et fin)

Maintenant vous êtes la personne que vos amis vont accueillir dans l'exercice 4. Répondez en français à vos propres questions! Vous pouvez écrire les réponses ou bien les dire à haute voix à votre professeur ou à votre assistant(e).

## 6 Raconte-moi ta vie

Vous voulez faire une courte biographie d'un(e) de vos camarades de classe. Alors vous lui posez des questions sur la durée pendant laquelle il/elle a fait certaines choses, et il/elle doit y répondre. Bien sûr, vous vous concentrerez sur ses activités préférées. Quand vous aurez posé toutes vos questions, changez de rôles.

Exemple:

– *Depuis combien de temps est-ce que tu vas à ce collège/lycée?*
– *Ça fait deux ans que j'y vais.*
– *Ça fait combien de temps que tu fais de l'équitation?*
– *J'en fais depuis quatre ans.*

## 7 Encore une vie

Ecrivez la biographie d'un personnage célèbre, en insistant sur la durée pendant laquelle il a fait telle ou telle chose.

# 41 Prepositions

## MECANISMES

Prepositions tell you where somebody or something is in relation to somebody or something else in space or time: 'with', 'in front of', 'before', 'after', etc.

Below are the most common prepositions in French. Pay close attention to these notes about their use, since many do not correspond exactly with their apparent English counterparts.

## 41.1 *à*

The basic meaning of *à* is 'to' or 'at'. Don't forget the contractions *à + le = au*, *à + les = aux*.

*Nous avons envoyé le bulletin à tous les parents.*
We have sent the report **to** all parents.

*Nous nous retrouverons au marché à 11 heures, d'accord?*
We'll meet up **at the** market **at** 11 o'clock, OK?

- It is used meaning 'at' in prices and distances where this may not be expressed in English:

*Les poires sont à 11 francs le kilo.*
The pears are 11 francs a kilo.

*Sully-sur-Loire est située à 120 kilomètres de Paris.*
Sully-sur-Loire is situated 120 kilometres from Paris.

- It also means 'in' or 'on' various locations, where there is no particular emphasis on being 'inside' or 'on top of':

*Allons au jardin. Mais, attention! Il fait chaud au soleil. Asseyez-vous à l'ombre.*
Let's go **into the** garden. But be careful: it's hot **in the** sun, sit **in the** shade.

- For 'to', 'at' or 'in' a town use *à*:

*Nous allons prendre le ferry à Caen. Nous chercherons un hôtel à Portsmouth.*
We're going to catch the ferry **at** Caen. We'll look for a hotel **in** Portsmouth.

- *Au* is used meaning 'to' or 'in' a masculine country (see *en* for feminine countries):

*au Canada, au Japon, aux Etats-Unis*   **to/in** Canada, **to/in** Japan, **to/in** the United States

- Use *à* to refer to features or attributes, often meaning 'with':

*Vous voyez là-bas cet homme aux lunettes noires et à l'anorak bleu?*
You see that man over there **with** the dark glasses and the blue anorak?

*Est-ce que vous connaissez la maison **aux** murs blancs et **à la** cheminée tordue?*
Do you know the house **with** the white walls and the twisted chimney?

- It is used to describe manner or means:

*à vélo/bicyclette; **à** cheval; **à** pied; fait **à** la machine; un poêle **à** bois*
**by** bike/bicycle; **on** horseback; **on** foot; **machine-made**; a **wood-burning** stove

- It is used to denote the use or purpose of an object (see section 27.2.2):

| | |
|---|---|
| *une cuiller **à soupe*** | a **soup** spoon |
| *une machine **à coudre*** | a **sewing** machine |

- It is also used to indicate speeds:

*120 kilomètres **à l'heure***      120 kilometres **an** hour

- After verbs involving separation it can mean 'from': ***acheter qqc à qqn*** (see Chapter 28).

- It is used to link verbs, nouns and adjectives to an infinitive (this is treated fully in Chapter 27).

# 41.2  *dans* and *en*

Both these prepositions mean 'in'. The following are useful guidelines as to which to use, but if in doubt, seek help in a dictionary!

- ***Dans*** tends to mean **physically in** or inside something:

| | |
|---|---|
| ***dans** la rivière* | **in** the river |
| ***dans** ma poche* | **in** my pocket |
| ***dans** le sud* | **in** the south (and all compass points) |
| ***dans** le Loiret* | **in** (or to) the Loiret (and other *départements* or counties) |
| ***dans** quelques minutes* | **in** a few minutes' time (that is, **at the end of that time**) |

Note: *J'ai pris les tickets **dans** ma poche* – I took the tickets **out of** my pocket (they were **in it** when I took hold of them!)

- ***En*** tends to be used with more **abstract concepts**:

| | |
|---|---|
| ***en** juillet* | **in** July (and all months) |
| ***en** été/automne/hiver* | **in** summer/autumn/winter, but ***au printemps**,* in spring |
| ***en** 2008* | **in** 2008 (and all years) |
| ***en** espagnol* | **in** Spanish (and all languages) |
| ***en** avion* | **by** plane (and other modes of transport) |
| ***en** plastique* | (**in**) plastic (and other materials) |
| ***en** rouge* | **in** red (and other colours) |
| ***en** route* | **on** the way |
| ***en** face* | **opposite** |

... and many other set phrases

- *En* with a time indicates the timespan taken to perform the action:

  *J'ai terminé cet exercice **en 10 minutes**.*
  I finished that exercise **in 10 minutes**.

- *En* is the only preposition that is followed by the present participle, meaning 'on/while/by doing': ***en faisant**.* (See section 29.1.1.)

# 41.3  *de*

Don't forget the contractions *de + le = du, de + les = des.*

- *De* means 'of', and is used to indicate possession:

  *Par beau temps on peut voir les sommets **des** montagnes.*
  In good weather you can see the tops **of the** mountains (the mountain tops).

  *«Les vacances **de** M. Hulot» est un des films les plus célèbres **de** Jacques Tati.*
  'M. Hulot**'s** Holiday' is one of the most famous of Jacques Tati**'s** films.

- It means 'from' in most senses:

  ***D'**où êtes-vous? Nous sommes **du** Québec.*
  Where are you **from**? We're **from** Quebec.

  ***De** Paris à Bordeaux – ça fait à peu près 400 kilomètres.*
  **From** Paris to Bordeaux is about 400 kilometres.

📝 *De* is not used to mean 'from' with verbs of separation; see section 41.1.

📝 Note certain phrases meaning 'from ... to ...' use *de ... en ...*:

| | |
|---|---|
| *de temps **en** temps* | **from** time **to** time |
| *aller **de** mal **en** pis* | to go **from** bad **to** worse |

- *De* is used to link the agent of certain verbs:

| | |
|---|---|
| *couvert(e) **de** poussière* | covered **in/with** dust |
| *suivi(e) **d'**une foule* | followed **by** a crowd |

- It is used to link *quelqu'un*, *quelque chose* and their negatives *personne*, *rien* to an adjective:

| | |
|---|---|
| *quelque chose **d'**amusant* | something **funny** |
| *rien **d'intéressant*** | nothing **interesting** |

- It is used with *façon, manière, air* + an adjective to indicate the manner in which something is done:

| | |
|---|---|
| ***d'**un air fâché* | **with** an angry look/gesture |
| ***d'**une façon irrégulière* | **in** an irregular fashion/way |

## 41.4 *Par* – by, through, via, per

*Ce roman a été écrit **par** Marcel Proust.*
That novel was written **by** Marcel Proust.

*Vous pouvez passer **par** le centre de Paris ou **par** le périphérique.*
You can go **through** the centre of Paris or **via** the ring road.

*Il faut prendre ce médicament trois fois **par** jour.*
You must take this medicine three times **a/per** day.

*Par* can mean 'in' or 'on' in such phrases as:

| | |
|---|---|
| *par* temps de pluie | **in** rainy weather |
| *par* un beau jour de printemps | **on** a nice spring day |

## 41.5 *Pour* – for

Its main use indicates destination or intention:

*Voici un petit cadeau **pour** toi.*
Here's a little present **for** you.

*Ils sont déjà partis **pour** les Pyrénées.*
They have already set out **for** the Pyrenees.

*Ils y vont **pour** quelques jours.*
They are going there **for** a few days.

For the use of *pour* + infinitive – 'in order to' see Chapter 25, and for *pour que* + clause – 'in order that', see Chapter 36.

## 41.6 *Sur* – on, about

*Ne marchez pas **sur** la pelouse.*
Do not walk **on** the grass.

*Elle a écrit un article très intéressant **sur** le féminisme en France.*
She wrote a very interesting article **on/about** feminism in France.

*Sur* is used in some places where English uses 'in' (usually where a flat surface is involved):

*J'ai stationné **sur** le parking central et je me suis dirigé vers un des cafés qu'il y a **sur** la place.*
I parked **in** the central car-park and went to one of the cafés **in** the square.

It is also used meaning 'by' in dimensions (see Chapter 13), and 'out of' a total:

*Ce travail vaut seize **sur** vingt.*
This work is worth sixteen **out of** twenty.

# 41.7 Other prepositions

| | |
|---|---|
| *à cause de* | because of, owing to |
| *à côté de* | beside, at the side of, next to, next door to |
| *à droite de* | on the right of |
| *à gauche de* | on the left of |
| *à la fin de* | at the end of (in time) |
| *à l'aide de* | by means of, with the help of |
| *après* | after |
| *d'après* | according to, after = based on (author, etc.) |
| *au bord de* | at/on the edge of |
| *au bout de* | at the end of (something concrete) |
| *au centre de* | at the centre of |
| *au-dessous de* | under, beneath, below |
| *au-dessus de* | above, over the top of |
| *au lieu de* | instead of |
| *au milieu de* | in the middle of |
| *au moyen de* | by means of |
| *au sujet de* | about, on the subject of |
| *autour de* | around |
| *avant* | before (in time) |
| *avec* | with |
| *chez* | at the house/home/shop of |
| *contre* | against |
| *depuis* | since (see Chapter 40) |
| *derrière* | behind |
| *dès* | from (a time) |
| *devant* | in front of, before (in place) |
| *de l'autre côté de* | on/from the other side of |
| *du côté de* | from the direction of |
| *en face de* | opposite |
| *en haut de* | at/on the top of |
| *entre* | between |
| *envers* | towards (attitude, behaviour, etc.) |
| *grâce à* | thanks to |
| *hors de* | outside (of) |
| *jusqu'à* | until, as far as |
| *le long de* | along, alongside |
| *loin de* | a long way from, far from |
| *malgré* | in spite of |
| *parmi* | among |
| *pendant* | during |
| *près de* | near (to) |
| *sans* | without |
| *sauf* | except |
| *selon* | according to |
| *sous* | under, below |
| *vers* | towards (direction), about (a time) |

- **Avec** means 'with' in the sense of 'in the company of' or 'by means of':

  *Eléonore est venue **avec** moi.*               Eléonore came **with** me.

  *On mange ça **avec** une fourchette.*          You eat that **with** a fork.

If 'with' means 'at the house of', use **chez**:

  *Nous avons passé Noël **chez** mes parents.*
  We spent Christmas **with** my parents (that is, **at their house**).

  *Nous avons passé Noël **avec** mes parents.*
  We spent Christmas **with** my parents (**in their company**, but not necessarily in their house).

- See also **à** used with attributes in section 41.1.

- **Vers** means physically 'towards': **vers** *le pont* **towards** the bridge.

It is also used with times, meaning 'about':

  *Nous sommes arrivés **vers** 11h*
  We arrived **about** 11 o'clock.

**Envers** is used when describing an attitude:

  *Leur comportement **envers** nous a été un peu étrange*
  Their behaviour **towards** us has been a bit strange.

- **Grâce à** – 'thanks to, owing to' tends to be used with a positive outcome, and **à cause de** – 'because of, owing to' with a negative one:

  ***Grâce au** tunnel sous la Manche il est possible d'aller de Londres à Paris en trois heures.*
  **Thanks to/Owing to the** Channel Tunnel it is possible to get from London to Paris in three hours.

  ***A cause du** tunnel sous la Manche, les habitants des villages du Kent souffriront d'une intensification de la pollution sonore.*
  **Because of/Owing to the** Channel Tunnel, the inhabitants of villages in Kent will suffer an increase in noise pollution.

Take care to distinguish between **au-dessous de** and **au-dessus de**. They are not pronounced the same, and mean the exact opposite of each other!

When a preposition is used with a verb, all except **en** take the infinitive (see Chapter 27). **En** is followed by the present participle (see Chapter 29).

The disjunctive pronoun is used after prepositions: **pour moi**, **sans eux** (see Chapter 10).

➡ **Exercises 1, 2.**

# 41.8 Related adverbs and conjunctions

Many prepositions, especially the compound ones linked to a noun or verb by **de,** can be used as adverbs without the **de**:

  *Mettez les valises **dessous**.*              *Ils habitent **à côté**.*

  Put the cases **underneath**.               They live **next door**.

Some prepositions can be converted to conjunctions by adding *que*:

| | |
|---|---|
| *pour que* | in order that (see Chapter 36) |
| *avant que* | before |

 **METTEZ-VOUS AU POINT!**

## 1 La promenade en bateau-mouche

Après avoir fait une promenade en bateau-mouche sur la Seine, vous écrivez à vos amis pour raconter votre aventure. Mais voilà que votre ordinateur devient fou et substitue les prépositions les unes aux autres. Essayez de reconstituer le texte authentique de la lettre.

*Chers amis,*

*Hier je suis allé(e) faire une promenade **dans** bateau-mouche **selon** la Seine, **depuis** mes copains. Nous avons pris le bateau pas loin **contre** la tour Eiffel, **sur** le Pont de l'Alma. Puis nous sommes passés **avec** les Ponts des Invalides et Alexandre III. Ensuite, **envers** le Pont de la Concorde, nous sommes passés sous le Jardin des Tuileries, **loin du** Palais du Louvre, **après** d'apercevoir, au loin, les deux tours **avec** Notre-Dame. Alors que nous passions **le long du** Pont Neuf, nous avons entendu un bruit bizarre. C'était un des moteurs **hors du** bateau qui nous lâchait. Le pilote a fait appel **envers** un autre bateau qui n'a pas tardé **pour** arriver. Alors il a fallu changer **en** bateau, et un des touristes américains est tombé **en face de** l'eau. **Autour de** nous dédommager, la compagnie **parmi** bateau nous a invités **devant** prendre un verre **en** un bistrot **sans** l'Île Saint-Louis.*

## 2 La Corse ou l'île qui en a assez d'être belle

Voici un article de journal concernant la Corse et ses habitants. Le rédacteur a omis les prépositions. Vous le compléterez à l'aide des prépositions suivantes: *dans, pour, avec, du, sur, en, des, de, d', à*. Vous pouvez utiliser une préposition plus d'une fois.

Les habitants . . 1 . . l'île . . 2 . . beauté réclament un niveau . . 3 . . vie égal . . 4 . . celui . . 5 . . continentaux. Ils ont . . 6 . . leur avantage le soleil; mais le soleil, ça ne fait pas tout. Leurs salaires sont . . 7 . . moyenne inférieurs . . 8 . . 25% . . 9 . . ceux des continentaux et pourtant les prix sont environ 10% plus élevés qu' . . 10 . . Marseille. Bon nombre . . 11 . . ménagères vont faire leurs courses . . 12 . . le continent, mais le coût . . 13 . . voyage s'élève . . 14 . . 500 euros . . 15 . . une famille . . 16 . . deux enfants. Les Corses sont toujours . . 17 . . négociation . . 18 . . le gouvernement français . . 19 . . obtenir primes et subventions. Mais l'argent n'arrive pas . . 20 . . ses vrais destinataires, et il est impossible . . 21 . . savoir où vont les subventions. Alors, cherchez l'erreur! Qui se met l'argent . . 22 . . la poche?

 **... ET EN ROUTE!**

## 3  Plan de la ville

Travaillez par deux. Vous êtes architecte, et vous avez conçu le plan d'un nouveau quartier d'une ville. Vous voulez communiquer tout de suite vos idées à votre associé(e), mais malheureusement son scanner est en panne. Alors vous lui décrivez votre plan au téléphone. Dessinez d'abord votre plan, et votre partenaire doit essayer de dessiner ce que vous lui décrivez.

Exemple:

*Sur la place, du côté nord, j'ai mis l'Hôtel de Ville. Au centre de la façade, il y a une grande arcade. Au-dessus de l'arcade il y a une statue. De chaque côté de l'arcade il y a une grande fenêtre, avec un balcon. Les fenêtres sont très simples, sans décoration. En face de ce bâtiment, devant l'entrée de la gare ...*

## 4  Le lunch de mariage

Imaginez-vous dans sept ou huit ans. Vous allez vous marier et le mariage va avoir lieu en France. Dans cet exercice vous téléphonez ou vous écrivez à la famille de votre fiancé(e), en expliquant où vous voulez que les membres de votre famille et vos invités anglais s'asseyent pour le repas de noces. Donnez au moins 10 instructions, en utilisant les prépositions.

Exemple:

*Mon oncle Mike ne doit pas s'asseoir à côté de l'oncle Paul, parce qu'ils ne s'entendent pas bien. Mettez la cousine Abigail en face du cousin Rod, car ils s'aiment bien. Comme elle parle bien français, ma tante Julia aimerait bien se trouver parmi des Français, ou bien elle pourrait être interprète si vous la mettiez entre les Français et les Anglais ...*

## 5  L'appartement neuf

Vous voilà mariés! Vous venez d'acheter votre premier appartement ensemble, et vous discutez de la façon d'arranger les meubles de la salle de séjour. Dessinez la salle de séjour. Placez d'abord les portes et les fenêtres, puis travaillez à deux, en discutant de l'endroit où vous allez mettre les fauteuils, le canapé, la grande table, les tableaux, le miroir, les petites tables à café, les plantes, les petits tapis, la chaîne stéréo et ses baffles, l'aquarium, etc.

Exemple:

– *Moi, je pense que les fauteuils vont mieux aux coins de la salle.*
– *Mais non! Ils doivent être devant la cheminée, en face l'un de l'autre, et le canapé sous la grande fenêtre.*

# 42 Relative pronouns

## MECANISMES

A relative pronoun is one which joins two clauses in order to give more information about a noun or pronoun, for example: the house in which I was born, the woman who left her gloves on the bus, the person whose photo was in the paper, the one that got away. In other words, 'who', 'whom', 'which', 'that', 'whose', and also the conjunctions 'where' and 'when' can be used as relatives.

It is important to differentiate between **relative** pronouns, which are link words, and **interrogative** pronouns, which ask questions. In English, words such as 'who', 'what' and 'which' have both a relative and an interrogative function, and the same is true of *qui*, *que*, and the various forms of *lequel* in French. However, the usage of these words is different according to these functions, and their function as interrogative (question) words is dealt with in Chapter 43.

Remember: relative pronouns do not ask questions.

## 42.1 *Qui*

*Qui* is used meaning 'who', 'which' or 'that', when it is the subject of its clause:

> *La femme **qui** a laissé ses gants dans le car est venue les chercher à la gare routière.*
> The woman **who** left her gloves on the bus came to collect them at the bus station.

> *Le car qui part à 17h30 arrive à Bonnée vers 19h.*
> The bus that leaves at 17.30 arrives at Bonnée around 19.00.
> (The woman and the bus do the action of the relative clause – *(elle) a laissé* and *(il) part*.)

*Qui* is also used meaning 'who(m)' after a preposition:

> *Connaissez-vous les étudiants **avec qui** nous sommes allés en Suisse?*
> Do you know the students we went to Switzerland **with?**
> (**with whom** we went to Switzerland)

## 42.2 *Que*

*Que* (*qu'* before a vowel or mute *h*) means 'who(m)', 'which' or 'that' when it is the direct object of its clause:

> *La femme **que** nous avons vue dans la gare routière cherchait les gants **qu'**elle avait laissés dans le car.*
> The woman **(that)** we saw at the bus station was looking for the gloves **that** she had left on the bus.
> (The woman and the gloves are both objects of their clauses: we saw **her**, and she left **them**, and therefore **que** is used for 'that/whom/which'.)

*C'est un nom **que** je ne reconnais pas.*
It's a name (that/which) I don't recognise.

✍ This is one of the circumstances where a 'preceding direct object' agreement may be necessary in the compound tenses. See Chapter 19.

✍ Note that in English the relative 'who(m)', 'which, 'that' is often omitted. You cannot do this in French. Ask yourself whether you could add 'that' to the 'English; if you could, then you must add **que** in French.

## 42.3 *Dont*

*Dont* means 'whose', 'of whom', 'of which':

*Voilà la femme **dont** on a trouvé les gants!*
There's the woman **whose** gloves have been found!

It is the word you use to link *de* with a relative. Be prepared to use it in constructions that are linked to a noun with *de* (such as *parler de*, *avoir besoin de*, and so on. See sections 27.3 and 28.3).

*Dont* must always immediately follow the word it refers to (its antecedent):

*C'est un sujet **dont** nous parlions hier soir.*
It's a subject we were talking **about** (**about which** we were talking) last night.

In English you can end the clause with the preposition: 'the subject we were talking **about**'. You must not do this in French: the preposition must always precede the relative at the beginning of the clause.

You can't use *dont* in expressions such as 'the driver in whose car', 'the car in whose boot', as it would be separated from its antecedent. You would do better to simplify the sentence:

*Le chauffeur de la voiture dans laquelle nous voyagions était très jeune.*
**The driver in whose car** we were travelling was very young.

*On avait placé le cadavre dans le coffre d'une voiture. C'était une Renault.*
**The car in whose boot the corpse had been placed** was a Renault.

➡ **Exercise 1**

## 42.4 *Lequel/laquelle/lesquels/lesquelles*

This form is used referring to things and concepts after a preposition. It is also sometimes used to refer to people, though this is regarded as less correct. Note the four forms, which indicate the gender and number of the antecedent.

*Mon ordinateur est un appareil **sans lequel** il serait très difficile de travailler.*
My computer is a piece of equipment **without which** it would be very difficult to work.

*C'est une idée **pour laquelle** il a lutté toute sa vie.*
It's an idea **for which** he has fought (he has fought **for**) all his life.

📝 Note the forms when *lequel* is linked to *à* and *de*:

*auquel/à laquelle/auxquels/auxquelles*
*duquel/de laquelle/desquels/desquelles*

*C'est une femme **à laquelle** j'ai toujours voué une grande admiration.*
She's a woman **for whom** I've always had a great admiration.

- ***Duquel*** is used mainly after compound prepositions ending with *de*:

  *Il est naturel que les propriétaires des maisons **en face desquelles** on propose de construire un hypermarché y soient opposés.*
  It's natural that the owners of the houses **opposite which** they are proposing to build a hypermarket are opposed to it.

- If there is no great emphasis on being 'in' or 'on' something, *où* is often used instead of *dans/sur lequel*:

  *Voici la maison **où** Victor Hugo vécut pendant son exil au Luxembourg.*
  This is the house **in which** Victor Hugo lived during his exile in Luxembourg.

- 'The day/month/season/year **when**' = *le jour/le mois/la saison/l'année **où***:

  *Août est le mois **où** toute la France part en vacances.*
  August is the month **when** the whole of France goes on holiday.

➡ **Exercises 2, 3**

# 42.5  Ce qui, ce que, ce dont, ce à quoi

These forms mean 'what', in the sense of 'that which', the form depending on the grammatical function as described in sections 42.1, 42.2 and 42.3 above:

*__Ce qui__ m'embête, c'est son attitude.* (subject)
**What** annoys me is his attitude.

*Moi, je ne comprends pas **ce qu'**il dit.* (object)
I can't understand **what** he says.

*Je prendrai **ce dont** vous n'avez pas besoin.* (linking *de*)
I'll take **what** you don't need.

*__Ce à quoi__ je me réfère, c'est à son discours d'inauguration.* (linking *à*)
**What** I'm referring to is his inauguration speech.

*Ce qui/ce que/ce dont* are also used meaning 'which', referring back to an idea or sentence, not a particular noun:

*Les invités sont arrivés avec une heure de retard, **ce qui** n'a pas beaucoup plu à leurs hôtes.*
The guests arrived an hour late, **which** didn't please their hosts very much.

See also the use of *ce qui/ce que/ce dont* in indirect speech (Chapter 45).

## 42.6  *Celui qui/celui que/celui dont*

These forms mean 'the one who(m)/which', 'the ones (those) who(m)/which', and refer back to a specific noun or nouns. Don't forget that *celui* has four forms, depending on the number and gender of the noun(s) it represents: *celui/ceux/celle/celles*. You can revise the four forms in section 9.1. It is followed by *qui*, *que* or *dont* according to the rules outlined in sections 42.1, 42.2 and 42.3 above.

*J'aime tous ces chiens, mais j'adore **celui qui** agite la queue quand je le caresse.* (subject)
I like all these dogs, but I love **the one who** wags his tail when I stroke him.

***Ceux que** nous avons vus dans l'autre chenil étaient plus grands.* (object)
**Those/The ones (which/that)** we saw in the other kennel were larger.

*Vous aviez aussi deux chattes. Il y avait Sophie, et **celle dont** j'ai oublié le nom.* (linking *de*)
You also had two cats. There was Sophie, and **the one whose** name I've forgotten.

*Celui qui/que/dont* can also mean just 'anyone who', and *ceux qui/que/dont* = 'those who', 'anyone who' in a general sense:

*Il y a un ascenseur pour ceux qui ne veulent pas monter par l'escalier.*
There is a lift for those who don't want to go up by the stairs.

(For other uses of *celui* see Chapters 8 and 9.)

➡ **Exercise 4**

 **METTEZ-VOUS AU POINT!**

## 1  Les jeunes et la voiture

Un sondage a été réalisé en France sur le thème suivant: les jeunes et la voiture. Voici donc ce que les jeunes en pensent. Vous compléterez chaque phrase en reliant les deux membres à l'aide de *qui*, *que* ou *dont*, selon le cas.

1  C'est un moyen de locomotion
    **a** . . . . est indispensable en France, car il n'y a pas assez  de transports publics.
    **b** . . . . l'on devrait interdire au centre des villes car elle est trop polluante.
    **c** . . . . les Français ont du mal à se séparer.
    **d** . . . . consomme beaucoup d'énergie.
2  Les gros 4 × 4 sont des voitures
    **a** . . . . sont très spacieuses.
    **b** . . . . on ne voit pas l'utilité en ville.
    **c** . . . . ne sont souvent pas nécessaires.
    **d** . . . . les gens achètent pour frimer.

## 2 Internet

Dans le texte ci-dessous qui parle d'Internet, vous remplacerez les pointillés par *qui*, *que*, *dont*, *auquel* ou *lequel*:

Internet est le moyen de communication internationale . . 1 . . aiment utiliser tous les jeunes. C'est le moyen de communication . . 2 . . est le plus rapide à l'heure actuelle, c'est celui . . 3 . . l'on utilise pour envoyer photos et documents. C'est encore celui grâce . . 4 . . on peut communiquer par deux ou à plusieurs en forum. C'est un ami . . 5 . . on peut être sûr, . . 6 . . permet de ne jamais s'ennuyer, avec . . 7 . . on peut chercher des informations et avec . . 8 . . on peut jouer pendant des heures entières. C'est une présence discrète chez soi, . . 9 . . l'on peut consulter à tout moment, . . 10 . . est intelligent et vous parle, mais avec . . 11 . . on se fâche souvent si l'on n'obtient pas ce que l'on désire. C'est un outil . . 12 . . tout le monde devra bientôt être capable d'utiliser.

## 3 Le cours d'EPS

C'est le début du cours d'EPS (éducation physique et sportive). Le professeur vous donne les consignes pour ranger le matériel à la fin du cours. Transformez les instructions du professeur afin de faire une seule phrase comme dans l'exemple:

– *Vous pouvez jouer avec les ballons, mais après le cours, rangez-les.*
– *Rangez les ballons avec lesquels vous aurez joué.*

1   Vous pouvez utiliser les balles, mais après le cours, rangez-les.
2   Vous pouvez faire vos exercices sur la poutre, mais après le cours, rangez-la.
3   Vous pouvez grimper à la corde, mais après le cours, donnez-la-moi.
4   Vous pouvez faire des abdominaux sur les tapis de sol, mais après le cours, rangez-les.
5   Vous pouvez mettre le filet pour jouer au volley-ball, mais après le cours, enlevez-le.
6   Vous pouvez prendre des douches dans les cabines, mais après le cours, nettoyez-les.

## 4 Le bal masqué

C'est le Carnaval en France. Vous allez au bal masqué avec votre correspondant(e). Celui-ci/Celle-ci vous donne des indications pour reconnaître les gens, ou mieux, les personnes cachées derrière les masques. Essayez de retrouver ces indications en faisant correspondre un début de phrase de la colonne A avec une fin de phrase de la colonne B.

| A | | B | |
|---|---|---|---|
| 1 | Le loup c'est celui ... | a | ... dont elle est couverte. |
| 2 | L'agneau c'est la petite blonde habillée en blanc ... | b | ... avec lequel tu as longuement discuté, et qui est déguisé en Indien. |
| 3 | C'est ma sœur ... | c | ... duquel nous sommes assis. |
| 4 | Mais je ne sais pas où elle a trouvé cette fourrure rousse ... | d | ... dont il faut se méfier. |
| 5 | Je ne reconnais pas le grand brun avec un bec jaune. C'est ... | e | ... qui a les grandes dents blanches. |
| 6 | Et mon cousin c'est ce garçon ... | f | ... que tu vois là-bas déguisée en renard. |

| | | | |
|---|---|---|---|
| 7 | Regarde bien ce jeune en face ... | g | ... ce qui m'embête le plus. |
| 8 | Je pense bien que c'est celui ... | h | ... avec qui danse le loup. |
| 9 | Il y a vraiment des gens ... | i | ... auquel j'ai prêté mon disque favori la semaine dernière et qui ne me l'a pas rendu. |

# ... ET EN ROUTE!

## 5  C'est un personnage qui ...

Chaque étudiant(e) doit décrire un personnage bien connu ou même quelqu'un du collège/lycée, et les autres doivent deviner son identité. Il faut utiliser au moins un pronom relatif dans votre description.

Exemples:

*C'est un Français qui joue au football pour une équipe anglaise. (Thierry Henry)*
*C'est un prof dont la fille est en 3^e, et qui enseigne la biologie. (Mme X)*

## 6  Définitions

Travaillez par deux. L'un(e) d'entre vous est un(e) étudiant(e) de français qui a des problèmes de vocabulaire, et veut savoir le mot français pour ce qu'il/elle décrit. L'autre lui donne une définition ou une explication où il faut utiliser des pronoms relatifs. Choisissez un domaine spécifique de vocabulaire (les animaux, la maison, l'environnement, la santé, etc.).

Exemple:

*– Comment appelle-t-on en français l'action qui cause une hausse mondiale de la température, et qui va causer des inondations dans certaines régions si l'on n'y trouve pas une solution?*
*– C'est l'effet de serre.*

## 7  Descriptions

Apportez en classe une peinture ou une photo où se trouvent un bon nombre de personnes, et décrivez-la à vos camarades. Vous emploierez naturellement beaucoup des pronoms relatifs que vous venez d'étudier. Par ailleurs vous pourriez en faire une description écrite.

Exemple:

*– Cette peinture représente une scène d'hiver, où les habitants du village jouent dans la neige. Ceux qui se promènent sur la glace ... Celui qui se trouve au coin ... L'édifice que vous voyez à gauche ... Ce qui me plaît dans cette peinture c'est ...*

# 43 Questions: the interrogative

## 43.1 Yes/No questions

There are several ways of asking a straight question requiring the answer 'yes' or 'no', to some extent depending on the degree of formality or familiarity required.

### 43.1.1 Inversion

You can invert (turn round) the pronoun subject and verb:

*Allez-vous* en ville cet après-midi?
**Are you going** to town this afternoon?

- There is always a hyphen between verb and subject, and don't forget that 3rd person singular forms ending in *-e* or *-a* need *-t-* between the verb and subject pronoun *il*, *elle*, *on*:

  Y va-*t*-elle aujourd'hui ou y ira-*t*-elle demain?
  Is she going today or will she go tomorrow?

  Chante-*t*-il en français ou en anglais?
  Does he sing in French or English?

- In the perfect and other compound tenses, only the auxiliary verb is inverted; the past participle remains last (see also section 19.2):

  *N'as-tu pas* encore terminé?
  Haven't you finished yet?

- Note that this form is more used in written French. In speech it is used mainly with some very common verbs, including auxiliaries (*être*, *avoir*, *aller*, *faire*, *devoir*, *pouvoir*, *savoir*, *vouloir*). Used with other verbs it can sound rather formal. It is probably true to say that it is more usually used in the 2nd person forms.

  *Savez-vous* faire du deltaplane? *Voulez-vous* apprendre? *N'avez-vous pas* peur?
  **Can you** hang-glide? **Would you like** to learn? **Aren't you** afraid?

- When the subject is a noun, the subject is stated first and the verb then inverted with the corresponding subject pronoun:

  *Ce musicien, chante-t-il* en français ou en anglais?
  **Does this musician sing** in French or English?

You cannot just invert a noun subject and verb.

## 43.1.2 *Est-ce que/qu'...?*

A useful device to convert a statement to a question, and probably the most commonly used question form, is simply to insert *est-ce que/qu'* before the subject and verb. It is also easy to use, since you do not have to invert the verb:

**Est-ce qu'elle va** *en ville aujourd'hui?*
**Is she going** to town today?

**Est-ce que ce musicien chante** *en français ou en anglais?*
**Does this musician sing** in French or English?

## 43.1.3 Raise the pitch of your voice

In familiar spoken French it is quite a common practice to ask a yes/no question leaving the subject and verb in 'statement' order and giving the sentence a question intonation by raising the pitch of your voice at the end. This method cannot of course be used in formal written French.

**Vous allez** *en ville aujourd'hui?*
**Are you going** to town today?

**Tu vas** *m'aider?*
**Are you going** to help me?

**Il chante** *en français ou en anglais?*
**Does he sing** in French or English?

**Il chante** *en français ou en anglais,* **ce musicien**?
**Does this musician sing** in French or English?

# 43.2 Interrogative (question) words

Not all questions require 'yes/no' as an answer. You may need more specific information, such as 'who?', 'what?', 'when?', 'where?'. Basically you can add the relevant question words to methods 43.1.1 and 43.1.2, and to a certain extent 43.1.3 above, but there are some points to watch.

## 43.2.1 Who(m)?

- As the subject of the verb, you can use *qui?* or *qui est-ce qui?* As they are the subject, there is no inversion of the verb:

**Qui** *sait la réponse?*
**Qui est-ce qui** *sait la réponse?*
} **Who** knows the answer?

- As the direct object of the verb, use *qui?* with inverted verb or *qui est-ce que?* (*qui est-ce qu'* before a vowel or mute *h*) without inversion:

**Qui** *connaissez-vous ici?*
**Qui est-ce que** *vous connaissez ici?*
} **Who(m)** do you know here?

**Qui** *a-t-il vu?*
**Qui est-ce qu'***il a vu?*
} **Who(m)** did he see?

- After a preposition, use **qui** with inverted verb, or (in speech only) **qui est-ce que/qu'** without inversion:

**Chez qui** avez-vous logé?
**Chez qui est-ce que** vous avez logé? } **Who** did you stay **with**?

✎ Note: You can't put the preposition at the end as you can in English!

- 'Whose' in a question is **à qui est/sont** ....

**A qui est** ce parapluie?          **A qui sont** les parapluies que vous avez trouvés?
Whose is this umbrella?          **Whose** umbrellas did you find?

✎ You cannot ask a question with **dont**: it is a relative, not an interrogative (see Chapter 42).

## 43.2.2  What?

- As the subject, use **qu'est-ce qui?** + uninverted verb:

**Qu'est-ce qui** vous préoccupe?          **What** is worrying you?

- As the direct object, use **que/qu'?** + inverted verb, or **qu'est-ce que?** without inversion:

**Qu'**allez-vous faire?
**Qu'est-ce que** vous allez faire? } **What** are you going to do?

- After a preposition: use **quoi?** with inverted verb. It is also possible to use **est-ce que** with an uninverted verb:

**Avec quoi** allez-vous le faire?
**Avec quoi est-ce que** vous allez le faire? } **What** are you going to do it with?

---

**Summary of 'who?', 'whom?', 'what?'**
Phrase STARTS with **QUI**     =  Who?
Phrase ENDS with **QUI**       =  Subject of the verb
Phrase STARTS with **QU'**     =  What?
Phrase ENDS with **QUE/QU'**   =  Direct object of the verb
**QUI est-ce QUI?**            =  Who? (Subject)
**QUI est-ce QUE/QU'?**        =  Who(m)? (Direct object)
**QU'est-ce QUI?**             =  What? (Subject)
**QU'est-ce QUE/QU'?**         =  What? (Direct object)

---

## 43.2.3  Further use of est-ce que?

In principle, **est-ce que/qu'... ?** can be used with any of the question words described below, thus avoiding the inversion of the verb. This use tends to be more prevalent in spoken than written French, however.

➡ **Exercises 1, 2**

## 43.2.4 Which?

- When followed by a noun, use **quel/quels/quelle/quelles**. This is an adjective and agrees with the noun:

**Quelle jupe** *as-tu choisie?*
**Quelle jupe est-ce que** *tu as choisie?* } **Which skirt** did you choose?

 (Note the past participle agreement – see section 19.2)

- when you mean 'which one(s)', as a pronoun, in place of a noun, use **lequel/lesquels/laquelle/lesquelles?**, agreeing with the noun replaced:

*Alors, tu as le choix entre trois jupes.* **Laquelle** *est-ce que tu préfères?*
Well, you have a choice of three skirts. **Which (one)** do you prefer?

## 43.2.5 *Qu'est-ce que c'est?* or *Quel(le) est ...?* for 'What is ... ?'

You use **qu'est-ce que c'est?** when you don't know what something is, and wish to identify it:

**Qu'est-ce que c'est que** *ce machin-là? C'est un modem.*
**What's** that gadget? It's a modem.

You use **quel(le) est?** – 'what is?' or **quels/quelles sont?** – 'what are?', when you know what object(s) you are talking about, but you need to identify which one(s). Because you know the gender of the word in question, you make **quel** agree with it:

**Quelle** *est* **la capitale** *de Belgique? C'est Bruxelles.*
**What** is **the capital** of Belgium? It's Brussels.

**Quels** *sont* **les prix** *des billets? Ils sont à 20 et à 30 euros.*
**What** are the ticket **prices**? They are 20 and 30 euros.

▶ **Exercise 3**

## 43.2.6 Other common question words

| | |
|---|---|
| *quand?* | when? |
| *où?* | where? |
| *d'où?* | where from? |
| *comment?* | how? |
| *combien de?* | how much/how many? |
| *pourquoi?* | why? |
| *à quelle heure?* | at what time? |

**Quand** *est-ce que vous partez aux Etats-Unis?*
**When** are you leaving for the USA?

**Quand** *le Général de Gaulle mourut-il?* (formal)
**Quand** *est-ce que le Général de Gaulle est mort?* (normal conversational)
**When** did General de Gaulle die?

*D'où sont-ils venus/D'où est-ce qu'ils sont venus?*
Where did they come from?

 After these question words, it is permissible to invert the verb and a noun subject:

*Quand **mourut le Général de Gaulle**?*
When **did General de Gaulle die**?

*A quelle heure **arrive le car**?*
What time **does the bus arrive**?

## 43.2.7   Colloquial usage – some further points

- In conversation, as in English, it is quite frequent to change the word order in order to achieve a specific emphasis:

| | |
|---|---|
| *Ils sont **d'où**?* | They're from **where**? |
| *Vous le faites **comment**?* | **How** do you do it? |
| *Vous en avez vu **combien**?* | You saw **how many**? |

- In casual French, you may hear question words followed by an uninverted verb but no ***est-ce que ... ?*** This is regarded as very familiar and is best not imitated.

*A quelle heure le car arrive?* would be better as *A quelle heure est-ce que le car arrive?*

*Comment tu t'appelles?* is very common, however.

# METTEZ-VOUS AU POINT!

## 1  Devenir étudiant en France

Vous avez décidé d'aller faire une année d'études à l'Université de Toulouse. En arrivant, vous vous adressez au CROUS (Centre Régional des Œuvres Universitaires) pour obtenir un logement, un job étudiant, et peut-être même une bourse d'études. Bien sûr, la secrétaire vous pose de multiples questions que vous compléterez par *Est-ce que*, *Qu'est-ce que* ou *Qui est-ce qui*, selon le sens des questions posées.

1 . . . . vous voulez étudier?
2 . . . . vous voulez partager un appartement avec d'autres étudiants?
3 . . . . paiera le loyer de votre appartement?
4 . . . . vous connaissez quelqu'un à Toulouse?
5 . . . . vous allez faire le week-end?
6 . . . . vous aviez une bourse d'études en Angleterre?
7 . . . . sera le plus souvent en contact avec vous, parmi les membres de votre famille?
8 . . . . vous pensez faire comme job étudiant?

## 2  Je ne comprends pas

Comme vous ne comprenez pas bien, la secrétaire de l'exercice précédent répète chacune de ses questions en utilisant *Qui*, *Que* ou *Qu'* et en faisant l'inversion du verbe et du sujet. Que dit maintenant la secrétaire?

Exemple:

*Qu'est-ce que vous allez faire?* ⟶ *Qu'allez-vous faire?*

## 3 Encore des questions

Maintenant, c'est vous qui êtes inquiet et qui interrogez la secrétaire sur le job que vous allez pouvoir trouver. Dans le dialogue suivant, complétez les questions avec *Qu'est-ce que*, ou *Quel/Quelle/Quels/Quelles* selon le cas.

**1** – . . . . je peux faire comme travail?
– Vous pouvez être pion.
**2** – . . . . c'est qu'un pion?
– C'est un surveillant dans un lycée ou un collège.
**3** – . . . . seront mes obligations?
– 20 heures de travail hebdomadaires.
**4** – . . . . sera ma responsabilité?
– Surveiller les élèves en étude, à la cantine, dans la cour de récréation, aider les élèves en difficulté.
**5** – . . . . seront mes horaires?
– Il faut voir avec le collège ou le lycée, mais vous pouvez aussi être maître d'internat.
**6** – . . . . c'est qu'un maître d'internat?
– Celui qui s'occupe des élèves qui dorment à l'école.
**7** – . . . . sera mon salaire?
– Environ 800€ par mois.

 **... ET EN ROUTE!**

## 4 Sortir avec une personne que vous n'avez jamais vue

Vous participez à la version française du programme de télévision «Blind Date». Chaque étudiant(e) prépare trois questions qu'il/elle va poser à trois étudiant(e)s du sexe opposé – et auxquelles ils/elles doivent répondre, naturellement. Si votre prof/assistant(e) peut s'organiser pour que vous ne voyiez pas la personne à qui vous parlez – ce serait mieux!

## 5 A l'agence pour l'emploi

Travaillez par deux. Vous êtes à l'agence pour l'emploi: l'un(e) d'entre vous est l'employé(e), l'autre, c'est vous! Pour se faire une bonne idée de vous, l'employé(e) vous pose beaucoup de questions sur otre vie, vos intérêts et votre carrière jusqu'ici. Vous répondez (en disant la vérité ou non).

## 6 Au tribunal

Toute la classe prépare le procès d'un(e) étudiant(e) – ou même du professeur. Il faut d'abord décider entre vous quel a été le délit (un hold-up, un vol ...), puis établir qui sont les avocats de l'accusation et de la défense, et les témoins. Bien sûr, les avocats doivent poser beaucoup de questions (*Où? Qui? Avec qui? Quand? Comment? Pourquoi?* etc.). Si la classe est assez grande, il pourrait y avoir aussi un jury, qui se réunira (mais en public!) à la fin du procès et se posera encore des questions avant de se prononcer sur la culpabilité du criminel présumé.

# 44 Exclamations

 **MECANISMES**

The following are common types of exclamations. You will notice that some of the words used are also used as interrogatives (see Chapter 43).

## 44.1 *Quel/Quels/Quelle/Quelles!*

This is the equivalent of 'What (a) ... !' The indefinite article *un/une* is not used with it:

> *Quelle réponse!*
> **What an** answer!

> *Quels enfants!*
> **What** children!

> *Quel film amusant!*
> **What a** funny film!

## 44.2 *Que/qu'* + verb (usually *être*) + adjective/adverb

This means 'How ...!' or a more colloquial equivalent in English:

> *Que c'est facile!*
> **How** easy it is! It's so easy!

> *Que c'est bien!*
> **How** great that is! That's really great!

*Qu'est-ce que* can also be used, rather more colloquially:

> *Qu'est-ce que c'est rapide, cette voiture!*
> **What a** fast car that is!

*Comme* + verb is used in a similar way, but is rather more formal in style:

> *Comme il pleut!*
> **Look how** it's raining!

> *Comme tu as grandi!*
> **(Look) how** you've grown!

## 44.3 *Que de ...!*

This means 'What a lot of ... !'

> ***Que de*** *légumes tu as mangés!*
> **What a lot of** vegetables you've eaten!

 (Note the past participle agreement: see section 19.2.)

➡ **Exercise 1**

 # METTEZ-VOUS AU POINT!

## 1 Quelles expressions!

Pendant son séjour en Angleterre, votre correspondant(e) français(e) a entendu vos camarades utiliser les expressions ci-dessous. Suggérez-lui une expression française équivalente à chacune des phrases suivantes:

1 *Isn't it hot here!*
2 *What a lot of kids!*
3 *It didn't half rain last night!*
4 *What a disaster!*
5 *What a way to speak!*
6 *How stupid you are!*
7 *What a lot of things you've bought!*
8 *What a present!*
9 *That was some party!*
10 *Am I tired!*

# ... ET EN ROUTE!

## 2 C'est mieux chez moi!

Travaillez par deux. L'un(e) d'entre vous montre votre collège/lycée à l'autre, qui va dans un collège très luxueux en Suisse. Chaque fois que le premier/la première lui signale quelque chose, l'autre répond avec une exclamation peu flatteuse.

Exemple:

– Voici la bibliothèque.
– Qu'elle est petite!
– Ceci est notre salle de classe.
– Quel trou! Quel boucan! Que d'étudiants!
– Je vous présente à mon prof de français.
– Qu'il est vieux/Qu'elle est vieille!

# 45 Direct and indirect speech

# MECANISMES

## 45.1 Direct speech

Direct speech is what people actually say – verbatim. Its use is identical in English and French, except that French either uses a long dash (*le tiret* –) or *les guillemets* (« ... »), where English uses inverted commas:

> – *Ce matin je ne vais pas au collège, a dit Paul.* – *Je me sens malade.*
> 'I'm not going to school this morning,' said Paul. 'I feel ill.'

> *«Alors, il faut que tu ailles chez le médecin,» a répondu sa mère. «Ça peut être quelque chose de grave.»*
> 'Well, you'd better go to the doctor's,' replied his mother. 'It might be something serious.'

Note that the verb is always inverted after direct speech:
*a dit Paul, a répondu sa mère*.

## 45.2 Indirect (or 'reported') speech

This is when quotation marks are not used, and what was said is, indeed, reported:

> *Ce matin, Paul a dit **qu'il n'allait pas au collège**. Il a ajouté **qu'il se sentait malade**.*
> This morning, Paul said **(that) he was not going to school**. He added **that he was feeling ill**.

> *Sa mère a répondu **qu'il faudrait qu'il aille chez le médecin**, et **que ça pourrait être quelque chose de grave**.*
> His mother replied **that he would have to go to the doctor's** and **that it might be something serious**.

There are three things to notice:

- What was said, stated or answered is introduced by *que* in French; you cannot omit it, as you can 'that' in English. Always ask yourself whether you could put in 'that'. If you could in English, then you **must** do so in French.

- The subject pronouns change. In the examples above, *je ne vais pas* becomes *qu'il n'allait pas*.

- The tense may need to move back from present to past (present to imperfect in this case), perfect to pluperfect, future to conditional.

The sequence of tenses reflects English usage fairly closely:

---

**Direct**    – **J'irai** demain, a dit Paul.
            '**I'll go** tomorrow,' said Paul.

**Indirect**    Paul a dit **qu'il irait** demain.
            Paul said **(that) he would go** tomorrow.

**Direct**    – **Tu ne fais jamais** ce que je te dis, a dit sa mère.
            '**You never do** what I tell you,' said his mother.

**Indirect**    Sa mère a dit **qu'il ne faisait jamais** ce qu'elle **disait**.
            His mother said **(that) he never did** what she **told** him.

---

However, with time clauses beginning with conjunctions such as **quand**, **lorsque**, **aussitôt que** (see section 17.1), a future following one of these will also need to change to a conditional (where English uses a past tense):

---

**Direct**    Paul a dit: «**Je retournerai** au collège **aussitôt que je me sentirai** mieux.»
            Paul said: '**I'll go back** to school **as soon as I feel** better.'

**Indirect**    Paul a dit **qu'il retournerait** au collège aussitôt **qu'il se sentirait** mieux.
            Paul said **(that) he would go back** to school **as soon as he felt** better.

---

# 45.3   Indirect questions

Indirect questions occur after verbs such as **savoir**, **demander**, **dire**, **renseigner**. There is little problem with these. Tense usage is much as in English, although the verb and noun subject are sometimes inverted:

Savez-vous **où se trouve** le musée de Peinture?
Do you know **where** the Museum of Painting **is**?

Demandez-leur **quand ils vont** partir.
Ask them **when they are going** to leave.

✏️ (The 'direct' questions would have been: **Où se trouve le musée de Peinture?** and **Quand allez-vous partir?**)

'What' in an indirect question is **ce qui/ce que** (see section 42.5):

Je ne sais pas **ce qui** la préoccupe ni **ce que** je peux faire pour l'aider.
I don't know **what** is worrying her nor **what** I can do to help her.

➡️ **Exercise 1**

# METTEZ-VOUS AU POINT!

## 1  La conduite accompagnée

Vous apprenez qu'en France on peut maintenant conduire dès l'âge de 16 ans, et vous posez des questions à ce sujet à votre correspondant(e). Ensuite vous rapportez la conversation à votre classe au style indirect: *Je lui ai demandé si ... et il/elle m'a dit que ...* N'oubliez pas les changements de personne et les concordances de temps.

–    Comment s'appelle la conduite à 16 ans?
–    Ça s'appelle la conduite accompagnée.
–    Quand passeras-tu la conduite accompagnée?
–    Dès que j'aurai 16 ans, mais d'abord il faut que je passe le code.
–    Est-ce que tu dois toujours être accompagné(e) par la même personne?
–    Non, mais il faut que toutes ces personnes suivent quelques cours avec le moniteur et moi.
–    Quels sont les avantages de la conduite accompagnée?
–    C'est de ne pas avoir à payer de nombreuses leçons de conduite très chères et de ne pas être seul(e) au volant d'une voiture, sans expérience.
–    Est-ce que ce sont tes parents qui t'offrent la conduite accompagnée?
–    Non, j'ai travaillé pendant les vacances. C'est moi qui paierai.
–    A quel signe reconnaît-on qu'une voiture est conduite par un jeune chauffeur, en conduite accompagnée?
–    Il faut mettre un A à l'arrière du véhicule.

Commencez:

*Je lui ai demandé comment s'appelait la conduite à 16 ans, et il/elle a répondu que ...*

# ... ET EN ROUTE!

## 2  Ne fais pas le/la timide!

Travaillez par trois. Le premier/La première d'entre vous est très timide, et chuchote des observations à l'oreille du/de la deuxième, qui doit répéter au/à la troisième ce qu'il/elle a dit. Changez souvent de rôle.

Exemples:

**A** *(chuchote à C)* Tu veux aller à la discothèque ce soir?
**B** Qu'est-ce qu'il/elle a dit?
**C** Il/Elle m'a demandé si je voulais aller à la discothèque ce soir.
**B** *(chuchote à C)* «A» n'a pas fini ses devoirs.
**C** Que dit-il/elle?
**A** Il/Elle dit que je n'avais pas fini mes devoirs.

Et ainsi de suite.

## 3 Autobiographie ⟶ biographie

Travaillez par deux. L'un(e) raconte les événements principaux de sa vie, pendant que l'autre prend des notes. Puis vous changez de rôle, et finalement, chacun(e) écrit la biographie de l'autre en utilisant des phrases comme *il/elle m'a dit que, il/elle a ajouté que, il/elle a demandé si ...*

## 4 Les interprètes

Travaillez par trois. L'étudiant(e) A ne parle pas français, et C ne parle que le français. A pose à C beaucoup de questions dans sa langue, qui peut être n'importe quelle langue que les étudiants A et B ont en commun (l'allemand, l'espagnol, l'ourdou, l'anglais, etc.). B doit les interpréter pour C. Préparez les questions avec soin avant de commencer, et alternez fréquemment les rôles.

Exemple:

**A** *Does he/she study sciences?*
**B** *(à C) Il/Elle veut savoir si vous étudiez les sciences?*
**C** *Oui, je fais de la physique/Non, toutes mes matières sont des matières littéraires.*

## 5 Il existe d'autres matières que le français ...

Prenez des notes d'un cours d'une autre matière que vous étudiez, et faites-en un rapport à vos camarades de classe. Vous utiliserez des phrases comme *le prof a expliqué que, il/elle a continué en disant que, il/elle a maintenu que, il/elle a souligné que, il/elle nous a avertis que, il/elle nous a demandé si ...*

# 46 *C'est, Il est, Il y a*

 **MECANISMES**

You will have met *il est* and *c'est* already, especially in Chapters 8 (Demonstratives) and 31 (Impersonal verbs). You should revise those chapters in conjunction with this one, which is intended to provide further guidance in an area where there is often confusion.

## 46.1 Identification and description

- *C'est* is used when the complement is a noun or an adjective + noun:

  *M. Duvallier?* **C'est un notaire. C'est un notaire très connu** *dans cette région.*
  M. Duvallier? **He's a solicitor. He's a very well-known solicitor** in this area.

  **Ce n'était pas la réponse** *que je désirais. En effet,* **c'était une réponse assez stupide.**
  **That wasn't the answer** I wanted. In fact, **it was a pretty stupid answer**.

- *Il/Elle est* is used when the complement is an adjective without a noun:

  *M. Duvallier?* **Il est très connu** *dans cette région.*
  M. Duvallier? **He's very well known** in this area.

  **Elle était stupide**, *cette réponse!*
  That answer was stupid!

- *Il/Elle est* is also used to indicate someone's occupation. In this case the noun occurs alone, with no article or adjective:

  *M. Duvallier?* **Il est notaire**.

## 46.2 *Il est ... que* or *C'est ... que?*

*Il est* should be used before an adjective when the subject pronoun has nothing to refer back to (see also Chapter 31, Impersonal verbs):

  **Il est** *évident que vous n'avez aucune idée pour améliorer la situation.*
  **It's** obvious that you have no ideas to improve the situation.

... but when you are referring back to an idea already expressed, you use *C'est*:

  *Vous n'en avez aucune idée?* **C'est** *évident!*
  You've no idea? **That's** obvious!

In practice, however, in spoken French, *C'est* is often used for *Il est*:

  **C'est** *évident que vous n'en avez aucune idée.*
  **It's** obvious (that) you have no idea.

# 46.3 *Il est ... de* + infinitive or *C'est ... à* + infinitive?

If the phrase is impersonal, that is, 'it' does not refer back to any previously expressed idea or object, use *Il est ... de ...* . If you are referring back to a known noun or idea, use *C'est ... à ...* .

*Il est* impossible *de faire* cet exercice.
It's impossible to do this exercise.

Cet exercice! *C'est* impossible *à* faire.
This exercise! It's impossible to do.

Note the use of different prepositions:

*Il est ... de* + infinitive, but *C'est ... à* + infinitive.

Again, in familiar French, *C'est ... à* tends to be used.

➡ **Exercise 1**

# 46.4 Branching out

It is useful to learn some other tenses and constructions using *Il*/*Elle* and *C'est*.

* Other tenses/forms of *C'est/Ce n'est pas*:

| | |
|---|---|
| *C'était/Ce n'était pas* | That was/wasn't |
| *Ça a été/Ça n'a pas été* | That was/wasn't |
| *Ce fut/Ce ne fut pas* | That was/wasn't (*formal, past historic*) |
| *Ce sera/Ce ne sera pas* | That will be/won't be |
| *Ce serait/Ce ne serait pas* | That would be/wouldn't be |
| *Ça aurait été/Ça n'aurait pas été* | That would/wouldn't have been |
| *Ce doit être/ne doit pas être* | That must/mustn't be |
| *Ce devrait/ne devrait pas être* | That ought/ought not to be |
| *Ce peut/ne peut pas être* | That can or may (not) be |
| *Ce pourrait/ne pourrait pas être* | That could or might (not) be |

* Other tenses/forms of *Il y a* – there is, there are:

| | |
|---|---|
| *Il y avait/Il n'y avait pas* | There was/were (not) (*descriptive*) |
| *Il y a eu/Il n'y a pas eu* | There has/have (not) been; there was/were (not) (*one-off*) |
| *Il y eut/Il n'y eut pas* | There was/were (not) (*one-off*) |
| *Il y avait eu/Il n'y avait pas eu* | There had (not) been |
| *Il y aura/Il n'y aura pas* | There will/won't be |
| *Il y aurait/Il n'y aurait pas* | There would/wouldn't be |

| | |
|---|---|
| *Il y aurait eu/Il n'y aurait pas eu* | There would/wouldn't have been |
| *Il peut y avoir* | There can/may be |
| *Il est possible qu'il y ait* | (It's possible) there may be |
| *Il doit y avoir* | There must be |
| *Il devrait y avoir* | There ought to be |

Note the difference between the imperfect *il y avait*, which is descriptive, and the perfect, *il y a eu*, or past historic, *il y eut*, which describe a one-off event (see also Chapter 23):

*Il y avait peu de monde au marché ce jour-là; mais vers midi, après la sortie de l'usine, il y eut un accroissement soudain du nombre des badauts.*
**There were** few people in the market that day; but around midday, when the factory came out, **there was** a sudden increase in the number of browsers.

*Il n'y a que* ... – 'there is/are only' is a useful phrase which can be adapted to most of these forms:

*Il ne peut y avoir qu'une douzaine de cinéastes de ce type.*
**There can only be** a dozen film-makers of that sort.

*Il n'y a que trois sandwichs qui restent.*
**There are only** three sandwiches left.

➡ **Exercise 2**

# METTEZ-VOUS AU POINT!

## 1  Le permis de conduire à points

Lisez cette propagande concernant le permis de conduire à points et remplacez les pointillés par *il est* ou *c'est*, en fonction du sens des phrases.

. . 1 . . difficile d'éviter les accidents de la route dans un pays; néanmoins
. . 2 . . possible d'en réduire le nombre en essayant de faire peur aux conducteurs. Le permis à points, . . 3 . . le moyen inventé par la Sécurité Routière Française pour changer leur attitude au volant. . . 4 . . évident que le comportement des gens ne change pas du jour au lendemain, mais . . 5 . . encourageant. Pour la conduite en état d'ivresse, . . 6 . . très dur, on perd six points. . . 7 . . conseillé de suivre un stage pour récupérer des points lorsqu'on en a perdu, mais . . 8 . . payant et . . 9 . . très cher. On peut aussi repasser le permis six mois après avoir perdu tous ses points, mais les examens préalables sont si pointilleux que . . 10 . . un vrai cauchemar.

## 2 Le bulletin

Vous travaillez pour une société qui exporte ses produits à des pays francophones. Votre patron vient d'écrire un bulletin sur les activités de la société qu'il veut traduire en français. Alors, aidez-le à le mettre en français!

1 *There has been a boom in the United Kingdom in recent years.*
2 *There will be an increase in exports this year.*
3 *There was an important conference last year.*
4 *There may be another conference next year.*
5 *There must be some new opportunities.*
6 *It was difficult to find new markets.*
7 *That will never be easy.*
8 *It must be our main aim.* (aim = le but)

 **... ET EN ROUTE!**

## 3 Réclamations à l'hôtel!

**a** Version orale.

Travaillez par deux. L'un(e) est représentant(e) d'une agence de voyages en Angleterre, qui rend visite à l'autre qui est le gérant/la gérante de l'hôtel en Suisse. Vous discutez des problèmes qu'il y a eu dans l'hôtel, d'après les réclamations de vos clients. Utilisez les expressions que vous venez d'étudier dans ce chapitre.

Exemple:

– Mes clients me disent que quelquefois il n'y avait pas de savon dans la salle de bains ou, peut-être, qu'il n'y avait qu'une petite serviette.
– C'est vrai, mais l'année dernière, il y a eu des problèmes de personnel. Je vous assure qu'il n'y aura pas de difficultés cette année. De temps en temps il est difficile d'obtenir le personnel nécessaire, mais c'est un problème que nous avons résolu ...

**b** Version écrite.

Vous jouez les mêmes rôles, mais d'une façon différente. D'abord, chaque étudiant(e) écrit une lettre de réclamation au gérant de l'hôtel. Il doit y avoir cinq ou six réclamations. Puis vous changez vos lettres au hasard avec un(e) camarade de classe, vous prenez le rôle du gérant/de la gérante et vous répondez à la lettre que vous avez reçue! Utilisez dans les deux lettres une sélection des phrases que vous venez d'étudier.

# 47 French pronunciation and spelling

## MECANISMES

This chapter highlights some of the areas which are known to give problems to English speakers learning French.

As it is impossible to convey sounds on paper, these notes on pronunciation should be studied and practised with your teacher or French *assistant(e)*.

## 47.1 Vowels

The written vowels are *a*, *e*, *i*, *o*, *u*, but French has quite a lot more vowel sounds, achieved by combinations of these letters or by the use of accents.

### 47.1.1 Accents

There are three main accents used on vowels in French: the 'acute', *accent aigu* (´), the 'grave', *accent grave* (`) and the circumflex, *accent circonflexe* (^).

The main effect of these accents is on the letter *e* (see section 47.1.2 below).

- 'Acute': this only occurs on *é*.
- 'Grave': on vowels other than *e*, this accent is only used to distinguish words of different meaning that would be spelt the same: *ou* – 'or' and *où* – 'where': (*il*) *a* – '(he) has' and *à* – 'to': *la* – 'the' and *là* – 'there', and in *voilà*.
- 'Circumflex': this can occur on any vowel, and often indicates that at some time in the past the syllable contained an *s*: *théâtre*, *être*, *abîmer*, *hôte*, *flûte*. It occurs in the *nous/vous* form of the past historic, whatever the vowel: *mangeâmes/mangeâtes*, *finîmes/finîtes*, *fûmes/fûtes*, *vînmes/vîntes*. It has the effect of lengthening the vowel.
- There is also the *tréma* (¨), which is used to separate vowels, so that they each have their full value: *haïr*, *égoïste*, *coïncidence*.
- The cedilla, *cédille*, is placed below a *-c* to soften it. See section 47.2.1 below.

➡ **Exercise 5**

### 47.1.2 Three e sounds

- 'Closed' *e*: this is the sound of *é*, *-er*, *ez*, as well as *-ai*, *-ay*. It is a fairly 'tight' sound. You will find it in such words as: *danser*, *dansez*, *dansé*, *(je) danserai*.
- 'Open' *e*: as the name suggests, this is pronounced with the mouth open rather wider. This is the sound of *è*, *ê*, *e* before a double consonant (*ell-*, *enn-*, *epp-*, *err-*, *ess-*, *ett-*), also in a final syllable *-et*, *-ais*, *-ait*, *-aient* (imperfect and conditional endings), and *-el*. For example: *guère*, *crème*, *crêpe*, *être*, *guerre*, *elle*, *messe*, *rillette*, *volet*, *français*, *travaillais*, *travaillait*, *travaillaient*, *officiel*.

- 'Mute' *e*: as in the definite article *le*. This *e* never has an accent, and occurs in several common one-syllable words, in the middle of a word before a single consonant, and on the end of a word, where it is only very lightly pronounced, if at all. For example: *retrouver, je mange, je mangerai, je me lave, appeler, genou.*

## 47.1.3 *ou* and *u*

Great care is needed here, as nothing quite like the second sound exists in English, and these are two completely different sounds to a French speaker.

Compare:

*boue/bu   d'où/du   loue/lu   mou/mû   nous/nus   pouce/puce   roue/rue   sous/sur dessous/dessus   tout/tu   vous/vu   ou/eu   oui/huit*

**Exercises 1, 2**

## 47.1.4 *o*

There are two *o* sounds, as in:

*homme, gomme, cognac, Languedoc, note, vote hôte, rose, Rhône, chose, pose; au, eau, château, principaux*

(*ô* is always pronounced in the second way, but in some words *o* without a circumflex also has this more rounded sound: you just have to learn which are which!)

## 47.1.5 Nasal vowels

As the name suggests, these are pronounced through the nose. There are four:

- *an* or *en*, as in: *en, dans, comment, Caen, heureusement, sentir*
- *on*, as in: *dont, allons, monter, on, vont*

English speakers often confuse these two sounds – compare:

*en/on   dans/dont   sent/sont   (ils) sentiront   mangeons   content*

- *in, ain, ein*, as in: *fin, vin, intérêt, international, vilain, métropolitain, hein, peintre* and also *en* in the combination *-ien: italien, bien, mien*
- *un*, as in: *un, chacun, Melun*

**Exercises 3, 4**

## 47.1.6 Diphthongs

Diphthongs are when two vowels partially combine to make a sound.

The main one to watch out for in French is *oi* (**oy-**), as in: *moi, roi, boire, boisson, croissant, voyons, envoyer.*

If the *o* and *i* are to be pronounced separately, a **tréma** ( ¨ ) is used on the *i: héroïne.*

# 47.2 Consonants

## 47.2.1 c/ç and g/ge

*c/ç* and *g/ge* are pronounced 'soft' (like *s* or *j* respectively) after *e* or *i*. If 'soft' pronunciation occurs before the other vowels, *ç* and *ge* are used:

| | | | |
|---|---|---|---|
| *lancez/lançons* | *français* | *garçon* | *cela/ça* |
| *mangez/mangeons* | *(je) partageais* | *paysage* | |

## 47.2.2 h

*h* can be 'mute' or 'aspirated'. In practice, neither type is sounded, but 'mute' *h* is treated as if it were not there, and the word is treated as beginning with a vowel: *l'homme, de l'histoire, s'habiller, ses habits.*

The 'aspirated' *h* forms a barrier between the preceding vowel and the word, and is treated as a consonant, so there is no abbreviation or liaison (that is, you don't sound the last consonant of the preceding word, if there is one): *la haie, en haut, au hasard.*

Dictionaries will tell you which type of *h* you have: you just have to learn them!

## 47.2.3 l and ll

*l* and *ll* are usually sounded as *y* in the combinations *aill-, eill-, ill-, euill-, ouill-* and also *-ail, -eil* and *-euil* at the end of a word:

*(ils) aillent, réveiller, fille, rillette, veuillez, mouillé, ail, réveil, écureuil.*

Exceptions: *village, ville.*

## 47.2.4 qu and th

*qu* = *k* (never *kw*), and *th* = *t*, always: *qui, que, querelle, (il) remarqua; Thérèse, pathologie, thon*

## 47.2.5 gn

*gn* as in *espagnol, signe, oignon.*

## 47.2.6 Final consonants

Final consonants are usually silent:

- *d, g, s, t, x, z: lourd(s), vieillard(s), bourg(s), cas, lit(s), volet(s), heureux, aux, époux, nez*
- *r* in the combination *-er: boulanger, plancher, monter* and all *-er* infinitives

Exceptions: *amer, cher, fier, mer*

- *n*: usually forms a nasal vowel, see section 47.1.5 above.
- Other final consonants tend to be sounded: *lac, cognac, chef* (but not *clef*), *partiel, stop, coq.*

## 47.2.7 Liaison

This is when final consonants which are normally silent are carried on to the beginning of a closely associated word beginning with a vowel: *finit-il, les enfants, des amis, six hommes, j'en ai, viens ici.*

✏️ Note: *s* and *x* sound as *z* when this occurs.

➡️ **Exercise 5**

 # METTEZ-VOUS AU POINT!

## 1 Prononcez! (1)

Pratiquez avec votre professeur ou votre assistant(e) français(e) les groupes de mots suivants:

| | | |
|---|---|---|
| le jour/le jus | l'amour/la mûre | il est pour/il est pur |
| la roue/la rue | le cou/le cul | le bout/il a bu |
| la poulpe/la pulpe | la moule/la mule | la poule/le pull |
| il est soûl/il l'a su | il est mou/il est ému | il est doux/c'est un dû |
| nous/nu | c'est la toux/il s'est tu | ci-dessous/ci-dessus |
| tu sues/des sous | il pue/des poux | |

## 2 Journal intime

Vous retrouvez le journal intime d'une Anglaise vivant en France au XIXe siècle. Ce qu'elle y raconte est très intéressant. Malheureusement, elle prononce mal le français et l'écrit phonétiquement: vous corrigerez ses fautes dans le texte ci-dessous (pas ci-dessus!).

«Je jour que je dis la pour vérité. Mon amie rousse, Natacha, est venue de Moscou à dos de moule. La moule avait tant courroux que Natacha avait mal au cou. Elle était très fâchée mais elle s'est toux, car en chemin, elle avait trouvé la mûre, tout près de chez nu.»

## 3 Prononcez! (2)

A l'aide de votre professeur ou de votre assistant(e) français(e), prononcez les groupes de mots suivants:

| | | |
|---|---|---|
| ton/tant | son/le sang | long/lent |
| blond/blanc | qu'on/quand | un pont/il pend |
| une fonte/une fente | nous pendons/pendant | on/en |
| dont/dans/une dent | un torchon/en torchant | rond/rang |
| un pinson/en pinçant | l'ombre/l'ambre | Simon/du ciment |
| nous devons/le devant | marron/marrant | un bâton/en battant |
| du limon/en limant | bon/un banc | |

## 4  Simon va chez le dentiste

Un(e) de vos camarades a mal entendu cet extrait d'une histoire à la radio. Lisez le texte à haute voix. Six erreurs s'y sont glissées. Retrouvez-les.

> Simon s'avança d'un bon pas vers la maison du dentiste. Il s'allongea sur un bon on attendons l'heure de la consultation. Mais ce n'était pas marron. Le banc n'était pas assez lent et Simon avait mal aux dons.

## 5  Sans accent!

La personne qui a tapé ce texte n'avait pas d'accent sur sa machine. Vous le lirez à haute voix et vous y mettrez les accents quand cela vous semblera nécessaire.

> Benoit a ete a la peche dans une riviere des Ardennes. Il n'a pas peche de bremes, mais alors qu'il traversait la foret de chenes qui menait a la riviere, il a ete tres emu d'observer une ribambelle de lievres qui s'ebrouaient dans la clairiere au cœur de la foret. Il a jete sa canne a peche et s'est precipite derriere les lievres qu'il n'a meme pas pu effrayer. Enfin, il s'est arrete au pied d'un frene et il a devore un epais casse-croute de pain beurre que lui avait prepare sa grand-mere.

 ## ... ET EN ROUTE!

## 6  Utilisez votre portable!

Comme dans le monde entier, les jeunes Français s'envoient souvent des textos à l'aide de leur portable. Mais ils écrivent en raccourci pour plus de rapidité. Pourriez-vous transcrire ces trois messages en français correct?

1   Slt mon BB! J'espR ke tu va bi1 é que tt c bi1 paC. Di moi si ta reçu mon msg.bisou
2   Slt ma biche! ça fé lgtps kon c pa parlé o tel. Tou va bi1 pr moi. G1 nvo petit cop1. Il sapel Grar.T news? Biz
3   Tu ve alé o ciné ce soir? ya 1 bon film doreur. Ti1 moi o courant.

## 7  Maintenant – c'est à vous de prononcer tout seul!

En travaillant par deux, essayez de vous dicter les phrases faites avec les mots des exercices 1 et 3. Bon courage!

## 8  Transcrivez!

Demandez à votre professeur n'importe quel texte de français enregistré et faites-en une transcription. Quand vous aurez terminé, comparez votre transcription avec la transcription imprimée.

# 48 Some hints to develop your French vocabulary, whilst avoiding the traps!

## 48.1 The French language

French, in common with various other languages in southwest Europe (Spanish, Portuguese, Catalan, Italian), derives from one of the dialects of Latin spoken by the occupying Romans. However, some of its features, not least its pronunciation, are further removed from the original Latin than the other languages. This is probably accounted for by the comparative distance from Rome, and that it was originally the language of **northern** France. During the Middle Ages, French, the **langue d'oï**, under the influence of Paris as cultural centre and capital, predominated over the *langue d'oc* (so-called because of their respective words for 'yes') and its close relative *provençal*. Both these latter are closely related to modern Catalan spoken in northeast Spain.

In 1066, as you will no doubt know, the Normans, who spoke an early form of French, invaded and settled England under William the Conqueror, bringing with them their language and its vocabulary. You are probably also aware that English has two words for meats: 'beef', 'veal', 'pork' and 'mutton' refer to meat eaten at table and derive from words used by the Norman nobility, while the Saxon peasants in the field tended 'oxen', 'calves', 'pigs', 'swine' and 'sheep'. Many other French words were also imported into English at this time.

This brings us conveniently to some strategies for recognising French words via their similar English counterparts.

## 48.2 Recognising French words

### 48.2.1 Reading and listening

An important consideration when guessing at the meaning of a word or phrase is whether you are reading it or listening for it.

It's much easier when you are reading, because you can usually have the text in front of you for as long as you need, and often the written form is very close to the equivalent English form.

It can be harder when you are listening, partly because the word is uttered and gone in a second, but also because English and French pronunciation usually just don't correspond. However, if you are aware that a sizeable group of words ending in **-ation**, pronounced '-ayshun' in English, like 'civilisation' for example, have French endings sounding (very approximately!) like '-assiaw', then you have the key to at least several hundred words!

### 48.2.2 Resemblances between French and English equivalents

There are several basic types of word where you might find a striking resemblance between a French word and its English equivalent:

* Common words which the Normans brought with them in 1066 and in the ensuing two or three centuries when they and their descendants ruled in England, such as:

  *fruit* – fruit, *clair* – clear, *fourche* – fork, *table* – table, *quart* – quarter, *marier* – marry, *chaise* – chair, *dent* – tooth

The next to last doesn't have quite the same form, and the last is entirely different, but has an obvious relationship with 'dental' and 'dentist'; similar connections are dealt with in the lists below.

- At the time of the Renaissance (from the late 15th century to the end of the 17th century approximately) scholars rediscovering Latin and Greek classical civilisation invented thousands of new words, often for abstract concepts, based on the Latin or Greek word for them. Many have also been coined since to cope with advances in knowledge and technology:

Latin: **concept** – concept, **civilisation** – civilisation, **satisfaction** – satisfaction, **liberté** – liberty, **exciter** – excite.

Greek:  **philosophie** – philosophy, **biographie** – biography, **géologie** – geology, **appendicite** – appenditis, **tuberculose** – tuberculosis, even **xylophone** – xylophone, and many words connected with study, science, technology and medicine.

- In the 18th and 19th centuries, France was regarded as a cultural model, and French words reflecting this aspect, especially in cookery, were often absorbed into English: **fricassée, soufflé, façade**. Also absorbed into English were French phrases which have a meaning not easily expressed using English words: **fait accompli, raison d'être, de rigueur**.

- In the 20th and present centuries, the roles have tended to be reversed, and many English and American words connected especially with sport, technology and modern everyday life have been absorbed into French, much to the irritation in the 1990s of a certain government minister, M. Toutbon, who tried to prevent this happening by insisting on 'pure' French equivalents. (He preferred **le courrier électronique**, but most French people say **e-mail** regardless!) Some common examples are:

| | |
|---|---|
| *le boxe* | boxing |
| *le knock-out* | knockout |
| *le football* (often abbreviated to *le foot*) | football |
| *le footballeur* | footballer |
| *shooter* | to shoot |
| *cliquer* | to click |
| *le fair-play* | fair-play |
| *le look* | look (in sense of 'appearance') |
| *le pullover (le pull)* | pullover, sweater |
| *le shopping* | shopping |
| *le short* | shorts |
| *le slip* | panties, underpants |
| *le spray* | aerosol |
| *le sprint* | sprint |
| *le stock, stocker* | stock, to stock |
| *stop!* | stop! |
| *le tour-opérateur* | tour operator |
| *le T-shirt* | T-shirt |
| *le walkman* | walkman |
| *le week-end* | weekend |

Sometimes French adapts the English or gives it a slightly different meaning:

| | |
|---|---|
| *l'auto-stop* | hitchhiking |
| *le baby-foot* | table football |

## 48.2.3 Words that look the same and usually mean the same

Because of their common Latin origin, there are quite large groups of words which take very similar forms in both languages. Usually, once you have become familiar with the sound of their common ending or other syllable(s), they are fairly easily recognisable when spoken:

- Nouns ending in *-té*/-ty: *liberté* – liberty/freedom, *égalité* – equality, *fraternité* – fraternity/brotherhood, *université* – university, and hundreds more which, by the way, are all feminine!

- Nouns ending in *-tion*/-tion: *création* – creation, *transition* – transition, *solution* – solution, *action* – action; also ending in *-sion*/-sion: *mission* – mission. There are hundreds, also all feminine!

- Nouns ending in *-eur* can be one of two types:

1   mainly abstract words ending in *-eur* in French and '-our' in English ('-or' in the USA): *couleur* – colour, *vapeur* – vapour, *honneur* – honour
2   words indicating people or objects that perform actions, ending in '-er' and '-or' in English: *porteur* – porter, *vendeur* – seller/shop assistant, *moniteur* – monitor, *moteur* – motor/engine

- Nouns ending in *-age*: *âge* – age, *courage* – courage, *garage* – garage, and many more, although you need to be aware of the different pronunciation of the ending: '*courahj*' as opposed to 'currij'.

- Adjectives ending in *-eux*, corresponding to English ones in '-ous': *furieux*, *copieux*, *aventureux*, though sometimes the English word ends in '-y': *rocheux* – rocky, *sableux* – sandy; but so long as you know the base word *rocher* – rock, *sable* – sand, the meaning should be obvious. There are lots of these adjectives.

- Adjectives ending in *-al* or *-el*: *général* – general, *principal* – principal/main, *national* – national, *industriel* – industrial, *sensationnel* – sensational, *universel* – universal, and many others.

- Words of all sorts beginning with *é-* and occasionally *es-*, where this replaces an *s-* in the original form: *école* – school, *écossais* – Scottish, *Ecosse* – Scotland, *écran* – screen, *écureuil* – squirrel, *épice* – spice, *épicier* – grocer ('spicer'), *épinard* – spinach, *épine* – spine (= thorn), *éponge* – sponge, *époux/épouse* – husband/wife (= spouse), *espace* – space, *espèce* – sort/kind (= species), *espion* – spy, *estomac* – stomach, *établir* – establish, *étage* – floor/storey (= stage), *étal* – stall (in market), *étoffe* – material (= stuff), *étrange* – strange, *étrangler* – strangle, *étroit* – strait/narrow, *étudier* – study, and quite a lot more: *écrire* – write is connected to our words scribe, script and scripture!

- Words containing a vowel with a circumflex accent: *â, ê, î, ô, û*, which often indicates the previous existence of an *s*: *croûte* – crust, *hôte* – host/guest, *hâte* – haste, *hôpital* – hospital, *île* – isle/island.

- Compounds of several basic verbs, for example:

verbs based on **tenir** – to hold – correspond to English verbs ending in '-tain':
**contenir** – contain, **détenir** – hold/detain, **maintenir** – maintain, **obtenir** – obtain,
**retenir** – retain/hold back, **soutenir** – sustain

verbs based on **mettre** – to put – correspond to English verbs ending in '-mit':
**admettre** – admit/allow in, **émettre** – emit, **commettre** – commit, **omettre** – omit, **remettre** – put
back/remit, **soumettre** – submit, **transmettre** – transmit, pass on

verbs based on the ending **-cevoir** correspond to English verbs ending in '-ceive':
**apercevoir** – perceive, **concevoir** – conceive, **décevoir** – deceive/disappoint, **percevoir** –
perceive, **recevoir** – receive

- Miscellaneous 'guessables' from their form or sound, often helped by their context:

| | |
|---|---|
| *accompagner* | accompany, go with |
| *bébé* | baby |
| *brun(e)* | brown |
| *compagnie* | company |
| *doute(r)* | doubt |
| *est* | east |
| *marchand* | merchant, seller (especially in context, e.g. *marchand de légumes*) |
| *marchandises* | merchandise, i.e. goods |
| *montagne* | mountain |
| *musée* | museum |
| *nerf* | nerve |
| *neveu* | nephew |
| *nièce* | niece |
| *nom* | name |
| *nombre* | number |
| *nord* | north |
| *obéir* | obey |
| *offrir/offert* | offer |
| *oncle* | uncle |
| *ordre* | order |
| *ouest* | west |
| *radis* | radish |
| *rasoir* | razor |
| *récent* | recent |
| *riche* | rich |
| *rond* | round |
| *saison* | season |
| *sud* | south |
| *sommet* | summit |
| *soudain* | sudden(ly) |
| *stade* | stadium |
| *superbe* | superb |

| tabac | tobacco |
| toucher | touch |
| train | train |
| trésor | treasure |
| vaisseau | vessel |
| vallée | valley |

## 48.2.4 Words that mean the same as a lesser used English word with a more frequently used equivalent

If you look back to section 48.2.3, you will see a couple of examples of one French word having two English equivalents. This is because English vocabulary has two basic sources: the Germanic and Nordic languages spoken by the earlier Saxon and Scandinavian settlers and the French introduced by the Normans. That is why we have both 'liberty' and 'freedom', both 'fraternity' and 'brotherhood'. These are good examples, because they illustrate that in general the Germanic/Nordic word is the more commonly used one, and the Latin-via-French one is often slightly more literary or refined. Another common example is the words 'begin', 'start' and 'commence'. The latter is from French **commencer**, and is the least used – and rather more pretentious – of the three.

There is, in fact, a large number of words which, although not quite the same as their English counterparts, are close enough at least for a visual guess and, like **commencer**, above, are similar to a lesser used English word:

| French | English look-alike | More common English equivalent |
| --- | --- | --- |
| bouger | budge | move |
| bref/brève | brief | short |
| commander | command | order |
| comprendre | comprehend | understand |
| descendre | descend | go/come down |
| conduire | conduct | lead, drive |
| dame | dame | lady |
| faible | feeble | weak |
| demander | demand | ask |
| enchanter | enchant | charm |
| enfant | infant | child |
| entrer | enter | go/come in |
| envoyer | (noun:) envoy | send |
| équilibre(r) | equilibrium | balance |
| évident | evident | obvious |
| image | image | picture |
| itinéraire | itinerary | route |
| morceau | morsel | piece, bit |
| ordure(s) | ordure | rubbish |
| quai | quay | platform (on station) |
| quart | quart | quarter (= fraction) |

| quartier | quarter | district, area |
| queue | queue | tail |
| quitter | quit | leave |
| raconter | recount | tell, relate (e.g. story) |
| radiographie | radiography | X-ray |
| recherche | research | search |
| regarder | regard | look at, watch |
| répondre/réponse | respond/response | answer |
| sauvage | savage | wild |
| tard/tardif | tardy | late |
| tempête | tempest | storm, gale |
| terminer | terminate | finish, end |
| tranquille | tranquil | quiet, calm |
| traverser | traverse | cross |
| vaincre | vanquish | conquer |
| vendeur/vendeuse | vendor | seller, salesperson |
| vérifier | verify | check |
| vêtement(s) | vestment(s) | clothes |
| volontiers | (volunteer) | willingly |

Some might need a little more thought before you see the connection:

| secours | succour | help |
| séjour | sojourn | stay |
| vide | void | empty |
| voisinage | vicinity | neighbourhood |

## 48.2.5  Words that don't *quite* mean what they seem: 'iffy' friends

Unfortunately, over the centuries, the British and French seem at times to have acquired the art of slightly or totally misunderstanding each other, and words which look the same might mean something just a little different. So you do have to take care!

| **French** | **doesn't always mean** | **more often means** |
| --- | --- | --- |
| assister | assist | attend, be present |
| crayon | crayon | pencil |
| chasse(r) | chase | hunt |
| chance | chance | luck |
| défendre | defend | prohibit, forbid |
| défense (de) | defence | it is forbidden to |
| demander | demand | ask |
| envie | envy | desire (avoir envie) |
| gagner | gain | win, earn (money) |
| garder | guard | look after, keep |

| | | | |
|---|---|---|---|
| grand | grand | | big, large, tall |
| hasard | hazard | | chance |
| herbe | herb | | grass |
| histoire | history | | story |
| ignorer | ignore | | not know, be unaware of |
| journal | journal | | newspaper |
| marcher | march | | walk |
| menace(r) | menace | | threat(en) |
| raison | reason | | to be right (avoir raison) |
| rendre | render | | give back |
| robe | robe | | dress |
| rouler | roll | | drive, run (of vehicles) |
| route | route | | road |
| sac | sack | | bag |
| sage | sage, wise | | well-behaved |
| sens | sense | | direction |
| tableau | tableau | | picture, board |
| vilain | villain | | (adj) nasty, wicked |
| voyage | voyage | | journey |
| voyager | voyage | | travel |

## 48.2.6 Words that *definitely* don't mean what they look like!

Take great care, these are false friends – *faux amis*!

| French | English meaning | French doesn't mean | French for that is |
|---|---|---|---|
| allée | avenue, pathway | alley | ruelle |
| car | coach, bus | car | voiture |
| cave | (wine) cellar | cave | caverne, grotte |
| coin | corner | coin | pièce, monnaie |
| casquette | (peaked) cap | casket | coffret, boîte |
| comment | how | comment | commentaire |
| gentil | kind | gentle | doux |
| glace | ice, ice cream | glass | verre, vitre |
| grippe | flu | grip | poigne |
| hurler | yell, shout | hurl | lancer, jeter |
| journée | (duration of) day | journey | voyage, trajet |
| lard | bacon | lard | saindoux |
| large | wide | large | grand, gros |
| lecture | reading | lecture | conférence |
| lecteur | reader | lecturer | conférencier/-ière |
| librairie | bookshop/stall | library | bibliothèque |
| mamie | granny, grandma | mum, mummy | maman |

| médecin | doctor | medicine | (subject) médecine (medication) médicament |
|---|---|---|---|
| papy | grandad | dad, daddy, papa | papa |
| préservatif | condom | preservative | conservateur |
| rester | remain, stay | rest | (se) reposer |
| rente | income | rent | loyer |
| roman | novel | Roman | Romain |
| rude | rough, tough, harsh | rude | impoli, mal élevé |
| sensible | sensitive | sensible | sensé |
| stage | training course | stage | étape, scène |
| store | awning, blind | store | (grand) magasin |
| talon | heel | talon | griffe, serre |
| vacances | holidays | vacancies | 'chambres'* |
| veste | jacket | vest | tricot de corps |

* To illustrate that this problem works both ways, the story goes that a French family on holiday in Britain one August, having read the sign 'Vacancies' in so many houses, complained to the local tourist office that all the Bed & Breakfast owners were away on holiday!

## 48.2.7  Two final words of advice in this section

• Always consider the meaning of a word within its context, i.e. the other words around it.

A simple example with the word **sens**:

**sens** commun  ⟶  common sense      **sens** unique  ⟶  one way (street)

• None of the above lists is exhaustive: you will continue to find many more French words in all the various categories.

➡ **Exercise 1**

# 48.3  Build words and thereby build your vocabulary

Once you are familiar with a basic word, be it noun, verb or adjective, you can easily extend your vocabulary by learning associated parts of speech and/or compounds of the base word. Try at first to do this from the words you know already, by looking at and around the word in your dictionary to see what you find.

## 48.3.1  Look for other related parts of speech

Let's look up a couple of basic words in the dictionary and see what we can find:

**étude**: noun, feminine: 'study'; as in English, often used in the plural: **études** – studies; you will also find the verb **étudier**, which, you will discover, as in English can mean 'to study', e.g. an academic subject, or to observe or examine closely; you will find another noun, **étudiant(e)**, which is actually the present participle of the verb, 'student'. Interesting, but of slightly less immediate use, is the adjective **étudié** (actually the past participle of **étudier**), which means 'carefully designed or thought out', and the phrase **à des prix très étudiés** – at rock bottom prices!

It is often worth just checking back the other way, English to French: 'study/student' reveals some words which do not undergo the **s** ⟶ **é** change referred to in 48.2.3 above, but keep the original **s**: the noun 'studio' – **studio**, the adjective 'studious' – **studieux**, and corresponding adverb 'studiously' – **studieusement**!

**maigre**: adjective: the basic meaning given as 'thin/skinny'; but it also means 'lean' referring to meat, and is the equivalent of 'low-fat' referring to, for example, cheese. Another meaning, rather closer to its English look-alike, is 'meagre', 'poor', 'skimpy', 'sparse', referring to profits, income, results, vegetation, etc.; it is also a noun (masc), meaning 'lean meat', and has a number of other meanings in technical contexts. There is also a diminutive adjectival form, **maigrelet** – scrawny, referring to, for example, a 'scrawny' child.

The corresponding adverb is **maigrement** – meagerly, and verb is **maigrir**, meaning 'to get thinner' – the usual way of saying 'to lose weight': **Comme tu as maigri**! – 'Haven't you lost weight!'. Finally, there's the noun **maigreur** – thinness, leanness, scrawniness, etc. Looking up 'lean' in the English–French section doesn't reveal anything of particular interest – except a reminder to make sure you are looking at the right word, **not** 'lean' as in 'lean against/over', etc.!

You can see how a few minutes spent browsing in the dictionary can expand your vocabulary – and can make quite interesting reading. Why not resolve to do this with a couple of basic words each day?

## 48.3.2  Compound words

'Compound' verbs are made up by adding a prefix at the begining of the basic verb. We have seen this already in the verbs developed from **tenir** above in 48.2.3. However, there are a number of other basic verbs which have useful compounds, which you can find in the Verb list starting on page 333. Here are a few more examples:

**venir** – come ⟶ **devenir** – become, **intervenir** – intervene, **revenir** – come back, return, **se souvenir** – remember, **convenir** – suit, be suitable, **prévenir** – warn, **survenir** – to happen

**résoudre** – solve, resolve ⟶ **absoudre** – absolve, **dissoudre** – dissolve

**prendre** take ⟶ **apprendre** – learn, find out, **comprendre** – understand, **reprendre** – take back, take up again, tell off, **entreprendre** – undertake, **surprendre** – surprise

If we were to take one of these groups, e.g. **prendre**, and expand it to other parts of speech as in 48.3.1 above, we might finish up with a selection from:

**prendre**: **prenant** (adj) – 'absorbing', 'compelling' (e.g. film), **preneur/preneuse** (nm/f) – 'buyer', 'taker', **pris** (adj) – 'taken' (e.g. seat, ticket), **prise** (nf) – 'grip', 'hold', electric 'plug' or 'socket'.

**apprendre**: **apprenti(e)** (nm/f) – 'apprentice', **apprentissage** (nm) – 'apprenticeship' *comprendre*: 'understand', but also 'comprise', *compréhension* (nf) – 'understanding', 'comprehension', *compréhensif* (adj) – 'comprehensive', but also 'understanding', *compréhensible* (adj) – 'comprehensible', 'easily understood', *compréhensibilité* (nf) – comprehensibility, *compris* (adj) – 'included', also 'agreed' *(= d'accord)*.

*entreprendre*: 'undertake', 'embark upon', e.g. a task; *entrepreneur/euse* (nm/f) – 'contractor', 'entrepreneur', *entreprenant* (adj) – 'enterprising', *entreprise* (nf) – 'business', 'firm', 'enterprise'.

*reprendre* (actually has 15 meanings listed in the dictionary – worth a look!); one of these is to 'tick off', hence *répréhensible* (adj) – 'reprehensible'; *reprise* (nf) – 'resumption', 'renewal', 'taking back' (nouns corresponding to meanings of the verb); *à plusieurs reprises* – 'several times'.

*surprendre*: 'surprise', *surprenant* (adj) – 'surprising', *surpris* (adj) – surprised, *surprise* (nf) – surprise

Exercise 2

# 48.4  Prefixes and suffixes

Note: a prefix goes on the beginning of a word and a suffix on the end.

## 48.4.1  Prefixes

We have already met the use of prefixes to modify the meaning of base verbs in paragraph 48.3.2. There are a few other useful prefixes which modify not only verbs, but sometimes nouns and adjectives:

- *in-* (*il-* before *-l-*, *im-* before *-p-*) is the equivalent of 'un-' or 'in-', and gives the word in question a negative meaning. Here are just a few of many possible examples:

| | |
|---|---|
| *inactif* | inactive |
| *impossible* | impossible |
| *inoubliable* | unforgettable |
| *insupportable* | unbearable, intolerable |
| *improbable* | unlikely, improbable |
| *illimité* | unlimited |
| *injuste* | unfair, unjust |
| *injustice* | injustice |

It should be noted, however, that many French equivalents of English words beginning with 'un-' are best expressed using *non* or *peu*:

| | |
|---|---|
| *peu important* | unimportant |
| *peu imaginatif* | unimaginative |
| *non allumé* | unlit |

- **dé-**, **dés-** means the reversal or cancellation of an action or state, and is the equivalent of 'de-', 'dis-' or 'un-' in English:

| | |
|---|---|
| *défaire* | undo, unmake |
| *déplier* | unfold |
| *désavantage* | disadvantage |
| *désobéir* | disobey |
| *détacher* | untie, detach |
| *dépanner* | fix (car, etc.), i.e. to 'unbreak down'! |

- **mé-** is the equivalent of 'mis-', giving a negative meaning or implying not quite getting something right:

| | |
|---|---|
| *mécontent* | discontent, malcontent |
| *méfier* | mistrust, distrust |
| *médire* | malign, speak ill |
| *se méprendre* | be mistaken, misjudge |
| *mépriser* | scorn, despise |
| *mésaventure* | mishap, misadventure |
| *mévente* | slump, period of poor sales |

## 48.4.2 Suffixes

- A diminutive makes something smaller. We have a limited number in English, usually made by adding '-let': piglet, booklet. You will quite often meet the French diminutive suffix **-et** (m)/**-ette** (f):

| | | | | |
|---|---|---|---|---|
| *coffre* | chest | ⟶ | *coffret* | casket, small box |
| *fille* | girl | ⟶ | *fillette* | little girl |
| *camion* | lorry | ⟶ | *camionnette* | van, pick-up |

- To modify colours, you can add the suffix **-âtre** to most colours, just as you can add '-ish' in English to make the colour less definite:

*jaune* ⟶ *jaunâtre*          yellow ⟶ yellowish
*bleu* ⟶ *bleuâtre*          blue ⟶ bluish

Remember to take off the final **-e** from the adjective if there is one.

# Mettez-vous au point!

## 1  Mots en F

En compilant les listes de mots dans ce chapitre, nous avons omis exprès ceux qui commencent par la lettre *f*. C'est à vous de chercher dans cette section de votre dictionnaire les mots qui peuvent se classer dans les catégories suivantes:

**a**  Les mots dont l'aspect et le sens sont à peu près les mêmes en français et en anglais.
**b**  Les mots qui ne sont pas identiques mais qui sont assez facilement reconnaissables.
**c**  Les mots qui semblent ressembler à un mot anglais, mais dont le sens est toujours ou quelquefois bien différent.

 # ... Et en route!

## 2  Enrichissez votre vocabulaire!

Dans la liste des verbes qui commence à la page 333, choisissez deux verbes 'base' et ajoutez les préfixes qui conviennent pour en faire d'autres verbes. Puis à l'aide de votre dictionnaire cherchez tous les autres mots qui peuvent se créer à partir de ces mots.

# Key to exercises

Exercises where there is a wide range of possible answers are not included in this key.

## Chapter 2

1.
| | | |
|---|---|---|
| un chômeur | un chef | l'argent (m) |
| un bureau | une usine | un vol |
| le socialisme | la technologie | la criminalité |
| un emploi | une année | le licenciement |
| un miracle | le travail | la destitution |
| la télévision | un porte-monnaie | un papier |
| un centime | une bicyclette | un formulaire |
| une poche | le sens | le désespoir |
| la formation | la colère | le salaire |
| un employé | l'inactivité (f) | l'allocation (f) |

2.
| | |
|---|---|
| une jument | une éléphant femelle |
| une charcutière | un témoin |
| une patronne | une renarde |
| un guide | une vendeuse |
| un professeur | une astronaute |
| un assassin | une représentante |
| un camionneur | une poule |
| un cheminot | un agent de police |
| une coiffeuse | un premier ministre |
| une brebis | un rhinocéros femelle |

3. Trois: chevaux en bois, bijoux, éventails, jeux, tournevis, hiboux en porcelaine, journaux, gâteaux, lave-vaisselle, machines à coudre, manteaux, vitraux, chapeaux, souris en chocolat, clous, porte-monnaie, choux-fleurs, feux d'artifice, hautbois, eaux de toilette.

## Chapter 3

1. **1** La, **2** les, **3** l', **4** Les, **5** l', **6** les, **7** Les, **8** les, **9** les, **10** Le, **11** Les, **12** au, **13** des, **14** Le, **15** au, **16** la, **17** Le, **18** aux

2. **1** un, **2** –, **3** –, **4** –, **5** une, **6** un, **7** d', **8** un, **9** un, **10** une

3. **1** du, **2** du, **3** de la, **4** du, **5** du, **6** du, **7** des, **8** du, **9** du, **10** du, **11** du, **12** des, **13** de la, **14** des, **15** des, **16** du, **17** de

4. **1** La, **2** la, **3** des, **4** la, **5** un, **6** le, **7** la, **8** l', **9** les, **10** au, **11** de, **12** au, **13** la, **14** l', **15** des, **16** la, **17** du, **18** les, **19** la, **20** Le, **21** un, **22** les, **23** du, **24** une, **25** des, **26** de, **27** la

## Chapter 4

1. **1** copieux/varié, **2** gentilles/courtoises, courtoise/gentille, **3** jolies, neufs, **4** raisonnables/abordables, variés/copieux, **5** abordables/raisonnables, **6** mises, changées

2. nouvelle, chers, traditionnelle, dévouées, municipaux, belles, travailleuses, sérieuses, consacrées, municipale, devenues, fragiles, réelle, longues, belles, éblouissantes, public, habituelle, légendaire, bonne

3 **1** hospitaliers, **2** globale, **3** médicaux, **4** sociaux, **5** psychologiques, **6** solide, **7** résistants, **8** médical, **9** quotidiennes, **10** particulières, **11** mises, **12** excellente, **13** social/familial, **14** familial/social, **15** grandissants, **16** atteintes, **17** nouveaux

4 un pantalon du soir, deux chemises en soie, un appareil photo numérique, deux cartes-mémoire, des lunettes de plongée, des jumelles de théâtre, deux maillots de bain, cinq T-shirts en coton, un portefeuille en cuir, des chaussures de toile, deux bermudas en nylon, une trousse de toilette

# Chapter 5

1 These are suggested answers but other combinations are possible. The adverbs could instead be placed at the ends of the sentences, for emphasis.
Vous brancherez **aisément** votre appareil-photo sur votre P.C.
Vous enverrez **rapidement** des photos de vacances à vos amis.
Vous stockerez **méticuleusement** des dizaines de photos sur votre carte-mémoire.
Vous effacerez **facilement** vos mauvaises photos.
Vous enregistrerez **commodément** vos photos sur votre disque dur.
Vous imprimerez **efficacement** vos photos.
Vous réaliserez **franchement** des montages avec texte.
Vous dépenserez **intelligemment** votre argent.

2 **1** N'entrez pas dans ce bureau agressivement, violemment. **2** Veuillez me parler respectueusement, poliment et courtoisement. **3** Ne me regardez pas goulûment ... regardez-moi délicatement et doucement! **4** Expliquez-moi les choses simplement ... ne me parlez pas savamment. **5** Lisez les notices des appareils attentivement ... effectuez les opérations successivement. **6** Consultez-moi régulièrement. **7** Présentez-moi vos produits précisément ... ne faites pas vos démonstrations lentement ni rapidement. **8** Annoncez-moi vos prix prudemment. **9** Dans tous les cas, faites attention constamment.

3 **1** fort, **2** cher, **3** clair, **4** net, **5** droit, **6** faux, **7** bon, **8** fort

# Chapter 6

1 **1** La Grèce est **moins** peuplée/**n'est pas aussi** peuplée que l'Espagne.
**2** L'Italie a une **moins** grande superficie que la Pologne.
**3** Les Carpates sont **moins** élevées/**ne sont pas aussi** élevées que les Alpes.
**4** La Slovaquie est **moins** au sud que la Hongrie.
**5** En Suisse, on utilise **moins** l'euro que le franc suisse.
**6** La superficie de Malte est **moins** grande/**n'est pas aussi** grande que celle du Luxembourg.
**7** On boit **plus** de bière en Allemagne qu'aux Pays-Bas.
**8** La Slovénie est entrée dans l'Union Européenne **moins** tôt/**n'est pas entrée dans l'Union Européenne aussi** tôt que le Portugal.
**9** L'Estonie est **plus** peuplée que Chypre.
**10** La Grèce est **plus** touristique que la Lettonie.

2 **1** que, **2** de, **3** que, **4** que, **5** de, **6** de, **7** que

3, 4 In Exercises 3 and 4, various permutations are possible. Consult your teacher.

# Chapter 7

1 **1** ... la chaîne la plus élevée de France, **2** ... les montagnes les plus arrondies de France, **3** ... la ville la plus cosmopolite de France, **4** ... l'immigration la plus importante de France, **5** ... les régions les plus touchées par le chômage de France, **6** ... les plus graves de France, **7** ... le magasin le meilleur marché de Paris, **8** ... le monument le plus visité (de France), **9** ... la peinture la plus admirée du Louvre, **10** ... les plus connus du monde entier

2 **1** le plus gracieusement, **2** le mieux, **3** le plus sérieusement, **4** le plus adroitement, **5** le plus habilement, **6** le plus ingénieusement, **7** ils se comportent le plus sottement, **8** ... ils travaillent le moins

## Chapter 8

1 **1** Cet, **2** Ce, **3** cette, **4** Ces, **5** ce, **6** Cette, **7** cette, **8** cette, **9** ce, **10** cette

2 **1** celle-ci, celle-là, **2** celui-là **3** Celle-ci, celles-là, **4** Celle-ci, ceux-là, **5** Celles-ci, celles-là, **6** Celle-ci, celle-là

3 **1** ce, **2** celui-, **3** Cette, **4** ces, **5** ceux-, **6** cette, **7** ces, **8** cet, **9** Ces, **10** celles-, **11** Ce, **12** celui-

## Chapter 9

1a **1** Oui, la viande du boucher est toujours fraîche.
  **2** Oui, le pain de la boulangère est toujours bon.
  **3** Oui, le poisson de M. Pénin est toujours frais.
  **4** Oui, les renseignements de l'hôtesse de l'office de tourisme sont toujours utiles.
  **5** Oui, les conseils de la réceptionniste de l'hôtel sont toujours intéressants.
  **6** Oui, l'attitude des habitants est toujours aimable.

  b **7** Celle du boucher est la meilleure.
  **8** Celles du charcutier sont les plus savoureuses.
  **9** Celui du village est le plus efficace.
  **10** Ceux du fermier sont meilleurs.

2 **1** Non, il est à Céline.
  **2** Oui, elles sont à elle.
  **3** Oui, il est à moi.
  **4** Non, elles sont à Matthieu; ... elles sont à lui.
  **5** ... que ce pull est à toi?
  **6** ... il est à moi, pas à toi.

3 **1** Sa, **2** son, **3** sa, **4** son, **5** Mon, **6** son, **7** ses, **8** Mon, **9** sa, **10** Mes, **11** ma, **12** notre, **13** son, **14** son *or* leur, **15** leur, **16** sa, **17** sa

4 **1** La mienne papote avec les copines, la tienne va au cours du soir.
  **2** La mienne/la nôtre a un potager derrière, la vôtre a une pelouse et des fleurs.
  **3** Je passe les miennes à regarder la télé, tu passes les tiennes à regarder la télé aussi.
  **4** Les miens dînent chez des amis, les tiens vont au pub avec des amis.
  **5** Les miennes vont encore à l'école, les tiennes vont à l'école ou au collège.

5 **1** il s'est tapé sur les doigts.
  **2** il s'est cassé le pied.
  **3** elle s'est cassé la jambe.
  **4** elle s'est brûlé la main.
  **5** elle s'est déchiré le jean.
  **6** il s'est coincé les doigts dans la portière.
  **7** elle s'est pris les cheveux dans la fermeture éclair.
  **8** ils se sont foulé tous les deux le poignet.

## Chapter 10

1 **1** l', **2** le, **3** te, **4** l', **5** nous, **6** les, **7** la, **8** la, **9** le, **10** vous

2 **1** me, **2** lui, **3** lui, **4** leur, **5** leur, **6** me, **7** lui, **8** nous, **9** leur

3  **1** m', **2** le, **3** nous, **4** les, **5** leur, **6** nous, **7** lui, **8** lui, **9** l', **10** me, **11** me, **12** m', **13** nous, **14** les, **15** les, **16** leur, **17** les

4  **1** moi, **2** elle, **3** moi, **4** moi, **5** Toi, **6** Moi, **7** vous, **8** eux, **9** vous, **10** vous, **11** elle

5  j'y ai pensé, j'y suis arrivé(e), j'y ai songé, il faudra y veiller, j'y penserai, j'y suis allé(e) × 2, j'y ai remis, j'y veillerai

6  je n'en ai pas fait le tour, je n'en ai visité que quelques rues, j'en ai admiré les belles tours, j'en ai arpenté les rues, j'en ai admiré les nombreux hôtels particuliers, parle-m'en

7  **1** j'y ai joué, **2** J'en ai fait trois, **3** je le suis, **4** elle en a gagné deux, **5** nous y avons participé, **6** il me l'a dit

8  **1** Montre-les-moi. **2** Montre-la-lui. **3** Parle-nous-en. **4** En as-tu rapporté? **5** M'en as-tu apporté? **6** Sors-le-nous! **7** Quand nous y amèneras-tu? **8** Est-ce que je pourrais t'y accompagner?

# Chapter 11

1  **1** Tous, **2** Tous, **3** tous, **4** Tout, **5** toutes, **6** tous, **7** Tous/Toutes, **8** tout, **9** tout, **10** tout, **11** tout

2  **Tout le monde** s'accorde/**Tous s'accordent** à dire que la Place de la Concorde est une des plus belles places du monde. **Tout** touriste visitant Paris veut la voir. **Toute** visite officielle, **tout** défilé du 14 juillet passe par la Place de la Concorde. Elle est entourée de huit statues de femmes et **toutes les** «dames de pierre» représent**ent** une ville de France: Lille, Strasbourg, Nantes, Bordeaux, Marseille, Lyon, Brest et Rouen. En son centre trône l'Obélisque, et **tout** Parisien en est fier. **Tout le monde** sait/**Tous savent** qu'elle arriva d'Egypte en 1836, après 7 ans de voyage, et de nombreuses aventures! **Tout le monde** aime/**Tous aiment** s'y promener les soirs d'été, et **toute** promenade vous amène au Jardin des Tuileries pour goûter un peu de fraîcheur et de calme.

3  **1** Chaque, **2** Tous, **3** Plusieurs, **4** quelques, **5** quelques, **6** chacune, **7** quelques, **8** tel, **9** Tous, **10** Aucun, **11** Aucune

# Chapter 12

1  (*Column by column*) vingt et un, quarante-deux, soixante-quatre, soixante-neuf, soixante et onze, soixante-treize, soixante-dix-neuf, quatre-vingt-un, quatre-vingt-cinq, quatre-vingt-huit, quatre-vingt-douze, quatre-vingt-quatorze, quatre-vingt-quinze, quatre-vingt-dix-huit, quatre-vingt-dix-neuf, cent deux, cent cinquante-sept, cent quatre-vingt-quatorze, deux cent soixante-seize, trois cent quatre-vingt-dix-sept, quatre cent un, six cent soixante-six, huit cent quatre-vingt-dix-huit, neuf cent trois, mille cinq, deux mille cinq cent trente-quatre, quatre mille huit cent six, douze mille neuf cent quatre-vingt-dix-neuf, neuf cent quatre-vingt-quatorze mille sept cent quarante-trois, deux millions deux cent quatre-vingt-dix-sept mille cent soixante-seize

2  mil(le) soixante-six; mil(le) sept cent/dix-sept cent quatre-vingt-neuf; mil(le) huit cent/dix-huit cent douze; mil(le) neuf cent/dix-neuf cent quatorze; mil(le) neuf cent/dix-neuf cent quarante-cinq; mil(le) neuf cent/dix-neuf cent soixante-treize; mil(le) neuf cent/dix-neuf cent quatre-vingt-seize; deux mil(le); deux mil(le) douze

3  Napoléon trois, le pape Grégoire dix, le roi Louis quatorze, mon dix-huitième anniversaire, le soixante-cinquième anniversaire de papy, pour la centième fois, le neuvième arrondissement

4  (*Column by column*) zéro virgule trois, un virgule dix-sept, cinq virgule quatre-vingt-onze, dix-sept virgule zéro six, quarante-cinq virgule vingt-cinq, quatre-vingt-treize virgule quatre-vingt-treize, cinquante-six virgule huit cent soixante-seize, zéro virgule neuf mille trois cent quatre-vingt-quatre

8  **1** $11 + 11 - (1 + 1) = 20$

   **2** $22 - 2 = 20$

   **3** $3^3 - (3 + 3 + \frac{3}{3}) = 20$

   **4** $(4 \times 4) + 4 = 20$

   **5** $(5 \times 5) - 5 = 20$

   **6** $6 + 6 + 6 + \frac{6}{6} + \frac{6}{6} = 20$

   **7** $7 + 7 + 7 - \frac{7}{7} = 20$

   **8** $8 + 8 + \frac{8}{8} + \frac{8}{8} + \frac{8}{8} + \frac{8}{8} = 20$

   **9** $9 + 9 + \frac{9}{9} + \frac{9}{9} = 20$

# Chapter 13

1  **a** La table fait/a un mètre de diamètre sur soixante-cinq centimètres de haut.

  **b** L'écran de la télé est quatre-vingts centimètres/fait quatre-vingts centimètres de diagonale.

  **c** La tour de l'église fait vingt et un mètres de haut et l'église fait/a quarante-cinq mètres de long.

  **d** La porte fait/a soixante-dix-sept centimètres de large sur deux mètres de haut.

  **e** La roue a un diamètre de soixante-dix centimètres et une circonférence de deux cent vingt centimètres.

  **f** Le livre fait/a deux cent trente-quatre millimètres de haut sur cent cinquante-huit millimètres de large.

  **g** L'arbre a/fait treize mètres cinquante de haut sur un diamètre de quarante-deux centimètres.

  **h** La baignoire fait/a cent cinquante-deux centimètres de long en haut et cent vingt-huit centimètres en bas. Elle fait cinquante-sept centimètres de profondeur.

2  *Some of the possible dimensions are (others follow the same pattern):* la maison a/fait 9 mètres de large sur treize mètres trente de long; la salle de séjour a/fait neuf mètres quatre-vingt-dix de long sur quatre mètres de large; la cuisine a/fait trois mètres quarante de long sur trois mètres de large; la chambre 2 a/fait cinq mètres de long sur trois mètres dix de large; la salle de bains a/fait quatre mètres de long sur trois mètres quatre-vingt-dix de large; la chambre 1 a/fait six mètres vingt de long sur cinq mètres de large; la terrasse a/fait neuf mètres soixante-quinze de long sur quatre mètres cinquante de large

3  ça fait: **a** vingt-cinq pour cent, **b** trente-trois virgule trente-trois pour cent, **c** vingt pour cent, **d** dix pour cent, **e** vingt pour cent, **f** quatre-vingt-dix-neuf pour cent, **g** quatre-vingt-dix-huit pour cent, **h** vingt-cinq pour cent, **i** soixante-dix-sept virgule trente-quatre pour cent, **j** quatre-vingt-trois virgule soixante-six pour cent, **k** cent dix pour cent, **l** cent vingt-cinq virgule zéro sept pour cent

5  Voici, sur les lignes successives de ce tableau, les six opérations (les volumes sont en centilitres):

| Bouteille d'1 litre | Bouteille d'1 litre | Mesure de 40 cl | Mesure de 70 cl |
| --- | --- | --- | --- |
| 100 | 100 | 0 | 0 |
| 100 | 60 | 40 | 0 |
| 100 | 0 | 40 | 60 |
| 90 | 0 | 40 | 70 |
| 90 | 40 | 0 | 70 |
| 90 | 40 | 40 | 30 |
| 100 | 40 | 30 | 30 |

# Chapter 14

1  **a** seize heures dix/quatre heures dix, **b** onze heures quarante-cinq/midi ou minuit moins le quart, **c** midi/minuit (zéro) sept, **d** treize heures cinquante-cinq/deux heures moins cinq, **e** quinze heures quinze/trois heures et quart, **f** vingt-trois heures cinquante/midi ou minuit moins dix, **g** une heure dix, **h** zéro heures trente/minuit et demi, **i** vingt et une heures vingt-cinq/neuf heures vingt-cinq, **j** quatorze heures trente-cinq/trois heures moins vingt-cinq **k** sept heures zéro une/sept heures une minute, **l** trois heures dix-sept, **m** huit heures, **n** dix-neuf heures vingt/sept heures vingt

# Chapter 15

1  **1** porte, **2** montre, **3** passons, déchargeons, **4** entrent, **5** achète, **6** commençons, **7** dort, semble, **8** surprend, demande, **9** mangeons, **10** mettons, sortons, **11** envisageons, **12** pense, décidons

2  **1** cousent, **2** j'appelle, **3** envoie, **4** reçoit, **5** paie, **6** conçoit, crée, **7** part, **8** chargeons, **9** prennent, **10** repeignent, **11** nettoie, jette, **12** gère, ouvrons, craignons

3  **1** fuyons, **2** conduis, **3** prenons, **4** allons, **5** veux, **6** plaît, **7** pleut, **8** suis, **9** vais, **10** ai, **11** peux, **12** écris, **13** reçois, **14** sont, **15** faut, **16** hais, **17** suis

4  **1** passe, **2** ouvrent, **3** courent, **4** viennent, **5** interpelle, **6** se met, **7** apparaissent, **8** fait, **9** fait, **10** vendent, **11** aperçoit, **12** bat

# Chapter 16

1  Prenez, battez-les, N'oubliez pas, Pesez, Mesurez, Ajoutez, fouettez bien, mélangez, parfumez, Ne faites pas, Laissez reposer

2  Prends, Ne choisis pas, emploie, Mets, fais-le, places-y, fais-la glisser, retourne, fais, Glisse, mange-la, essaie

3  **1** Donne-le-lui.
   **2** Apporte-le-moi.
   **3** Vas-y.
   **4** Achète-m'en.
   **5** Dis-le-lui.
   **6** Ne les leur envoie pas.
   **7** Ne la leur raconte pas.
   **8** Ne la lui emprunte pas.
   **9** Ne la regarde pas.

4  **1** Je voudrais le silence!/Voudriez-vous vous taire?
   **2** Voudriez-/Pourriez-vous vous asseoir?
   **3** Voudriez-/Pourriez-vous vous lever?
   **4** Voudriez-/Pourriez-vous vous mettre en route?
   **5** Voudriez-/Pourriez-vous dormir? *or* -vous endormir?
   **6** Voudriez-/Pourriez-vous venir/passer par ici?
   **7** Voudriez-/Pourriez-vous arrêter de jouer!
   **8** Voudriez-/Pourriez-vous manger?
   **9** Voudriez-/Pourriez-vous mettre vos casquettes! Il fait chaud!
   **10** Voudriez-/Pourriez-vous m'écouter?
   (You could add *s'il vous plaît* to all these examples!)

## Chapter 17

1 gagnerai, vendrai, achèterai, vivrons, pourront, s'arrêtera, céderai, placerons, aurons, ferons, viendront, jouerai, Voudrez

2 viendront, louerons, partiront, reprendrons, sera, logerons, prendrons, viendrons, terminerons, restaurerons, rentrera, pourra, viendra, ferai, mourrai, reviendra

3 **1** Maman va me préparer …
   **2** Je vais me lever …
   **3** Je vais partir …
   **4** Nous allons commencer …
   **5** Nous allons nous arrêter …
   **6** Nous allons marcher …
   **7** Michel va faire peur …
   **8** Nous allons pique-niquer …
   **9** Je vais faire …
   **10** Mes amis vont se mettre …

## Chapter 18

1 serait, aurait, porterait, ferait, viendrait, saurais, courrais, prendrions, tiendrions, partirions

2 **1** aurais, **2** mènerions, **3** pourrait, **4** mangerions, **5** cueillerais, **6** ferais, **7** serions, **8** viendraient, **9** pourrions/saurions, **10** faudrait, **11** Saurais/Pourrais

3 **1** Aussitôt qu'il descendrait, il irait …, **2** Quand il verrait …, il lui donnerait …, **3** Lorsqu'il s'arrêterait …, il verrait un homme s'approcher de lui … il lui donnerait …, **4** Une fois qu'il serait dans sa chambre …, quelqu'un lui téléphonerait pour lui fixer …, **5** Au moment où il irait faire son footing … et où il arriverait …, un homme s'y trouverait., **6** Pendant qu'il(s) boirai(en)t …, l'homme lui indiquerait ….

## Chapter 19

1 **1** Oui, j'ai acheté les cartes-mémoire de l'appareil-photo.
   **2** Oui, j'ai trouvé mon passeport.
   **3** Non, je n'ai pas cherché mon billet Interail.
   **4** Oui, j'ai téléphoné à mon petit ami.
   **5** Non, je n'ai pas répondu à mes e-mails.
   **6** Non, je n'ai pas fait ma valise.
   **7** Oui, j'ai écrit à ma copine en Suisse.
   **8** Non, je n'ai pas fini mon travail scolaire.
   **9** Oui, j'ai lu ma police d'assurance.
   **10** Oui, j'ai pris des livres sterling.

2 **1** sommes partis, **2** est monté, **3** est entrée, est ressortie, **4** sont descendues, **5** sont restés, **6** sont revenues, est reparti, **7** est montée, est redescendue, est remontée, **8** est apparu, **9** sommes parvenus, **10** est tombé, s'est tordu, s'est évanouie, **11** sont arrivés, est partie

3 ont blanchi, a perdu, est devenu, a pris, il est apparu, ont vu, ils n'ont rien dit, a craint, ils lui ont fait part, il leur a répondu, j'ai beaucoup vécu, j'ai cru, j'ai vu, vous avez failli

4 **1** s'est passée, **2** as fait, **3** as commencé, **4** t'es inscrit(e), **5** as eu, **6** êtes allé(e)s, **7** ont pris, **8** ont dû, **9** est devenu, **10** se sont installés, **11** sont nés, **12** avons tous vendus

5 Ils **ont reçu** les journalistes parisiens et ils les **ont convaincus** qu'il faut/fallait promouvoir le Festival de Sully. Ils **ont écrit** aux Syndicats d'Initiative des villes environnantes pour leur envoyer affiches et programmes. Ils **ont parcouru** les villes du Centre et ils **ont collé** des affiches. Ils **ont même parfois**

eu des problèmes avec la police. Ils **ont acheté** une nouvelle scène qu'ils **ont repeinte**, et ils **ont cousu** de nouveaux rideaux. Ils **ont peint** aussi toutes sortes de décors. L'électricien **est venu** au dernier moment pour installer la sono. Ils **ont loué** des chaises et les **ont transportées** jusqu'à la salle du spectacle. Ils **ont vécu** des moments difficiles quand il **a fallu** grimper sur les échafaudages pour fixer les projecteurs. Ils **ont vendu** des milliers de billets par les Syndicats d'Initiative et par Internet. Enfin, ce sont eux qui **ont placé** les spectateurs et **ont apporté** aux artistes ce dont ils **ont eu** besoin.

6 écrit, déménagé, envolés, prise, hésité, restée, trouvé, partis, choisi, commencé, visitée, rendu, dû, proposé, prise, venus, résolus, jetées, écrite, passée, invités, déjeuné, mis

# Chapter 20

1 pensait, était, apprenait, s'appelait, avions, savait, (ne) parlions (pas), fallait, apprenions, récitions, avait, devions, donnait, punissait, oubliions, dictait, écrivions, était, crachait, parlait, (ne) comprenais (pas), faisais, était, acquérait, commençait

2 **1** peignait, **2** sortait, **3** lançait, **4** courait, **5** se battaient, **6** écrivait, **7** buvait, **8** lisait, **9** rangeaient, remplissaient, **10** riaient, se taisait, pleurait, **11** savait, se passait

# Chapter 21

1 **1d, 2g, 3a, 4h, 5f, 6e, 7b, 8c**

2 s'était appelée, s'était nommée, avait connu, s'étaient partagé, avaient fortifié, avaient construit, lui avait apporté, était devenu, était restée

3 **1** j'aurai pris, **2** j'aurai trouvé, **3** je me serai installé(e), **4** j'aurai ouvert, j'aurai admiré, **5** j'aurai pris, **6** j'aurai remonté, **7** j'aurai admiré, **8** je me serai payé

4 **1** J'aurais fait, **2** J'aurais acheté, **3** Je serais revenu(e), **4** J'aurais mis, **5** J'aurais redémarré, **6** Je me serais dévêtu(e), **7** J'aurais plongé, **8** J'aurais pris, **9** Je serais remonté(e), **10** J'aurais retiré, **11** Je l'aurais séchée, **12** J'aurais essayé, **13** Je me serais séché(e) et je me serais rhabillé(e)

# Chapter 22

1 Ma grand-mère était très gentille. Elle **naquit** à la campagne dans le Nord de la France en 1925. Elle **eut** sept frères et sœurs et elle **arrêta** l'école à 14 ans, lorsque la guerre **commença**. Elle **travailla** dans les champs pour nourrir ses frères et sœurs. A la fin de la guerre, elle **connut** mon grand-père et ils **allèrent** à Paris pour chercher du travail. Après quelques années, ils **purent** s'acheter l'appartement où ma mère **naquit**. Ensuite, ils **revinrent** vivre dans le Nord: ils **vendirent** l'appartement de Paris pour s'acheter une maison. Ma grand-mère **mourut** dans sa maison et mon grand-père y vit encore.

2 frappa, se leva, ouvrit, (je n')eus (que), sortit, referma, ne bougea pas, me levai, revint, ferma, fouilla, sortit, resta, repris, se leva, embrassa, tendit, nous nous retrouvâmes, j'ouvris, s'avança

3 Charles de Gaulle **naquit** le 22 novembre 1890 à Lille. Son père Henri de Gaulle **fut** professeur de lettres et de philosophie. Dès son plus jeune âge, Charles de Gaulle **se passionna** pour l'histoire de France que lui **fit** découvrir son père. Celui-ci le **conduisit** régulièrement visiter le tombeau de Napoléon aux Invalides. Il **alla** à l'école militaire de Saint-Cyr, il en **sortit** en 1912 et **devint** officier. Pendant la Première Guerre mondiale, 1 350 000 Français **moururent**. Ceci **choqua** beaucoup le général qui **tira** les leçons de la première guerre mondiale. Il **organisa** la Résistance depuis Londres en 1940 et **vainquit** l'envahisseur avec l'aide des Alliés. Lui et le Gouvernement Provisoire **reconstruisirent** la France, **nationalisèrent** des banques et des entreprises, **accordèrent** le droit de vote aux femmes. Il **revint** au pouvoir en 1958, au moment de la guerre d'Algérie et Il **conduisit** la décolonisation. Il **mourut** le 9 novembre 1970.

## Chapter 23

1   **1** j'allais, **2** je suis allé(e), **3** nous travaillions, **4** nous avons travaillé, **5** j'ai fait, **6** je le faisais, **7** tu faisais, **8** a sonné, **9** a mangé, **10** mangions, **11** tu as choisi, **12** je choisissais, **13** prenais, **14** j'ai bu, **15** j'ai fini

2   **1** il pleuvait, **2** passaient, *either* ont éclaboussé *or* éclaboussaient, **3** j'ai décidé, **4** m'a demandé, faisais, je lui ai décrit, faisait, **5** quittait, allait, **6** j'étais, je suis sorti, **7** j'ai vu, il y avait, regardait, **8** j'ai demandé, se détachait, se passait, **9** elle m'a répondu, a glissé, était, il s'est fait, **10** on a appelé, a-t-elle ajouté, **11** je me suis rendu compte, je ne pouvais, je me trempais, **12** j'ai repris

3   rentrai, prépara, me baignais, me rasais, j'arrivai, donnait, couvrait, apercevait, donnait, bourgeonnaient, traversaient, quittai, m'assis, avait, regardai

## Chapter 24

*(Note: in Exercises 1b and 2b, where there is no agreement of the past participle,* s' *or* nous *is the indirect object.)*

1a  *A possible order:* Je me lève, je me brosse les cheveux, je me fais un café, je me rends au travail; le soir je me détends, je m'étends au soleil, je m'assieds devant la télé, je me lave, je me couche, je m'endors.

b   Elle s'est levée, elle s'est brossé les cheveux, elle s'est fait un café, elle s'est rendue au travail; le soir elle s'est détendue, elle s'est étendue, elle s'est assise, elle s'est lavée, elle s'est couchée, elle s'est endormie.

2a  se reconnaissent, se regardent, ne se saluent pas, ne se font, ne s'adressent, se mesurent, se battent, s'arrachent, se tapent, se cognent, se griffent, se regardent, se serrent, s'éloignent

b   Nous nous sommes regardés, nous ne nous sommes pas salués, nous ne nous sommes pas fait, nous ne nous sommes pas adressé, nous nous sommes mesurés, nous nous sommes battus, nous nous sommes arraché, nous nous sommes tapés, nous nous sommes cognés, nous nous sommes griffés, nous nous sommes regardés, nous nous sommes serré, nous nous sommes éloignés.

c   Nous nous serions serré/dit/parlé/montré/raconté/promis/donné.

3   **1** s'ouvrent, **2** se ferment, **3** s'allument, **4** s'éteignent, **5** se met en marche, **6** se déplace, **7** s'ouvre, **8** s'approche, **9** se gare, **10** s'arrête, **11** se développe

4   *In all examples the reflexive pronoun is the indirect object, so there would be no past participle agreement, even if the subject were not masc. sing.:*
     **1** s'est cassé/s'est fracturé, **2** s'est fracturé/s'est cassé, **3** s'est ouvert, **4** s'est fait, **5** s'est déchiré, **6** s'est pris, **7** s'est arraché, **8** s'est taché, **9** s'est abîmé, **10** s'est même cabossé

## Chapter 25

1   **1** dessiner, **2** créer, **3** Dessiner, **4** Changer, **5** envoyer, **6** stocker, **7** intégrer, **8** Surprendre, **9** commander, **10** essayer, **11** adopter

2   **1c**, **2i**, **3h**, **4e**, **5f**, **6d**, **7a**, **8g**, **9b**

3   **1** sans grignoter, **2** sans sauter, **3** sans le faire tous les jours, **4** sans le laisser trop s'éloigner, **5** sans tirer, **6** sans te fâcher ou crier

4　**1** Avant de faire …, **2** Au lieu de prendre …, **3** Après avoir débarrassé, **4** Après avoir salué, **5** … sans passer des heures …, **6** Au lieu d'essuyer …, **7** Pour préparer …, **8** … au lieu d'y mettre …, **9** … après avoir fini …

5　**1** Après avoir détérioré …, **2** Après avoir détruit …, **3** Après être sorti …, **4** Après avoir été interpellé …, **5** Après avoir été confronté …

6　préparer, mettre, Casser, placer, verser, faire, Egoutter, ajouter, remuer, laisser, Sortir, Répartir, poser, napper, Saupoudrer, Servir

# Chapter 26

1　**1** Il faut s'arrêter/Il faut qu'on s'arrête. **2** Il faut aller voir/Il faut qu'on aille voir, **3** Il faut arrêter/Il faut qu'on arrête. **4** Il faut téléphoner/Il faut qu'on téléphone. **5** Il ne faut pas tenter/Il ne faut pas qu'on tente. **6** Il faut éventuellement prévenir/Il faut qu'on prévienne éventuellement.

2a　**1** ai dû, **2** ai dû, **3** avons dû, **4** avons dû, **5** ai dû, **6** ont dû, **7** a dû

  b　Il a fallu qu'il la soulève … il a fallu qu'il demande … Il a fallu qu'ils la portent … Il a fallu qu'ils lui tapotent … il a fallu qu'il appelle … Il a fallu qu'ils la mettent … il a fallu qu'elle soit

3　**1** Ils auraient pu jouer …, **2** J'aurais pu faire …, **3** Nous aurions pu nous affronter …, **4** Il aurait pu participer …, **5** Elle aurait pu pique-niquer …, **6** Il aurait pu faire …

4　**1** Il n'a pas pu la faire seul.
　**2** Ils n'ont pas pu la construire seuls.
　**3** Il n'a pas pu le monter seul.
　**4** Tu n'as pas pu la faire seul(e).
　**5** Elle n'a pas pu le réparer seule.
　**6** Elles n'ont pas pu le faire seules.

5　**1** My husband should/ought to have come to this reception this evening, but he didn't want to.
　**2** He could have come; he has nothing to do at home.
　**3** He said (that) he couldn't come because he had to make some phone calls.
　**4** In my opinion, that could have waited until tomorrow.
　**5** He shouldn't be so rude/impolite.
　**6** Can/May I ask you what your husband would have done in these circumstances?
　**7** Mon mari aurait probablement fait la même chose.
　**8** Il ne voulait pas/n'a pas voulu venir en France parce qu'il dit qu'il ne sait pas parler français.
　**9** Je crois que nos maris auraient pu bien s'entendre, mais ils auraient dû trouver une manière de se faire comprendre!
　**10** De toute façon, il n'est pas nécessaire/Il n'y a pas besoin de bien parler le français quand nous avons un(e) jeune interprète si charmant(e) …
　**11** … mais je devrais apprendre plus de français, et avant ma prochaine visite je dois aller à des cours.
　**12** Mon mari dit qu'il ne veut pas, mais je pourrais peut-être le persuader/il est possible que je le persuade.

# Chapter 27

1　**1a** une machine à laver, **b** un fer à repasser, **c** une table à repasser, **d** une machine à coudre, **e** des aiguilles à tricoter, **2a** une table à langer, **b** une pince à épiler, **3a** une planche à découper, **b** un moulin à café, **4** une corde à sauter

2  **1** –, **2** –, **3** –, **4** à, **5** à, **6** à, **7** à, **8** –, **9** à, **10** à, **11** –, **12** à, **13** à, **14** à, **15** –, **16** –, **17** –, **18** –

3  Me voici installé(e) à Orléans. Je suis très content(e) **de** vivre en France, même si j'ai quelquefois envie **de** parler anglais avec ma famille. J'ai choisi **de** vivre à Orléans et pas à Gien car il est plus facile **de** sortir, **d'**aller au cinéma et **de** se faire des amis ici.

Le Proviseur du Lycée de Gien m'a proposé **de** vivre au lycée dans une chambre, mais j'ai refusé **de** le faire, car c'était un peu triste. Quand je lui ai dit que j'avais l'intention **de** vivre à Orléans, il m'a prié **d'**arriver à l'heure au travail, et j'ai promis **de** le faire. Il a eu raison **d'**insister, car c'est difficile **de** trouver des autobus en France. Il y a peu de transports en commun ici. Je serais heureux/se **de** vous voir si vous décidiez **de** venir jusqu'à Orléans.

4  **1** d', **2** à, **3** à, **4** à, **5** à, **6** à, **7** à, **8** de, **9** –, **10** de, **11** de, **12** d', **13** d', **14** –, **15** de, **16** –, **17** –, **18** –, **19** de, **20** de, **21** de, **22** à, **23** de, **24** à, **25** –, **26** de, **27** de

## Chapter 28

1  **1** à, **2** à, **3** à, **4** de, **5** à, **6** à, **7** à, **8** à, **9** de, **10** à, **11** de, **12** à, **13** de, **14** de, **15** de

2  **1** des, **2** à, **3** à, **4** de, **5** des, **6** à, **7** à, **8** à, **9** d', **10** à, **11** de, **12** d', **13** de, **14** à, **15** de, **16** aux

3  **1** assisteras, **2** obéiras, **3** ne te tromperas jamais, **4** emprunteras, **5** te serviras, **6** joueras, **7** ne manqueras jamais, **8** ne résisteras pas, **9** renonceras, **10** remercieras

4  **1** Je me souviens **du** temps où j'écrivais de longues lettres manuscrites. *or* **de** l'époque où je recevais de longues lettres.
**2** Je doute **des** progrès des communications.
**3** Je ne me fie pas **à** l'ordinateur.
**4** Je préfère téléphoner **à** mes amis.
**5** Je ne joue jamais **aux** jeux informatiques.
**6** Je m'inquiète **de** la modernité. *or* **d'**être obligé d'utiliser un ordinateur.
**7** J'ai envie **de** lire de longues lettres comme avant.
**8** Je me méfie **de** l'ordinateur.
**9** Je pense **d'**être obligé d'utiliser un ordinateur.
**10** Je redoute **des** progrès des communications.
**11** Je ne renoncerai jamais **à** envoyer de longues lettres manuscrites.
**12** Je réfléchis **aux** temps où j'écrivais de longues lettres manuscrites *or* à l'époque où je recevais de longues lettres.
*Some other combinations may be feasible.*

## Chapter 29

1  **1** C'est en ouvrant ..., **2** C'est en montant ..., **3** C'est en commençant ..., **4** C'est en se changeant ..., **5** C'est en rentrant ...

2  *This is a selection of possible present participles: others may also fit. Importantly, have you made them agree as they should?*
des pluies importantes/ gênantes/ surprenantes/ rafraîchissantes
le soleil montant/ descendant/ luisant/ brillant/ brûlant/ resplendissant
la lune montante/ descendante/ grandissante/ décroissante/ luisante
un orage inquiétant/ important/ terrifiant/ agaçant/ dérangeant
des éclairs inquiétants/ brillants/ terrifiants/ dérangeants/ resplendissants
des vents importants/ gênants/ dérangeants/ surprenants
la marée descendante/ décroissante/ grandissante/ surprenante

3  **1** se levant, **2** palpitante/grouillante, **3** collante, **4** jaunissants, **5** grouillante/palpitante, **6** ruisselantes, **7** bourdonnantes, **8** brûlant

4 **1** Tout élève n'apportant pas sa tenue ... ne pourra pas ...
  **2** Tout élève ne rendant pas ses livres ... ne pourra plus ...
  **3** Tout élève s'absentant ... ne pourra pas ...
  **4** Tout élève fumant ... en sera exclu.
  **5** Tout élève commençant ... devra ...
  **6** Les élèves qui introduisent ... en seront exclus.
  **7** Les élèves qui font ... en seront exclus.
  **8** ... des élèves qui ont, donnent ou vendent ...

5 **1f, 2g, 3j, 4e, 5b, 6c, 7i, 8a, 9d, 10h**

6 **1** Les enfants douchés et habillés ..., **2** Le petit déjeuner fini ..., **3** Les carnets de notes signés ...,
  **4** La voiture sortie ..., **5** Isabelle déposée ..., **6** Arrivée au cabinet médical ...,
  **7** Entrée dans le bureau ...

# Chapter 30

1 **1** Ils sont signés. **2** Elles sont faxées. **3** Il est préparé. **4** Il est réparé. **5** Il est mis en ordre. **6** Ils sont emballés. **7** Elles sont postées. **8** Elle est consultée.

2a sont ornées, sont allongées, sont cachés, sont fendues, sont encore portées, sont échancrés, sont raccourcis, sont parés, sont embellies, est observée, sont habillées, sont garnies, est modelé

  b s'ornent, s'allongent, se cachent, se fendent, se portent encore, s'échancrent, se parent, s'embellissent, s'observe, s'habillent, se garnissent, se modèle

3 ... on décharge les camions ... on installe les étals ... on expose les fruits et les légumes ... on dresse les étals ... on vend le beurre ... on fait des promotions ... on présente les truites que le client choisit vivantes ... on vend les vêtements ... on achète les meilleurs articles ... on pose les vêtements ... on attend ... qu'on réalise ...

4 fut soumise, fut détruite, fut entourée, fut également édifiée, fut envahie, y furent construites, fut délivrée, furent entreprises, fut créé, furent acquis, est installée, est/sera accélérée, est/sera promue, sera entièrement rénové, seront réhabilitées

5 *A possible version:* Bonnybabe Baby Products plc fut fondée en 1896. On décida d'abord de fabriquer un talc parce que le jeune propriétaire, James White, avait remarqué comment la peau des bébés était irritée par les couches qui se fabriquaient/qu'on fabriquait à cette époque-là. On réalisa plusieurs expériences dans ses laboratoires, et enfin, le talc «Bonnybabe» fut inventé. On l'expédia dans tous les coins de l'Empire britannique, mais quand l'Empire fut démantelé pendant la seconde moitié du 20ème siècle, la poudre ne s'exportait plus, et en 1990 rien que de petites quantités s'en fabriquaient et s'en distribuaient (on n'en fabriquait ni distribuait que des petites quantités).
   On croyait que la fabrique fermerait. Pourtant, en 1996, la société fut achetée par son propriétaire actuel. On a lancé de nouveaux produits et on a pris la décision d'augmenter les exportations vers l'Union européenne. Malheureusement il a fallu dire à quelques employés qu'on n'avait plus besoin de leurs services. On a dit à d'autres qu'on leur enseignerait les langues étrangères.
   On voit (peut voir) maintenant qu'une opération réussie a été réalisée, et que bientôt la société sera considérée/on considérera la société comme une des meilleures d'Europe.

# Chapter 31

1 *Possible changes:* il fera du soleil, il fera plus frais, il fera du vent, il pleuvra, il gèlera, il fera plus frais, il y aura/fera du brouillard, pour qu'il y ait de la neige/pour qu'il neige, il est exactement huit heures quarante-huit

2 **1** Il vaut mieux (Il est préférable d'aller *is possible*), **2** il vous faudra, **3** Il y a *or* Il existe *or* Il reste, **4** Il vaut mieux *or* Il est préférable d', **5** Il existe *or* Il y a, **6** Il y a *or* Il existe, **7** il est préférable, **8** il y a *or* il arrive, **9** il fait, **10** il se passe

3 *(Note*: il semble/il semblerait/il paraît/il apparaît que *are interchangeable in this exercise.)* **1** Il existe, **2** il s'agit, **3** il semble qu', **4** Il y a, **5** Il semble que, **6** il semble que, **7** Il faut, **8** il semble que, **9** Que se passe-t-il, **10** Il semble que

## Chapter 33

1 viennes, roulions, découvrions, puisses, aies, allions, passions, prenions, (nous) nous arrêtions, veuilles, boives, reçoivent

2 *The following combinations make logical sense, although some fit the facts better than others:* **1d, 2e/f/g, 3a/e/f/g, 4a/b/c/e/f/g, 5a/f/g, 6a/e/f/g, 7c/e**

3 prenne, ait, ai, puissent, pouvons, veuille, voulons, agissions, venions, sachent, peuvent, fassiez, suis

## Chapter 34

1 ayez, tombe, ne puissent pas, ne subviennent pas, ne fassent rien, me blâme, profitiez, veniez, passiez, perdiez

2 **1** C'est dommage que les petits commerces ferment!
**2** Je n'accepte pas qu'il n'y ait plus de communication!
**3** C'est gênant qu'il n'existe plus de transport public!
**4** C'est scandaleux que les gens perdent leur emploi!
**5** C'est idiot qu'on/que l'on donne le R.M.I.!
**6** Quel scandale que les jeunes ne fassent rien!
**7** Je crains que la petite délinquance se développe!
**8** C'est une absurdité/C'est absurde que les jeunes n'aillent plus en ville!
**9** Ça ne me surprend pas que les jeunes ne sachent plus s'amuser ensemble!

3 **1** *(Your chosen expression +)* ... que le vétérinaire boive et se soûle, **2** que le notaire sorte, **3** ... que le curé joue, **4** ... que le coiffeur y aille, **5** ... que le pharmacien ait, **6** ... qu'ils aillent, **7** ... que le maire gaspille ... et qu'il se fasse ...

## Chapter 35

1 fassent, deviennent, punissent, s'auto-disciplinent, comprennent, veuillent, ne réagissent pas, reçoivent, puissent, fournisse

2 **1** Il se peut, **2** Il est possible, **3** Mais je ne suis pas sûr(e), **4** Je pense, **5** Il existe la possibilité, **6** Il est probable, **7** Je ne doute pas

3 veuillent, acceptent, me sentirai, partent, serez, ai, puisse, penserez

## Chapter 36

1 **1f, 2c, 3h, 4g, 5j, 6a, 7i, 8e, 9d, 10b**

2 **1** sans que ça prenne trop d'importance. **2** sans que ça soit artificiel. **3** sans que ça devienne de la camaraderie. **4** sans que ça se fasse pendant les heures de classe. **5** sans que vous perdiez le contrôle. **6** sans que vous remplaciez leurs parents.

3 **1** Bien que/Quoique, **2** Bien que/Quoique, **3** Afin que, **4** quoique/bien que, **5** Pour que,
**6** afin que/pour que, **7** De peur que, **8** À moins que, **9** avant qu'

4 **1** à condition d'aller ... de disposer, **2** de peur de ne pas obtenir/avoir de place, **3** en sorte de ne pas
être dérangé, **4** avant de monter, **5** pour aller. *(Other freer versions may be possible for 2 and 3.)*

# Chapter 37

1 soit, aille, illuminent, dise, soit, coûte, puisse, connaissent

2 coule, fait, sache, ne sait pas, veuille, fasse, sait, puisse, puisse, connaisse

3 **1** Aussi bête que soit Pierre/Quelle que soit la bêtise de Pierre ... **2** Aussi peu soigné que soit
Pierre ... **3** Aussi mauvais travailleur que soit Pierre ... **4** Aussi maladroit que soit Pierre/Quelle que
soit la maladresse de Pierre ... **5** Aussi mal qu'il conduise ... **6** Aussi mal qu'il s'occupe de moi,
Pierre ... **7** Aussi grands que soient les pieds de Pierre, je veux l'épouser!

# Chapter 38

1 **1** ... mais Michel ne va pas à l'école à pied.
**2** ... mais Michel ne mange pas de bonbons et de chocolat.
**3** ... mais Michel n'a pas (*or* jamais) chaud, même l'été.
**4** ... mais Michel n'est pas allé faire du surf à Biarritz.
**5** ... mais Michel n'a pas traversé les Pyrénées à vélo.
**6** ... mais Michel ne campera pas dans les Alpes l'année prochaine.
**7** ... mais Michel ne fera pas d'escalade en montagne l'année prochaine.
**8** ... mais Michel ne sera pas bronzé et en pleine forme.

2 Ne jetez rien! Ne jetez pas de détritus! Ne descendez pas! Ne traversez pas! N'arrachez pas! Ne
faites pas de bruit!

3 Je n'ai jamais visité, Je ne suis guère allé(e), Je n'ai vu que, je n'y suis plus retourné(e), je n'ai visité
aucune, je ne suis allé(e) nulle part, Nous n'avons rien vu, Nous n'avons eu qu'une heure, nous
n'avons pas pu visiter cette ville non plus

4 **1** personne, **2** ni, **3** ni, **4** rien, **5** aucun, **6** personne, **7** ni, **8** ni, **9** ni, **10** ni, **11** personne, **12** jamais

5 **1f, 2c, 3e, 4b, 5g/a, 6d, 7h, 8a/g**

6 **1** Je ne savais pas, tu ne connaissais pas, **2** tu n'es jamais monté?, **3** N'y a-t-il rien d'autre ...,
**4** Tu ne veux pas/Ne veux-tu pas ...?, **5** je n'ai pas trouvé cela, **6** Personne ne trouve cela ...,
**7** ils ne veulent plus ...

# Chapter 39

1 **dimanche**: s'il n'y a pas, s'il fait, **lundi**: si nous passons, si nous prenions, **mardi**: si nous nous
étions mis, si nous avions, **mercredi**: si mon mari continue, s'il pleut, **jeudi**: si je réussis, si je
trouvais, **vendredi**: si elle avait été, si je savais, **samedi**: si l'avion a, s'il était resté

2 n'avait pas été percé, fallait, n'existait pas, n'y avait pas, se multiplient, s'installent, n'y avait pas eu,
devenait

3 **1** si nous allions visiter, **2** si nous rendions visite, **3** si nous passions une journée, **4** si nous visitions
le musée, **5** si nous écoutions, **6** si nous nous promenions au marché

## Chapter 40

1   **est** française ... **est** française ... **il a annexé** l'Alsace ... **ont occupé** l'Alsace ... Oui, ça **faisait** 21 ans ... J'**étudiais** en allemand ... que je **parle** le français ... j'**utilise** aussi

2   Thierry Henry est né en 1977 à Paris, et depuis son enfance, il **rêvait** de devenir champion de France de football, ce qui se produisit en 1997. Il est marié depuis 2003 et père de famille depuis 2004. Il vit à Hampstead avec sa femme depuis plusieurs années. Depuis le début de sa carrière, il **a eu** 73 sélections et il **a marqué** 30 buts.

Lorsque nous avons interviewé Thierry Henry en 2005, il **jouait** déjà pour Arsenal depuis cinq ans. Avant ça, il **avait joué** pour la Juventus de Turin pendant un an, et entre 1994 et 2000 il s'est distingué dans l'équipe de Monaco.

Il est encore très jeune, mais depuis ses débuts, il joue de façon remarquable.

3   **1** pendant, **2** pendant, **3** Depuis que, **4** Depuis, **5** pendant, **6** pour/pendant, **7** Depuis, **8** depuis (*il y a* would also be possible here)

4   Depuis combien de temps/Depuis quand ... **1** ... habitez-vous à Jargeau? **2** ... apprenez-vous l'anglais? **3** ... habitez-vous dans votre maison actuelle? **4** ... êtes-vous adhérent(e) de votre comité de jumelage? **5** ... jouez-vous au football pour Jargeau? **6** ... travaillez-vous à Orléans? **7** ... venez-vous en Angleterre? Pendant combien de temps ... **8** ...êtes-vous restés la dernière fois? **9** ... étiez-vous dans le tunnel? **10** ... serez-vous ici?

*Alternatively*: Ça fait combien de temps que ... **1** vous habitez à Jargeau? **2** ... vous apprenez l'anglais? **3** ... vous habitez dans votre maison actuelle? **4** ... vous êtes adhérent(e) de votre comité de jumelage? **5** ... vous jouez au football pour Jargeau? **6** ... vous travaillez à Orléans? **7** ... vous venez en Angleterre? **8** ... vous êtes restés la dernière fois? **9** ... vous étiez dans le tunnel? **10** ... vous serez ici?

## Chapter 41

1   *A possible version; other prepositions are, of course, admissible:*
une promenade **en** bateau mouche **sur** la Seine, **avec** mes copains ... pas loin **de** la tour Eiffel, **près du/sous** le Pont ... sommes passés **sous** les Ponts ... Ensuite, **après** le Pont ... sommes passés le **long du/devant le** Jardin des Tuileries, **à côté du** Palais du Louvre, **avant** d'apercevoir ... deux tours **de** Notre-Dame ... passions **sous le** Pont ... un des moteurs **du** bateau ... a fait appel **à** un autre bateau ... pas tardé **à** arriver ... changer **de** bateau ... est tombé **à** l'eau. **Pour** nous dédommager ... nous a invités **à** prendre un verre **dans** un bistrot **sur/de** l'Ile Saint-Louis.

2   **1** de, **2** de, **3** de, **4** à, **5** des, **6** à, **7** en, **8** de, **9** à, **10** à, **11** de, **12** sur, **13** du, **14** à, **15** pour, **16** avec, **17** en, **18** avec, **19** pour, **20** à, **21** de, **22** dans

## Chapter 42

1   **1a** qui, **b** que, **c** dont, **d** qui, **2a** qui, **b** dont, **c** qui, **d** que

2   **1** qu', **2** qui, **3** que, **4** auquel, **5** dont, **6** qui, **7** qui/lequel, **8** qui/lequel, **9** que, **10** qui, **11** qui/lequel, **12** que

3   **1** Rangez les balles avec lesquelles vous aurez joué.
**2** Rangez la poutre sur laquelle vous aurez fait vos exercices.
**3** Donnez-moi la corde à laquelle vous aurez grimpé.
**4** Rangez les tapis de sol sur lesquels vous aurez fait vos abdominaux.
**5** Enlevez le filet avec lequel vous aurez joué or que vous aurez mis pour jouer au volley-ball.
**6** Nettoyez les cabines dans lesquelles vous aurez pris votre douche.

4   **1e**, **2h**, **3f**, **4a**, **5g**, **6b**, **7c**, **8i**, **9d**

# Chapter 43

1 **1** Qu'est-ce que   **2** Est-ce que   **3** Qui est-ce qui   **4** Est-ce que   **5** Qu'est-ce que
 **6** Est-ce que   **7** Qui est-ce qui   **8** Qu'est-ce que

2 **1** Que voulez-vous étudier?
 **2** Voulez-vous partager un appartement avec d'autres étudiants?
 **3** Qui paiera le loyer de votre appartement?
 **4** Connaissez-vous quelqu'un à Toulouse?
 **5** Qu'allez-vous faire le week-end?
 **6** Aviez-vous une bourse d'études en Angleterre?
 **7** Qui sera le plus souvent en contact avec vous, parmi les membres de votre famille?
 **8** Que pensez-vous faire comme job étudiant?

3 **1 Qu'est-ce que** je peux faire comme travail?
 **2 Qu'est-ce que** c'est qu'un pion?
 **3 Quelles** seront mes obligations?
 **4 Quelle** sera ma responsabilité?
 **5 Quels** seront mes horaires?
 **6 Qu'est-ce que c'est** qu'un maître d'internat?
 **7 Quel** sera mon salaire?

# Chapter 44

1 **1** Qu'il fait chaud ici!
 **2** Que d'enfants (/de gosses)!
 **3** Qu'il a plu hier soir!
 **4** Quelle catastrophe!/Quel désastre!
 **5** Quelle manière/façon de parler!
 **6** Que tu es bête!
 **7** Que de choses tu as/vous avez achetées!
 **8** Quel cadeau!
 **9** Quelle boum!/Quelle fête!
 **10** Que je suis fatigué(e)!

# Chapter 45

1 Je lui ai demandé comment s'appelait la conduite à 16 ans.
 Il/Elle m'a répondu que ça s'appelait la conduite accompagnée.
 Je lui ai demandé quand il/elle passerait la conduite accompagnée.
 Il/Elle m'a dit que ce serait dès qu'il/elle aurait 16 ans mais que d'abord il lui fallait passer le code.
 Je lui ai demandé s'il/elle devait toujours être accompagnée par la même personne.
 Il/Elle m'a répondu que non mais qu'il fallait que toutes ces personnes suivent quelques cours avec le moniteur et lui/elle.
 Je lui ai demandé quels étaient les avantages de la conduite accompagnée.
 Il/Elle m'a dit que c'était de ne pas avoir à payer de nombreuses leçons de conduite et de ne pas être seul(e) au volant d'une voiture sans expérience.
 Je lui ai demandé si c'étaient ses parents qui lui offraient la conduite accompagnée.
 Il/Elle m'a dit qu'il/elle avait travaillé pendant les vacances et que c'était lui/elle qui paierait.
 Enfin je lui ai demandé à quel signe on reconnaissait qu'une voiture était conduite par un(e) jeune chauffeur.
 Il/Elle m'a répondu qu'il fallait mettre un A à l'arrière du véhicule.
 *Once you have established the reported speech sequence, there is no need to repeat* je lui ai demandé *and* il/elle m'a répondu que *every time.*

## Chapter 46

1 **1** Il est, **2** il est, **3** c'est, **4** Il est, **5** c'est, **6** c'est, **7** Il est, **8** c'est, **9** c'est, **10** c'est

2 **1** Il y a eu un boom au Royaume-Uni pendant ces dernières années.
   **2** Il y aura une augmentation des exportations cette année.
   **3** Il y eut/Il y a eu un congrès important l'année dernière.
   **4** Il se peut/Il est possible qu'il y ait un autre congrès l'année prochaine.
   **5** Il doit y avoir de nouvelles opportunités.
   **6** Il était/fut difficile de trouver de nouveaux marchés.
   **7** Ce/Cela ne sera jamais facile.
   **8** Ce doit être notre but principal.

## Chapter 47

2 «Je **jure** que je dis la **pure** vérité. Mon amie **russe**, Natacha, est venue de Moscou à dos de **mule**. La mule avait tant **couru** que Natacha avait mal au **cul**. Elle était très fâchée mais elle s'est **tue**, car en chemin, elle avait trouvé **l'amour**, tout près de chez **nous**.»

4 Simon s'avança d'un bon pas vers la maison du dentiste. Il s'allongea sur un **banc en attendant** l'heure de la consultation. Mais ce n'était pas **marrant**. Le banc n'était pas assez **long** et Simon avait mal aux **dents**.

5 Benoît a été à la pêche dans une rivière des Ardennes. Il n'a pas pêché de brèmes, mais alors qu'il traversait la forêt de chênes qui menait à la rivière, il a été très ému d'observer une ribambelle de lièvres qui s'ébrouaient dans la clairière au cœur de la forêt. Il a jeté sa canne à pêche et s'est précipité derrière les lièvres qu'il n'a même pas pu effrayer. Enfin, il s'est arrêté au pied d'un frêne et il a dévoré un épais casse-croûte de pain beurré que lui avait préparé sa grand-mère.

6 **1** Salut, mon bébé. J'espère que tu vas bien et que tout s'est bien passé. Dis-moi si tu as reçu mon message. Bisous.
   **2** Salut, ma biche! Ça fait longtemps qu'on ne s'est pas parlé au téléphone. Tout va bien pour moi. J'ai un nouveau petit copain, il s'appelle Gérard. Donne-moi de tes nouvelles. Bises.
   **3** Tu veux aller au cinéma ce soir? Il y a un bon film d'horreur. Tiens-moi au courant.

## Chapter 48

1 This is a selection of words taken from a dictionary – there may well be others which fit one of the categories:
   **a** *la façade* façade, *la famille* family, *favori(te)* favourite, *le film/filmer* film/to film, *la flamme* flame, *la folie* folly, *le football(eur)* football(er), *la forêt* forest, *la fracture* fracture, *fragile* fragile, *le fragment* fragment, *la frénésie* frenzy, *frénétique* frenetic, *fréquent* frequent, *fréquenter* to frequent, *la frontière* frontier, *le fruit* fruit, *la frustration* frustration, *les funérailles* funeral, *furieux* furious, *futile* futile, *futur* future
   **b** *la façon* fashion (= manner), *fatigué* tired, *fatiguer* to tire, *faux/fausse* false, *la faute* fault, *la ferme* farm, *la fièvre* fever, *la fleur* flower, *flotter* to float, *fou/folle* fool, foolish, mad, *fonder* to found, *la fourche(tte)* fork, *frais/fraîche* fresh, cool, *franc/franche* frank, *le frigo* fridge
   **c** *fabriquer* to manufacture, *la face* side (e.g. of disc), *facile* easy, *fastidieux* tiresome, irritating, *la fête* festival, holiday, *la figure* figure (in some limited senses) but also face, *le flan* crème caramel, *le flipper* pinball machine, *le fonctionnaire* civil servant, *le footing* jogging, *la force* force but also strength, *la formation* formation but also training, *formidable* formidable but also terrific, superb, *fort* strong, *fournir* to supply, provide, *le front* front (in war) but also forehead, brow, *fumer* to smoke, *la fumée* smoke

# Verb list

Remember that the endings of the following tenses are the same for **all** verbs, regardless of the stem, and therefore only the first person singular is given in the lists:

| | | | | | | |
|---|---|---|---|---|---|---|
| Imperfect: | -ais | -ais | -ait | -ions | -iez | -aient |
| Future: | -ai | -as | -a | -ons | -ez | -ont |
| Conditional: | -ais | -ais | -ait | -ions | -iez | -aient |

The imperative is as the *tu, nous* and *vous* form of the present indicative, unless otherwise stated.

In the pages of irregular verbs, only the verb parts which are irregular are given. All other parts may be assumed to be regular.

# Fully regular verbs

| Infinitive | Present Indicative | Present subjunctive | Present participle | Imperative |
|---|---|---|---|---|
| **-er** verbs: <br> **donner** <br> *give* | donne <br> donnes <br> donne <br> donnons <br> donnez <br> donnent | donne <br> donnes <br> donne <br> donnions <br> donniez <br> donnent | donnant | donne <br> donnons <br> donnez |
| **-ir** verbs: <br> **remplir** <br> *fill* | remplis <br> remplis <br> remplit <br> remplissons <br> remplissez <br> remplissent | remplisse <br> remplisses <br> remplisse <br> remplissions <br> remplissiez <br> remplissent | remplissant | remplis <br> remplissons <br> remplissez |
| **-re** verbs: <br> **vendre** <br> *sell* | vends <br> vends <br> vend <br> vendons <br> vendez <br> vendent | vende <br> vendes <br> vende <br> vendions <br> vendiez <br> vendent | vendant | vends <br> vendons <br> vendez |

# Otherwise regular *-er* verbs with spelling adjustments

(For full treatment of present see Chapter 15.)

| Infinitive | Present Indicative | Present subjunctive | Present participle | Imperative |
|---|---|---|---|---|
| Verbs in <br> **-éder,** <br> **-érer,** <br> **-éter:** <br> **céder** <br> *yield, give way* | cède <br> cèdes <br> cède <br> cédons <br> cédez <br> cèdent | cède <br> cèdes <br> cède <br> cédions <br> cédiez <br> cèdent | | |

The future and conditional stem of these verbs does not change its (acute) accent.

Some verbs ending in **-eler, -eter** double the consonant:

| | | |
|---|---|---|
| **jeter** <br> *throw* | jette <br> jettes <br> jette <br> jetons <br> jetez <br> jettent | jette <br> jettes <br> jette <br> jetions <br> jetiez <br> jettent |

| Future | Conditional | Imperfect | Perfect | Past historic |
|--------|-------------|-----------|---------|---------------|
| donnerai | donnerais | donnais | ai donné | donnai |
| donneras | donnerais | donnais | as donné | donnas |
| donnera | donnerait | donnait | a donné | donna |
| donnerons | donnerions | donnions | avons donné | donnâmes |
| donnerez | donneriez | donniez | avez donné | donnâtes |
| donneront | donneraient | donnaient | ont donné | donnèrent |
| | | | | |
| remplirai | remplirais | remplissais | ai rempli | remplis |
| rempliras | remplirais | remplissais | as rempli | remplis |
| remplira | remplirait | remplissait | a rempli | remplit |
| remplirons | remplirions | remplissions | avons rempli | remplîmes |
| remplirez | rempliriez | remplissiez | avez rempli | remplîtes |
| rempliront | rempliraient | remplissaient | ont rempli | remplirent |
| | | | | |
| vendrai | vendrais | vendais | ai vendu | vendis |
| vendras | vendrais | vendais | as vendu | vendis |
| vendra | vendrait | vendait | a vendu | vendit |
| vendrons | vendrions | vendions | avons vendu | vendîmes |
| vendrez | vendriez | vendiez | avez vendu | vendîtes |
| vendront | vendraient | vendaient | ont vendu | vendirent |

| Future | Conditional | Imperfect | Perfect | Past historic |
|--------|-------------|-----------|---------|---------------|
| jetterai | jetterais … | | | |

335

| Infinitive | Present Indicative | Present subjunctive | Present participle | Imperative |
|---|---|---|---|---|
| Some verbs in **-eler**, **-eter** and those in **-emer**, **-ener**, **-ever**: | | | | |
| **acheter** *buy* | achète achètes achète achetons achetez achètent | achète achètes achète achetions achetiez achètent | | |
| Verbs ending in **-oyer** and **-uyer**: | | | | |
| **employer** *use* | emploie emploies emploie employons employez emploient | emploie emploies emploie employions employiez emploient | | |

(**payer** and other verbs in **-ayer** can have **-ai-** or **-ay-** where the above verbs change)

All **verbs** (there are a lot of them!) ending in *-cer* and *-ger* need **-ç-** and **-ge-**:

| Infinitive | Present Indicative | Present subjunctive | Present participle | Imperative |
|---|---|---|---|---|
| **lancer** *throw* | (nous) lan**ç**ons | | lan**ç**ant | |
| **manger** *eat* | (nous) man**ge**ons | | man**ge**ant | |

# Other groupable irregular verbs

| Infinitive | Present Indicative | Present subjunctive | Present participle | Imperative |
|---|---|---|---|---|
| **ouvrir** *open* | ouvre ouvres ouvre ouvrons ouvrez ouvrent | ouvre ouvres ouvre ouvrions ouvriez ouvrent | ouvrant | |

*Also*: **couvrir, découvrir, offrir, souffrir**

| Future | Conditional | Imperfect | Perfect | Past historic |
|---|---|---|---|---|
| achèterai … | achèterais … | | | |
| emploierai … | emploierais … | | | |
| | | lançais | | lançai |
| | | lançais | | lanças |
| | | lançait | | lança |
| | | | | lançâmes |
| | | | | lançâtes |
| | | lançaient | | |
| | | mangeais | | mangeai |
| | | mangeais | | mangeas |
| | | mangeait | | mangea |
| | | | | mangeâmes |
| | | | | mangeâtes |
| | | mangeaient | | |

| Future | Conditional | Imperfect | Perfect | Past historic |
|---|---|---|---|---|
| | | ouvrais … | ai ouvert … | ouvris |
| | | | | ouvris |
| | | | | ouvrit |
| | | | | ouvrîmes |
| | | | | ouvrîtes |
| | | | | ouvrirent |

| Infinitive | Present Indicative | Present subjunctive | Present participle | Imperative |
|---|---|---|---|---|
| sortir | sors | sorte | sortant | |
| *go out* | sors | sortes | | |
| | sort | sorte | | |
| | sortons | sortions | | |
| | sortez | sortiez | | |
| | sortent | sortent | | |

*Also* (with **être**): **partir, s'endormir, se repentir**; (with **avoir**) **dormir, mentir, sentir, ressentir, servir, desservir**

| Infinitive | Present Indicative | Present subjunctive | Present participle | Imperative |
|---|---|---|---|---|
| peindre | peins | peigne | peignant | |
| *paint* | peins | peignes | | |
| | peint | peigne | | |
| | peignons | peignions | | |
| | peignez | peigniez | | |
| | peignent | peignent | | |

*Also*: **repeindre, éteindre, restreindre; craindre, plaindre; joindre, rejoinder**

| Infinitive | Present Indicative | Present subjunctive | Present participle | Imperative |
|---|---|---|---|---|
| traduire | traduis | traduise | traduisant | |
| *translate* | traduis | traduises | | |
| | traduit | traduise | | |
| | traduisons | traduisions | | |
| | traduisez | traduisiez | | |
| | traduisent | traduisent | | |

*Also*: **conduire, déduire, produire, reproduire, séduire; détruire, luire, nuire**

# Unpredictably irregular verbs

| Infinitive | Present Indicative | Present subjunctive | Present participle | Imperative |
|---|---|---|---|---|
| acquérir | acquiers | acquière | acquérant | |
| *acquire* | acquiers | acquières | | |
| | acquiert | acquière | | |
| | acquérons | acquérions | | |
| | acquérez | acquériez | | |
| | acquièrent | acquièrent | | |

*Also*: **conquérir, requérir**

| Infinitive | Present Indicative | Present subjunctive | Present participle | Imperative |
|---|---|---|---|---|
| aller | vais | aille | allant | va (vas-y) |
| *go* | vas | ailles | | allons |
| | va | aille | | allez |
| | allons | allions | | |
| | allez | alliez | | |
| | vont | aillent | | |

| Future | Conditional | Imperfect | Perfect | Past historic |
|--------|-------------|-----------|---------|---------------|
| | | sortais … | suis sorti(e) … | sortis<br>sortis<br>sortit<br>sortîmes<br>sortîtes<br>sortirent |
| | | peignais … | ai peint … | peignis<br>peignis<br>peignit<br>peignîmes<br>peignîtes<br>peignirent |
| | | traduisais … | ai traduit … | traduisis<br>traduisis<br>traduisit<br>traduisîmes<br>traduisîtes<br>traduisirent |

| Future | Conditional | Imperfect | Perfect | Past historic |
|--------|-------------|-----------|---------|---------------|
| acquerrai … | acquerrais … | acquérais … | ai acquis … | acquis<br>acquis<br>acquit<br>acquîmes<br>acquîtes<br>acquirent |
| irai … | irais … | allais … | suis allé(e) … | |

| Infinitive | Present Indicative | Present subjunctive | Present participle | Imperative |
|---|---|---|---|---|
| s'asseoir (two alternative forms in some tenses) *sit down* | m'assieds t'assieds s'assied nous asseyons vous asseyez s'asseyent | m'asseye t'asseyes s'asseye nous asseyions vous asseyiez s'asseyent | s'asseyant/s'assoyant | |
| | m'assois t'assois s'assoit nous assoyons vous assoyez s'assoient | m'assoie t'assoies s'assoie nous assoyions vous assoyiez s'assoient | | |
| avoir *have* | ai as a avons avez ont | aie aies ait ayons ayez aient | ayant | aie ayons ayez |
| boire *drink* | bois bois boit buvons buvez boivent | boive boives boive buvions buviez boivent | buvant | |
| cueillir *pick/ gather* | cueille cueilles cueille cueillons cueillez cueillent | cueille cueilles cueille cueillions cueilliez cueillent | cueillant | |

*Also*: **accueillir, recueillir**

| Infinitive | Present Indicative | Present subjunctive | Present participle | Imperative |
|---|---|---|---|---|
| conclure *conclude* | conclus conclus conclut concluons concluez concluent | conclue conclues conclue concluions concluiez concluent | concluant | |

*Also*: **exclure, inclure** (*perfect* **ai inclus**)

| Future | Conditional | Imperfect | Perfect | Past historic |
|--------|-------------|-----------|---------|---------------|
| m'assiérai/ m'assoirai … | m'assiérais/ m'assoirais … | m'asseyais/ m'assoyais … | me suis assis(e) … | m'assis t'assis s'assit nous assîmes vous assîtes s'assirent |
| aurai … | aurais … | avais … | ai eu … | eus eus eut eûmes eûtes eurent |
| | | buvais … | ai bu … | bus bus but bûmes bûtes burent |
| cueillerai … | cueillerais … | cueillais … | | |
| | | concluais … | ai conclu … | conclus conclus conclut conclûmes conclûtes conclurent |

| Infinitive | Present Indicative | Present subjunctive | Present participle | Imperative |
|---|---|---|---|---|
| connaître<br>*know* | connais<br>connais<br>connaît<br>connaissons<br>connaissez<br>connaissent | connaisse<br>connaisses<br>connaisse<br>connaissions<br>connaissiez<br>connaissent | connaissant | |

*Also*: **reconnaître, paraître, apparaître, comparaître, reparaître**

| coudre<br>*sew* | couds<br>couds<br>coud<br>cousons<br>cousez<br>cousent | couse<br>couses<br>couse<br>cousions<br>cousiez<br>cousent | cousant | |
|---|---|---|---|---|

| croire<br>*believe* | crois<br>crois<br>croit<br>croyons<br>croyez<br>croient | croie<br>croies<br>croie<br>croyions<br>croyiez<br>croient | croyant | |
|---|---|---|---|---|

| croître<br>*grow* | croîs<br>croîs<br>croît<br>croissons<br>croissez<br>croissent | croisse<br>croisses<br>croisse<br>croissions<br>croissiez<br>croissent | croissant | |
|---|---|---|---|---|

*Also*: **accroître** (*perfect*: **ai accru**)

| courir<br>*run* | cours<br>cours<br>court<br>courons<br>courez<br>courent | coure<br>coures<br>coure<br>courions<br>couriez<br>courent | courant | |
|---|---|---|---|---|

*Also*: **accourir, recourir**

| devoir<br>*have to,*<br>*must* | dois<br>dois<br>doit<br>devons<br>devez<br>doivent | doive<br>doives<br>doive<br>devions<br>deviez<br>doivent | devant | |
|---|---|---|---|---|

| Future | Conditional | Imperfect | Perfect | Past historic |
|---|---|---|---|---|
| | | connaissais ... | ai connu ... | connus<br>connus<br>connut<br>connûmes<br>connûtes<br>connurent |
| | | cousais ... | ai cousu ... | cousis<br>cousis<br>cousit<br>cousîmes<br>cousîtes<br>cousirent |
| | | croyais ... | ai cru ... | crus<br>crus<br>crut<br>crûmes<br>crûtes<br>crurent |
| | | croissais ... | ai crû (*past participle forms:* **crû/crus/crue/crues**) | crûs<br>crûs<br>crût<br>crûmes<br>crûtes<br>crûrent |
| courrai ... | courrais ... | courais ... | ai couru ... | courus<br>courus<br>courut<br>courûmes<br>courûtes<br>coururent |
| devrai ... | devrais ... | devais ... | ai dû ...<br>(*past participle forms:* **dû/due/dus/dues**) | dus<br>dus<br>dut<br>dûmes<br>dûtes<br>durent |

| Infinitive | Present Indicative | Present subjunctive | Present participle | Imperative |
|---|---|---|---|---|
| dire | dis | dise | disant | |
| *say, tell* | dis | dises | | |
| | dit | dise | | |
| | disons | disions | | |
| | dites | disiez | | |
| | disent | disent | | |

*Also*: **contredire, interdire, prédire** (BUT *vous* form of present ends in *-disez*)

| | | | | |
|---|---|---|---|---|
| écrire | écris | écrive | écrivant | |
| *write* | écris | écrives | | |
| | écrit | écrive | | |
| | écrivons | écrivions | | |
| | écrivez | écriviez | | |
| | écrivent | écrivent | | |

*Also*: **décrire, inscrire, prescrire, souscrire**

| | | | | |
|---|---|---|---|---|
| envoyer | envoie | envoie | envoyant | |
| *send* | envoies | envoies | | |
| | envoie | envoie | | |
| | envoyons | envoyions | | |
| | envoyez | envoyiez | | |
| | envoient | envoient | | |

| | | | | |
|---|---|---|---|---|
| être | suis | sois | étant | sois |
| *be* | es | sois | | soyons |
| | est | soit | | soyez |
| | sommes | soyons | | |
| | êtes | soyez | | |
| | sont | soient | | |

| | | | | |
|---|---|---|---|---|
| faire | fais | fasse | faisant | |
| *do, make* | fais | fasses | | |
| | fait | fasse | | |
| | faisons | fassions | | |
| | faites | fassiez | | |
| | font | fassent | | |

*Also*: **défaire, refaire, satisfaire**

| | | | | |
|---|---|---|---|---|
| falloir | il **faut** | il **faille** | | |
| *be necessary* (impersonal – 3rd person singular only) | | | | |

| Future | Conditional | Imperfect | Perfect | Past historic |
|--------|-------------|-----------|---------|---------------|
| | | disais ... | ai dit ... | dis |
| | | | | dis |
| | | | | dit |
| | | | | dîmes |
| | | | | dîtes |
| | | | | dirent |
| | | écrivais ... | ai écrit ... | écrivis |
| | | | | écrivis |
| | | | | écrivit |
| | | | | écrivîmes |
| | | | | écrivîtes |
| | | | | écrivirent |
| enverrai ... | enverrais ... | | | |
| serai ... | serais ... | étais ... | ai été ... | fus |
| | | | | fus |
| | | | | fut |
| | | | | fûmes |
| | | | | fûtes |
| | | | | furent |
| ferai ... | ferais ... | faisais ... | ai fait ... | fis |
| | | | | fis |
| | | | | fit |
| | | | | fîmes |
| | | | | fîtes |
| | | | | firent |
| il faudra | il faudrait | il fallait | il a fallu | il fallut |

| Infinitive | Present Indicative | Present subjunctive | Present participle | Imperative |
|---|---|---|---|---|
| fuir | fuis | fuie | fuyant | |
| *flee,* | fuis | fuies | | |
| *run away* | fuit | fuie | | |
| | fuyons | fuyions | | |
| | fuyez | fuyiez | | |
| | fuient | fuient | | |

*Also:* **s'enfuir** (*perfect:* **me suis enfui(e)**)

| | | | | |
|---|---|---|---|---|
| haïr | hais | haïsse | haïssant | |
| *hate* | hais | haïsses | | |
| | hait | haïsse | | |
| | haïssons | haïssions | | |
| | haïssez | haïssiez | | |
| | haïssent | haïssent | | |

*Note:* the initial **h** is aspirated and *je* is written in full before it: *je hais* …

| | | | | |
|---|---|---|---|---|
| lire | lis | lise | lisant | |
| *read* | lis | lises | | |
| | lit | lise | | |
| | lisons | lisions | | |
| | lisez | lisiez | | |
| | lisent | lisent | | |

| | | | | |
|---|---|---|---|---|
| mettre | mets | mette | mettant | |
| *put* | mets | mettes | | |
| | met | mette | | |
| | mettons | mettions | | |
| | mettez | mettiez | | |
| | mettent | mettent | | |

*Also:* **admettre, émettre, commettre, remettre, omettre, soumettre**

| | | | | |
|---|---|---|---|---|
| mourir | meurs | meure | mourant | |
| *die* | meurs | meures | | |
| | meurt | meure | | |
| | mourons | mourions | | |
| | mourez | mouriez | | |
| | meurent | meurent | | |

| | | | | |
|---|---|---|---|---|
| mouvoir | meus | meuve | mouvant | |
| *move* | meus | meuves | | |
| | meut | meuve | | |
| | mouvons | mouvions | | |
| | mouvez | mouviez | | |
| | meuvent | meuvent | | |

*Also:* **émouvoir, promouvoir** (*perfect:* **ému/promu**)

| Future | Conditional | Imperfect | Perfect | Past historic |
|--------|-------------|-----------|---------|---------------|
| | | fuyais ... | ai fui ... | fuis |
| | | | | fuis |
| | | | | fuit |
| | | | | fuîmes |
| | | | | fuîtes |
| | | | | fuirent |
| haïrai ... | haïrais ... | haïssais ... | ai haï ... | haïs |
| | | | | haïs |
| | | | | haït |
| | | | | haïmes |
| | | | | haïtes |
| | | | | haïrent |
| | | lisais ... | ai lu ... | lus |
| | | | | lus |
| | | | | lut |
| | | | | lûmes |
| | | | | lûtes |
| | | | | lurent |
| | | mettais ... | ai mis ... | mis |
| | | | | mis |
| | | | | mit |
| | | | | mîmes |
| | | | | mîtes |
| | | | | mirent |
| mourrai ... | mourrais ... | mourais ... | suis mort(e) ... | mourus |
| | | | | mourus |
| | | | | mourut |
| | | | | mourûmes |
| | | | | mourûtes |
| | | | | moururent |
| mouvrai ... | mouvrais ... | mouvais ... | ai mû ... *(past participle forms:* **mû/mus/ mue/mues**) | mus |
| | | | | mus |
| | | | | mut |
| | | | | mûmes |
| | | | | mûtes |
| | | | | murent |

| Infinitive | Present Indicative | Present subjunctive | Present participle | Imperative |
|---|---|---|---|---|
| naître *be born* | nais nais naît naissons naissez naissent | naisse naisses naisse naissions naissiez naissent | naissant | |
| plaire *please* | plais plais plaît plaisons plaisez plaisent | plaise plaises plaise plaisions plaisiez plaisent | plaisant | |

*Also*: **déplaire**

| pleuvoir *rain* (impersonal – 3rd person singular only) | il pleut | il pleuve | pleuvant | |
|---|---|---|---|---|
| pouvoir *be able, can* | peux (puis-je?) peux peut pouvons pouvez peuvent | puisse puisses puisse puissions puissiez puissant | pouvant | |
| prendre *take* | prends prends prend prenons prenez prennent | prenne prennes prenne prenions preniez prennent | prenant | |

*Also*: **apprendre, comprendre, reprendre**

| recevoir *receive* | reçois reçois reçoit recevons recevez reçoivent | reçoive reçoives reçoive recevions receviez reçoivent | recevant | |
|---|---|---|---|---|

*Also*: **apercevoir, décevoir, concevoir, percevoir**

| Future | Conditional | Imperfect | Perfect | Past historic |
|--------|-------------|-----------|---------|---------------|
| | | naissais … | suis né(e) … | naquis<br>naquis<br>naquit<br>naquîmes<br>naquîtes<br>naquirent |
| | | plaisais … | ai plu … | plus<br>plus<br>plut<br>plûmes<br>plûtes<br>plurent |
| il pleuvra | il pleuvrait | il pleuvait | il a plu | il plut |
| pourrai … | pourrais … | pouvais … | ai pu … | pus<br>pus<br>put<br>pûmes<br>pûtes<br>purent |
| | | prenais … | ai pris … | pris<br>pris<br>prit<br>prîmes<br>prîtes<br>prirent |
| recevrai … | recevrais … | recevais … | ai reçu … | reçus<br>reçus<br>reçut<br>reçûmes<br>reçûtes<br>recurent |

| Infinitive | Present Indicative | Present subjunctive | Present participle | Imperative |
|---|---|---|---|---|
| résoudre | résous | résolve | résolvant | |
| resolve | résous | résolves | | |
| | résout | résolve | | |
| | résolvons | résolvions | | |
| | résolvez | résolviez | | |
| | résolvent | résolvent | | |

*Also*: **absoudre, dissoudre**

| | | | | |
|---|---|---|---|---|
| rire | ris | rie | riant | |
| laugh | ris | ries | | |
| | rit | rie | | |
| | rions | riions | | |
| | riez | riiez | | |
| | rient | rient | | |

*Also*: **sourire**

| | | | | |
|---|---|---|---|---|
| rompre | romps | | | |
| break | romps | | | |
| (otherwise a | rompt | | | |
| regular **-re** verb) | rompons | | | |
| | rompez | | | |
| | rompent | | | |

*Also*: **corrompre, interrompre**

| | | | | |
|---|---|---|---|---|
| savoir | sais | sache | sachant | sache |
| know | sais | saches | | sachons |
| | sait | sache | | sachez |
| | savons | sachions | | |
| | savez | sachiez | | |
| | savent | sachent | | |

| | | | | |
|---|---|---|---|---|
| suffire | suffis | suffise | suffisant | |
| suffice, | suffis | suffises | | |
| be enough | suffit | suffise | | |
| | suffisons | suffisions | | |
| | suffisez | suffisiez | | |
| | suffisent | suffisent | | |

| | | | | |
|---|---|---|---|---|
| suivre | suis | suive | suivant | |
| follow | suis | suives | | |
| | suit | suive | | |
| | suivons | suivions | | |
| | suivez | suiviez | | |
| | suivent | suivent | | |

*Also*: **poursuivre**

| Future | Conditional | Imperfect | Perfect | Past historic |
|--------|-------------|-----------|---------|---------------|
| | | résolvais … | ai résolu … | résolus |
| | | | | résolus |
| | | | | résolut |
| | | | | résolûmes |
| | | | | résolûtes |
| | | | | résolurent |
| | | riais … | ai ri … | ris |
| | | | | ris |
| | | | | rit |
| | | | | rîmes |
| | | | | rîtes |
| | | | | rirent |
| saurai … | saurais … | savais … | ai su … | sus |
| | | | | sus |
| | | | | eut |
| | | | | sûmes |
| | | | | sûtes |
| | | | | surent |
| | | suffisais … | ai suffi … | suffis |
| | | | | suffis |
| | | | | suffit |
| | | | | suffîmes |
| | | | | suffîtes |
| | | | | suffirent |
| | | suivais … | ai suivi … | suivis |
| | | | | suivis |
| | | | | suivit |
| | | | | suivîmes |
| | | | | suivîtes |
| | | | | suivirent |

| Infinitive | Present Indicative | Present subjunctive | Present participle | Imperative |
|---|---|---|---|---|
| se taire *be quiet, not speak* | me tais te tais se tait nous taisons vous taisez se taisent | me taise te taises se taise nous taisions vous taisiez se taisent | se taisant | |
| vaincre *conquer, vanquish* | vaincs vaincs vainc vainquons vainquez vainquent | vainque vainques vainque vainquions vainquiez vainquent | vainquant | |

*Also*: **convaincre**

| Infinitive | Present Indicative | Present subjunctive | Present participle | Imperative |
|---|---|---|---|---|
| valoir *be worth* | vaux vaux vaut valons valez valent | vaille vailles vaille valions valiez vaillent | valant | |
| venir *come* | viens viens vient venons venez viennent | vienne viennes vienne venions veniez viennent | venant | |

*Also*: (compound tenses with **être**) **devenir, intervenir, revenir, se souvenir**; (compound tenses with **avoir**) **convenir, prévenir, tenir, contenir, maintenir, obtenir, retenir**

| Infinitive | Present Indicative | Present subjunctive | Present participle | Imperative |
|---|---|---|---|---|
| vêtir *dress* | vêts vêts vêt vêtons vêtez vêtent | vête vêtes vête vêtions vêtiez vêtent | vêtant | |

*Also*: **(se) revêtir**

| Infinitive | Present Indicative | Present subjunctive | Present participle | Imperative |
|---|---|---|---|---|
| vivre *live* | vis vis vit vivons vivez vivent | vive vives vive vivions viviez vivent | vivant | |

*Also*: **revivre, survivre**

| Future | Conditional | Imperfect | Perfect | Past historic |
|---|---|---|---|---|
| | | me taisais … | me suis tu(e) … | me tus<br>te tus<br>se tut<br>nous tûmes<br>vous tûtes<br>se turent |
| | | vainquais … | ai vaincu … | vainquis<br>vainquis<br>vainquit<br>vainquîmes<br>vainquîtes<br>vainquirent |
| vaudrai … | vaudrait … | valais … | ai valu … | valus<br>valus<br>valut<br>valûmes<br>valûtes<br>valurent |
| viendrai … | viendrais … | venais … | suis venu(e) … | vins<br>vins<br>vint<br>vînmes<br>vîntes<br>vinrent |
| | | vêtais … | ai vêtu<br>(but: je me<br>suis vêtu(e) …) | vêtis<br>vêtis<br>vêtit<br>vêtîmes<br>vêtîtes<br>vêtirent |
| | | vivais … | ai vécu … | vécus<br>vécus<br>vécut<br>vécûmes<br>vécûtes<br>vécurent |

| Infinitive | Present Indicative | Present subjunctive | Present participle | Imperative |
|---|---|---|---|---|
| voir | vois | voie | voyant | |
| *see* | vois | voies | | |
| | voit | voie | | |
| | voyons | voyions | | |
| | voyez | voyiez | | |
| | voient | voient | | |

*Also*: **prévoir, pourvoir** (*future* **prévoirai**; *conditional* **prévoirais**; *past historic* **prévis** *but* **pourvus**)

| | | | | |
|---|---|---|---|---|
| vouloir | veux | veuille | voulant | |
| *want* | veux | veuilles | | |
| | veut | veuille | | |
| | voulons | voulions | | |
| | voulez | vouliez | | |
| | veulent | veuillent | | |

| Future | Conditional | Imperfect | Perfect | Past historic |
|--------|-------------|-----------|---------|---------------|
| verrai … | verrais … | voyais … | ai vu … | vis |
| | | | | vis |
| | | | | vit |
| | | | | vîmes |
| | | | | vîtes |
| | | | | virent |
| voudrai … | voudrais … | voulais … | ai voulu … | voulus |
| | | | | voulus |
| | | | | voulut |
| | | | | voulûmes |
| | | | | voulûtes |
| | | | | voulurent |

# Index

*Section numbers are given first, followed by page numbers in brackets.*